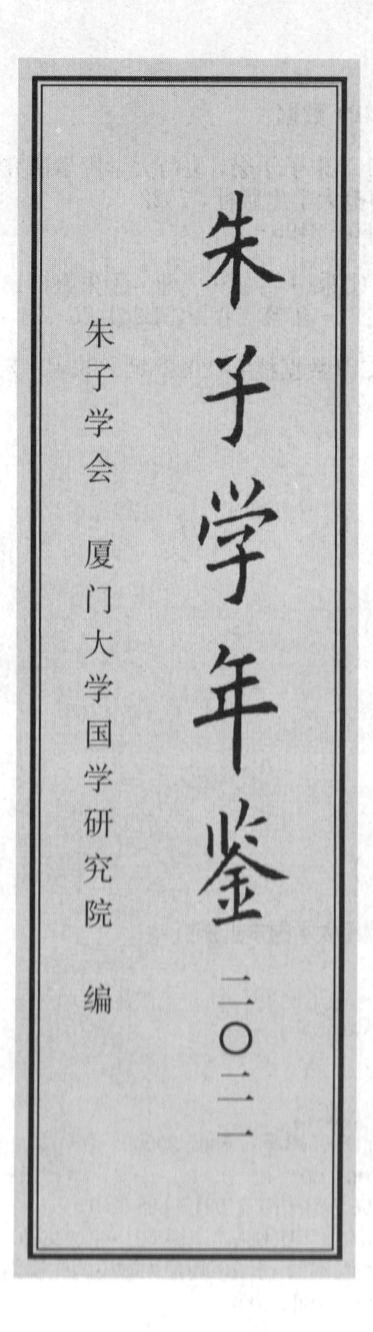

华东师范大学出版社
上海 · 2023

图书在版编目（CIP）数据

朱子学年鉴．2021／朱子学会，厦门大学国学研究院编．—上海：华东师范大学出版社，2022
ISBN 978-7-5760-3496-7

Ⅰ．①朱…　Ⅱ．①朱…②厦…　Ⅲ．①朱熹（1130－1200）—理学—研究—2021—年鉴　Ⅳ．①B244.75-54

中国版本图书馆CIP数据核字（2022）第235342号

朱子学年鉴（2021）

编　　者　朱子学会　厦门大学国学研究院
责任编辑　吕振宇
特约审读　王莲华
责任校对　王丽平　时东明
装帧设计　左筱榛

出版发行　华东师范大学出版社
社　　址　上海市中山北路3663号　邮编200062
网　　址　www.ecnupress.com.cn
电　　话　021-60821666　行政传真 021-62572105
客服电话　021-62865537　门市（邮购）电话 021-62869887
地　　址　上海市中山北路3663号华东师范大学校内先锋路口
网　　店　http://hdsdcbs.tmall.com

印 刷 者　上海昌鑫龙印务有限公司
开　　本　787毫米×1092毫米　1/16
印　　张　22.5
字　　数　432千字
版　　次　2023年1月第1版
印　　次　2023年1月第1次
书　　号　ISBN 978-7-5760-3496-7
定　　价　88.00元

出 版 人　王　焰

（如发现本版图书有印订质量问题，请寄回本社客服中心调换或电话021-62865537联系）

《朱子学年鉴》编委会

邓联合（山东大学哲学与社会发展学院）
申绪璐（杭州师范大学国学院）
田炳郁（南昌大学哲学系）
田智忠（北京师范大学哲学与社会学学院）
史甄陶（台湾大学中国文学系）
冯　兵（华侨大学哲学与社会发展学院）
问永宁（深圳大学哲学系）
许家星（南昌大学哲学系）
苏费翔（德国特里尔大学汉学系）
李　典（德国特里尔大学汉学系）
李承贵（南京大学哲学系）
李春颖（中国政法大学国际儒学院）
吴　宁（中山大学博雅学院）
吴吉民（《朱子文化》杂志社）
吴启超（香港中文大学哲学系）
何善蒙（浙江大学哲学系）
张丽华（上海师范大学哲学系）
张品端（武夷学院朱子学研究中心）
张瑞元（西安石油大学马克思主义学院）
张锦枝（上海社会科学院哲学研究所）
陆建华（安徽大学哲学系）
陈晨捷（山东大学儒学高等研究院）
板东洋介（日本皇学馆大学）
周元侠（福建省社会科学院哲学研究所）
姜真硕（韩国外国语大学校）
宣炳三（韩国成均馆大学校）
徐公喜（上饶师院朱子学研究所）
殷　慧（湖南大学岳麓书院）
殷晓星（日本立命馆大学）
高海波（清华大学哲学系）
郭晓东（复旦大学哲学学院）
曹海东（华中师范大学文学院）
戚轩铭（美国亚利桑那州州立大学国际语言文化学院）
彭永捷（中国人民大学哲学院）

编者说明

《朱子学年鉴》是朱子学会主办的文献性、资料性学术年刊。2021卷力求如实反映2021年朱子学界的研究现状,让广大专家、学者和读者更全面、更深刻地了解和把握当今朱子学研究的重大事件、重要问题和主要趋向。

《朱子学年鉴》2021卷主要内容有:"特稿"栏目选登了中国人民大学孔子研究院张立文教授和清华大学国学研究院陈来教授的文章,前者探讨了融突和合这一中国哲学核心话题,后者以羞恶为焦点检述朱子四端思想。"朱子学研究新视野"栏目推介了陈来教授的《明清朱子学将是宋明理学研究的新增长点》、朱汉民教授的《〈四书〉学的忧乐情怀与宋儒的内圣之道》、乐爱国教授的《历代对〈论语〉"君子和而不同,小人同而不和"的解读——以朱熹的诠释为中心》、许家星教授的《皇极与教化——朱子、象山皇极说新论》、翟奎凤教授的《"心性情"与"易道神":朱熹对程颢思想的创造性诠释》、蔡家和教授的《戴震与朱子对〈孟子〉性论诠释之差异》。"全球朱子学研究述评"栏目比较详细地梳理了2021年中国台湾、日本、韩国、欧洲等地区朱子学的研究现状,介绍了目前全球朱子学研究的最新进展。"朱子学书评""朱子学研究论著""朱子学研究硕博士论文荟萃""朱子学学界概况""朱子学学术动态""资料辑要"等栏目尽可能全面地展示2021年全球朱子学界的最新成果和学术动态。

在编辑过程中,编辑部对有关信息进行了反复核实,但其中肯定会有疏漏、不足,我们恳请专家、学者和广大读者批评指正。需要说明的是,鉴于本刊的特点,本卷对所转载或摘登以及被数字出版物收录的相关文献均不再另付稿酬。

《朱子学年鉴》2021卷的编辑出版得到了海内外朱子学界学者、有关科研机构和高校的鼎力支持。对此,我们表示诚挚的谢意!

《朱子学年鉴》编辑部

2022年6月

目录

特稿

朱子学研究新视野

全球朱子学研究述评

朱子学书评

朱子学研究论著

学术专著

朱子学研究硕博士论文荟萃

博士论文

硕士论文

朱子学学界概况

朱子学研究重大课题

朱子学学术动态

资料辑要

特稿

融突和合论

——中国哲学元理

张立文

由性命、心性、性情的内圣道德主体，通过中和的调节、明德的选择，而外现为义利、公私、理欲、善恶的有形相、无形相的道德实践活动，这是一种特殊的与外王相关的主体与客体关系的联通，是主体所需要的融突和合的价值导向，是道德本性、理性、价值的内圣与外王实践行为活动的彰显，是道德本性与功利、道德公理与私欲、道德原则与物欲利益、主体行为活动的善恶评价等内圣外王的融突和合。

一、"融突和合"解

融突风云四海均，和合际会一脉香。融突和合论是中国哲学的核心话题，是中国哲学的重要元理，是中国人自强不息、钩深致远地追求智慧的历程，是智能创造、唯变所适的时代精神的体现。

体现冲突融合而和合的融，最早见于甲骨、金文[①]。《说文》："融，炊气上出也。从鬲，虫省声。籀文融不省。"按：融字金文从土，不从鬲。徐锴系传："气上融散也。"炊水成气，水气上通，引申为变通、融通、通融，又作和乐，其乐融融，意蕴和合。一作大明、大亮解，如《广韵·东韵》："融，朗也。"《左传·昭公五年》："明而未融，其当旦乎！"杜预注："融，朗也。"孔颖达疏："明而未融，则融是大明，故为朗也。"[②]一作融化、消溶解，如《墨子·备蛾传》："以车两走，轴间广大，以圉犯之，融其两端，以束轮。"[③]一作融合解，如唐杨炯《王勃集·序》云："契将往而必融，防未来而先制。"一作调和、融通解，因融通而长久，如《尔雅·释诂》："融，长也。"邢昺疏："《说文》云：'长，久远也。'"《方言》卷一："融，长也……宋、卫、荆、吴之间曰融。"《诗经·大雅·既醉》："昭明有融，高朗令终。"毛亨传："融，长。朗，明也。"孔颖达疏："郑以为天既助汝王以光明之道，不但一时而已，又使之长远也。"[④]长久而明朗，便有善终。一作和乐解，如《左传·隐

① 甲骨：《殷墟文字乙编》7012。金文：《邾公釛钟》等。
② 《春秋左传正义》卷四十三，《十三经注疏》，北京：中华书局，1980年，第2040—2041页。
③ 《墨子校注》卷十四，北京：中华书局，1993年，第881页。
④ 《毛诗正义》卷十七-二，《十三经注疏》，北京：中华书局，1980年，第536页。

公元年》:“公入而赋:大隧之中,其乐也融融。”杜预注:“融融,和乐也。”①另,融在古代亦指火神祝融。

融突和合的突,见于甲骨、金文②。《说文》:“突,犬从穴中暂出也。从犬,在穴中。一曰滑也。”犬从穴中突然而出。徐锴系传:“犬匿于穴中伺人,人不意之,突然而出也。”忽然,猝然。《方言》卷十:“葉,猝也。江、湘之间,凡卒相见谓之葉相见,或曰突。”《广雅·释诂二》:“突,猝也。”《周易·离》九四爻辞:“突如其来如。”孔颖达疏:“突然而至,忽然而来。”③袭击。《三国志卷一·魏书一·武帝纪》:“青州兵奔,太祖陈乱,驰突火出,坠马,烧左手掌。”④冲撞。慧琳《一切经音义》卷十六:“突,《韵诠》云:冲也。”触犯、凌犯。《荀子·王霸篇》:“乱世不然,污漫突盗以先之。”杨倞注:“突,凌触。盗,窃也。”⑤欺诈。《广雅·释诂二》:“突,欺也。”王念孙疏证:“谓欺诈也。”突出、凸出。《集韵·没韵》:“突,出貌。”《庄子·说剑》:“然吾王所见剑士,皆蓬头突鬓垂冠。”成玄英疏:“发乱如蓬,鬓毛突出。”⑥若怒发冲冠,便有穿、破义。《玉篇·穴部》:“突,穿也。”《左传·襄公二十五年》:“郑子展、子产,帅车七百乘伐陈,宵突陈城,遂入之。”杜预注:“突,穿也。”⑦穿过洞穴、隧道。《三国志卷三·魏书三·明帝纪》:“十二月,诸葛亮围陈仓。”裴松之注引“《魏略》曰:‘亮又为地突,欲踊出于城里。昭又于城内穿地横截之。’”⑧另,突亦可指恶马、烟囱。

融突和合的和,见于金文⑨。《说文》:“咊,相应也。从口,禾声。”后作和。《玉篇·口部》:“咊为和。”《广韵·过韵》:“和,声相应。”和、龢同字异体,龢为古字,甲骨文从龠,禾声。龠为编管乐器,表示乐调协和、调和等义。后龢自春秋时的多口演变为单口,出现和字。和可作响应、附和解,《周易·中孚》九二爻辞:“鹤鸣在阴,其子和之。”孔颖达疏:“鹤之鸣于幽远,则为其子所和。”⑩《商君书·更法第一》:“论至德者不和于俗,成大功者不谋于众。”⑪作和谐、协调解,《广雅·释诂三》:“和,谐也。”《周易·乾·彖传》:“保合大和,乃利贞。”王弼注:“不和而刚暴。”⑫和顺、平和才能和谐。《广雅·戈韵》:“和,顺也。”《左传·文

---

① 《春秋左传正义》卷二,《十三经注疏》,北京:中华书局,1980年,第1716—1717页。
② 甲骨:《铁云藏龟拾遗》15·7。金文:《古鉢》。
③ 《周易正义》卷三,《十三经注疏》,北京:中华书局,1980年,第43页。
④ 《三国志》第1册,北京:中华书局,1959年,第11页。
⑤ 《荀子集解》卷七,上海:世界书局,1936年,第147页。
⑥ 《庄子集释》卷十上,北京:中华书局,1961年,第1017页。
⑦ 《春秋左传正义》卷三十六,《十三经注疏》,北京:中华书局,1980年,第1984页。
⑧ 《三国志》第1册,北京:中华书局,1959年,第94—95页。
⑨ 《史孔盉》、《陈簋》、《(衮子)(次虫)壶》等。
⑩ 《周易正义》卷六,《十三经注疏》,北京:中华书局,1980年,第71页。
⑪ 《商君书》,《诸子集成》,上海:世界书局,1936年,第1页。
⑫ 《周易正义》卷一,《十三经注疏》,北京:中华书局,1980年,第14页。

公十八年》:"高辛氏有才子八人,伯奋、仲堪、叔献、季仲、伯虎、仲熊、叔豹、季狸,忠肃共懿,宣慈惠和,天下之民,谓之八元。"孔颖达疏:"和者,体度宽简,物无乖争也。"①《尚书·皋陶谟》:"同寅协恭,和衷哉。"孔安国传:"衷,善也。以五礼正诸侯,使同敬合恭而和善。"②和善而调和。《集韵·过韵》:"和,调也。"《周礼·天官·食医》:"食医掌和王之六食、六饮、六膳、百羞、百酱、八珍之齐。"郑玄注:"和,调也。"③调和而和解,和平。《周礼·地官·调人》:"调人掌司万民之难而谐和之……凡和难,父之仇,辟诸海外;兄弟之仇,辟诸千里之外。"贾公彦疏:"调人至和之。"④和解而适中,恰到好处。《广韵·戈韵》:"和,不坚不柔也。"《周礼·春官·大司乐》:"以乐德教国子,中、和、祗、庸、孝、友。"郑玄注:"中犹忠也;和,刚柔适也;祗,敬;庸,有常也;善父母曰孝;善兄弟曰友。"⑤恰到好处的结合。《礼记·郊特牲》:"阴阳合而万物得。"孔颖达疏:"和犹合也。得谓各得其所也。若礼乐由于天地,天地与之和合,则万物得其所也。"⑥礼乐、天地和合、和乐、喜悦。《尚书·康诰》:"周公初基,作新大邑于东国洛,四方民大和会。"孔安国传:"初造基,建作王城大都邑于东国洛汭,居天下上中,四方之民大和悦而集会。"孔颖达疏:"言惟以周公摄政七年之三月,始明死而生魄,月十六日己未,于时周公初造基趾,作新大邑于东国洛水之汭,四方之民大和悦而集会。"⑦和在古代亦可指军门、车铃、乐器术语等。另,打麻将牌已符合规定的要求,此时赢了也叫和。

融突和合的合,见于甲骨、金文⑧。《说文》:"合,合口也。从亼,从口。"徐锴系传:"亼口也。"合拢。朱芳圃《殷周文字释丛》:"字象器盖相合之形。"《山海经·大荒西经》:"西北海之外,大荒之隅,有山而不合,名曰不周负子。"郭璞曰:"《淮南子》曰:'昔者共工与颛顼争帝,怒而触不周之山,天维绝,地柱折。'故今此山缺坏不周匝也。"⑨即不周山不能合拢。聚合。《论语·宪问》孔子说:"桓公九合诸侯,不以兵车,管仲之力也。如其仁!如其仁!"⑩联合、联络。《战国策·秦策二》:"楚王不听,遂举兵伐秦。秦与齐合,韩氏从之。楚兵大败于杜陵。"⑪结

① 《春秋左传正义》卷二十,《十三经注疏》,北京:中华书局,1980年,第1862页。
② 《尚书正义》卷四,《十三经注疏》,北京:中华书局,1980年,第139页。
③ 《周礼注疏》卷五,《十三经注疏》,北京:中华书局,1980年,第667页。
④ 《周礼注疏》卷十四,《十三经注疏》,北京:中华书局,1980年,第732页。
⑤ 《周礼注疏》卷二十二,《十三经注疏》,北京:中华书局,1980年,第787页。
⑥ 《礼记正义》卷二十五,《十三经注疏》,北京:中华书局,1980年,第1446—1447页。
⑦ 《尚书正义》卷十四,《十三经注疏》,北京:中华书局,1980年,第202页。
⑧ 甲骨:《殷墟书契菁华》7·10。金文:《召伯簋二》、《秦公钟》。
⑨ 《山海经校注》卷十六,上海:上海古籍出版社,1980年,第387页。
⑩ 《论语集注》卷七,《朱子全书》第6册,上海:上海古籍出版社;合肥:安徽教育出版社,2002年,第192页。
⑪ 《战国策全译》,贵阳:贵州人民出版社,1992年,第99页。

合。《韩非子·饰邪》:"君臣也者,以计合。"[①]所谓以计合,蒲阪圆释曰:"君垂爵禄以易下死,臣竭智力以取上赏。"合并,吞并。《史记·张仪列传》:"夫秦之所以不出兵函谷十五年以攻齐、赵者,阴谋有合天下之心。"[②]相适合、匹配。《史记·廉颇蔺相如列传》:"(赵)括能读其父(赵奢)书传,不知合变也。"[③]《尔雅·释诂上》:"仇、偶、妃、匹、会,合也。"郭璞注:"皆谓对合也。"《诗经·大雅·大明》:"文王初载,天作之合。"毛亨传:"合,配也。"[④]对合有配偶之意蕴。配偶之间和睦、融洽。《诗经·小雅·常棣》:"妻子好合,如鼓琴瑟。"郑玄笺:"好合,至意合也。合者如鼓瑟琴之声相应和也。"[⑤]匹配坚密。《周礼·考工记·弓人》:"秋合三材则合。"郑玄注:"合,坚密也。"[⑥]三材指胶、丝、漆,秋天是作弓之时,至冬天定体而紧密。除此之外,合另有配制、制作、应该、给、盒子、整个、合计等义。

融突和合是中国哲学重要的体现时代精神精华的话题,是贯通始终的概念、范畴。在中国哲学五千多年的发展过程中,先哲们正是秉持融突和合的基本原则,不断探赜索隐,并以开放包容姿态,海纳各方面哲学思维,建立起内涵丰厚而深刻、博大而精微的哲学体系。

其一,矛盾冲突中的矛盾,是用来体现和说明人物之间关系及其发展过程的概念、范畴。矛盾在一定条件下演变为冲突。冲突是表达、说明人与人、人与物、物与物之间关系的互相对待、冲撞或触犯的概念、范畴。《周易》天地人三才之道的阴阳、柔刚、健顺都是古代对矛盾冲突观念的理解。在宇宙之间、人类社会、人生自我,矛盾冲突无处不在、无时不有。它不是仅由相对待的两方面构成,而是一种错综复杂、多元、多样的构成。犹如相生相克的五行,就是矛盾冲突的融合体。相生是相依而不离;相克是一方、多方胜于另一方、多方;相胜不是消灭矛盾冲突的另一方,而是另一相生的起始,如此构成往复不断的既相生、又相胜,构建了生存世界、意义世界、可能世界的本然性、能动性、存在性的根据。矛盾冲突多方面互相联通,互相渗透,你中有我,我中有你,构成存在的共同基础,才能使五行相生相克、互相转化、互相完善。

其二,冲突与融合构成不离不杂的关系。融表达、说明天地万物是多元、多样、多层面地、海纳百川式地融合在一起的。突与融一方的存在以另一方的存在为前提,无突也就无融,突与融处在同一共同体之中。突的多方之间具有互相限制、互相排斥的关系。突普遍存在于天地万物的各种运动中。如在物质的

---

① 《韩子浅解》,北京:中华书局,1960年,第137页。
② 《史记》卷七十,《国学基本丛书》第14册,上海:商务印书馆,1932年,第29页。
③ 《史记》卷八十一,《国学基本丛书》第15册,上海:商务印书馆,1932年,第29页。
④ 《毛诗正义》卷十六-二,《十三经注疏》,北京:中华书局,1980年,第507页。
⑤ 《毛诗正义》卷九-二,《十三经注疏》,北京:中华书局,1980年,第408页。
⑥ 《周礼注疏》卷四十二,《十三经注疏》,北京:中华书局,1980年,第935页。

机械、物理、生理、网络的运动联通中的相依相分、阴阳匹配、遗传变异、多变阻塞等;在精神运动中的亢奋与不振、情绪低落、反应迟钝、烦躁不安、焦虑紧张、郁闷不乐等。无论是物质运动、精神运动,都处于矛盾冲突的作用下,但又处在中国哲学图示"太极图"所体现的同一共同体之中。"太极图"的阴阳鱼共处同体,相待相分,然又互渗互济。在阴鱼中有阳的眼睛,在阳鱼中有阴的眼睛,阳中有阴,阴中有阳,阴阳处在共同体之中,构成你中有我、我中有你的态势。矛盾冲突多方只有在互相依赖中才得以存在和发展,互相吸收才能演变,互相联通才能转化,互相转化才得以创新。

其三,天地间万事万有都是相,无论是物相、事相、心相,还是道相、法相、名相,都是存有的相。存相分殊,分殊而有别,有别即有对待。千差万别的存相的差异,便是殊相,殊相而有矛盾,矛盾而有冲突,冲突就需要选择,最佳的选择便是协调、调和、调治。因为矛盾冲突是对既有自然、社会、人生、文明逻辑、结构方式的突破、破坏;对秩序结构、秩序方式的冲击、打散。由无构、无序、无式到需要结构、秩序、方式,乃至重构结构、秩序、方式的过程,便是融的过程。融以其和解、和平、和顺、和睦、融洽的方式、方法,化解矛盾冲突,使打散的结构方式重新凝聚,破坏的秩序重新恢复,新结构方式得以化生。在这里,突是融的因,融是突的果。融与突共同体更高的境界便是和合。

其四,和是声音相应、附和、响应。经传多假和为龢,龢(龠)为用竹管编成的乐器,似笛而稍短小,有三孔、六孔、七孔之别,多个孔发出不同高低的声音,相互协调、和谐、相应。和声入耳,心悦则乐。和是什么?《左传·昭公二十年》记载齐景公与晏婴有一段对话:"公曰:'和与同异乎?'对曰:'异。和如羹焉,水、火、醯、醢、盐、梅,以烹鱼肉,燀之以薪,宰夫和之,齐之以味,济其不及,以泄其过,君子食之,以平其心。"①和与同是对待概念。和是各种差别、矛盾的食材、调料,经主体人的加工和合,济其不及,泄其之过,使相对相济、相反相成,致食物味道鲜美,即美食。同是什么?晏婴说:"若以水济水,谁能食之?若琴瑟之专一,谁能听之?同之不可也如是。"②同是相同的东西相加,水仍是水,水的性质没有变化。和是矛盾冲突的多样东西调和、融合,多样的食材、调料相对相济,在济不及与泄其过的过程中,多样食材、调料原有的性质、味道都起了化学反应而成为美味。食用和羹,可以平和人心。史伯与郑桓公的对话,也论及和与同的话题。史伯认为周幽王之所以失败就在于"去和而取同","以同裨同,尽乃弃矣"(《国语·郑语》)③。和是多元、多样融合,能使万物丰长,使人心平德和;同是单一、一元相加。万物以同,就不能继生,反而会衰败。

其五,和合是中华文化的精髓,哲学思想的核心主题,治国理政的指导原

---

① 《春秋左传注》,北京:中华书局,1981年,第1419页。

② 《春秋左传注》,北京:中华书局,1981年,第1420页。

③ 《国语集解》卷十六,北京:中华书局,2002年,第470页。

则，伦理道德的和谐至善，价值观念的和乐怡适。和合的诸性相为：和合是新生事物或新质事物产生的根据、因缘；是和合多元、多样存有的方式；是多元、多样动态的、开放的、包容的体系；是心灵宁静安详、心绪和平恬淡、精神和乐愉悦的境界；是形上学的道体，或曰和合生生道体。和合的诸性相是由一定方法才能实现的，具体体现为一定的形式：和合是多元、多样异质东西、要素、因素的冲突融合而和合，而非一元、一样的叠加、机械组合。一元、一样是同、单一、唯一。“声一无听，物一无文。”和合是东西南北中诸多优质东西、要素、因素的融合。这种融合是扬弃、选择的过程，扬弃、选择是按照和合道体的需要和原则确定可否、能否融合。和合是有机的、有序的融合。它不是机械地打散组装，也不是机械拼凑，它是有机的发展和升华，而且是有序的演化。有序才能和谐、协调、联通。然而有序是无序的新生，无序为有序创造了条件，无序是对有序的呼唤。和合是动态分析的理论结构。这种理论结构具有相对论和对称论的特征，也具有综合论和相济论的特征。处于和合中的多元、多样的东西、要素、因素，其自身不是凝固的、已完成的或被确定的，而是连续的、反复的、不断被完成的。当某一和合体呈现时，正如赫拉克利特所说：“结合物是既完整又不完整，既协调又不协调，既和谐又不和谐的。”①和合体永远处在和谐、协调、完成的途中。

二、和合的源流

和合融突是人对生存、意义、可能三世界进行反思的、思想的智能创造。它纵贯整个中国哲学思想发展的全过程，横摄各个时代各家各派的哲学思想。无论是关于天地万物从哪里来的，抑或人与自然、社会、人际、心灵和不同文明之间的关系，又或自然生态、社会伦理、人际关系、心理结构、价值观念、思维方式、行为方式、审美情感，等等，都联通着和合，构成一张和合网。

和与合在殷周时期各为单一概念，至春秋战国和合才成为一个概念、范畴。周幽王八年，郑桓公作王室司徒，与太史伯谈论“兴衰之故”和“死生之道”。当论及远古帝王成就“天地之功”时，史伯说：“虞幕能听协风，以成物乐生者也。夏禹能单平水土，以品处庶类者也。商契能和合五教，以保于百姓者也。周弃能播殖百谷蔬，以衣食民人者也。”（《国语·郑语》）②虞幕能“听知和风，因时顺气，以成育万物，使之乐生”。夏禹能熟悉水性，因地疏导，“使万物高下，各得其所”。商契能了解民情，因伦施教，使百姓和睦，皆得保养。韦昭注：“五教：父义、母慈、兄友、弟恭、子孝。”周弃能播种百谷，繁育蔬菜，让人民丰衣足食，安居

① 《赫拉克利特著作残篇 D10》，《西方哲学原著选读》上卷，北京：商务印书馆，1981 年，第 24 页。

② 《国语集解》卷十六，北京：中华书局，2002 年，第 466 页。虞幕即舜帝的后代虞思，周弃即后稷，均据韦昭注。

乐业。

《国语》作为《春秋》外传，使我们能听到当时智慧之士围绕“天时人事”的精彩对白，切身感受“礼崩乐坏”时期民族精神及其生命睿智的深沉忧患。管子说：“畜之以道，养之以德。畜之以道则民和，养之以德则民合，和合故能习，习故能偕，偕习以悉，莫之能伤也。”（《管子·幼官图》）[①]另在《兵法》中有一段相似的记载：“畜之以道则民和，养之以德则民合。和合故能谐，谐故能辑，谐辑以悉，莫之能伤。”[②]要做到和合人民，必须蓄养道与德。道是人类最根本的原理、原则、规范，亦是人的精神境界；德既是天地万物的本性、属性，也指人的本性、品德。人民有了道德修养，便能和合。和合所以和谐，和谐所以团聚，就不会受到伤害。和合是蓄养道德的目标和对于这个目标的追求方式。

墨子从“兼相爱，交相利”思想出发，认为和合是人与家庭、国家、社会关系的根本原则。“内者父子兄弟作怨恶，离散不能相和合。天下之百姓，皆以水火毒药相亏害。”（《墨子·尚同上》）[③]家庭内若父子兄弟互相怨恨，互相使坏，推及天下百姓，亦互相伤害，国家就会离散灭亡。和合使国家、社会、家庭凝聚一起而成整体结构。如果“内之父子兄弟作怨仇，皆有离散之心，不能相和合”（《尚同中》）[④]，就不会有君臣、上下、长幼之节，父子、兄弟之礼，天下就会大乱。“昔越王句践好士之勇，教训其臣，和合之。”（《兼爱中》）[⑤]君臣、诸臣之间都能和合，国家则和谐而富强。天下大乱是天下的病症，必须医治。“譬若医之药人之有病者然，今有医于此，和合其祝药之于天下之有病者而药之。”（《非攻中》）[⑥]要对天下有病者进行施药治疗，其最佳的药方便是和合。和合是消除怨恶、怨仇，使离散而聚合的药方。

《易传》是对《易经》的解释，赋予经以义理哲学的意蕴，主张乾坤对天地万物的资始资生。“乾道变化，各正性命，保合太和，乃利贞。首出庶物，万国咸宁。”（《周易·乾·彖传》）[⑦]保合太和在天地万物的创生、人类社会道德的发端中起着联通性命、阴阳、刚柔的作用，具有普遍性、一般性。这是因为它把宇宙万物、社会人生看成了一个生生不息的和合体。和合对人的精神情感的唤起有重大作用。荀子说：“祭者，志意思慕之情也。愅诡唈僾而不能无时至焉。故人之欢欣和合之时，则夫忠臣孝子亦愅诡而有所至矣。”杨倞注：“愅，变也。恑，异也。皆谓变异感动之貌。唈僾爱，气不舒愤郁之貌。”（《荀子·礼论》）[⑧]祭祀是

① 《管子校注》上册，北京：中华书局，2004年，第183页。
② 《管子校注》上册，北京：中华书局，2004年，第323页。
③ 《墨子校注》卷三，北京：中华书局，1993年，第109页。
④ 《墨子校注》卷三，北京：中华书局，1993年，第116页。
⑤ 《墨子校注》卷四，北京：中华书局，1993年，第159页。
⑥ 《墨子校注》卷五，北京：中华书局，1993年，第203页。
⑦ 《周易集解纂疏》卷一，《丛书集成初编》，上海：商务印书馆，1936年，第8页。
⑧ 《荀子简释》，北京：中华书局，1983年，第274页。

人们的心意和思慕感情的表达，使人们在欢乐和合的时候，受感动而哀思自己的双亲或君主。若没有祭祀这种形式，人们的哀思就不能表达，而只能把哀思积郁于心中。

《吕氏春秋》与《荀子》都把合作为万物产生的根源。《吕氏春秋》所说的合实乃和合。不过他以“合和”来表述。“天地有始，天微以成，地塞以形，天地合和，生之大经也。”（《吕氏春秋·有始》）①吕不韦天地有始论认为，天阳之微而生万物，地阴之塞以成形。这是对天地化生万物的追究，其根底是合和，即和合。秦始皇并没有采纳《吕氏春秋》的思想。陆贾、贾谊总结强秦速亡的原因是“坚甲利兵，深刑刻法”和“仁义不施故也”。因而陆贾主张“《乾》《坤》以仁和合，八卦以义相承”（《新语·道基》）②，乾坤天地、八卦万物都应以仁义作为和合的原则和尺度。因为“仁者道之纪，义者圣之学。学之者明，失之者昏，背之者亡”（《道基》）③，仁义是道的纲纪和圣人之学，背离仁义就会亡国。

汉代公孙弘为保长治久安、人民安居，也主张和合。他说：“臣闻之，气同则从，声比则应。今人主和德于上，百姓和合于下。故心和则气和，气和则形和，形和则声和，声和则天地之和应矣。”（《汉书·公孙弘传》）④阴阳和，祥瑞不断出现，气形和，无疾病而长寿，就不会发生父丧子、兄哭弟的情状。德配天地，河出图，洛出书，远方的君主都来归附，来朝奉献，天下和合之极。

《淮南子》与《吕氏春秋》一致，亦主张和合：“道曰规，始于一，一而不生，故分而为阴阳，阴阳合和而万物生。”（《淮南鸿烈·天文训》）⑤有分才有合，有差分矛盾才有和，无差异就不能合和生物。“天地之合和，阴阳之陶化万物，皆乘人气者也。”（《本经训》）⑥天地和合，阴阳之气化生万物。国家的长治久安，亦需行仁义以和合。《史记·魏世家》讲：“秦尝欲伐魏。或曰：魏君贤人是礼，国人称仁，上下和合，未可图也。”⑦秦国准备攻伐魏国，然魏文侯礼敬贤人，秦国内的人称其行仁政，上下和合，因此不能攻伐。实行仁礼的国家，得到人民的拥护，是正义的国家。攻伐这样的国家被众诸侯认为是违背仁义、非正义的行为。

秦汉时国家统一，先秦的和合哲学转换为中和哲学。中和作为天下的大本达道和位育天地万物的根据，与气、阴阳相联通，被理解为和气、合气等，构成天地生成论与存有论，以及自然、社会、人生所遵循的最高原则、原理。《三国志·蜀书十五·邓芝传》载孙权与诸葛亮书曰：“丁厷掞张，阴化不尽；和合二国，唯

---

① 《吕氏春秋新校释》卷十三，上海：上海古籍出版社，2002年，第662页。
② 《新语校注》卷上，北京：中华书局，1986年，第30页。
③ 《新语校注》卷上，北京：中华书局，1986年，第34页。
④ 《汉书》第9册，北京：中华书局，1962年，第2616页。
⑤ 《淮南鸿烈集解》卷三，北京：中华书局，1989年，第112页。
⑥ 《淮南鸿烈集解》卷八，北京：中华书局，1989年，第249页。
⑦ 《史记》卷四十四，《国学基本丛书》第11册，上海：商务印书馆，1932年，第62页。

有邓芝。"[①]刘备死后，蜀主幼弱，诸葛亮派邓芝去吴国与孙权游说，联合二国。孙权寄书与诸葛亮讲丁厷言多浮艳，唯邓芝能和合二国，以便与魏鼎足而立。

魏晋时有识之士在恶劣的政治环境中，人身的安全朝不保夕，要实现人生价值，便只能由外向的现实追求转为内向的对心灵玄远的追寻。王弼主贵无论，其依据的经典文本是"三玄"(《周易》《老子》《庄子》)。他在注《周易·贲》九三爻辞"贲如濡如"时说："处下体之极，居得其位，与二相比，俱履其正，和合相润以成其文者也。"[②]《贲卦》为离下艮上，九三爻位居下体离之极，九三为阳爻，为得位；六二为阴爻，亦为得位。三爻与二爻都为履正位，阴阳爻和合相润泽，以成就其文饰，能永保其贞。王弼和合的旨趣是要主体心灵与动直不失大和，并以"崇本举末"的内圣外王之道，使自然万物、人类社会有序地、和谐地运作。

随着印度佛教的传入与道家演变出道教，中国哲学理论思维增添了异彩。道教是中国本土宗教文化，其早期代表作为《太平经》，它在理论思维上突破传统"太极生两仪"的二分法，而采取三分与多分法。"凡事悉皆三相通，乃道可成也。"(《太平经·三合相通诀第六十五》)[③]譬如元气有三名：太阳、太阴、中和；形体有三名：天、地、人；天有三名：日、月、星，北极为中；人有三名：父、母、子；治有三名：君、臣、民。要实现太平，需要三和合，或多和合。"天地之行，尚须阴阳相得和合，然后太平。"(《太平经钞壬部》)[④]和合是一种愉悦、快乐。"夫乐于道何为者也？乐乃可和合阴阳，凡事默作也，使人得道本也。"(《太平经钞乙部·以乐却灾法》)[⑤]阴阳矛盾冲突而和合，自是快乐的事，其效果为："元气自然乐，则合共生天地，悦则阴阳和合，风雨调。……人莫不悦乐喜，阴阳和合同心为一家，传相生。"(《阙题》)[⑥]自然、社会、人生和合同心为一家，便能共生天地万物，风调雨顺，天下太平，这是最大的愉悦快乐。若天下和合同心为一家，便不会有杀人的战争、战斗。"阴阳和合，无复有战斗者。"(《守一入室知神戒第一百五十二》)[⑦]寇谦之以和合为合和。他说："是以天地合和，万物萌生，华英熟成；国家合和，天下太平，万姓安宁；室家合和，父慈子孝，天垂福庆。贤者深思念焉，岂可不和。"(《道藏·正一法文天师教戒科经》)[⑧]天地、国家、家庭合和而万物生，人人顺善而忠信，无需刑罚而大治，天下和合万姓安。道士成玄英在《庄子疏》中说："阳气下降，阴气上升，二气交通，遂成和合，因此和气而物生

---

① 《三国志》第4册，北京：中华书局，1959年，第1072页。
② 《周易注》上经，《王弼集校释》，北京：中华书局，1980年，第327页。
③ 《太平经合校》卷四十八，北京：中华书局，1960年，第149页。
④ 《太平经合校》卷一百三十七—一百五十三，北京：中华书局，1960年，第706页。
⑤ 《太平经合校》卷十八—三十四，北京：中华书局，1960年，第13页。
⑥ 《太平经合校》卷一百一十五—一百一十六，北京：中华书局，1960年，第647—648页。
⑦ 《太平经合校》卷九十六，北京：中华书局，1960年，第411页。
⑧ 《正一法文天师教戒科经》，《正统道藏》第30册，台北：台北艺文印书馆，1977年，第24254—24255页。

焉。”(《庄子·田子方》)[①]阴阳二气升降交通、交感和合,遂生万物。

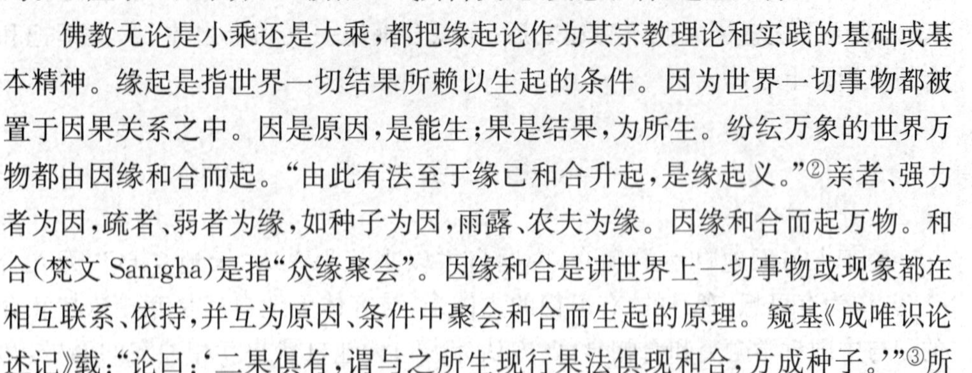

佛教无论是小乘还是大乘,都把缘起论作为其宗教理论和实践的基础或基本精神。缘起是指世界一切结果所赖以生起的条件。因为世界一切事物都被置于因果关系之中。因是原因,是能生;果是结果,为所生。纷纭万象的世界万物都由因缘和合而起。“由此有法至于缘已和合升起,是缘起义。”[②]亲者、强力者为因,疏者、弱者为缘,如种子为因,雨露、农夫为缘。因缘和合而起万物。和合(梵文 Sanigha)是指“众缘聚会”。因缘和合是讲世界上一切事物或现象都在相互联系、依持,并互为原因、条件中聚会和合而生起的原理。窥基《成唯识论述记》载:“论曰:‘二果俱有,谓与之所生现行果法俱现和合,方成种子。’”[③]所生现行果法俱时现有,现有是现、现在、现有三义。现为果,现有为因,现在通因果,和不相离,现行和合之果,方成种子。

印度佛教中因缘既二又一、既分又合的倾向在中国受融突和合影响,并在佛学中国化过程中得以彰显。《大乘起信论》以思辨的形式,融摄中国和合精神。“所谓不生不灭,与生灭和合,非一非异,名为阿黎耶识。”[④]不生指寂灭湛然,不灭指常住不动。《起信论》以一心开真如、生灭二门这种“性相不二”、二门不相离,来和合佛教内部佛性与心识关系,圆融《地论》《摄论》的论师们有关阿赖耶识染净之争,融合阿赖耶识与如来藏法性关系。

宋明理学是在融突和合儒、释、道三教思想中建构起来的。朱熹在讲道心、人心、天理、人欲时说:“所谓人心者,是气血和合做成,嗜欲之类,皆从此出,故危。”[⑤]这是指《尚书·大禹谟》的“人心惟危,道心惟微”,以人心为人欲,道心为天理,所以说由气血和合而成的人心,一切嗜欲都由此发生,是危险的。王夫之认为作为实有的诚和道,都是阴阳二气絪缊冲突融合而和合的动态过程,其源不在和合之外,而在和合本身。“动而趋行者动,动而赴止者静,皆阴阳和合之气所必有之几,而成乎情之固然,犹人之有性也。”[⑥]几为动之微,即事物最原初、最端始的动,是太虚和气的必动之几。“升降飞扬,乃二气和合之动几,虽阴阳未形,而已全具殊质矣。”[⑦]船山认为,最原始的“二气和合”,是一种混沌状态,阴阳二气虽未构成形象,但已蕴涵有不同的性质。这种殊质的相互作用,构成阴阳运动变化的动几。船山的“太和”,是和合所絪缊的最佳境界。“阴阳未

---

① 《庄子集释》卷七下,北京:中华书局,1961年,第713页。
② 世亲造,玄奘译:《俱舍论》卷九,支那内学院《藏要》本。
③ 《中国佛教思想资料选编》第2卷第2册,北京:中华书局,1983年,第59页。
④ 《大乘起信论道解》卷上,金陵刻经处,光绪十六年。
⑤ 《朱子语类》卷七十八,北京:中华书局,1986年,第2018页。
⑥ 《张子正蒙注》卷一,《船山全书》第12册,长沙:岳麓书社,1992年,第15页。
⑦ 《张子正蒙注》卷一,《船山全书》第12册,长沙:岳麓书社,1992年,第27页。

分，二气合一，细缊太和之真体”[①]，亦即和合的真体，可称之为“和合之体”。“圣人成天下之盛德大业于感通之后，而以合细缊一气和合之体”[②]，此即把和合超拔为形上之体。

三、道义与功利

关于人与天地自然的和合，中国自古以来认为人为“天地立心”“天人合一”。作为有思想、有目的、有道德的主体人，与客体天地自然是互相依持和合的。与中国哲学融突和合相异，西方认为人与天地自然是互相冲突的两极，解决冲突的方法是征服自然，以满足主体人的利益、欲望、需要，从而引导出主体人的利益与道义、整体利益与个体利益、道德价值与物欲价值以及特定的义务与权利等话题，包括其间关系能否以及怎样融突和合的问题。

在中国哲学概念、范畴系统中，义利纵贯始终而又横摄各家，影响深远。义最早见于甲骨、金文[③]。《说文》：“义，己之威仪也，从我、羊。羛，《墨翟书》义从弗，魏郡有羛阳乡，读若锜，今属邺，本内黄北二十里。”王筠释例：“义下当云‘我亦声’。”我的本义是戈形兵器，后借为第一人称代词，羊形冠饰为仪礼的需要。段玉裁《说文解字注》：“言己者以字之从我也。己，中宫，象人腹，故谓身曰己。义各本作仪，今正。古者威仪字作义。”高田忠周说：“铭用本字本义，经传借仪为义，又借义为仁谊字，义仪两字义殆混乱矣。”义为适宜。《释名·释言语》：“义，宜也。裁制事物使合宜也。”《周易·旅》上九爻辞：“鸟焚其巢，旅人先笑后号咷。”意为旅客的住处被焚，犹如鸟巢被烧，旅客先笑而后哭。《象》曰：“以旅在上，其义焚也。”陆德明释文：“马云：‘义，宜也。’一本作‘宜其焚也’。”[④]因为旅客在上位，他的住处被烧是合宜的、正常的。正当、正派、合理。《周易·系辞下》：“理财、正辞、禁民为非曰义。”孔颖达疏：“圣人治理其财用之有节，正定号令之辞出之以理，禁约其民为非僻之事，勿使行恶，是谓之义。”[⑤]禁止、制约民犯法、违法之事，不使其行恶就是义。《荀子·大略》：“义，理也，故行。”[⑥]义是合理的，所以能行。这种行为是公平、公正的。《管子·水地》：“唯无不流，至平而止，义也。”黎翔凤注：“方圆邪曲，无所不流。平则止，不可增高。如此者，义也。”[⑦]公平、正义，这是合乎善的。《诗经·大雅·文王》：“宣昭义问，有虞殷自

---

① 《张子正蒙注》卷一，《船山全书》第12册，长沙：岳麓书社，1992年，第35页。
② 《张子正蒙注》卷一，《船山全书》第12册，长沙：岳麓书社，1992年，第37页。
③ 甲骨：《殷墟书契后编》下30.12、《殷契拾掇》2.49。金文：《师旗鼎》、《墙盘》、《蔡侯盘》等。
④ 陆德明：《经典释文》，北京：中华书局，1983年，第29页。
⑤ 《周易正义》卷八，《十三经注疏》，北京：中华书局，1980年，第86页。
⑥ 《荀子简释》，北京：中华书局，1983年，第367页。
⑦ 《管子校注》中册，北京：中华书局，2004年，第814页。

天。”毛亨传：“义，善。”①正义感。《史记·伯夷列传》：“（武王）东伐纣，伯夷、叔齐叩马而谏曰：‘父死不葬，爰及干戈，可谓孝乎？以臣弑君，可谓仁乎？’左右欲兵之。太公曰：‘此义人也。’扶而去之。”②宋洪迈《容斋随笔》卷八：“至行过人曰义，义士、义侠、义姑、义夫、义妇之类是也。”这些行为超出常人而具有正义感的人，亦是道德高尚的人。《孟子·公孙丑章句上》：“其为气也，配义与道。无是，馁也。”赵岐注：“言此气与道义相配偶俱行。义谓仁义，可以立德之本也。道谓阴阳大道。”③仁义是判断人之品德的根本伦理原则。

利亦见于甲骨、金文④。《说文》：“利，铦也。从刀；和然后利，从和省。《易》曰：‘利者，义之和也。’”屈翼鹏《殷虚文字甲编考释》：“按：利当是犁之初文。从禾，从刀。其小点当象犁出之土凷也。”利为锋利。《玉篇·刀部》：“利，剡也。”《周易·系辞上》：“二人同心，其利断金。”孔颖达疏：“二人若同齐其心，其铁利能断截于金。金是坚刚之物，能断而截之，盛言利之甚也。”⑤显示二人同心的力量和功能，故言团结就是力量。利落、灵便。《荀子·王制》：“论百工，审时事，辨功苦，尚完利，便备用，使雕琢文采不敢专造于家，工师之事也。”杨倞注：“论其巧拙。功谓器之精好者，苦谓滥恶者。完，坚也。利，谓便于用。”⑥各种手艺工匠，根据时节确定要做的事，辨别产品的好坏，注重产品坚固和灵便，使设备器具便于使用、雕刻、绘画，不使其私自在家制造，这是手工艺官的职责惯例，这样管理产品质量就能优良。美好、善的。《玉篇·刀部》：“利，善也。”《汉书·高帝纪下》：“十一月，徙齐楚大族昭氏、屈氏、景氏、怀氏、田氏五姓关中，与利田宅。”颜师古曰：“利，谓便好也。”⑦迁徙齐楚五大族于关中，给予美好、优良的土地和房屋，使之富饶。《战国策·秦策一》载苏秦对秦惠王说：“大王之国，西有巴、蜀、汉中之利。”⑧西边有巴、蜀、汉中富饶的地方，这是大吉大利的。顺利。韩愈说：“时有利不利，虽贤欲奚为？”⑨张道士闻朝廷将活贡赋之法，三献书不报，长揖而去，京师士大夫多以诗相赠，韩愈作序：时有顺利与不顺利，虽为贤人又欲如何？利益。《墨子·经上·经说上》：“利，所得而喜也。”“说利，得是而喜，则是利也。其害也，非是也。”⑩得到利益，这是主体的喜悦，同时以不妨害他人为限，若妨碍他人，己虽喜悦，但非利益。有利。《广雅·释

---

① 《毛诗正义》卷十六一一，《十三经注疏》，北京：中华书局，1980年，第505页。
② 《史记》卷六十一，《国学基本丛书》第13册，上海：商务印书馆，1932年，第27页。
③ 《孟子正义》卷六，北京：中华书局，1987年，第200页。
④ 甲骨：《殷契佚存》457、《殷契粹編》673、《殷墟书契后編》下18.8。金文：《侯马盟书》等。
⑤ 《周易正义》卷七，《十三经注疏》，北京：中华书局，1980年，第79页。
⑥ 《荀子简释》，北京：中华书局，1983年，第112页。
⑦ 《汉书》第1册，北京：中华书局，1962年，第66—67页。
⑧ 《战国策全译》，贵阳：贵州人民出版社，1992年，第58页。
⑨ 《韩昌黎集》卷二十一，《国学基本丛书》第3册，北京：商务印书馆，1958年，第28页。
⑩ 《墨子校注》卷十上，北京：中华书局，1993年，第471页。

诂四》:“爱……利,仁也。”王念孙疏证:“爱,利者,《庄子·天地篇》:‘爱人利物之谓仁。’”犹苦药利于病。爱人有利于事物,这便是仁爱。喜爱,《荀子·正名篇》:“不利传辟者之辞。”杨倞注:“利,谓说爱之也。”[1]不喜爱身边人讨好的言辞。疾、迅猛之意。《淮南子·地形训》:“轻土多利,重土多迟。”[2]高诱注:“利,疾也。”轻土迅猛,重土迟缓。

义利之辩是中国几千年来的热门话题,中国哲学家、思想家无不参与辩论,其实质是整体与个体利益之辩,其中有诸多道德精髓,需继承弘扬。

义利诸说。其一,义利和合说。《周易·乾·文言》:“利者,义之和也。……利物足以和义。”荀爽曰:“阴阳相和,各得其宜,然后利矣。”[3]孔颖达疏:“言君子利益万物,使物各得其宜,足以和合于义,法天之利也。”[4]利益万物而和合于义。义利虽差分,但两相和合。《左传·襄公九年》载《周易·乾文言》:“利,义之和也。”其二,义利拒斥说。《论语·里仁》:“君子喻于义,小人喻于利。”[5]义利是君子与小人所追求的两种截然相对的价值导向,是对立的道德价值。其三,义以制利说。小人喻于利,是一己的私利,或称为专利。《国语·周语上》:“夫荣夷公好专利而不知大难。夫利,百物之所生也,天地之所载也,而或专之,其害多矣。”[6]利为普遍的存有,人物无不取利以满足主体生命或生存的需要,因此,利只能为天地人物所分享,而不能为一人所专有,若荣夷公一人专利,必遭大难的伤害。所以必须确立以义为本的思想。“义,利之本也。蕴利生孽。”(《左传·昭公十年》)[7]积聚利必生妖孽灾害。孔子主张以义制约利,“见利思义”。思是主体人的自觉性、主动性,见利就应该由义予以反思,以义的价值标准和道德导向来衡量利。其四,义利双弃论。老子说:“绝圣弃智,民利百倍;绝仁弃义,民复孝慈;绝巧弃利,盗贼无有。”(《老子》第十九章)[8]抛弃聪明与智慧,人民会得到百倍的利益;抛弃仁与义,人民才会恢复孝慈;抛弃技巧与货利,盗贼才会消灭。义利皆抛论认为,主体人的价值导向是回到像婴儿一样的自然无为的状态,这样就无所谓利益、功利。其五,贵义重利。墨子作《贵义》篇,以“万事莫贵于义”。利是其兼相爱的行为标准,“爱利万民”,为利天、利鬼、利人、利天下的利。“此仁也,义也,爱人利人,顺天之意,得天之赏者也。”

---

① 《荀子集解》卷十六,上海:世界书局,1936年,第282页。

② 《淮南鸿烈集解》卷四,北京:中华书局,1989年,第141页。

③ 《周易集解纂疏》卷一,《丛书集成初编》,上海:商务印书馆,1936年,第11页。

④ 《周易正义》卷一,《十三经注疏》,北京:中华书局,1980年,第15页。

⑤ 《论语集注》卷二,《朱子全书》第6册,上海:上海古籍出版社;合肥:安徽教育出版社,2002年,第96页。

⑥ 《国语集解》卷一,北京:中华书局,2002年,第13页。

⑦ 《春秋左传注》,北京:中华书局,1981年,第1317页。

⑧ 《老子新译》,上海:上海古籍出版社,1985年,第99页。按:郭店楚简本《老子》,绝圣弃智作绝知弃辩。

(《墨子·天志中》)[①]据天意重利即为贵义,义利互涵。后期墨家将其概括为"义,利也。《说》:义,志以天下为芬,而能能利之,不必用。"(《经上·经说上》)[②]义利内涵融合,但非混淆不清。志在使天下美好,善利天下,而不居功自用。利作为普遍的道德价值导向,义需与利和合。其六,义利两有说。荀子从主体论出发,认为"义与利者,人之所两有也"(《荀子·大略》)[③]。义与利对主体人来说是两种必然的存有和选择,其两有是以利融合于义,而非墨子义融合于利。主体人的价值活动的导向是"先义而后利者荣,先利而后义者辱"(《荣辱》)[④]。荣辱的根本区分,是义利两者谁为先后的问题,此两种价值导向义胜利为治世,利克义为乱世。其七,重利贱义说。韩非说:"见大利而不趋,……而务以仁义自饰者,可亡也。"(《韩非子·亡征》)[⑤]见大利而不去争,以仁义为自好,是亡国的象征。

这七种类型的义利观,体现了春秋战国"礼崩乐坏"之世百家智者的反思。这些反思,从不同的价值观出发,是人为保障主体生存的觉解,是自然、社会、个人实现发展的价值追求,是在物质生产活动及政治、经济、文化、精神探索中的价值升华,因而成为后来各家各派义利之辨的源头活水。

忘利行义,让利争义。吕不韦门客编著的《吕氏春秋》以道家思想为主体,兼容儒、墨、名、法、阴阳的思想。《吕氏春秋·士节》:"士之为人,当理不避其难,临患忘利,遗生行义,视死如归。"高诱注:"理,义也。杀身成义,何难之避也。"[⑥]忘利行义、视死如归,是处理大利与私利的原则。陆贾说:"义者行方,君子以义相褒,小人以利相欺。"行方,高诱注:"非正道不为也。"(《新语·道基》)[⑦]君子喻于义,行为方正;小人喻于利,相互欺骗。以义利分君子小人,"君子笃于义而薄于利"(《本行》)[⑧]。义利对待差分,以义为价值导向的主要方面。《淮南子》认为义利相依不离,有其相融合的方面。"盖闻君子不弃义以取利","故仁者不以欲伤生,知者不以利害义"(《淮南鸿烈·人间训》[⑨]。义是为人的大本,智者不以利损害义,君子不弃义取利。义利相兼,不可弃彼取此,而应彼此不弃不害。

董仲舒的名言是"仁人者正其道不谋其利,修其理不急其功"(《春秋繁露·

① 《墨子校注》卷七,北京:中华书局,1993年,第306页。
② 《墨子校注》卷十上,北京:中华书局,1993年,第469页。
③ 《荀子简释》,北京:中华书局,1983年,第375页。
④ 《荀子简释》,北京:中华书局,1983年,第38页。
⑤ 《韩子浅解》,北京:中华书局,1960年,第118页。
⑥ 《吕氏春秋新校释》卷十二,上海:上海古籍出版社,2002年,第629—631页。
⑦ 《新语校注》卷上,北京:中华书局,1986年,第34—35页。
⑧ 《新语校注》卷下,北京:中华书局,1986年,第147—148页。
⑨ 《淮南鸿烈集解》卷十八,北京:中华书局,1989年,第608—609页。

对胶西王越大夫不得为仁》)[①],《汉书·董仲舒传》作"正其谊(义)不谋其利,明其道不计其功"。董氏这是对当时"富者田连仟佰,贫者无立锥之地"的社会危机的忧患和反思,他呼吁不要与民争利、与民争业。王弼思想与董仲舒相通,他说:"见利忘义,贪进忘旧,凶之道也。"[②]王弼以名教出于自然,贬仁义。王通则与其相反,他说:"君子之学进于道,小人之学进于利。"(《中说·天地篇》)[③]道为道义。这是接着孔子"君子喻于义,小人喻于利"说的。君子与小人进学的目标异趣,其价值选择亦差分。作为君子应让利争义。"见利争让,闻义争为,有不善争改"(《中说·魏相篇》)[④]。君子固然有争,争什么?这是分辨君子与小人、义与利、善与恶、吉与凶的标准,是伦理道德价值选择的分野。

义利天下,以利和义。宋明理学是一次儒学运动,也是一次思想解放运动。他们在重建儒家伦理道德和价值理想时,对义利颇为重视。程颢说:"天下之事,惟义利而已。"(《明道先生语一》)[⑤]天下事大凡都为出义入利、出利入义之事,因此义利就成为一个普遍的、核心的问题,制约着诸多论证的价值导向和价值评判。李觏认为所谓贵义贱利是陋儒之论。他说:"愚窃观儒者之论,鲜不贵义贱利,其言非道德教化则不出诸口矣。"[⑥]治理国家,本于财用。若贱利而无财用,国就不治而乱。利国利民,为公利、大利,实即为义。张载认为,"义公天下之利"[⑦]。义作为人所以为人的应然的原则,在深层内涵上蕴含着公利。二程并非完全否定利,"人无利,直是生不得"。作为人的生命所需要的利不能不要,但不能忘义而利。他们说:"圣人于利,不能全不较论,但不至妨义耳。乃若惟利是辨,则忘义矣,故罕言。"[⑧]圣人于利亦非完全不较论,因为圣人亦要生命的存在,主要在于辨别义利,以义为价值标准,讲利不能妨义或忘义。要"见利思义,见危授命"(《明道先生语一》)[⑨]。义是利的价值规定和价值指向,以义校利,而不见利忘义。

朱熹重视义利之辨,他认为"义利之说乃儒者第一义"[⑩]。他恢复白鹿洞书院学规时,以董仲舒的"正其义不谋其利,明其道不计其功"为"处事之要",并以此区别君子与小人。"盖是君子之心虚明洞彻,见得义分明。小人只管计较利,

---

① 《春秋繁露义证》卷九,北京:中华书局,1992年,第268页。
② 《周易注》下经,《王弼集校释》,北京:中华书局,1980年,第485页。
③ 《中说校注》卷一,北京:中华书局,2013年,第49页。
④ 《中说校注》卷八,北京:中华书局,2013年,第220页。
⑤ 《河南程氏遗书》卷十一,《二程集》,北京:中华书局,1981年,第124页。
⑥ 《富国策第一》,《李觏集》卷十六,北京:中华书局,1981年,第133页。
⑦ 《正蒙·大易篇》,《张载集》,北京:中华书局,1978年,第50页。
⑧ 《河南程氏外书》卷七,《二程集》,北京:中华书局,1981年,第396页。
⑨ 《河南程氏遗书》卷十一,《二程集》,北京:中华书局,1981年,第123页。
⑩ 《与延平李先生书》,《朱文公文集》卷二十四,《四部丛刊初编缩本》,上海:商务印书馆,1919年影印本,第378页。

虽丝毫底利，也自理会得。"[①]小人之心，只理会利；君子之心，只理会义。尽管义利对待，但亦融合。"然义未尝不利，但不可先说道利，不可先有求利之心。"[②]义本身就存有大利，义蕴含着利，然不应说为求利，否则便会害义。盖"义者，利之和也"[③]。义利和合。朱熹的学生陈淳说："义者，天理之所宜；利者，人情之所欲。欲是所欲得者。"[④]天理所宜是当然而然，无所为而然，是合宜于天理的义；不当然而然，有所为而然，便是人情所欲的利。义利之分便是天理人欲之分。叶适认同朱熹义为利之和的思想，他说："故古人以利和义，不以义抑利。"[⑤]主张以利和义，批判董仲舒的"正义不谋利，明道不计功"的思想的疏阔。"既无功利，则道义者乃无用之虚语尔。"[⑥]叶适作为永嘉事功学派的代表人物，认为利是义的体现者和落实者，若无功利，义是空的虚语。功利是公利，是整体利益，私利是个体利益。

义利天理，分合义利。明清之时，王守仁认为仁义圣人之学日晦，功利之学日盛。吴廷翰与王守仁大异其趣。他说："义利原是一物，更无分别。故曰：'利者，义之和也。'又曰：'利物足以和义。'盖义之和处即是利，必利物而后义乃和。"[⑦]此论较陈亮义利双行论更深入追究义的来源，从源头上说，义利原是一物，而非对待二分，义之和的出处即是利。后人不探究义的源头，而只知义利之分，君子小人之别，皆非圣人之言。"义利亦只是天理，人欲不在天理之外也。""若寻天理于人欲之外，则是异端之说，离人伦出世界而后可。然岂有此理乎?"[⑧]义利都是天理，天理蕴含人欲。吴氏以其卓越的智慧，推倒程朱、陆王的以天理人欲、君子小人分义利的主流意识形态，指出天理于人欲之外是非圣人之言的异端之说。

王夫之则认为义利有分有合，不离不杂。从分的不杂而言，是公私、是非、善恶之差分。"是与非原无定形，而其大别也，则在义利。义者，是之主；利者，非之门也。"[⑨]是非之别在义利。作为道德价值的评估标准，义是公、是，利是私、非。义善利恶之分有如舜与盗跖之别。"孟子曰：欲知舜与跖之分，无他，利与善之间也。"[⑩]即以善为义，利为恶。然此分并非绝对，譬如盗跖窃仁义，君子不废食色，就是善中有恶，恶中有善。义利融合，利物和义，相依不离。"《易》

① 《朱子语类》卷二十七，北京：中华书局，1986年，第702页。
② 《朱子语类》卷五十一，北京：中华书局，1986年，第1218页。
③ 《朱子语类》卷五十一，北京：中华书局，1986年，第1221页。
④ 《义利》，《北溪字义》卷下，北京：中华书局，1986年，第53页。
⑤ 《魏志》，《习学记言序目》卷二十七，北京：中华书局，1977年，第386页。
⑥ 《汉书三》，《习学记言序目》卷二十三，北京：中华书局，1977年，第324页。
⑦ 《吉斋漫录》卷下，《吴廷翰集》，北京：中华书局，1984年，第66页。
⑧ 《吉斋漫录》卷下，《吴廷翰集》，北京：中华书局，1984年，第66页。
⑨ 《四书训义》卷二十八，《船山全书》第8册，长沙：岳麓书社，1990年，第249页。
⑩ 《尚书引义》卷五，《船山全书》第2册，长沙：岳麓书社，1991年，第388页。

曰'利物和义',义足以用,则利足以和。和也者合也。言离义而不得有利也。天之所以厚人之生、正人之德者,统于五行而显焉。"①义不离利,离利便无其用;利不离义,离义不会有真正的正当的利。无义无所谓利,无利亦无所谓义,义利和合。

四、伦理价值的取向

人生活在社会之中,无时无刻不面临公与私的抉择。公私是主体所追求的两种互相联通又互相差分的伦理道德价值指向;是一种特殊的主客关系的投射,是满足主体不同需要的价值内涵;是主体的物质利益需要和精神需要,是内在和外在的伦理道德行为活动;是心性道德主体通过中和明德的中介选择的结果。

在中国伦理哲学、政治哲学、价值哲学中,公私通贯始终,且是具有现代现实价值和意义的概念、范畴。公见于甲骨、金文②。《说文》:"平分也。从八从厶,八犹背也。韩非曰:'背厶为公。'"公正、无私、公允。《玉篇·八部》:"公,平也,正也。"《尚书·周官》:"以公灭私,民其允怀。"孔安国传:"从政以公平,灭私情,则民其信归之。"③治国理政公平无私,人民信任政府而归从。公正对大众一视同仁,共同遵守公约。《玉篇·八部》:"公,通也。"《广韵·东韵》:"公,共也。"荀子说:"凡万物异则莫不相为蔽,此心术之公患也。"杨倞注:"公,共也。"(《荀子·解蔽》)④一切事物都有差异,只看到事物的一面就会造成认知上的片面和局限,这是思想方法上共同的毛病。公众的、公家的。"言私其豵,献豜于公。"毛亨传:"豕一岁曰豵,三岁曰豜。大兽公之,小兽私之。"(《诗经·豳风·七月》)⑤猪一岁与三岁的大小有别,大猪归公,小猪归自己。韩非说:"人主说贤能之行,而忘兵弱地荒之祸,则私行立而公利灭矣。"(《韩非子·五蠹》)⑥《尔雅·释诂上》:"公,事也。"《诗经·召南·采蘩》:"被之僮僮,夙夜在公。"郑玄笺:"公,事也。"⑦人们以竦惧而恭敬的态度,早晚为公事奔忙。公然、公开地。《汉书·吴王濞传》:"公即山铸钱,煮海为盐,诱天下亡人谋作乱逆。"颜师古注:"公谓显然为之也。即,就也。"⑧晁错为景帝时御史大夫,他对景帝说,吴王濞

---

① 《尚书引义》卷二,《船山全书》第2册,长沙:岳麓书社,1991年,第277页。

② 甲骨:《殷墟书契前编》23.7、《殷墟文字甲编》1778、《阴虚粹编》405。金文:《利簋》、《墙盘》、《稣公簋》等。

③ 《尚书正义》卷十八,《十三经注疏》,北京:中华书局,1980年,第236页。

④ 《荀子简释》,北京:中华书局,1983年,第288页。

⑤ 《毛诗正义》卷八-一,《十三经注疏》,北京:中华书局,1980年,第391页。

⑥ 《韩子浅解》,北京:中华书局,1960年,第475—476页。

⑦ 《毛诗正义》卷一-三,《十三经注疏》,北京:中华书局,1980年,第284页。

⑧ 《汉书》第7册,北京:中华书局,1962年,第1906页。

前有其太子被杀，心中怨愤，今诈称病不朝，于古法当诛。又不改过自新，反益骄恣。公然开矿铸钱，海边制盐，诱亡人阴谋作乱。削藩反，不削亦反。固然发生七王之乱，结果均败亡。另，公为古代爵位名称等义。

私，《说文》："禾也，从禾厶声。北道名禾主人曰私主人。"邵瑛《说文解字群经正字》："以私为禾，经典无见，而凡公厶义并作厶。"以正《说文》之谬。杜义光《文源》："私为禾名，经传无考，当与厶同字。"惠栋《惠氏读说文记》："厶，俗作私，非是。"他不同意厶与私同字。以禾训私，与公私之私无涉。段玉裁《说文解字注》：公私之私，"古只作厶，不作私"，"今字私行而厶废矣。"厶，见甲骨《殷墟文字类编》卷六叶六十一、《殷墟文字后编》上叶二十五。《说文》训厶为"奸衺也"。段玉裁以为"衺"为"浅人所增，当删"。王筠《说文系传校录》亦认为"厶，奸邪也。《玉篇》同"。奸邪而不能公开或见不得人为厶，这是公私之厶的本意。奸邪，《淮南鸿烈》载："是故公道通而私道塞矣。"高诱注："公，正也。私，邪也。塞，闭也。"（《主术训》）[①]正道通畅，邪道闭塞。作者认为法令、法律规定以后，就要严格遵守执行，尊者犯法不轻其罚，卑贱犯法公正不重刑，这便是公道。对家族亲属一视同仁。《诗经·小雅·楚茨》："诸父兄弟，备言燕私。"郑玄笺："祭祀毕，归宾客豆俎，同姓则留与之燕，所以尊宾客、亲骨肉也。"[②]爱亲，亲爱。《释名·释言语》："私，恤也。"又"私，所恤念也"。《吕氏春秋·去私》："子，人之所私也，忍所私以行大义，钜子可谓公矣。"高诱注："私，爱也。忍，读曰仁，行之忍也。"[③]墨者之法，杀人者死，禁杀伤人，此为天下的大义。给予。《荀子·君道》："故明主有私人以金石珠玉，无私人以官职事业，是何也？曰：本不利于所私也。"[④]明主有给予人金石珠玉，然私自给人官职，从根本上讲是不利于你所爱的那个人的。《吕氏春秋·长利》："安虽长久，而以私其子孙，弗行也。"高诱注："私，利也。"[⑤]处处给予子孙利益，这也是不行的。另，私亦指私下的言行，如私通。

在中国传统伦理哲学思维方式中，公与私的价值取向成为比较稳定的概念、范畴思维结构。

兼及公私，废私立公。中国古代曾实行井田制，以田九百亩为一里，划为九区，各百亩，中为公田，八家为私田，同养公田。《诗经·小雅·大田》："雨我公田，遂及我私。"郑玄笺："古者阴阳和，风雨时……其民之心，先公后私，令天主雨于公田，因及私田尔。"[⑥]井田制体现了先公后私的民心。如果说《诗经》的公

---

① 《淮南鸿烈集解》卷九，北京：中华书局，1989年，第295页。
② 《毛诗正义》卷十三-二，《十三经注疏》，北京：中华书局，1980年，第469页。
③ 《吕氏春秋新校释》卷一，上海：上海古籍出版社，2002年，第57—62页。
④ 《荀子简释》，北京：中华书局，1983年，第170页。
⑤ 《吕氏春秋新校释》卷二十，上海：上海古籍出版社，2002年，第1344—1347页。
⑥ 《毛诗正义》卷十四-一，《十三经注疏》，北京：中华书局，1980年，第477页。

私意蕴着时间上的次序问题，那么《春秋左传》的公私关系则是价值指向。“君子是以知季文子之忠于公室也：‘相三君矣，而无私积，可不谓忠乎？’”（《左传·襄公五年》）[①]季文子死，依据大夫入殓的礼仪，襄公要亲自监临。家臣收集他家里的器物作为葬具，发现家里没有穿丝绸的妾、吃粮食的马，没有收藏的铜、玉器。他为宣、成、襄三代相，凡三十三年，没有私人的积蓄，因此被认为是忠心的。忠于公的道德规范，是为人的应然之则，其价值选择是不以私害公。《左传·文公六年》：“以私害公，非忠也。”[②]荀子说：“志忍私然后能公，行忍情性然后能修。”杨倞注：“忍，谓矫其性。”（《荀子·儒效》）[③]意志上克制私欲才能一心为公，行动上克制感情才能有好的品德。

管子学派明公私之别，以公为公平无私。“天公平而无私，故美恶莫不覆。地公平而无私，故小大莫不载。”（《管子·形势解》）[④]在人们心目中，天地是最高的信仰，亦是最高的自然法则，天地是公平无私的，人世应遵照而行。所谓私，“壅蔽失位之道也”（《任法》）[⑤]。有私就会壅蔽失位，离公道而行私术，法制毁而令不行，甚至侵法乱主。因此，管子主张“废私立公，能举人乎”（《正第》）[⑥]。

天下为公，无私至公。《吕氏春秋》在首卷《孟春纪》中专撰《贵公》、《去私》两篇，论述公的价值、地位与意义，私的危害与去私的必要。圣王治天下必先公，公便天下太平；行私，天下就不会太平。公是普遍的人类之公，亦是自然宇宙之公，人与自然宇宙同体，若以宇宙为私，就会戕害人类自己。《淮南鸿烈》认为古代圣王凡事为公。神农治天下“养民以公”，尧则“公正无私，一言而万民齐”。刘文典注：“无私，无所爱憎也。一言，仁言也。”（《修务训》）[⑦]《礼记·礼运》提出：“大道之行也，天下为公。”即大同世界是人不独亲其亲，不独子其子的，财货不为己私，事业、工作不为己私。贾谊鉴于秦末道德沦丧，私欲膨胀，主张“无私谓之公，反公为私”，对公私作了互训。傅玄从政治的治乱来反思公私。他在《河政篇》中说：“夫去私者，所以立公道也。惟公，然后可正天下也。”治国理政，在于去私，去私才能立公道，只有公道才可以正天下。嵇康认为主体自我应超越公私之辩，“公私者，成败之途，而吉凶之门乎！”[⑧]公私是成败吉凶的道路和门户。心应无措于公私、是非，主体自我应投入到宇宙本体之中，与本体融合为一，达到无私大公的境域。因而王通认为，只有无私，才能至公，公成私败。

---

① 《春秋左传注》，北京：中华书局，1981年，第944—945页。
② 《春秋左传注》，北京：中华书局，1981年，第553页。
③ 《荀子简释》，北京：中华书局，1983年，第96—97页。
④ 《管子校注》下册，北京：中华书局，2004年，第1178页。
⑤ 《管子校注》中册，北京：中华书局，2004年，第911页。
⑥ 《管子校注》中册，北京：中华书局，2004年，第896页。
⑦ 《淮南鸿烈集解》卷十九，北京：中华书局，1989年，第641页。
⑧ 《释私论》，《嵇康集校注》卷六，北京：人民文学出版社，1962年，第236页。

"无私,然后能至公,至公,然后以天下为心矣,道可行也。"(《中说·魏相篇》)[①]无私而至公,至公而超越主体自我,以天下之心为心,大道之行,天下为公。

大公无私,理公欲私。将公私概念、范畴系统地与义利、理欲相联通,而构成伦理哲学体系的是宋明理学。二程认为公是仁之理,私失仁,所谓仁,只是一个公字。私胜而失仁,失仁即失公。"圣人以大公无私治天下,于显比见之矣。"[②]圣人治理天下,大公无私,便可光明正大地辅佐。"至公无私,大同无我,虽眇然一身,在天地之间,而与天地无以异也。"[③]度越自我而无我,无私才能无我,把自身融合到天地之中,天地万物与吾一体而无异,这是至公无私的大同理想世界,是把现实人世的公私道德价值与天地万物融合为一。朱熹绍承二程,认为公私是主体自身关系的一种特殊的体现,是主体用以指导自己的两种道德价值方向和选择。"将天下正大底道理去处置事,便公;以自家私意去处之,便私。"[④]公与私是处理一切事物的道德原则、价值选择。因为"凡一事便有两端:是底即天理之公,非底乃人欲之私"[⑤]。须事事作公私、天理人欲的价值判断,公为天理,私为人欲。人必须时时体察、反思,若为私欲所蔽,自须猛省,急急摆脱出来。克去人欲之私,便是天理之公。王守仁亦主张"存天理,去人欲"。去人欲的下手处,就是克去己私。

大私大公,公私诚伪。明代随商品经济的发展,市民经济也得以繁荣。在此背景下,李贽认为私是人的物质需要,是人类生存的基本条件。他说:"夫私者人之心也。人必有私而后其心乃见,若无私则无心矣。"[⑥]譬如种田私有秋收之获,种田必勤;当官的有俸禄之私,若无俸禄召之不来。为私符合自然的道理,不是可以架空而臆说的,那种无私之说,都是画饼之谈。这是在为为私的价值合理性作论证。黄宗羲的思想与李贽相似,他认为初生的时候,人各有私,因为这是人的生理需要。后来人依赖自己劳动而获利的这种自私,是人情所欲,是合理的私。但有一种非理性的私,以天下之利尽归于己,天下之害尽归于人,他在《明夷待访录·原君》中说:"以我之大私为天下之大公。"由于天下之权都出于我,便可以权谋私、假公济私、化公为私,公然以自己的小私为天下的大公,这便是权力的非合理的运用。

随着西学东渐,传统的公私关系模式受到冲击,公私价值观发生变化。"但

---

① 《中说校注》卷八,北京:中华书局,2013年,第211页。

② 《周易程氏传》卷一,《二程集》,北京:中华书局,1981年,第742页。

③ 《河南程氏粹言》卷一,《二程集》,北京:中华书局,1981年,第1172页。

④ 《朱子语类》卷十三,北京:中华书局,1986年,第228页。

⑤ 《朱子语类》卷十三,北京:中华书局,1986年,第225页。

⑥ 《德业儒臣后论》,《藏书》卷三十二,《李贽文集》第2卷,北京:社会科学文献出版社,2000年,第626页。

开风气不为师"的龚自珍认为,私是天、地、人中普遍存在的现象,"天有私也",有闰月、凉风、燠日;"地有私也",有附庸闲田;"日月有私",不照入床闼之内。这都是"私自贞私自葆也"[①]。龚自珍把主体的情感、心理、意识及主体的行为活动对象化为天地、日月客体的公与私,使私具有时空上的自然存有性,给予私以天经地义的最高价值和形而上的意义。

王夫之生活在明清之际大变局、大动乱之时,他认为公私、理欲既有冲突的一面,亦有融合的一面。公私理欲有诚伪的差分。"天理、人欲,只争公私诚伪。"[②]公是指公欲,是人所共同的欲求;私指私欲,是人自然生理的欲望;公诚是天理,私伪是出于自身的人欲。公私理欲是在物在己之差分,亦是轻重、内外的差异。差分而有矛盾,矛盾而有冲突,冲突而有融合。王夫之认为天理寓于人欲之中。"礼虽纯为天理之节文,而必寓于人欲以见"[③],即天理必须通过人欲来呈现,不可离人欲而另觅天理,反之亦然。公私理欲之辩,是既相依不离,又相分不杂,不杂为突,不离为融,融突而和合。

五、道德理性与欲望

公私理欲之间是融突和合的关系。人本能的情感、欲望的冲动和生存活动,只有纳入自然、社会、人生关系之网,才能由饮食男女自然之欲,升华为美食、爱情之理。因此需要通过诚正明德的修身养性,使人的自然欲求转化为社会伦理道德,使天理与人欲融突和合。

理,《说文》:"治玉也。从玉,里声。"段玉裁注:"郑人谓玉之未理者为璞,是理为剖析也。玉虽至坚,而治之得其鰓理以成器不难,谓之理。"这是指理的本义为顺玉的纹理加工玉石,使之成器。又说:"凡天下一事一物,必推其情至于无憾而后即安,是之谓天理,是之谓善治。此引申之义也。戴先生《孟子字义疏证》曰:'理者,察之而几微必区以别之名也,是故谓之分理。在物之质曰肌理,曰腠理,曰文理。得其分则有条而不紊,谓之条理。'郑注《乐记》曰:'理者,分也。'许叔重曰:'知分理之可相别异也。'古人之言天理何谓也,曰理也者,情之不爽失也。未有情不得而理得者也。天理云者,言乎自然之分理也。自然之分理,以我之情絜人之情,而无不得其平是也。"《玉篇·玉部》:"治玉也,正也,事也,道也,从也,治狱官也。"《广韵·止韵》:"料理,义理。"作道、义理解。《周易·系辞上》:"易简而天下之理得矣。"[④]《皇极经世·观物外篇上》:"天下之数

---

① 《论私》,《龚自珍全集》第1册,北京:中华书局,1959年,第92页。
② 《读四书大全说》卷六,《船山全书》第6册,长沙:岳麓书社,1991年,第763页。
③ 《读四书大全说》卷八,《船山全书》第6册,长沙:岳麓书社,1991年,第911页。
④ 《周易正义》卷七,《十三经注疏》,北京:中华书局,1980年,第76页。

出于理。违乎理，则入于术。世人以数而入于术，故失于理也。”①作纹理、条理解。《周易·系辞上》：“俯以察于地理。”孔颖达疏：“地有山川原隰，各有条理，故称理也。”②《韩非子·解老》：“理者，成物之文也。”③亦作性解。《礼记·乐记》：“天理灭矣。”④这些都是由理玉引申出的许多常用含义，而“理一分殊”的元理也得以蕴藏于理的含义当中。

欲，《说文》：“贪欲也。从欠，谷声。”段玉裁注：“从欠者，取慕液之意；从谷者，取虚受之意。”徐灏笺：“从欠，非慕液也。人心所欲，皆感于物而动，故从欠。欠者，气也。欠之义引申为欠少，欲之所由生也。”欲望，即想要得到某种东西或达到某种目的的要求。《广雅·释诂二》：“欲，贪也。”《礼记·曲礼上》：“敖不可长，欲不可从。”孔颖达疏：“心所贪爱为欲。”⑤贪爱，爱好。《尚书·秦誓》：“仡仡勇夫，射御不违，我尚不欲。”孔颖达疏：“仡仡然壮勇之夫，虽射御不有违失，而智虑浅近，我庶几不欲用之，自悔往前用壮勇之计失也。”⑥想要。《大学》：“古之欲明明德于天下者，先治其国；欲治其国者，先齐其家。”⑦亦有邪淫、色欲之意。《玉篇·欠部》：“欲，邪婬也。”《素问·上古天真论》：“以欲竭其精，以耗散其真，不知持满，不时御神，务快其心。”⑧恣情纵欲而使阴精竭绝，因满足嗜好而使真气耗散，不知谨慎地保持精气的充满，不善于统驭精神，而专求心态的一时之快。

理欲是具有中国特色的伦理道德哲学概念、范畴。从理欲概念的历史演变中，我们可以把握人性在道德理性哲学转变中的社会历史本质。伦理道德是主体人与自然、社会、人生关系中追求真善美的理想生活的一种愿景。

寡欲依理，灭理穷欲。先秦时理欲概念是指主体道德意识和道德行为活动。道德意识是主体对道德对象的观念把握，对内心需要、动机和外在行为、状态的价值感性体验。道德意识指导道德实践。尽管由于每个人的社会地位、条件、经历、时空的差分，会有不同的道德意识，但社会道德意识和行为是社会共同的道德意识与行为。孔子主张有欲，富与贵是人之所欲；老子主张无欲，恒使民无知无欲；孟子认为养心莫善于寡欲；庄子讲少私寡欲，并较早提出天理概念，“去知与故，循天之理”（《庄子·刻意》）⑨，意思是内去心知，外忘事故，顺自

---

① 邵雍：《皇极经世书》卷十三，郑州：中州古籍出版社，2007年，第515页。

② 《周易正义》卷七，《十三经注疏》，北京：中华书局，1980年，第77页。

③ 《韩子浅解》，北京：中华书局，1960年，第157页。

④ 《礼记正义》卷三十七，《十三经注疏》，北京：中华书局，1980年，第1529页。

⑤ 《礼记正义》卷一，《十三经注疏》，北京：中华书局，1980年，第1230页。

⑥ 《尚书正义》卷二十，《十三经注疏》，北京：中华书局，1980年，第256页。

⑦ 《大学章句》，《朱子全书》第6册，上海：上海古籍出版社；合肥：安徽教育出版社，2002年，第17页。

⑧ 《素问》卷一，《中华医书集成》第1册，《医经类》，北京：中医古籍出版社，1999年，第2页。

⑨ 《庄子集释》卷六上，北京：中华书局，1961年，第539页。

然的妙理。

荀子既不赞成老子的无欲，也不同意孟子的寡欲，认为欲是人所普遍具有的自然共性，如饥而欲饱，寒而欲暖，劳而欲休，是人的性情。所以欲不可去，但可节欲。节欲的方法，在于以道制欲。“君子乐得其道，小人乐得其欲。以道制欲，则乐而不乱；以欲忘道，则惑而不乐。”（《荀子·乐论》）①君子小人喜欢音乐的目的差分，君子为提升道德修养，小人为满足个人欲望。但要以道德制约欲望。《礼记·乐记》把天理与人欲作为对待概念。“夫物之感人无穷，而人之好恶无节，则是物至而人化物也。人化物也者，灭天理而穷人欲者也。于是有悖逆诈伪之心，有淫逸作乱之事。”②世间万物的诱惑无穷无尽，人的好恶没有节制，就会丧失道德理性而被物所感化，成为与禽兽无区别的物“人”，使人之所以为人的社会伦理道德性转化为食色性的动物性。《乐记》反对灭理穷欲的物化人，认为人之所以为人在于人化物，要求人成为具有崇高的伦理道德的人。

欲得理胜，逐欲灭理。秦汉之际，理欲得到诸家关注。《吕氏春秋》的《明理》论述治乱之理；《过理》讲亡国之君，过于理而不乐；《论欲》肯定人是欲望的人，但不能纵欲无度，因此主张适欲、节欲，使道德理性与情感欲望互相融合。“四欲之得也，在于胜理，胜理以治身则生全，生全则寿长矣。胜理以治国则法立，法立则天下服矣。”（《适音》）③四欲是指人欲望寿、安、荣、逸，而厌恶夭、危、辱、劳。四欲得，四恶除，便是理胜。《淮南鸿烈》则主张“灭欲循理，循理而动”。

魏晋时的嵇康、阮籍主张越名教而任自然，郭象则试图调和名教与自然、现实与超越。他认为，天理自然就在于现实人欲之中，天理自然与合理的人欲融突和合。若追求无节制的欲望的满足，就会导致灭天理。“物之感人无穷，人之逐欲无节，则天理灭矣。”④所以应超越逐欲的意识和行为，而与天理自然相符合。他以道家真人的标准，谴责那种贪婪和违反天理的意识行为。

存理灭欲，损欲复理。宋朝理学家对理欲概念、范畴进行了多层次、多视角的探索。李觏认为，欲是人的自然情欲，若合乎礼的规定，就应得到肯定。周敦颐主张“无欲故静”。张载认为，天理是为天下人所诚心悦服、会通众人意志的道理，与性命之理相融合，是普遍的、超越的道德原则；人欲是指现实人的口腹饮食等感性欲望。尽管天理不能绝对排斥人欲，但两者具有对待关系。他批判“今之人灭天理而穷人欲，今复反归其天理”⑤。在他看来，泯灭道德理性而纵穷感性欲望，就会把人之所以为人的理性自我降格为与禽兽无别的感性存在。因此要使人的理性自觉返归天理，在现实中实现人的自我价值。

---

① 《荀子简释》，北京：中华书局，1983 年，第 281 页。

② 《礼记正义》卷三十七，《十三经注疏》，北京：中华书局，1980 年，第 1529 页。

③ 《吕氏春秋新校释》，上海：上海古籍出版社，2002 年，第 275—276 页。

④ 《庄子集释》卷三上，北京：中华书局，1961 年，第 230 页。

⑤ 《经学理窟·义理》，《张载集》，北京：中华书局，1978 年，第 273 页。

二程把天理人欲与道心、人心相联通。“人心私欲，故危殆。道心天理，故精微。灭私欲则天理明矣。”(《伊川先生语一》)[①]天理就是人之所以为人的理性的自觉，是人的价值所在；人欲是人的目、耳、鼻、口、体的欲、色、声、香、味、安等，它们会迷惑主体道德理性，使之不知返归天理本体。因此两者是相对待的关系，“不是天理，便是私欲……无人欲即皆天理”(《伊川先生语一》)[②]。他主张，“损人欲以复天理”[③]。度越自我欲望，能使天理复明；追求外在物欲，便丧失天理。

理欲同异，理寓欲中。胡宏与二程严天理人欲对待的立场相异，主张“天理人欲，同体而异用，同行而异情”[④]。体同用异，行同情异，前提是同，同中有异。吕祖谦基本同意胡宏观点，主张“天理常在人欲中”，天理人欲构成一共同体。然而朱熹认为“今以天理人欲混为一区，恐未允当”[⑤]。之所以未允当，天理是人生而有之的先天禀赋，人欲是人生后狃于习、乱于情的结果，所以不同体；本体实只一天理，更无人欲；好恶同为性，但不能理解为天理人欲同时并有。所谓天理是指自然的伦理纲常，是心的本然，是人性的善；人欲是心的毛病，心私而邪，是嗜欲之心，是恶的心。他还对程颐的“人心人欲也”做了修正，强调人心是普遍的概念，圣人的心、众人的心都是心，人心与人欲应加以区别。

陆九渊不同意天理人欲之分，认为天是理、人是欲的观点是对天人合一的否定，“不是圣人之言”；陈亮认为“天理人欲可以并行”；王守仁认为“良知即是天理”，“心的本体原只是个天理”，心即理。

刘宗周的学生陈确发挥师说，明确讲理欲融合论。“确尝谓人心本无天理，天理正从人欲中见，人欲恰好处，即天理也。向无人欲，则亦并无天理之可言矣。”[⑥]又说：“盖天理皆从人欲中见，人欲正当处，即是理，无欲又何理乎？”[⑦]天理寓于人欲，人欲中见天理。天理就是人欲的恰好处或正当处。此外别无天理，不能天理人欲判然分作两件。黄宗羲与陈确系同门师兄弟，但对理欲看法相左。黄宗羲在《与陈干初论学书》中说：“天理人欲，正是相反……至于无欲，而后纯乎天理。”天理人欲相互对待，那种从人欲中求天理的所谓天理，只是改头换面的人欲而已。王夫之认为理欲既对待又融合。“天理充周，原不与人欲

---

① 《河南程氏遗书》卷二十四，《二程集》，北京：中华书局，1981年，第312页。
② 《河南程氏遗书》卷十五，《二程集》，北京：中华书局，1981年，第144页。
③ 《周易程氏传》卷三，《二程集》，北京：中华书局，1981年，第907页。
④ 《胡子知言疑义》，《朱文公文集》卷七十三，《四部丛刊初编缩本》，上海：商务印书馆，1919年影印本，第1360页。另见《胡宏集》，北京：中华书局，1987年，第329页。
⑤ 《胡子知言疑义》，《朱文公文集》卷七十三，《四部丛刊初编缩本》，上海：商务印书馆，1919年影印本，第1360页。另见《胡宏集》，北京：中华书局，1987年，第330页。
⑥ 《瞽言四》，《别集》卷五，《陈确集》，北京：中华书局，1979年，第461页。
⑦ 《瞽言四》，《别集》卷五，《陈确集》，北京：中华书局，1979年，第468页。

相为对垒。理至处，则欲无非理。”①天理并非超越人欲，若离欲去求理，就陷入佛教废弃君臣父子大伦、违反自然生理需求的误区。天理无非是人情，人情通天下而一理。因而天理人欲相接。欲合乎理，性通乎情。“理尽则合人之欲，欲推即合天之理。于此可见，人欲之各得，即天理之大同。”②天理与人的情欲相融合，人欲合于天理，天理寓于人欲。理欲相对待融突而和合构成王夫之的理欲观。

近代中国屡遭西方列强的侵略，一批救国救民的仁人志士，要求改革图强，他们的思想与传统既继承，又相左。谭嗣同继承王夫之的“天理即在人欲之中”，批判程朱等“存天理，灭人欲”的思想。谭嗣同说：“世俗小儒，以天理为善，以人欲为恶，不知无人欲，尚安得有天理！吾故悲夫世之妄生分别也。天理，善也；人欲，亦善也。”③天理人欲均为善，而非理善欲恶。

六、道德评价的褒贬

由人生理想和人格塑造中认同的道德原则和价值目标，通过诸多中介和传统习惯以及心理活动等形式，对人的本性及其行为活动进行道德评价，而作出善与恶的判断，是人对某一对象所持褒贬的表现方式与提升社会伦理道德水平的有力方法。因此，善恶伦理道德评价是人自我修身养性、自我完善的实践活动。它既包含外在的伦理道德世界，也包括内在的伦理道德世界。“行善如同春园之草，不见其长，日有所增；行恶如磨刀之石，不见其消，日有所损。”人们要在这增损之间作出选择，即在善恶之间作出抉择。

善，见于甲骨、金文④。《说文》：“善，吉也。从誩，从羊。此与义、美同意。善，篆文善从言。”徐锴系传：“芈，美物也。故于文誩芈为譱，……俗作善。”商代金文像羊头形。美好，吉祥。“（孔子）谓《韶》：‘尽美矣，又尽善也。’谓《武》：‘尽美矣，未尽善也。’”（《论语·八佾》）朱熹注：“《韶》，舜乐。《武》，武王乐。美者，声容之盛。善者，美之实也。”⑤《韶》乐尽美尽善，《武》乐尽美而未尽善。之所以未尽善，是以征诛而得天下。和善，慈善。玄奘说：“谷稼丰盛，花果繁茂。气序和畅，风俗善顺。”⑥风俗和善而柔顺。亲善，友好。《正字通·口部》：“善，与

---

① 《读四书大全说》卷六，《船山全书》第6册，长沙：岳麓书社，1991年，第799页。
② 《读四书大全说》卷四，《船山全书》第6册，长沙：岳麓书社，1991年，第639页。
③ 《仁学九》，《谭嗣同全集》，北京：中华书局，1981年，第301页。
④ 甲骨：《殷墟佚存》276；金文：《父丁盘》、《善鼎》、《此簋》、《盂卣》。
⑤ 《论语集注》卷二，《朱子全书》第6册，上海：上海古籍出版社；合肥：安徽教育出版社，2002年，第92页。
⑥ 《阿踰陀国》，《大唐西域记》卷五，上海：上海人民出版社，1977年，第114页。

人交欢曰友善。"《左传·隐公六年》："亲仁善邻，国之宝也。"①郑伯侵袭陈国，获得俘虏和财物。后郑伯请与陈国媾和，陈侯不答应。五父劝说：亲近仁义，而结交邻国，是国家重要的原则，还是答应媾和吧。媾和是修好、友好的表现。友好而喜爱。《左传·襄公三十一年》："然明谓子产曰：'毁乡校何如？'子产曰：'何为？夫人朝夕退而游焉，以议执政之善否。其所善者，吾则行之；其所恶者，吾则改之，是吾师也。'"②郑国人在乡校里议论政事得失。然明对子产说："毁了乡校，怎样？"子产说："人们早晚事情完了到乡校议论政事好坏。他们认为好的，我就推行它，他们讨厌的，我就改掉它。这是我的老师。"因此，没有毁掉乡校。孔子听到这些话，说："别人说子产不仁，我就不信。"认为子产是行仁的，这是对子产的赞许。"宣成侯光，宿卫忠正，勤劳国家。善善及后世，其封光兄孙中郎将云为冠阳侯。"颜师古注："善善者，谓褒宠善人也。"（《汉书·霍光传》）③善待善人及其后世，是赞许霍光忠正勤劳。善人，善行。《论语·为政》："举善而教不能则劝。"朱熹注："善者举之，而不能者教之，则民有所劝而乐于为善。"④推举善人，是正确的。《释名·释言语》："善，演也。演尽物理也。"孟子说："善政，不如善教之得民也。善政民畏之，善教民爱之；善政得民财，善教得民心。"（《孟子·尽心章句上》）⑤政是指法律禁令，是外律；教是提升其道德修养，是内律。善政使人畏惧而得民财，善教使人敬爱而得民心。两者相比，教为正确。这是一种高明的选择。同理，老子说："善行，无辙迹；善言，无瑕谪；善数，不用筹策；善闭，无关楗而不可开；善结，无绳约而不可解。"（《老子》第二十七章）⑥这也是讲很高明、很有智慧的人的行事特点。擅长。孙武说："善用兵者，避其锐气，击其惰归，此治气者也。"杜牧引太宗语注曰："待敌气衰，陈久卒饥，必将自退，退而击之，何往不克。"（《孙子·军争》）⑦武德年间，唐太宗与窦建德战于汜水之东，唐太宗擅长用兵，生擒建德。善另有领悟、熟悉、应诺、大、多等义。

恶，《说文》："过也。从心，亚声。"《广韵·铎韵》："恶，不善也。"《周易·大有·象传》："君子以遏恶扬善，顺天休命。"⑧即制止奸恶，弘扬善良，以顺应天

---

① 《春秋左传注》，北京：中华书局，1981年，第50页。
② 《春秋左传注》，北京：中华书局，1981年，第1192页。
③ 《汉书》第9册，北京：中华书局，1962年，第2950页。
④ 《论语集注》卷一，《朱子全书》第6册，上海：上海古籍出版社；合肥：安徽教育出版社，2002年，第80页。
⑤ 《孟子集注》卷十三，《朱子全书》第6册，上海：上海古籍出版社；合肥：安徽教育出版社，2002年，第429—430页。
⑥ 《老子新译》，上海：上海古籍出版社，1985年，第117—118页。按：郭店楚简本《老子》，绝圣弃智作绝知弃辩。
⑦ 《十一家注孙子校理》卷中，北京：中华书局，1999年，第150页。
⑧ 《周易正义》卷二，《十三经注疏》，北京：中华书局，1980年，第30页。

道，求得美好的命运。奸恶为坏、不好。韩非说："不明臣之所言，虽节俭勤劳，布衣恶食，国犹自亡也。"(《韩非子·说疑》)①英明的君主要诚明于臣子的建言，汇集听取众人的意见。否则，即使很节俭，也会亡国。丑陋。《尚书·洪范》："五曰恶，六曰弱。"孔安国传："恶，丑陋。"②厉害。韩非说："有恶病使之事医。"(《韩非子·八说》)③恶病为厉害的病。人得恶疾，很畏惧，要找医生看。韩非又说："使人不衣不食，而不饥不寒，又不恶死，则无事上之意。"(《八说》)④假如人不用衣食而又不致饥寒又不怕死的话，那么人就无意于事上了，因为无所畏惧。《释名·释言语》："恶，扼也。扼，困物也。"若衣食困厄，就不一样了。讨厌，憎恨。《广韵·暮韵》："恶，憎恶也。"《论语·里仁》："唯仁者能好人，能恶人。"只有仁人能喜好人和憎恶人。诋毁，中伤。《尚书·秦誓》："人之有技，冒疾以恶之。"孔颖达疏："大佞之人，见人之有技，蔽冒疾害以恶之。"⑤蔽障掩盖人的技艺，诋毁害之。这种事是人所忌讳的。《礼记·王制》："大史典礼，执简记，奉讳恶。"孔颖达疏："大史之官，典掌礼事，国之得失，是其所掌，执此简记策书，奉其讳恶之事。奉谓进也，讳谓先王之名，恶谓子卯忌日。谓奉进于王以所讳所恶。"⑥羞耻。《集韵·莫韵》："恶，耻也。"孟子说："无恻隐之心，非人也；无羞恶之心，非人也。"朱熹注："羞，耻己之不善也。恶，憎人之不善也。"(《孟子·公孙丑章句上》)⑦人之所以为人，要有恻隐、羞恶、辞让、是非之心，无此，就不是人。

善恶的道德评价渗透于主体外在的道德传统、行为、舆论、秩序、关系，以及内在的道德心理、观念、情感、理想等动机之中。因而善恶概念、范畴成为中国伦理道德哲学的重要价值原则。

彰善瘅恶，善成恶灭。在今文《尚书》中，善恶是单一概念，但在古文《尚书》中，善恶为对偶概念。"彰善瘅恶，树之风声。"孔安国传："言当识别顽民之善恶，表异其居里，明其为善，病其为恶，立其善风，扬其善声。"(《尚书·毕命》)⑧表彰善的道德行为于乡里，以树立善的社会风尚，消除恶的社会风气。善的道德行为引导自我和社会的完善，反之导向动乱、败亡。《左传·隐公六年》记载，要以农民除草绝根的精神去恶，使其不能生长，以使善得到弘扬和发展。《国语·鲁语下》认为，人外在的道德活动是与内在的道德意识相关的。

---

① 《韩子浅解》，北京：中华书局，1960年，第418页。
② 《尚书正义》卷十二，《十三经注疏》，北京：中华书局，1980年，第193页。
③ 《韩子浅解》，北京：中华书局，1960年，第443页。
④ 《韩子浅解》，北京：中华书局，1960年，第445页。
⑤ 《尚书正义》卷二十，《十三经注疏》，北京：中华书局，1980年，第256页。
⑥ 《礼记正义》卷十三，《十三经注疏》，北京：中华书局，1980年，第1345页。
⑦ 《孟子集注》卷三，《朱子全书》第6册，上海：上海古籍出版社；合肥：安徽教育出版社，2002年，第289页。
⑧ 《尚书正义》卷十九，《十三经注疏》，北京：中华书局，1980年，第245页。

"夫民劳则思，思则善心生；逸则淫，淫则忘善，忘善则恶心生。"①民勤劳于事业，珍惜自己劳动成果，而生善心；安逸而放纵、堕落，而生恶心。

孔子以善恶为相对待的概念、范畴，他说："不如乡人之善者好之，其不善者恶之。"(《论语·子路》)②认为不能以乡人都赞扬或厌恶作为善恶评价的标准，而应该以乡人中的善者赞扬他，不善者厌恶他去考察人品。墨子将善恶对举。他说："有谗人、有利人、有恶人、有善人。"(《墨子·杂守》③他认为，人的道德与人类物质资料的生产能否满足生存需要相关联。"故时年岁善，则民仁且良；时年岁凶，则民吝且恶。"(《七患》)④农业社会，年成的丰收与无收，是关系民生的大事，丰收了，人民往往仁爱善良；若遇灾荒，人们便吝惜而凶恶，甚至出现人相食的现象。

《周易·系辞下》："善不积不足以成名，恶不积不足以灭身。小人以小善为无益，而弗为也；以小恶为无伤，而弗去也。故恶积而不可掩，罪大而不可解。"⑤不逐渐积累恶，便不会构成名誉的损失和杀身之祸。然而，小人以小善无益，小恶无伤，而弗为不去，于是恶便得到不断积累，终于罪大恶极以致灭身。

化性起伪，人性善恶。对善恶的辩论往往由对人的行为和事件的道德价值评价，转而追究人性的善恶话题。人性从根底上说是善的抑或恶的？孟子以人性为善，荀子以人性本恶。荀子说："人之性恶，其善者伪也。"(《荀子·性恶》)⑥人之本性是恶的，善是后天人为的。由此，他批评孟子性善论没有分清性伪问题。主体人的道德完善，需要自存、自好、自省，是严于律己的过程，也是化性起伪的过程。"凡所贵尧、禹、君子者，能化性，能起伪，伪起而生礼义。"(《性恶》)⑦圣人能变化人的恶的本性，兴起人为的善，从而确立礼义，制定法度。韩非将善恶与阴阳相联通。"阴相善而阳相恶，以示无私，相为耳目，以候主隙。"(《韩非子·备内》)⑧大臣暗里互相勾结，表面相恶以显示无私，以蒙蔽君主。他们互通信息，伺间隙以便危害之。

先秦由道德行为的善恶而追根至人性的善恶，各家基于价值观的差分而各是其是。于是在汉统一后，扬雄企图综合各家，提出一折衷的方案，主张善恶混。他说："人之性也，善恶混。"李轨注："混，杂也。"(《法言·修身》)⑨善恶杂

---

① 《国语集解》卷五，北京：中华书局，2002 年，第 194 页。

② 《论语集注》卷七，《朱子全书》第 6 册，上海：上海古籍出版社；合肥：安徽教育出版社，2002 年，第 185 页。

③ 《墨子校注》卷十五，北京：中华书局，1993 年，第 977 页。

④ 《墨子校注》卷一，北京：中华书局，1993 年，第 36 页。

⑤ 《周易正义》卷八，《十三经注疏》，北京：中华书局，1980 年，第 88 页。

⑥ 《荀子简释》，北京：中华书局，1983 年，第 327 页。

⑦ 《荀子简释》，北京：中华书局，1983 年，第 333 页。

⑧ 《韩子浅解》，北京：中华书局，1960 年，第 126 页。

⑨ 《法言义疏》卷五，北京：中华书局，1987 年，第 85 页。

合、融合。修身为善是善人，修其恶为恶人。这就否定了先验人性善恶论，强调善恶是道德主体修持实践的结果，体现了道德主体的主体性和能动性。王充否定董仲舒人性善恶是天施予阴阳二气所形成，认为人的善恶是禀受自然元气，由于禀受元气有厚薄，所以性有善恶。①

善恶报应，阴阳善恶。佛教传入中土后，慧远把佛教的因果报应论与中国世俗的因果感应论融合起来，提出三报说。“经说业有三报：一曰现报，二曰生报，三曰后报。现报者。善恶始于此身，即此身受。生报者，来生便受。后报者，或经二生、三生、百生、千生，然后乃受。”②佛教宣扬善有善报、恶有恶报。人所作的善恶之业，是人内心的思维活动所造作的言语和身体行为，这便是意、口、身所作的业。众生作业，必得果报。禅宗六祖慧能认为人人本有真如佛性，而恒常清净的佛性，是不染污的善性。“世人性本自净，万法在自性。思量一切恶事，即行于恶；思量一切善事，便修于善行。”③从内在的善恶道德意识活动到外在的善恶道德行为活动，尽在自性。思量有善恶，则得到不同的报应。一念恶，报应千年善行亡；一念善，报应千年的恶行灭。自悟自修，念善以报身。

佛教是外来的，道教是本土的。道教接着人性善恶之辩，提出阳善阴恶说。“夫天地之性，半阳半阴。阳为善，主赏赐。阴为恶，恶者为刑罚，主奸伪。”（《太平经・太平经钞壬部》）④阳善阴恶，以阴阳二气为善恶人性的根据。然而，社会风气、环境变化、教化作用，都能改变人的善与恶。学善其人善，学恶其人恶。这就是所谓种善得善，种恶得恶。成玄英在《庄子疏》中以夏桀和盗跖为恶，圣贤为善，善恶二途，并把善恶纳入其双遣双非思维框架，而达两忘境界。

善恶天理，四句善恶。宋明时学者们融突儒释道人性善恶论，进行致广大而尽精微的探索。邵雍认为君子乐善，小人乐恶。司马光与邵雍异，不是以善恶君子小人对着讲，而是以圣人、愚人兼有善恶。“夫性者，人之所受于天以生者也，善与恶必兼有之，是故虽圣人不能无恶，虽愚人不能无善，其所受多少之间则殊矣。”⑤即无论是什么人，在善恶道德价值平台上都是相同的，只是多少的差别，而不是有无的差分。

张载以天地之性与气质之性二分法否定人性的上、中、下三分法，认为天地之性纯善，气质之性有善有恶。然“纤恶必除，善斯成性矣；察恶未尽，虽善必粗

---

① 参见卷二《率性篇》，《论衡校释》第1册，北京：中华书局，1990年，第81页。

② 《三报论》，《弘明集》卷五，《中国哲学史教学资料汇编（魏晋南北朝部分）》，北京：中华书局，1964年，第423页。

③ 《坛经二〇》，《坛经校释》，北京：中华书局，1983年，第39页。

④ 《太平经合校》卷一百三十七—一百五十三，北京：中华书局，1960年，第702页。

⑤ 《性辩》，《司马文正公传家集》卷六十六，《万有文库》第2集，上海：商务印书馆，1937年，第821页。

矣”[①]。因此要变化气质，去恶从善，而达天地之性。二程认为张载所说的天命之性是极本穷源之性，指出“天下善恶皆天理，谓之恶者非本恶，但或过或不及便如此”《二先生语二上》[②]。这是否定恶为本恶，因其非本恶，所以善恶皆天理，这就从根源上把善恶放在了同一平台上。由此而言，善恶皆是人性。程颐以性即理、即善、即普遍的道德理性原则。但为什么不是人人皆善呢？是因为有气禀的清浊之分。朱熹分析、融合以往各种人性论，以“性即天理，未有不善”[③]为评价标准，认为以天命之性专指理，气质之性是理与气杂，有善有恶，这样便可化解以往的人性善恶话题的论争。他认为孟子只论性善的大本，未见气质之性的细微处；荀子、扬雄只论争气质之性的有善有恶，大本不明，大害事；韩愈性三品，只说个气质之性，若分气质何止三品，千百品均可。[④]

在人性善恶话题上王守仁有自己智能创新思想。王守仁晚年将其学术思想妙凝为四句，作为立教宗旨，后被称为王门“天泉证道”四句教。“德洪与汝中论学，汝中举先生教言：‘无善无恶是心之体，有善有恶是意之动，知善知恶是良知，为善去恶是格物。’”[⑤]对此四句教，王畿体认为“四无”，钱德洪领悟为“四有”。他们在天泉桥请教王守仁。王守仁认为，二人的意见可相资为用，不可各执一边。这是为了接引不同人，使中人上下的人皆可接引入道。四句教是王守仁主体精神发扬的心学教言，是其心体学思想的核心话题。尽管两大弟子体会上发生分歧，其实四句教既非“四无”，亦非“四有”，而是即四无即四有，是一体两面、统摄四无四有的融突和合体。

总之，中国的“立人之道曰仁与义”的人道论所涵涉的义利、公私、理欲、善恶等概念、范畴在其历史长河中激浊扬清：人类的道德价值思维在由单一到多元、多边，由具体到抽象，再由抽象到具体的流动中，以冲突、融合而和合的方式化解时代矛盾。无论是义利、公私，还是理欲、善恶，都是既矛盾冲突、对待相离，又协调融合、和而不二。在立人之道曰仁义的统摄下，仁者爱人的人道主义得到了高扬。尽管义利、公私、理欲、善恶分论，然均反映了中国伦理道德的自然原则与价值原则的融合。人生活于社会之中，社会的伦理道德原则，是维系人的社会性存在的基石。反思义利、公私、理欲、善恶伦理道德文化精神，体认伦理道德文化精神在历史激流中的潮起潮落，是人类社会伦理生活的批判性、规范性、理想性的体现。尽管在社会的价值体系中，各个时期、各个人的伦理道德价值目标和取向有多元差分，但终会殊途同归，因为社会的伦理道德文化精

---

① 《正蒙·诚明篇》，《张载集》，北京：中华书局，1978年，第23页。

② 《河南程氏遗书》卷二上，《二程集》，北京：中华书局，1981年，第14页。

③ 《孟子集注》卷十一，《朱子全书》第6册，上海：上海古籍出版社；合肥：安徽教育出版社，2002年，第396页。

④ 参见《朱子语类》卷四，北京：中华书局，1986年，第70页。

⑤ 《传习录下》，《王阳明全集》卷三，上海：上海古籍出版社，1992年，第117页。

神是时代精神的体现。伦理道德的价值理想、价值规范和价值导向唯有符合时代精神，才能指引着未来，且发挥主导的、支配的作用。也唯有如此，社会与个人的精神才能在义利、公私、理欲、善恶的融突和合中推致真善美的伦理道德境界。

（原载：《江汉论坛》2021年第3期，
作者单位：中国人民大学孔子研究院）

朱子论羞恶

陈 来

在儒学体系中，羞恶的问题来自《孟子·公孙丑上》："恻隐之心，仁之端也；羞恶之心，义之端也；辞让之心，礼之端也；是非之心，智之端也。人之有是四端也，犹其有四体也。"根据孟子的讲法，羞恶作为道德感情和恻隐、辞让、是非被称为四端，分别是作为本性的仁义礼智的发端或端绪。在这一体系中，羞恶是义之发端，从而羞恶问题的研究既与义的研究相联系，也同时是对四端研究的一部分。在理学中，朱子对四端的论述最多，也最成体系，而本文以羞恶为焦点，来检述其思想，既是因为义的概念涵义历来被认为不很清楚，通过朱子对羞恶的讨论可以促进我们对理学关于义的概念的理解，同时也可以通过这一特定的角度加深对朱子学心性论的理解。

一、羞恶为义之已发

按朱子哲学体系，义与仁礼智一样，属于性之理。未发之性发见则为情。仁之发为恻隐，义之发为羞恶，恻隐、羞恶属于已发之情。孟子所说的"羞恶之心"，在这个意义上属于已发之情。

《语类》记载朱子与门人的讨论：

> 问喜怒哀乐未发、已发之别。曰："未发时无形影可见，但于已发时照见。谓如见孺子入井，而有怵惕恻隐之心，便照见得有仁在里面；见穿窬之类，而有羞恶之心，便照见得有义在里面。盖这恻隐之心属仁，必有这仁在里面，故发出来做恻隐之心；羞恶之心属义，必有这义在里面，故发出来做羞恶之心。譬如目属肝，耳属肾。若视不明，听不聪，必是肝肾有病；若视之明，听之聪，必是肝肾之气无亏，方能如此。然而仁未有恻隐之心，只是个爱底心；义未有羞恶之心，只是个断制底心。惟是先有这物事在里面，但随所感触，便自是发出来。故见孺子入井，便有恻隐之心；见穿窬之类，便有羞恶之心；见尊长之属，便有恭敬之心；见得是，便有是之之心；见得非，便有非之之心，从那缝罅里迸将出来，恰似宝塔里面四面毫光放出来。"（焘）①

---

① 黎靖德编：《朱子语类》卷五十三，北京：中华书局，1986年，第1288—1289页。

门人问的是喜怒哀乐，即七情的已发未发，而朱子回答的是恻隐羞恶恭敬是非之心，即四端，可见在朱子的意识中，把七情和四端之心都看做情，常常不加分别。照朱子，情之未发即是性，性无形影；此性于情之已发可见。人见穿窬之事，而发羞恶之心，由此羞恶之心可见本性中义之理在焉。有四端之心发作，人可知四德之性内在于心中。反过来说，正是由于人内在地具有四德之本性，故能遇事而发为四端之心。不过，这一段记录中"然而仁未有恻隐之心，只是个爱底心；义未有羞恶之心，只是个断制底心。惟是先有这物事在里面，但随所感触，便自是发出来。"应是记录有误。未有恻隐之心，只是个爱底理；未有羞恶之心，只是个断制底理。而不能说未感时先有个爱底心、先有个断制底心。这是明显违反朱子学思想的。在朱子思想中，"先有这物事在里面，但随所感触，便自是发出来"，这个在里面的物事只能是理，而不能是别的东西。

> "恻隐、羞恶，是仁义之端。恻隐自是情，仁自是性，性即是这道理。仁本难说，中间却是爱之理，发出来方有恻隐；义却是羞恶之理，发出来方有羞恶；礼却是辞逊之理，发出来方有辞逊；智却是是非之理，发出来方有是非。仁义礼智，是未发底道理，恻隐、羞恶、辞逊、是非，是已发底端倪。如桃仁、杏仁是仁，到得萌芽，却是恻隐。"又曰："分别得界限了，更须日用常自体认，看仁义礼智意思是如何。"又曰："如今因孟子所说恻隐之端，可以识得仁意思；因说羞恶之端，可以识得义意思；因说恭敬之端，可以识得礼意思；因说是非之端，可以识得智意思。缘是仁义礼智本体自无形影，要捉模不着，只得将他发动处看，却自见得。恰如有这般儿子，便知得是这样母。程子云'以其恻隐，知其有仁'，此八字说得最亲切分明。也不道恻隐便是仁，又不道掉了恻隐，别取一个物事说仁。譬如草木之萌芽，可以因萌芽知得他下面有根。也不道萌芽便是根，又不道掉了萌芽别取一个根。"又曰："孟子说性，不曾说着性，只说'乃若其情，则可以为善'。看得情善，则性之善可知。"又曰："恻隐羞恶，多是因逆其理而见。惟有所可伤，这里恻隐之端便动；惟有所可恶，这里羞恶之端便动。若是事亲从兄，又是自然顺处见之。"又曰："人须扩而充之。人谁无恻隐，只是不能常如此。能常如此，便似孟子说'火之始然，泉之始达，苟能充之，足以保四海'。若不能常如此，恰似火相似，自去打灭了；水相似，自去淤塞了；如草木之萌芽相似，自去踏折了，便死了，更无生意。"又曰："孟子云：'仁义礼智根于心。''心统性情'，故说心亦得。"（贺孙）①

"中间却是爱之理"，这里的"中间"就是前面说的"里面"。里面有羞恶之理，发出来才有羞恶。羞恶之理便是义。故仁义礼智四德是未发的理，而恻隐、羞恶、辞逊、是非是已发的端，即四端。四德是性，是未发，四端是情，是已发。

① 黎靖德编：《朱子语类》卷五十三，第1287—1288页。

认清四德和四端的分别，就叫做“分别得界限”。照朱子看来，孟子所说的仁义礼智根于心，是说仁义礼智是心之根，是四端之心的根，四德是根源，四端是发端。

“元亨利贞”理也；有这四段，气也。有这四段，理便在气中，两个不曾相离。若是说时，则有那未涉于气底四德，要就气上看也得。所以伊川说：“元者，物之始；亨者，物之遂；利者，物之实；贞者，物之成。”这虽是就气上说，然理便在其中。伊川这说话改不得，谓是有气则理便具。所以伊川只恁地说，便可见得物里面便有这理。若要亲切，莫若只就自家身上看，恻隐须有恻隐底根子，羞恶须有羞恶底根子，这便是仁义。仁义礼智，便是元亨利贞。孟子所以只得恁地说，更无说处。仁义礼智，似一个包子，里面合下都具了。一理浑然，非有先后，元亨利贞便是如此，不是说道有元之时，有亨之时。（渊）①

性就是物里面有的理，性理是四端的根子，有仁义礼智的根子，才能发出恻隐羞恶四端。这也是讲四德之性是四端之情的内在根据，四端之情是四德之性的外发表现。“里面”就是内在于心里面。

又曰：“心之所以会做许多，盖具得许多道理。”又曰：“何以见得有此四者？因其恻隐，知其有仁；因其羞恶，知其有义。”②

从已发之情推知未发之性，这是一种内推或逆推的方法，依据已发的恻隐和羞恶，而知性有仁有义。逆推的方法属于认知本性和论证本性存在的方法。

明德未尝息，时时发见于日用之间。如见非义而羞恶，见孺子入井而恻隐，见尊贤而恭敬，见善事而叹慕，皆明德之发见也。如此推之，极多。但当因其所发而推广之。（僩）③

这里的明德即是性，即指四德，朱子指出，四德之性虽属未发，但通过四端而时时发见，如性中有义之理，见非义之事而发为羞恶。而人不是仅仅依靠四端发见，还需要因其所发而推广之，这才是真正掌握了孟子的思想。

孝弟便是仁。仁是理之在心，孝弟是心之见于事。“性中只有个仁义礼智，曷尝有孝弟！”见于爱亲，便唤做孝；见于事兄，便唤做弟。如“亲亲而仁民，仁民而爱物”，都是仁。性中何尝有许多般，只有个仁。自亲亲至于爱物，乃是行仁之事，非是行仁之本也。故仁是孝弟之本。推之，则义为羞恶之本，礼为恭敬之本，智为是非之本。④

朱子这里讲的是性情之辩，认为仁是性，发见在爱亲之事，就是孝，所以仁是根本，孝是发见。同理，义是根本，羞恶是发见。这种分析也是基于性情体

① 黎靖德编：《朱子语类》卷六十八，第1689页。
② 黎靖德编：《朱子语类》卷六，第109页。
③ 黎靖德编：《朱子语类》卷十四，第262页。
④ 黎靖德编：《朱子语类》卷二十，第474页。

用、未发已发的理论而有的。

二、羞恶之心因见其不美而发

上面已说明，孟子讲的恻隐羞恶，在朱子哲学体系的性体情用论中，属于情。故《孟子》文本中的“恻隐之心”“羞恶之心”在朱子哲学体系中属于情，而不是心。但因《孟子》文本中使用了恻隐之心、羞恶之心的概念，故朱子在讨论中也常常使用这些概念，但这不等于朱子认为“恻隐之心”“羞恶之心”不是情。朱子说过：

> 如曰“恻隐之心”，便是心上说情。[1]

所以，若严格按朱子性情体用的思想，恻隐羞恶只能叫做情，不叫做心。但孟子的思想与其概念的使用与朱子不同，孟子已经使用恻隐之心羞恶之心的说法，这就使得朱子往往要面对这种差别给予说明。如在这里，他的解释是孟子虽然用了恻隐之心的说法，实际上说的是恻隐之情，是用心的概念说情的现象。

> 林恭甫说“生理本直”未透。曰：“如水有源便流，这只是流出来，无阻滞处。如见孺子将入井，便有个恻隐之心。见一件可羞恶底事，便有个羞恶之心。这都是本心自然恁地发出来，都遏不住。而今若顺这个行，便是。若是见入井后不恻隐，见可羞恶而不羞恶，便是拗了这个道理，这便是罔。”(义刚)[2]

这是说，因见事物之来，由仁之性发见为恻隐之心，由义之性发见为羞恶之心，这是自然发出，不可遏止，也是顺行。如果见孺子入井而不恻隐，见可恶之事而不羞恶，那就是没有顺行此理，是逆拗此理了。为什么会有不顺此性理而发，而逆拗此理之发呢？朱子在这里没有说明。

> 问：“《诗》如何可以兴？”曰：“读《诗》，见其不美者，令人羞恶；见其美者，令人兴起。”(节)[3]

“其不美者”，与上面说的“可羞恶底事”相同，都是指羞恶是人面对不善可恶之事所发的情感。朱子《孟子集注》中已经明确提出：“羞，耻己之不善也。恶，憎人之不善也。”

> 孟子论“乍见孺子将入于井，怵惕恻隐”一段，如何说得如此好？只是平平地说去，自是好。而今人做作说一片，只是不如他。又曰：“怵惕、恻隐、羞恶，都是道理自然如此，不是安排。合下制这‘仁’字，才是那伤害底事，便自然恻隐。合下制这‘义’字，才见那不好底事，便自然羞恶。这仁与义，都在那恻隐、羞恶之先。未有那恻隐底事时，已先有那爱底心了；未有

---

① 黎靖德编：《朱子语类》卷四，第 64 页。

② 黎靖德编：《朱子语类》卷三十二，第 812 页。

③ 黎靖德编：《朱子语类》卷四十七，第 1186 页。

那羞恶底事时,已先有那断制裁割底心了。"①

这里的第一句说得很清楚,仁与义在恻隐羞恶之先,而不是仁义之心在恻隐羞恶之先。但第二句是误录,因为按朱子哲学的逻辑,不能说未有恻隐的事时先有爱底心,只能说先有仁,先有爱底理。不能说未有那羞恶的事时先有那断制裁割的心,只能说先有义,先有断制之理,即义之理。这一误录,与前节所引焘录相同,颇为可怪,似乎断制之心是一般的义心,而羞恶之心是具体的义心,而朱子从来没有这样讲过。这一段中除了讲恻隐羞恶之发是自然如此,不待安排,还表示羞恶之心是性中义之理在面对恶(可羞、可恶、不美、不好底事)时产生的发见。由此可知,仁是好善,义是恶恶。

应该说,对义的这种认识在根本上是源于孟子把羞恶与义连接思想的影响。应当指出,在思想界讨论孟子的羞恶之说时,往往把重点置于"羞"而不是"恶"的上面。从修身论的角度,"羞"是羞耻其自己的不善之处,对自己的不善发生羞耻之感,可以促进修身的实践,所以把重点置于"羞"之上,在修身论的立场上是很有意义的。但是如果不从修身论的角度,而从社会政治的角度看待恶,憎人之不善就来得更重要了。在这个意义上来说,把义解释为裁制,是对人之不善的应对之策,这是有其不可替代的意义的。一个社会,必须对恶有明确的价值态度,确立其在价值观上的意义,是非常重要的。汉代开始的义为裁制说,改变了孟子羞恶说的内向修身取向,而明确将之解释为社会价值,直接指向对一切恶的斩钉截铁的裁制态度。②

上面说,义是见那不好的事而发出羞恶之心,与见孺子将入于井相同,仁发为恻隐,义发为羞恶,都要以见为前提。见也就是感:

> 陈厚之问"寂然不动,感而遂通"。曰:"寂然是体,感是用。当其寂然时,理固在此,必感而后发。如仁感为恻隐,未感时只是仁;义感为羞恶,未感时只是义。"某问:"胡氏说此,多指心作已发。"曰:"便是错了。纵使已发,感之体固在,所谓'动中未尝不静'。如此则流行发见,而常卓然不可移。今只指作已发,一齐无本了,终日只得奔波急迫,大错了!"(可学)③

这是说,从未发到已发,从性到情,是以感作为中介,是感引动了未发到已发的变化。

> 问:"'满腔子是恻隐之心',如何是满腔子?"曰:"满腔子,是只在这躯壳里,'腔子'乃洛中俗语。"又问:"恻隐之心,固是人心之懿,因物感而发见处。前辈令以此操而存之,充而达之。不知如何要常存得此心?"曰:"此心因物方感得出来,如何强要寻讨出?此心常存在这里,只是因感时识得此

---

① 黎靖德编:《朱子语类》卷五十三,第1282页。
② 陈来:《论古典儒家义的观念——以朱子论义为中心》,《文史哲》,2020年第5期。
③ 黎靖德编:《朱子语类》卷七十五,第1922页。

体,平时敬以存之,久久会熟。善端发处,益见得分晓,则存养之功益有所施矣。"又问:"要恻隐之心常存,莫只是要得此心常有发生意否?"曰:"四端中,羞恶、辞让、是非亦因事而发尔。此心未当起羞恶之时,而强要憎恶那人,便不可。如恻隐,亦因有感而始见,欲强安排教如此,也不得。如天之四时,亦因发见处见得。欲于冬时要寻讨个春出来,不知如何寻。到那阳气发生万物处,方见得是春耳。学者但要识得此心,存主在敬,四端渐会扩充矣。"①

见是感的途径,感在这里称为物感,更为周全。恻隐之心、羞恶之心都是由物感而发见,物是外物,感是感动,被感的对象是性理。性理受感后而有回应,这是应,应即发见为情。这里涉及存心的问题。因物感而发见的恻隐羞恶之心,是否要操而存之?照朱子的思想理路,四端都是因事而发,因有感而始见,而不能说四端之心平时即存于心中。因此存养功夫应当是以主敬存之,就发见处体认心体。②

光祖问"四德之元,犹五常之仁,偏言则一事,专言则包四者"。曰:"元是初发生出来,生后方会通,通后方始向成。利者物之遂,方是六七分,到贞处方是十分成,此偏言也。然发生中已具后许多道理,此专言也。恻隐是仁之端,羞恶是义之端,辞逊是礼之端,是非是智之端。若无恻隐,便都没下许多。到羞恶,也是仁发在羞恶上;到辞逊,也是仁发在辞逊上;到是非,也是仁发在是非上。"问:"这犹金木水火否?"曰:"然。仁是木,礼是火,义是金,智是水。"(贺孙)③

问:"仁何以能包四者?"曰:"人只是这一个心,就里面分为四者。且以恻隐论之:本只是这恻隐,遇当辞逊则为辞逊,不安处便为羞恶,分别处便为是非。若无一个动底醒底在里面,便也不知羞恶,不知辞逊,不知是非。譬如天地只是一个春气,发生之初为春气,发生得过便为夏,收敛便为秋,消缩便为冬。明年又从春起,浑然只是一个发生之气。"(节。方子、振同。)④

仁义礼智都只是个生意。当恻隐而不恻隐,便无生意,便死了;羞恶固是义,当羞恶而无羞恶,这生意亦死了。以至当辞逊而失其辞逊,是非而失其是非,心便死,全无那活底意思。⑤

问:"何谓恻隐?"曰:"恻,恻然也;隐,痛也。"又问:"明道先生以上蔡面

---

① 黎靖德编:《朱子语类》卷五十三,第1284页。

② 但此段中又出现了一句"此心常存在这里",与此段整体的说法不一致,恐是记差。或此句当为"如何强要寻讨出教此心常存在这里?"

③ 黎靖德编:《朱子语类》卷六十八,第1690页。

④ 黎靖德编:《朱子语类》卷九十五,第2416页。

⑤ 黎靖德编:《朱子语类》卷九十五,第2417页。

> 亦为恻隐之心,何也?"曰:"指其动处而言之,只是羞恶之心。然恻隐之心必须动,则方有羞恶之心。如肃然恭敬,其中必动。羞恶、恭敬、是非之心,皆自仁中出。故仁,专言则包四者,是个蒂子。无仁则麻痹死了,安有羞恶恭敬是非之心!仁则有知觉,痒则觉得痒,痛则觉得痛,痒痛虽不同,其觉则一也。"①

这几段,都是从四德论整体关联的角度立论,从仁之生意贯穿四德及其流行而言。在这个意义上,羞恶是仁发在羞恶上,羞恶是恻隐遇到不安处,羞恶也是生意的一种表现。同时,朱子强调四端的"里面"有一个动的、醒的、活的生意,流行于四端之中,隐贯在四端之后。前面提到的所谓先于恻隐羞恶的爱底心,也只有在这个意义上,才能成立。

羞恶问题在伦理学理论上的探讨较少,近代以来在西方哲学中只有舍勒从价值情感的现象学方面作过研究。虽然舍勒也谈过"羞感作为身体感觉与厌恶和反感",但舍勒主要关注的是性羞感。故其理论与孟子以来儒家讨论的羞恶问题距离较大。②

三、有羞恶其不当羞恶者

与孟子相比,朱子所理解的恻隐、羞恶(四端)有两种意义。一为狭义的,一为广义的,狭义的四端是指性理直接发出、全然而善的情,如孟子所说者。广义的四端则是指虽由性理发出但并非全然而善的情,有中节有不中节。在朱子学中,情之所以由性理发出但并非全善,主要是引入了气的作用,四端的这两种分别是理学心性思想发展的需要。

首先,朱子认为义德和人所禀受的金气有关:

> 义属金,是天地自然有个清峻刚烈之气。所以人禀得,自然有裁制,便自然有羞恶之心。礼智皆然。③

朱子从气禀人性论的角度对人之四端的先天差别作了分析:

> "'天命之谓性'。命,便是告札之类;性,便是合当做底职事,如主簿销注,县尉巡捕;心,便是官人;气质,便是官人所习尚,或宽或猛;情,便是当厅处断事,如县尉捉得贼。情便是发用处。性只是仁义礼智。所谓天命之与气质,亦相衮同。才有天命,便有气质,不能相离。若阙一,便生物不得。既有天命,须是有此气,方能承当得此理。若无此气,则此理如何顿放!天

---

① 黎靖德编:《朱子语类》卷五十三,第1297页。

② 舍勒:《舍勒选集》,刘小枫选编,上海:上海三联书店,1999年,第550页。近年我国学者也有从类似角度关注儒学中羞耻的研究,如陈少明:《关于羞耻的现象学分析》,《哲学研究》,2006年第2期。

③ 黎靖德编:《朱子语类》卷十七,第383页。

命之性，本未尝偏。但气质所禀，却有偏处，气有昏明厚薄之不同。然仁义礼智，亦无阙一之理。但若恻隐多，便流为姑息柔懦；若羞恶多，便有羞恶其所不当羞恶者。"①

朱子人性论有两个要素，一个是性理，一个是气质。仁义礼智人人全具，无所阙欠；气质之禀，则昏明厚薄不同。由于气禀昏明不同，使得性理的发见有所不同，有偏有全。气禀的这种影响不是对一个人感应某事的影响，而是对于此人个性整体的影响。

气禀不仅有昏明的不同，也有偏重的不同：

人性虽同，禀气不能无偏重。有得木气重者，则恻隐之心常多，而羞恶、辞逊、是非之心为其所塞而不发；有得金气重者，则羞恶之心常多，而恻隐、辞逊、是非之心为其所塞而不发。水火亦然。唯阴阳合德，五性全备，然后中正而为圣人也。（闳祖）②

禀得木气重则恻隐之心多，禀得金气重者羞恶之心多。禀得一种气重的结果有二：一是堵塞了其他气禀，或导致其他气禀的不够，从而造成四端中只有一端突显，其他诸端塞而不发。二是人偏禀一种气的结果，使得此人情之发见多偏而不中，过或不及，如"若恻隐多，便流为姑息柔懦，若羞恶多，便有羞恶其所不当羞恶者"。

"好仁、恶不仁，只是利仁事，却有此二等，然亦无大优劣。只是好仁者是资性浑厚底，恶不仁者是资性刚毅底；好仁者恻隐之心较多，恶不仁者羞恶之心较多。圣人之意，谓我未见好仁、恶不仁者"。③

曰："它原头处都是善，因气偏，这性便偏了。然此处亦是性。如人浑身都是恻隐而无羞恶，都羞恶而无恻隐，这个便是恶德。这个唤做性邪不是？如墨子之心本是恻隐，孟子推其弊，到得无父处，这个便是'恶亦不可不谓之性也'。"（夔孙）④

如果一个人禀得金气少，则羞恶之心较少，甚至无羞恶之心，这是一个极端。而如果一个人禀得金气偏重，则羞恶之心偏多，甚至使得无恻隐恭敬是非之心，这是另一极端。朱子认为这都是气禀对人的四端之发的影响，甚至把这种偏重称为恶德。

如果不论气禀的作用，只就四端之发而言，则朱子认为在人的实际生活中，四端之发有偏差。以义之发来说，当羞恶而不羞恶，不当羞恶而羞恶，这类现象相当普遍：

又问："若指动言仁，则近禅。"曰："这个如何占得断！是天下公共底。

① 黎靖德编：《朱子语类》卷四，第65页。
② 黎靖德编：《朱子语类》卷四，第74页。
③ 黎靖德编：《朱子语类》卷二十六，第653页。
④ 黎靖德编：《朱子语类》卷四，第71页。

释氏也窥见些子，只是他只知得这个，合恻隐底不恻隐，合羞恶底不羞恶，合恭敬底不恭敬。"又问："他却无恻隐、羞恶、恭敬、是非？"曰："然。"（节）①

人于仁义礼智，恻隐、羞恶、辞逊、是非此四者，须当日夕体究，令分晓精确。此四者皆我所固有，其初发时毫毛如也。及推广将去，充满其量，则广大无穷，故孟子曰："知皆扩而充之。"且如人有当恻隐而不恻隐，当羞而不羞，当恶而不恶，当辞而不辞，当逊而不逊，是其所非，非其所是者，皆是失其本心。此处皆当体察，必有所以然也。只此便是日用间做工夫处。（广）②

这类有关四端之发的现象，用《中庸》的语言来说，就是四端之发有中节者，也有发而不中节者，因此朱子说：

恻隐羞恶，也有中节、不中节。若不当恻隐而恻隐，不当羞恶而羞恶，便是不中节。（淳）③

且如恻隐、羞恶、辞逊、是非，固是良心。苟不存养，则发不中节，颠倒错乱，便是私心。（道夫）④

以其本体言之，仁义礼智之未发者是也……以其用处言之，四端之情发而中节者是也。⑤

这就涉及四端有狭义者和广义者之分的问题了。认为恻隐等四端有不中节者，是把四端观念抽离于《孟子》文本，将之理解为广义的情感念虑，包含善和不善者。这是符合道德生活经验的。如母亲对子女之爱，出于性理之自然，但往往有姑息溺爱之过。当然这不是因为母亲禀受木气偏重，而是出于母性的先验本能，这种母性的本能只是对子女而发，并不是对所有人常发慈爱恻隐之心。这说明朱子气论的解释并不全然合理。但母亲对子女的溺爱证明四端之发确实有发而不中节者。

"凡有四端于我者，知皆扩而充之"，只是要扩而充之。而今四端之发，甚有不整齐处。有恻隐处，有合恻隐而不恻隐处；有羞恶处，又有合羞恶而不羞恶处。且如齐宣不忍于一牛，而却不爱百姓。呼尔之食，则知恶而弗受；至于万钟之禄，则不辨礼义而受之。而今则要就这处理会。（夔孙）⑥

以梁惠王为例，他不忍于杀牛，是合宜的恻隐。但他不爱百姓，则是合当恻隐而不恻隐。羞恶亦然。这种不善之发，就是"不整齐处"。

人只有个仁义礼智四者，是此身纲纽，其他更无当。于其发处，体验扩

---

① 黎靖德编：《朱子语类》卷五十三，第1297页。

② 黎靖德编：《朱子语类》卷五十三，第1293页。

③ 黎靖德编：《朱子语类》卷五十三，第1285页。

④ 黎靖德编：《朱子语类》卷八十七，第2262页。

⑤ 朱熹：《答胡伯逢》，《晦庵先生朱文公文集》卷四十六，《朱子全书》第22册，上海：上海古籍出版社；合肥：安徽教育出版社，2002年，第2151页。

⑥ 黎靖德编：《朱子语类》卷五十三，第1293页。

充将去。恻隐、羞恶、是非、辞逊，日间时时发动，特人自不能扩充耳。又言，四者时时发动，特有正不正耳。如暴戾愚狠，便是发错了羞恶之心；含糊不分晓，便是发错了是非之心；如一种不逊，便是发错了辞逊之心。日间一正一反，无往而非四端之发。（方子）①

中节与不中节，这里说为正与不正，意味四端之发，有正与不正，不正者是发错了四端之心。

问："程子曰'天下善恶皆天理'，何也？"曰："恻隐是善，于不当恻隐处恻隐即是恶；刚断是善，于不当刚断处刚断即是恶。虽是恶，然原头若无这物事，却如何做得？本皆天理，只是被人欲反了，故用之不善而为恶耳。"（必大）②

这就明确说明，不中节的恻隐是恶，不中节的羞恶是恶，而不是善，只有中节的恻隐羞恶才是善。这样一来，使得理学对四端的现象学分析就细致多了，也合乎道德实践的实际。以中节的观念来分析四端，在朱子思想中虽然讨论并不很多，但也是明确的。所以韩国历史上朝鲜时代的朱子学家很重视"四端亦有不中节"的问题。

四、恻隐羞恶之心与道心

吕德明问"人心、道心"。曰："且如人知饥渴寒暖，此人心也；恻隐羞恶，道心也。只是一个心，却有两样。须将道心去用那人心，方得。且如人知饥之可食，而不知当食与不当食；知寒之欲衣，而不知当衣与不当衣，此其所以危也。"（义刚）③

朱子认为，心为人之知觉，人的一切思维活动都是心之所发，出入无时，千思万虑，这是心的神明不测之处。但是"虽皆神明不测之妙，而要其真妄邪正又不可不分耳"。④ 就是说必须区分知觉中的真妄邪正。显然，从伦理学的角度看，人的意识活动其内容不是全部合乎社会要求的道德原则。既然按照朱子哲学的规定，心亦指人的具体意识，因此善的意念思虑是心，不善的意念思虑也是心，所以说心有善恶、有邪正。⑤

道心人心的观念在朱子是比较清楚的。合于道德原则的知觉是道心，专以个人情欲为内容的知觉是人心。道心指道德意识，人心指感性欲念。无论如何，道心人心都是人的知觉之心，所以"如人心惟危，道心惟微，不成只道心是

① 黎靖德编：《朱子语类》卷五十三，第1293页。
② 黎靖德编：《朱子语类》卷九十七，第2487页。
③ 黎靖德编：《朱子语类》卷七十八，第2011页。
④ 朱熹：《答何叔京》，《晦庵先生朱文公文集》卷四十，《朱子全书》第22册，第1836页。
⑤ 陈来：《朱子哲学研究》，北京：生活·读书·新知三联书店，2010年，第263页。

心，人心不是心”。[①] 按照这个思想，严格地讲，狭义的四端即中节全善的四端属于道心，而广义的四端就不能说都是道心了。若不加区别而一般地讲，也可以说恻隐之心、羞恶之心都是道心：

> 人自有人心、道心，一个生于血气，一个生于义理。饥寒痛痒，此人心也；恻隐、羞恶、是非、辞逊，此道心也。[②]

> 道心即恻隐羞恶之心，其端甚微故也。[③]

在朱子后期思想中，不再重点关注性情的体用关系，而以“知觉”概念为核心，关注心的性质与内容。因此，朱子不说人心道心是情，而说人心道心都是知觉，朱子说：“人只有一个心，但知觉得道理底是道心，知觉得声色臭味的是人心……道心人心本只是一个物事；但所知觉不同。”[④]能知觉的主体只是一个，但所知觉的内容不同。道德意识的知觉是道心，各种情欲的知觉是人心，而无论道心人心都是心，“如人心惟危、道心惟微，都是心”。[⑤]

朱子中年之后，对心的了解更为全面，他说“性只是理，情是流出运用处，心之知觉即所以具此理而行此情者也”。[⑥] 朱子哲学又常强调心能“应万事”。在《孟子集注》中他说：“心者人之神明，所以具众理而应万事者也。”朱子无论在论心为知觉或心具众理都不忘记心能应事物。物与事的概念当然是有区别的。物可指离开人的主观意识的客观存在，事则是一个实践的范畴，指主体的一切实践活动，特别是社会实践活动，事是主体对客体的作用过程。他又说：“心者人之知觉，主于身而应事物者也。”[⑦]理学重视人之作为实践特别是道德实践活动的主体，强调心在人的道德实践中始终处于支配地位。朱子指出：“那有一事不是心里做出来底？如口说话便是心里要说，如纱兄之臂，你心里若思量道不是时，定是不肯为。”[⑧]“盖凡事莫非心之所为”。[⑨] 正是由于心始终处于支配人所从事的实践的地位，所以理学虽最终着眼于道德实践的完成，但始终把对心的修养置于首位，并把这一思想概括为“心为主宰”。朱子认为，心的主宰作用包括对一切事的支配作用。《大学或问》发展了《孟子集注》的思想，提出“心之神明妙众理而宰万物”。“宰万物”即从“应万事”来，宰又通于“主”的意思。在这里物仍指事，在宋明理学中物事的用法通常很不严格。所谓宰万物并不是指

---

① 黎靖德编：《朱子语类》卷四，第 64 页。
② 黎靖德编：《朱子语类》卷六十二，第 1487 页。
③ 黎靖德编：《朱子语类》卷一百一十八，第 2864 页。
④ 黎靖德编：《朱子语类》卷七十八，第 2010 页。
⑤ 黎靖德编：《朱子语类》卷四，第 64 页。
⑥ 朱熹：《答潘谦之一》，《晦庵先生朱文公文集》卷五十五，《朱子全书》第 23 册，第 2590 页。
⑦ 朱熹：《杂著·尚书·大禹谟》，《晦庵先生朱文公文集》卷六十五，《朱子全书》第 23 册，第 3180 页。
⑧ 黎靖德编：《朱子语类》卷七十八，第 2017 页。
⑨ 黎靖德编：《朱子语类》卷九十五，第 2438 页。

一切客观事物都必须听命人心的主宰，而是指心对于人所从事的实践活动的支配作用。[①] 从“心之知觉即所以具此理而行此情者”“心者人之神明，所以具众理而应万事者也”，到“心者人之知觉，主于身而应事物者也”“心之神明，妙众理而宰万物”，从这些说法来看，着眼于道德实践，如果我们说他的后期思想重点已经从“心统性情”转为“心为主宰”了，这可能有点夸大，但心为主宰的方面越来越被加强，应当是可以说的。换言之，如果朱子前期讲心主性情还是重在从心性情结构总体上说，那么后期朱子对心的主宰作用的强调更多是从功夫论的意义上说。

人心道心说，无论从心性论还是功夫论上看，都与性体情用论不同，道心不是情，也不是性，人心道心都只是就已发立论，不涉及未发，故人心道心说的出现是对前期已发未发说和性情体用论思维的疏离，而与广义理解的四端七情有关，也与《中庸》的中节说有关。《中庸》中虽然没有引用《大禹谟》的道心人心说，但朱子的《中庸章句序》已完全立基于道心人心说，显示朱子更关注心在功夫实践中的作用。如果按朱子前期的已发未发论的逻辑，把人心道心都看作“情”，则这样笼统的分析没有明确的实践意义。而且把道心说成情，反而会减杀了道德理性的力量和作用。因为道心更多的是道德理性，把道德理性说成是情，会导致理性与感性的混淆。所以仅仅关注性体情用说，会无视心代表的理性主宰作用，对道德意识的确证便失去了支持。如前面所说，在朱子前期思想的性体情用论中，连恻隐之心这样的说法，严格地说都是不合法的，心的概念简直没有用武之地。于是侧重于心性结构的心统性情论，在道德实践上有可能流于空洞的形式，无法发挥实践的力量。本来，在心统性情说中包含心主性情之义，但实际上在朱子中年思想中未能发挥作用，只有心为主宰义与道心人心说结合以后，心的作用才大大提高了。从这个角度来看，朱子晚年多用道心人心说分析，具有很重要的意义。心的观念在这种背景之下，也就可以发挥其功夫实践的根本作用，而超出心统性情的结构意义。在这个意义上，朱子思想中或前后发展中，孟子的性情说（根于孟子的性情体用说）和《中庸》的中和说（基于中庸的人心道心说）构成了一种重要的互补，也揭示出，处理道德意识和道德情感，只有性善论是不够的，必须有持中的实践范导和裁制，思想感情的活动才能中节而善。性体情用更关注于人的本质结构，而道心人心说则集中于人的意识活动，朱子早年偏重在前者，晚年关注于后者。我们甚至可以说，若论心之主宰说、人心道心说与仁义礼智四德的关系，应该是与“义”的裁制说关系更为直接。

---

① 陈来：《朱子哲学研究》，第252页。

余　论

最后，我们来从朱子对羞恶的讨论看其对义的价值意涵的理解。朱子的这些讨论所显示出的他对义的理解，虽然不一定是全面的，但有一定的价值。

> “人须是有廉耻。孟子曰：‘耻之于人大矣！’耻便是羞恶之心。人有耻，则能有所不为。今有一样人不能安贫，其气销屈，以至立脚不住，不知廉耻，亦何所不至！”①

根据这里所说，羞恶之心主要是建立耻感，有耻才能树立有所不为的界限，知廉耻是体现羞恶之心的主要德行。

> 或问“四端”。曰：“看道理也有两般，看得细时，却见得义理精处；看得粗时，却且见得大概处。四端未见精细时，且见得恻隐便是仁，不恻隐而残忍便是不仁；羞恶便是义，贪利无廉耻便是不义；辞逊便是礼，攘夺便是非礼；是非便是智，大段无知颠倒错谬，便是不智。若见得细时，虽有恻隐之心，而意在于内交、要誉，亦是不仁了。然孟子之意，本初不如此，只是言此四端皆是心中本有之物，随触而发。方孺子将入于井之时，而怵惕恻隐之心便形于外，初无许多涯涘。”（卓）②

义的反面是不义，定义义的反面，也是对义的一种定义形式。这里朱子强调不义就是“贪利无耻”，有一定的代表性。

> 问：“人心陷溺之久，四端蔽于利欲之私，初用工亦未免间断。”曰：“固是。然义理之心才胜，则利欲之念便消。且如恻隐之心胜，则残虐之意自消；羞恶之心胜，则贪冒无耻之意自消；恭敬之心胜，则骄惰之意自消；是非之心胜，则含糊苟且顽冥昏谬之意自消。”（贺孙）③

这里以羞恶之心与“贪冒无耻”对立，即是以贪冒无耻为不义，与上一条相同。从这些对不义的论述可以窥见朱子对义的价值重点的正面理解，即廉而有耻。

（原载《国际儒学》2021年第1期，
作者单位：清华大学国学研究院）

① 黎靖德编：《朱子语类》卷十三，第241页。

② 黎靖德编：《朱子语类》卷五十三，第1287页。

③ 黎靖德编：《朱子语类》卷五十三，第1295页。

朱子学研究新视野

明清朱子学将是宋明理学研究的新增长点

陈　来

最近中华书局出版了由杭州师范大学张天杰教授主编的《陆陇其全集》。陆陇其是清初的朱子学家，号称理学名臣。相信该书的出版，对于清初朱子学的研究将会有重要的推动。进而言之，我觉得明清朱子学的文献整理与研究，将会成为未来新的增长点。

回顾我们四十年来宋明理学的研究，宋明理学研究的第一个十年，二十世纪八十年代，我们完成了朱子哲学研究爬坡的任务。所谓爬坡，就是我们要经过攀登，然后占据包括东亚在内的整个世界朱子哲学研究的高地。在第一个十年之中，这个任务我们达成了。到了第二个十年，即二十世纪九十年代，我们完成了攀爬、占领世界学术领域里面王阳明哲学研究的高地。

然后，到了新世纪第一个十年，宋明理学研究的增长点是朱子学和阳明学之“后学”的研究，比如阳明后学的相关文献整理。江南地区的学者，浙江、上海的很多学者都参与文献的整理与研究，特别是浙江的阳明后学文献整理取得了很大的成绩，阳明后学的研究也取得了很大的成绩。另一支朱子后学，在新世纪第二个十年，在开始阶段主要是我跟朱杰人教授等人一起推动的，以南昌大学为基地进行系统的朱子后学的研究，现在正在开始慢慢地开花结果。但细致地看，目前朱子后学的研究课题，截止范围大概是在元代（就现在我们看到的国家社科基金重大项目的研究，其截止的断代是在元代），很多朱子门人、后学的研究都是到元代为止，这是其研究范围。

然而，广义地讲朱子后学，当然就应延伸到明代、清代。因此这个朱子“后学”的课题，还需要在明清时代的朱子学之中继续发展，也就是说，想要完整地呈现整个的朱子学、朱子后学的研究，新的增长点就在明代、清代。甚至可以说，明清朱子学的重要性绝不低于宋末和元代的朱子学。这个时期，有大量的朱子学者以及朱子学的文献，所以说诸如陆陇其等明清朱子学相关的文献整理和研究，是很有价值、很有意义的。

特别是，关于这个时期的研究，还与另一个线索的研究很有关系，就是说改革开放四十年以来，我们除了朱子学、阳明学以外，还有一条线索就是明清之际的哲学思想研究。这一时段其实也是我自己比较关切的，比如说我在 1986 年曾撰文讨论“二陆”，就是陆世仪、陆陇其。陆世仪是明末清初的，陆陇其是清初的。陆陇其强调实行实学，反对空谈心性，反对太极玄想，要求使学问向人的道德实践方面发展，表现出他与早期朱学的差别，可以说他是属于清初理学内部的实践派。我自己对陆世仪的评价比较高，认为他是明末清初诸大家之一。原来我们讲三大家，其实应该是四大家，如果缺了陆世仪是不完整的。因为从刘宗周下来，黄宗羲还是顺着心学的脉络进行学术总结的；王船山的独立性很强，但是他的后期还是顺着张横渠；顺着朱子学下来进行的总结性的研究，那就是陆世仪。所以说，我一直认为陆世仪是明代朱子学之中具有总结性、代表性的人物。另外我也研究了黄道周，他是明末的“二周”之一，后来有些学者做了后续的研究，明清哲学中专门的研究我后来选择了王船山。明清之际这个阶段的研究，不仅对我自己而言，就是对整个中国学术界来讲，也可以说是除了朱子学、阳明学以外，一个独立的重要领域。

明清朱子学跟明清之际的哲学思想在时间段上是有交叉的，像陆世仪，既是明清朱子学的，也是明清之际杰出的思想家。所以研究这一时段，从我们宋明理学整个学科的布局来说，是不断发展下去的有效的新的增长点。就宋明理学领域来讲，明清朱子学的研究是非常重要的，包括明代中期开始的这段朱子学，我们以前的研究也不是很清楚。如果这段朱子学研究得不清楚，不仅对朱子学的发展线索不能清楚地了解，对阳明学本身也不能清楚地了解。也就是说，阳明学有些细部的了解，必须对应着朱子学的研究。比如王阳明中年时期在北京、在南京，跟朱子学者有着复杂交流，这些问题一直就没被很好地研究过，最近几年开始有学者来做研究了。

所以说，明清朱子学的文献整理与学术研究非常重要，特别是在江南地区，这些工作也可以算作江南儒学研究的重要部分。因为明清朱子学里头有很大一块，特别是明清之际的学者，有很多都是属于江南儒学的研究范围。因此，对于现在江南的学者，以浙江和上海地区为主的年轻学者来说，这个新的有效增长点更需要认真把握，也应当能够做得更加成功，比如《陆陇其全集》的顺利出版，就是一个良好的开端。

（原载《中华读书报》2021 年 1 月 20 日，
作者单位：清华大学国学研究院）

《四书》学的忧乐情怀与宋儒的内圣之道

朱汉民

中国哲学是以人文关怀、人生意义为出发点。宋儒既有强烈的忧患意识，同时又追求“孔颜乐处”的超然境界。理学家通过挖掘《四书》的思想资源，以表达自己对人文世界的忧患与喜乐的进一步思考，进而建构一种既有人文关怀、又有精神超越的内圣之道。质而言之，宋代士大夫推动儒家内圣之道的哲学建构，其出发点正是一种与忧乐相关的人文关怀。

一、《四书》的忧患意识与宋儒的社会关切

宋代士大夫普遍具有浓厚的忧患意识，既有《四书》记载的儒家士人的精神传统，又有着现实的社会政治原因。

首先考察《四书》的士人精神传统。在早期儒家的子学著作中，记载了大量有关孔子及其弟子们对君王无德、士人无耻、天下无道的强烈忧患。孔子深刻表达了他对天下无道的关切，他一直强调“天下有道，丘不与易也”。孔子进一步思考天下无道的原因，他认为是由于社会普遍缺乏仁爱精神，而仁爱精神的推广又离不开教育。所以，孔子《论语·述而》反复强调：“德之不修，学之不讲，闻义不能徙，不善不能改，是吾忧也。”《论语·卫灵公》记载：“君子忧道不忧贫。”可见，孔子已经将自己对社会政治的忧患，转化为对文化教育的忧患。《孟子·离娄下》也大量记载了孟子相关的社会政治、文化思想方面的种种忧患，他进一步指出忧患意识的价值与意义：“君子有终身之忧，无一朝之患也。”孟子相信，人无远虑，必有近忧，因而君子不能够消极地等待忧患灾患的来临，而是要保持积极的防患于未然的心理准备。所以，忧患意识的重要价值，就是要强调持久、不变的戒惕心理，即所谓保持一种“终身之忧”的精神状态，最终才达到“无一朝之患”的结果。《孟子·告子下》：“生于忧患，死于安乐。”也是强调忧患的精神状态是为了使人提高警觉，心存戒惕而临危不乱。

《四书》元典奠定了的儒家士人的精神传统，特别是对宋代士大夫形成的忧患意识有直接影响。

如果说汉唐时期的儒家士族衍化为因文化垄断而成为既得利益的“准贵族”的话，宋代士大夫主要是来自于白衣秀才，他们是一个从民间士人上升到庙堂士大夫的政治—文化的社会群体，他们与先秦儒家诸子既有着相近的精神文

化的血缘联系，又有着相似的人生经历和文化情怀，故而自然和早期儒家士人的人格精神十分一致。他们从《四书》元典中寻找人格典范、思想资源，《论语》《子思子》《孟子》表达出来的士君子的忧患意识和人格精神，成为宋代士大夫的精神源泉与效法典范。早期儒家士人表现出来的关怀现实、心忧天下的人格精神，对宋代士大夫产生了深刻的影响。

当然，宋代士大夫拥有强烈的忧患意识，还与两宋面临的内忧外患的严峻现实分不开。宋代有一个政治现象值得注意：士大夫处于政治核心地位的两宋时期，恰恰面临内忧外患的严重政治局面。士大夫群体在承担与君主“共治天下”政治权力的同时，相应也就承担了重大的政治责任，这一重大政治责任很快也转化为士大夫群体对内忧外患局面的忧患意识。一方面，宋朝面临严重的内忧，宋初为了防范割据势力和各种政治力量篡权，强化中央集权而推动政治、军事、科举等方面的变革，他们在防止地方割据势力而强化中央集权的同时，又产生了许多新的积弊，特别是出现了冗官、冗兵和冗费等问题，逐渐导致国力贫弱、民生艰难；另一方面宋朝面临“外患”，宋开国虽然结束了五代十国分裂割据局面，却又相继陷入了辽、西夏、金和蒙政权的威胁，宋朝立国后的数百年间，始终受到外患的侵扰，游牧民族的南下侵夺始终是两宋的大患。所以，在宋朝建国后不久，“内忧”“外患”的矛盾开始显现，处于政治中心的宋代士大夫看到了问题的严重性，他们普遍持有一种浓厚的忧患意识。本来，两宋时期士大夫群体是凭借自己拥有的文化知识、政治理念、价值信仰而参与政治的，并且获得了与君主共治天下的机遇，所以，他们能够成为参与朝政的政治主体，而且往往会成为一种政治清流，而并不会像其他如军阀、后宫、宦官等权贵政治力量一样，容易导致对权力的贪婪与对民众的傲慢；相反，当士大夫群体坚守自己的政治理想与价值理念，必然会积极推动对内忧外患严峻现实的变革。所以，士大夫越是成为政治主体，他们感到的责任也越大，随之他们的忧患意识也越强。两宋以来内忧外患的严峻现实，确实引发了士大夫的强烈忧患与革新意识。范仲淹向仁宗帝呈上《答手诏条陈十事》，提出明黜陟、抑侥幸、精贡举等十项变法及政治经济军事和文化教育等方面的改革办法。范仲淹“立朝益务劲雅，事有不安者，极意论辩，不畏权幸，不蹙忧患。故屡亦见用，然每用必黜之。黜则欣然而去，人未始见其有悔色”。[1] 王安石一直怀有很强烈的忧患意识，他说：“顾内不能无以社稷为忧，外则不能无惧于夷狄，天下之财力日益穷困，而风俗日以衰坏。”[2]他主导的熙宁变法，就是为了解决这一“常恐天下之不久安”的严重忧患。

由于《四书》就是一套充满士人忧患意识的儒家经典，宋儒可以通过诠释

① 富弼：《范文正公仲淹墓志铭》，四川大学古籍整理研究所：《全宋文》卷六一〇，成都：巴蜀书社，1991年，第58页。

② 王安石：《临川先生文集》，北京：中华书局，1959年，第438页。

《四书》，表达自己的人格理想。在宋儒对《四书》的诠释传统中，特别强调士人的人文情怀、政治责任，也特别强调士人的家国情怀、天下担当，希望能够唤起宋代士大夫的忧患意识。二程将《论语》中记载的孔子、子由、颜子等人表现出来的责任承担及其忧患意识，统统理解为“圣贤气象”：

> 凡看文字，非只是要理会语言，要识得圣贤气象。如孔子曰：“盍各言尔志。”而由曰：“愿车马，衣轻裘，与朋友共，敝之而无憾。”颜子曰：“愿无伐善，无施劳。”孔子曰：“老者安之，朋友信之，少者怀之。”观此数句，便见圣贤气象大段不同。①

孔子、子由、颜子等人表现出来的无非是士人从政所应该承担的政治责任与忧患情怀，但是，二程将这一种本来是士人期望承担的政治责任与忧患意识，提升为一种“圣贤气象”，以作为士大夫效法的人格典范，宋儒的这一看法其实是有重要的现实原因的。

由此可见，宋代士大夫在社会政治、思想文化领域的全面崛起，他们拥有的强烈政治责任、忧患意识，一方面与他们的政治地位、社会身份的提升有密切关系；另一方面与他们自觉继承先秦儒家士人的人格精神有密切关系。宋儒在诠释早期儒家士人的子学典籍即《四书》元典时，实现了在现实中面临的内忧外患与《四书》文本忧患意识的精神沟通和心灵对话。两宋以来内忧外患的严峻现实，是宋代士大夫激发起忧患意识的现实原因；而一千多年前儒家士君子的人格精神，则是宋代士大夫激发起忧患意识的精神源泉。所以，追溯宋代士大夫忧患意识的精神渊源，可以在先秦儒家士人的子学系统及经典传记之中找到，特别是在《论语》《孟子》《大学》《中庸》中找到。宋代士大夫从早期儒家子学中获得相关的思想资源，《论语》《子思子》《孟子》表现出来的士人精神传统，既为宋代士大夫精神崛起提供了丰富的思想资源，同时也激发了宋代士大夫重建与自己精神契合的《四书》学。由此可见，以《四书》学为代表的宋学之所以蓬勃兴起，不仅仅是一种新的知识传统的建构，更加重要的是表达了一种新的士大夫精神传统的建构。

所以，宋儒一方面仍然关怀现实、心忧天下，希望实现博施济众的经世事业，故而仍然关注国家政治治理；另一方面，宋儒的学术旨趣重心已经从汉代的“外王”转向宋代的“内圣”，宋儒往往相互劝勉、自我期许要成为“圣人”，普遍向往、追求“圣贤气象”的人格理想，使宋学具有“内圣之学”的特点。所谓“宋学精神”，其实也就是宋代士大夫精神。宋代士大夫坚持对知识、道德和功业的不懈追求，倡导一种有体有用的学术精神，特别强调由士大夫掌控的“道统”要主导由朝廷掌控的“治统”，这一切，均体现出宋代士大夫的政治自觉与文化自觉。由于宋学兴起代表了士大夫的文化自觉，他们无论是在庙堂执政，还是在学府

---

① 程颢、程颐：《河南程氏遗书》卷二二上，《二程集》上册，北京：中华书局，1981年，第284页。

执教，均表现出鲜明的政治自觉和文化自觉。他们倡导、建构一种体现士大夫主体意识的道统论，其实正是在推动一场士大夫主体意识的宋学运动。

二、《论语》的孔颜之乐与宋儒的精神超越

宋代士大夫追求的“圣贤气象”，还表现出另外一个侧面，即对“孔颜乐处”的精神超越、人格理想无限向往与不懈追求。在宋儒对“圣贤气象”的诠释中，“圣贤”不仅仅追求“以天下为己任”的“忧国忧民”，更应该具有“孔颜之乐”的超越精神和人格特质。宋代士大夫对“孔颜乐处”的精神境界、人格理想的追求，也是通过《四书》学的诠释来完成的。特别是《论语》《孟子》中记载了早期儒者积极入世的乐观精神和人生境界，往往成为宋代士大夫的向往、仿效的典范。

“孔颜乐处”源于《论语》。《论语·述而》中有多处记载孔子对精神快乐的追求，如孔子曾自述：“饭疏食饮水，曲肱而枕之，乐亦在其中矣。”《论语·雍也》记载：“知之者不如好之者，好之者不如乐之者。”《论语·述而》记载：“发愤忘食，乐以忘忧，不知老之将至。”在这里可以看到，孔子并不因为事业困局、颠沛流离而忧伤、痛苦，恰恰相反，他坚持认为士君子应该将快乐学习、快乐生活作为自己人生目标。特别是《论语·雍也》孔子对学生颜回有一段评价是：“一箪食，一瓢饮，在陋巷，人不堪其忧，回也不改其乐。贤哉，回也！”孔子非常欣赏颜回能够超越物质生活条件、达到一种纯粹精神快乐的人生境界，肯定这一种“乐”的状态高于“忧”。“孔颜乐处”代表了作为个体存在、感性生命的儒家士人，一直将“乐”作为自己的生命本真和人生理想。

在汉唐儒家那里，并没有对孔子、颜回关于人生之乐表达出特别的关注。但是，原始儒家追求“乐”的人生境界，在宋代士大夫那里得到强烈的呼应。《论语》中有关“孔颜之乐”的问题，很快成为一个士大夫普遍关注、热烈讨论的重大问题。从两宋开始，士大夫群体普遍盛行以“孔颜之乐”的人生境界相劝勉，而且他们也将“孔颜之乐”作为求圣之学的一个十分重要的、关键的学术问题。

有一个十分有趣的思想史现象，即北宋那些著名的、有创造性的新儒家学者，他们进入圣门，似乎都是从体悟“孔颜之乐”开始的。他们对“孔颜之乐”境界的体悟，又总是与《论语》《大学》《中庸》《孟子》的思想有着直接的联系。宋学学者群体中，几位有创始之功的学者，诸如范仲淹、胡瑗、周敦颐、张载、程颢、程颐等，他们进入圣学门槛、建构道学学术，往往总是与“孔颜乐处”的问题思考相关。张载年少时喜谈兵，范仲淹告诫他：“儒者自有名教可乐，何事于兵！”范仲淹还将《中庸》作为领悟“名教可乐”的主要经典。胡瑗主讲太学时就以《颜子所好何学论》为题试诸生。道学宗师周敦颐，就是一个追求“孔颜之乐”的士大夫，

史书记载他“人品甚高，胸中洒落，如光风霁月”。[①] 周敦颐也以这一种人生境界启发、培养弟子，程颢、程颐兄弟十四五岁从学于理学开山周敦颐，周子教他们“寻颜子、仲尼乐处，所乐何事”。[②] 程颢、程颐由“孔颜之乐”的人生追求而走向道德性命的义理建构，而成为理学的奠基人。

为什么“孔颜之乐”会成为这些宋学重要开拓者普遍关注、深入思考、引发创新的重要学术问题？这一学术问题的思想史意义在哪里？宋代士大夫对“孔颜之乐”的普遍追求，使他们往往将是否达到“乐”的境界作为得道与否的标志，表达的恰恰是这些承担着沉重政治责任、社会忧患的士大夫群体另一精神面向和思想追求。他们认定，从孔子、颜回到子思、孟子，都无不追求这种“心下快活”的人生境界，从个体存在、感性生命的角度来看，宋代士大夫同样会积极寻求爱莲观草、吟风弄月的快乐人生。宋儒认为，要达到这种精神上的“快乐”“气象”，离不开《四书》体系的学术资源，包括身心修炼工夫与超越现实的精神境界。《四书》学之所以在宋代兴起，恰恰是因为它们能够满足宋代士大夫寻求“圣贤气象”“社会忧患”“孔颜之乐”的精神需求，成为这一个时代能够表达时代精神的经典依据。

正因为作为政治精英的士大夫不仅仅是社会角色，还是感性个体，他们也会面临个人的是非、得失、生死问题，他们意识到，个人的忧、苦、烦、闷等消极情绪，其实源于自己对得失是非荣辱的偏执。那么，他们应该如何处理自己个人的忧虑、烦恼等消极情感等问题？佛老之学提供的方案是以自己的内心平和为最高目标，故而主张通过精神修炼，以能够在面临是非、得失、生死问题时达到“不动心”“无情”“空寂”的精神状态与心理状态；但是，儒家思想的最高目标是以内圣与外王为一体，通过“正心诚意”的内圣修身是为了“治国平天下”的外王事业。所以，儒家人格理想的“圣贤”“君子”，总是会充满家国情怀、天下牵挂。理学家胡宏谈到“圣人”时，认为他们和凡人一样有着丰富的个人情感与人生体验：“凡天命所有而众人有之者，圣人皆有之。人以情为有累也，圣人不去情；人以才为有害也，圣人不病才；人以欲为不善也，圣人不绝欲；人以术为伤德也，圣人不弃术；人以忧为非达也，圣人不忘忧；人以怨为非宏也，圣人不释怨。”[③]他认为，圣人和众人一样，也是一个有着情、才、欲、忧、怨的个体存在，特别是儒家的圣贤、士君子必须承担起社会关切、家国情怀的忧患意识与外王事业，他们常常感到需要学习佛老的精神超越境界，面对人间不平、痛苦而自己却保持“不动心”“无情”甚至是“空寂”的精神状态与心理状态。所以，儒家的圣贤、士君子作为个体存在，他们需要有一套处理忧患、痛苦等不良情绪的修炼方法和精神境

---

① 黄庭坚：《濂溪诗》，《全宋文》第104册卷二二七九，上海：上海辞书出版社，2006年，第249页。

② 程颢、程颐：《河南程氏遗书》卷二上，《二程集》上册，第16页。

③ 胡宏：《知言疑义》，《胡宏集》附录一，北京：中华书局，1987年，第333页。

界。唐宋以来，儒家士大夫也一直在深入思考，如何化解个人的忧、怨等不良情绪，提升喜、乐等积极情感。

应该说，魏晋隋唐以来，佛道对这些问题均有过深入的思考和实践，其中佛教更是积累了丰富的思想资源。随着魏晋隋唐佛教的大规模传入和发展，主张通过精神修炼而化解个体的不良情绪，对士大夫精神生活产生深刻影响，进一步引导宋儒更加关切通过提升个人的精神境界，以化解忧怨等不良情绪和提升喜乐等积极情感。所以，从个体存在来说，新儒家精神修炼的目标就是所谓"寻乐""心下快活"，北宋儒林流行"寻孔颜乐处"，以及他们在修身中以是否"乐"为目标，即所谓"反身而诚，乃为大乐"。[①] 这些所谓的"乐"，其实是一种超越了个人忧、苦、烦、闷等各种消极情绪，从而达到身心的安泰、自在、舒展、洒落的超越境界，这一超越人生境界与天理论的人文信仰、哲学建构有关。宋儒罗大经说："吾辈学道，须是打叠教心下快活。古曰无闷，曰不愠，曰乐则生矣，曰乐莫大焉。夫子有曲肱饮水之乐，颜子有陋巷箪瓢之乐，曾点有浴沂咏归之乐，曾参有履穿肘见、歌若金石之乐，周程有爱莲观草、弄月吟风、傍花随柳之乐。"罗大经将修身目的确定为"教心下快活"，这既是一种"爱莲观草、弄月吟风、傍花随柳"的感性快乐，又是个人实现了对自己感性生命的超越，是考察一个人是否"得道"的重要标志。所以，宋儒的"寻孔颜乐处"，首先必须能够超越个人忧、苦、烦、闷的消极情绪，通过修身使自己"世间一切声色嗜好洗得净，一切荣辱得失看得破"[②]，这一精神超越的思想根基必然是哲学与信仰。

故而在两宋时期，《四书》学成为宋代士大夫特别关注、热烈讨论的核心经典。因为宋代士大夫特别在意是否达到"圣贤气象"的崇高境界，是否在承担重要政治责任的同时还能够具有洒落自得、闲适安乐的心境。他们通过阅读《论语》《大学》《中庸》《孟子》中的孔子、颜子、曾子、子思、孟子等先圣先贤对"乐"的追求，进一步表达出自己对自由、自在、自得、自乐的向往与追求。理学开山祖周敦颐在《通书·颜子》说："颜子'一箪食，一瓢饮，在陋巷，人不堪其忧，而不改其乐'。夫富贵，人所爱也。颜子不爱不求，而乐乎贫者，独何心哉？天地间有至贵至爱可求，而异乎彼者，见其大而忘其小焉尔。见其大则心泰，心泰则无不足，无不足则富贵贫贱处之一也。处之一则能化而齐。故颜子亚圣。"[③]在这里，周敦颐通过对《论语》中"颜子之乐"的诠释，认为这是一种"见其大而忘其小"，其实是指颜回达到了人与天道合一的精神境界。这一个"大"，恰恰是周敦颐在《太极图说》《通书》中建构起来的"太极""诚"的宇宙本体。所以，这里所谓的"颜子之乐"，其实就是依据于"圣贤之道"而达到的崇高境界。譬如程颢也是

---

① 程颢、程颐：《河南程氏遗书》卷二上，《二程集》上册，第 17 页。

② 罗大经：《鹤林玉露》卷二，《文渊阁四库全书》第 865 册，台北：台湾商务印书馆，1986 年，第 270 页。

③ 周敦颐：《通书·颜子第二十三》，《周敦颐集》，北京：中华书局，2010 年，第 32—33 页。

通过挖掘《论语》《孟子》和《中庸》的思想资源，而建构这样一种“颜子之乐”的精神境界，他在描述仁者精神境界时说：“学者须先识仁。仁者浑然与物同体……孟子言‘万物皆备于我’，须反身而诚，乃为大乐。若反身未诚，则犹是二物有对，以己合彼，终未有之，又安得乐？”①仁本来是《论语》中的核心道德思想，而宋儒进一步将仁提升为一种哲学意义的形而上之本体。我们注意到，程颢建构的仁学本体论，其首要目的并不仅仅是为仁学提供一种知识学依据，更是为他们满足“孔颜之乐”的情感需求，为“仁者浑然与物同体”“乃为大乐”提供一种安顿精神的依据。所以，为了达到“浑然与物同体”“反身而诚”的“乐”之心灵境界，程颢等道学家从早期儒家士人孔子、颜子、曾子、子思、孟子对“乐”的追求中，找到了自己精神安顿的依据，并由此走向内圣之道的哲学建构。

三、宋儒的忧乐意识与内圣之道建构

从北宋开始，士大夫群体非常向往“圣贤气象”的人格理想，通过追求一种“孔颜乐处”的生活态度与精神境界来体现这一种“圣贤气象”。宋儒强调“圣贤气象”的最重要标志不是外在的政治功业之“用”，而是一种内在的精神境界之“体”。这一“内圣”的心理状态、精神境界究竟是一种什么状态？从宋儒的学术论述和现实追求来看，“圣贤气象”往往体现为情感心理、精神情怀的忧与乐两个方面。尤其值得关注的是，宋儒之所以需要建构出一套有关内圣外王之道，其实是源于生活世界的忧乐人生，宋儒哲学建构的精神动力、价值源泉是他们的人文世界。

首先，宋儒之所以将自己的忧乐情怀归结为一种内圣之道，有一个基本的思想前提与价值承担，即他们的忧乐应该是与天下苍生休戚相关的情怀。在宋儒看来，尽管一切人均有忧与乐的情感，而圣贤、士君子表达出来的忧与乐，应该是不同于常人的。普通常人的忧与乐可能是源于自己个人的利欲、需求与境遇，而圣贤、士君子的忧乐却总是直接关联人民幸福、国家安泰、天下和美。所以，北宋时期的许多儒家士大夫，总是将圣贤、君子的忧与乐与天下的忧与乐联系起来。欧阳修曾经谈到圣人的忧乐情感所体现的精神境界：“圣人忧以天下，乐以天下。其乐也，荐之上帝祖考而已，其身不与焉。众人之豫，豫其身耳。圣人以天下为心者也，是故以天下之忧为己忧，以天下之乐为己乐。”②欧阳修所推崇的“圣人忧以天下，乐以天下”，正是强调圣人并不执着于个人的忧与乐，而是将天下的忧与乐看作是自己的忧与乐。北宋时期士大夫普遍推崇的道德精神与人格理想，在范仲淹著名的《岳阳楼记》中表达得更是特别充分，也就是所

---

① 程颢、程颐：《河南程氏遗书》卷二上，《二程集》上册，第17—18页。

② 欧阳修：《易童子问》卷一，《欧阳修全集》，北京：中华书局，2001年，第1109页。

谓“先天下之忧而忧，后天下之乐而乐”。其实，这一类思想观点，均是强调圣贤、士君子的社会担当、天下情怀的责任意识，要求士大夫要有君子、圣贤的社会责任和天下情怀，将个人的忧乐和天下的忧乐联系起来。这其实恰恰是宋儒追求的内圣外王之道。

但是，宋代士大夫不仅仅是强调要将个人忧乐与天下忧乐联系起来，我们进一步探究时还可以追问：宋儒为什么会以“忧”与“乐”的两种不同类型的情感描述“圣贤气象”？这两种不同类型情感分别体现出什么不同的人文意义？

两宋时期的儒家士大夫作为政治主体和文化主体进入历史舞台，他们总是对自己的政治责任、社会使命有强烈的承担意识，所以，他们对两宋的内忧外患十分敏感，他们追求现实的外王事业，完全有可能因此而沉溺于忧虑、痛苦、烦恼等消极情绪之中而难以自拔。从宋儒的思想言论和生活实践中会发现，当他们在追求外王事业的过程中，必然会承担社会之苦、国家之难的沉重压力，故而忧患必然成为他们精神世界的焦点和重心。许多现代学者就是从这个意义上肯定儒家人格理想、中国文化特征是忧患意识。但是，为什么宋代士大夫总是不得不经历这样的人生磨难和生命悲苦？宋儒并不相信我们的生活世界之外还存在一个极乐世界，他们不能够依赖因果报应、上帝赏罚的宗教信仰来解决、化解他们面临的严峻精神问题。要如何才能够完成精神上的自我救赎，以回归到生命本质的心灵平静、精神愉悦、身心安泰？

儒家内圣外王的理想人格一旦落实在世俗的生活世界，他们也必须处理个体存在、感性生命具有的消极情感，他们当然希望回归心灵平静、精神愉悦、身心安泰的生命状态，并以此作为根本精神导向，这时候，“乐以忘忧”“曾点之志”“乐是心之本体”等思想观念就成为他们情感世界的追求和目标。可以说，宋代新儒家之所以追求“孔颜之乐”，恰恰在于他们有一个特别重要的精神向度，就是解决他们在社会关切、家国情怀中产生的忧患问题。他们之所以需要寻乐，是根源于他们从事外王事业必然面临的入世之忧；而他们也需要化解、超越内心沉重的忧患，故而迫切需要一种超然之乐。所以，“圣贤气象”既能够凸显宋代士大夫的责任意识，同时也能够表达士大夫的超然境界。许多现代学者也就是从这个意义上，肯定儒家人格理想、中国文化特征是乐的精神。所以，宋代士大夫“圣贤气象”的精神追求，既可能体现为“忧患意识”，更应该体现为“孔颜之乐”。宋代士大夫并不希望永远陷于“忧患”之苦，也不希望溺于一己之“乐”，故而只能够是兼顾社会责任的忧患意识与个体生命本真的乐天精神，最终达到一种忧乐圆融的精神境界与理想人格。

宋儒不仅仅是拥有强烈的忧乐情怀，还以此忧乐情怀为基础建立了一套系统的心性哲学。人们往往认为哲学是理性智慧的产物，而宋儒“致广大、尽精微”的高深哲学为什么会与“忧”与“乐”的情感世界相关联？

这时，我们就来到理学“内圣之道”的问题意识与思想核心。宋代士大夫在

积极入世中为什么会具有浓厚的“忧患意识”？他们又为什么能够在忧患处境中寻“孔颜乐处”？其实两者均与“士志于道”的精神信仰有关。儒家士人的信仰是道，但恰恰是魏晋隋唐以来，儒家信仰之道受到了严重的挑战。许多有事业追求和精神追求的士大夫往往是出入佛老，在佛道的宗教信仰和空无哲学中寻求精神宁静。宋儒必须为自己的“忧患意识”“孔颜乐处”找到信仰、哲学的依据，这样他们才能够超越“忧患意识”带来的困扰，才能够真正实现“孔颜之乐”的精神升华。所以，《周易》的宇宙哲学成为宋儒建构信仰依据、哲学依据的重要典籍。

这里举宋儒解释《周易》中《困卦》的一个例子，能够使我们看到宋儒的宇宙哲学与忧乐意识的密切关系。《困》似乎象征作为政治主体的两宋士大夫面临的历史困局，他们一旦进入现实世界就不能不具有浓厚的忧患意识；但是，宋儒希望一切“志于道”的圣贤、士君子，能够在困局与忧患中保持乐观的人生态度。范仲淹对于《困卦》的“泽无水”，他主张“困于险而又不改其说，其惟君子乎，能困穷而乐道哉”。[①] 胡瑗也是如此：“惟君子处于穷困，则能以圣贤之道自为之乐，又能取正于大有德之人以为法则，故所行无不得其道，所以获吉而无咎矣。”[②]程颐进一步强调：“大人处困，不唯其道自吉，乐天安命，乃不失其吉也。”[③]“君子当困穷之时……知命之当然也，则穷塞祸患不以动其心，行吾义而已”。[④] 可见，范仲淹、胡瑗、程颐在诠释《困卦》的卦义时，均强调两点：其一，任何穷塞祸患的困境均不可动摇士君子坚守道义、不改志向的决心；其二，必须要在“君子困穷”的境遇中坚持以道自乐。可见，宋儒对《困卦》卦义的阐发，已经深入到理学内圣之道的核心问题，即如何以乐观、积极的态度，去面对、解决多灾多难的现实困局。程颐认为：“以卦才言处困之道也。下险而上说，为处险而能说，虽在困穷艰险之中，乐天安义，自得其说乐也。时虽困也，处不失义，则其道自亨，困而不失其所亨也。能如是者，其唯君子乎！若时当困而反亨，身虽亨，乃其道之困也。”[⑤]君子虽然处于困穷艰险的时势中，他无法获得个人命运的亨通，但是他仍然应该通过坚守道义、乐天安义并自得其乐，这就是所谓的“孔颜之乐”。

为了坚定自己的“乐道”精神，宋儒重新建构了内圣之道，即建立一套以无极太极、理气道器的宇宙论为哲学基础的心性之学。宋儒建构了天人一体的心性之学与居敬穷理的修身工夫，他们坚持一切人均可通过心性修养而获得“圣

---

① 范仲淹：《范文正公文集》卷七《易义・困》，《范仲淹全集》，南京：凤凰出版社，2004 年，第 125 页。

② 胡瑗：《周易口义》卷八《困》，《文津阁四库全书》第 3 册，北京：商务印书馆，2006 年，第 503 页。

③ 程颐：《周易程氏传》卷四《经下・困》，《二程集》下册，第 940 页。

④ 程颐：《周易程氏传》卷四《经下・困》，《二程集》下册，第 941 页。

⑤ 程颐：《周易程氏传》卷四《经下・困》，《二程集》下册，第 941 页。

贤气象”，这是宋代士大夫能够获得精神上的自我救赎的唯一可能。宋儒特别是在《四书》的经典文本中，找到了他们迫切需要的如何能够达到忧中有乐、乐不忘忧、忧乐圆融生活态度和精神境界的哲学依据。

宋学本来是一种内圣外王之道，宋儒当然希望在内圣之道和外王之道两方面均有进一步拓展；但在宋学的发展演变过程中，宋儒越来越意识到内圣的根本性，特别是宋代士大夫的忧乐情怀和对理想人格的向往，故而逐渐将内外兼顾的宋学转型为以内圣为主导的性理之学。什么是“性理之学”？元代理学家吴澄说：“所谓性理之学，既知得吾之性，皆是天地之理。”[①]当一个人体认到“吾之性”即是“天地之理”，由自我的内在心性可上达宇宙之理，他承担的“忧患意识”就具有了崇高的精神价值，而他的“孔颜之乐”才能够提升到一种真正的精神超越境界。所以，追求内圣之道的宋儒更加热衷于形而上维度的思想建构，对理气、道器、人心道心、天命之性、气质之性等问题表现出特别的兴趣，他们将《周易》的宇宙哲学与《四书》的人格哲学结合起来，建立起形而上性理与形而下生活紧密相连的内圣之道。

（原载《清华大学学报（哲学社会科学版）》2021 年第 1 期，
作者单位：湖南大学岳麓书院）

① 黄宗羲、全祖望：《草庐学案·草庐精语》，《宋元学案》卷九二，北京：中华书局，1982 年，第 3038 页。

历代对《论语》“君子和而不同，小人同而不和”的解读

——以朱熹的诠释为中心

乐爱国

《论语·子路》载子曰:“君子和而不同,小人同而不和。”明显是就道德上相互对立的“君子”与“小人”而言。然而,当今学者的解读,大都以西周末史伯批评周幽王“去和而取同”并且讲“和而不同”以及春秋末齐国晏婴讲“和如羹”为依据,将其中的“和”解读为“和谐”。李泽厚《论语今读》解“君子和而不同,小人同而不和”,说:“君子和谐却不同一,小人同一却不和谐。”①同时还特别强调:“‘和’的前提是承认、赞成、允许彼此有差异、有区别、有分歧,然后使这些差异、区别、分歧调整、配置、处理到某种适当的地位、情况、结构中,于是各得其所,而后整体便有‘和’——和谐或发展。”②问题是,能够以史伯讲“和而不同”、晏婴讲“和如羹”解“君子和而不同,小人同而不和”吗?孔子讲“君子和而不同,小人同而不和”,如果这里的“和”解读为“和谐”,是否意味着君子与小人也应当“和谐”?在孔子那里,道德上相互对立的君子与小人能够“和谐”吗?孔子讲“道不同,不相为谋”,讲的就是君子与小人不应当“和谐”。可见,孔子之所以讲“君子和而不同,小人同而不和”,其中还需要做更多、更为深入的解读。

一、汉唐时期的两种不同解读

《论语》讲“君子和而不同,小人同而不和”,不仅讲君子与小人在道德上相互对立,而且讲“和而不同”“同而不和”,讲“和”与“同”的区别。关于“和”与“同”的区别的讨论,可以追溯到《国语·郑语》记西周末史伯对周幽王“去和而取同”的批评。史伯说:“夫和实生物,同则不继。以他平他谓之和,故能丰长而物归之,若以同裨同,尽乃弃矣。故先王以土与金木水火杂,以成百物。……于是乎先王聘后于异姓,求财于有方,择臣取谏工,而讲以多物,务和同也。声一无听,色一无文,味一无果,物一不讲。”③这里将“和”与“同”区别开来,强调“以多物,务和同”,讲由“多”而“和”,反对“同”而“一”,讲“和而不同”,无疑具有“和

① 李泽厚:《论语今读》,北京:中华书局,2015年,第255页。

② 李泽厚:《论语今读》,第256页。

③ 徐元诰:《国语集解》,北京:中华书局,2002年,第470—472页。

谐”之意。但需要指出的是，这里讲的是先王“和而不同”，而不是讲君子“和而不同”。

又据《晏子春秋》载，春秋末齐国晏婴与齐景公论“和”与“同”的区别，说：“和如羹焉，水火醯醢盐梅，以烹鱼肉，燀之以薪，宰夫和之，齐之以味，济其不及，以泄其过。君子食之，以平其心。君臣亦然。君所谓可，而有否焉，臣献其否，以成其可；君所谓否，而有可焉，臣献其可，以去其否。是以政平而不干，民无争心。故《诗》曰：‘亦有和羹，既戒且平，奏鬷无言，时靡有争。’先王之济五味，和五声也，以平其心、成其政也。声亦如味：一气、二体、三类、四物、五声、六律、七音、八风、九歌，以相成也；清浊、小大、短长、疾徐、哀乐、刚柔、迟速、高下、出入、周流，以相济也。君子听之，以平其心，心平德和。……今据不然，君所谓可，据亦曰可；君所谓否，据亦曰否。若以水济水，谁能食之？若琴瑟之专一，谁能听之？同之不可也如是。”[①]应当说，晏婴讲“和如羹”而反对“专一”，与史伯讲先王“和而不同”，具有较多的相似之处，都是对于“和”与“同”的区别的讨论，其中的“和”也具有“和谐”之意，且同样只是讲先王“济五味、和五声”；至于所谓“君子听之，以平其心，心平德和”，其中的“君子”应当是指君王。

东汉荀悦《申鉴》推崇《晏子春秋》所谓“和如羹”，并引出《论语》讲“君子和而不同”，说：君子应当“食和羹以平其气，听和声以平其志，纳和言以平其政，履和行以平其德。夫酸咸甘苦不同，嘉味以济，谓之和羹；宫商角徵不同，嘉音以章，谓之和声。臧否损益不同，中正以训，谓之和言；趋舍动静不同，雅度以平，谓之和行……孔子曰‘君子和而不同。’晏子亦云：‘以水济水，谁能食之？琴瑟一声，谁能听之？’《诗》云：‘亦有和羹，既戒且平，奏鬷无言，时靡有争。’此之谓也。”[②]这里讲“君子食和羹”，“纳和言以平其政”，所谓“君子”指的是君王；接着又讲《论语》的“君子和而不同”，似乎是把《论语》“君子和而不同”中的“和”解读为不同事物的相互和谐。

另据《后汉书·刘梁传》载，刘梁著《辩和同之论》，说：“君子之于事也，无适无莫，必考之以义焉。得由和兴，失由同起。故以可济否谓之和，好恶不殊谓之同。《春秋传》曰：‘和如羹焉，酸苦以剂其味，君子食之以平其心。同如水焉，若以水济水，谁能食之？琴瑟之专一，谁能听之？’是以君子之行，周而不比，和而不同，以救过为正，以匡恶为忠。”[③]显然，这里的解读也是以晏婴讲“和如羹”解《论语》“君子和而不同”，“和”即“和谐”。

应当说，无论是史伯讲“和而不同”，还是晏婴讲“和如羹”，都是就先王而言，要求君王讲“和谐”，并不涉及君子与小人的道德对立；如果据此解读《论语》“君子和而不同，小人同而不和”，将其中的“和”解读为“和谐”，强调“和”的价值

---

① 卢守助：《晏子春秋译注》卷七，上海：上海古籍出版社，2006 年，第 237—238 页。

② 荀悦：《申鉴》，《诸子集成新编》十，成都：四川人民出版社，1998 年，第 319 页。

③ 范晔：《后汉书》第 9 册，卷八十下，北京：中华书局，1965 年，第 2635—2636 页。

而否定“同”，很可能会消解君子与小人的道德对立，不合乎“君子和而不同，小人同而不和”所蕴含的君子与小人的道德对立之意。

与此不同，三国时何晏《论语集解》注“君子和而不同，小人同而不和”，曰：“君子心和，然其所见各异，故曰‘不同’；小人所嗜好者同，然各争其利，故曰‘不和’也。”南北朝的皇侃《论语义疏》疏曰：“和，谓心不争也。不同，谓立志各异也。君子之人千万，千万其心和如一，而所习立之志业不同也。……小人为恶如一，故云‘同’也。好斗争，故云‘不和’也。”[①]后来，北宋的邢昺《论语注疏》疏曰：“此章别君子、小人志行不同之事也。君子心和，然其所见各异，故曰‘不同’；小人所嗜好者则同，然各争利，故曰‘不和’。”[②]应当说，何晏、皇侃以及邢昺的解读，从君子与小人的道德对立讲“和”与“同”，突出了君子与小人的对立，不同于史伯讲“和而不同”、晏婴讲“和如羹”对于“和谐”的推崇，较为合乎《论语》“君子和而不同，小人同而不和”之意。

然而，何晏、皇侃等的解读，在“和”与“同”的概念界定上，尚存在着某些不自洽。何晏《论语集解》讲“和”，把君子之“和”解读为君子之心的“和”，把小人之“不和”解读为小人“各争其利”；讲“同”，则把君子之“不同”解读为君子“所见各异”，把小人之“同”解读为小人“所嗜好者同”。皇侃《论语义疏》明确把君子的“和”“不同”与小人的“同”“不和”分别开来界定：就君子而言，“和，谓心不争也。不同，谓立志各异也”；就小人而言，“小人为恶如一，故云‘同’也。好斗争，故云‘不和’也”。也就是说，在何晏、皇侃等对“君子和而不同，小人同而不和”的解读中，无论是“和”的内涵，还是“同”的内涵，都不是统一的。

由此可见，汉唐时期对于《论语》“君子和而不同，小人同而不和”解读，既有以史伯讲“和而不同”、晏婴讲“和如羹”为依据，而将其中的“和”解为“和谐”，实际上消解了君子与小人的道德对立，也有何晏、皇侃等的解读，突出君子与小人的道德对立，但尚没有就“和”与“同”的概念内涵做出自洽的解读。

二、和者，无乖戾之心；同者，有阿比之意

南宋朱熹《论语集注》解“君子和而不同，小人同而不和”，曰：“和者，无乖戾之心。同者，有阿比之意。尹氏曰：‘君子尚义，故有不同。小人尚利，安得而和？’”[③]这里从心性层面将“和”解读为“无乖戾之心”，将“同”解读为“阿比之意”，也就是认为君子“无乖戾之心”，因而无“阿比之意”；小人有“阿比之意”，因而有“乖戾之心”。显然，这样的解读，与何晏、皇侃等的解读一样，突出君子与小人的道德对立。重要的是，朱熹的解读还把“君子和而不同，小人同而不和”

---

① 皇侃：《论语义疏》，北京：中华书局，2013 年，第 344 页。

② 何晏、邢昺：《论语注疏》，阮元校刻：《十三经注疏》五，北京：中华书局，2009 年，第 5449 页。

③ 朱熹：《四书章句集注》，北京：中华书局，2012 年，第 148 页。

与义利联系起来，认为君子尚义，所以“和而不同”，小人尚利，所以“同而不和”。朱熹还说：“大抵君子小人只在公私之间。和是公底同，同是私底和。”“盖君子之心，是大家只理会这一个公当底道理，故常和而不可以苟同。小人是做个私意，故虽相与阿比，然两人相聚也便分个彼己了；故有些小利害，便至纷争而不和也。”[①]也就是说，君子与小人的道德对立不只在“和”与“同”的区别，更在于“公”与“私”的对立，由公私、义利而有“和”与“同”的区别。朱熹门人辅广对《论语集注》引尹氏曰“君子尚义，故有不同；小人尚利，安得而和”做了讨论，说：“尹氏本意，虽只是以义利二字说不同、不和之意，然细推之，则君子之于事，唯欲合于义，故常和。然义有可否，故有不同；小人徇利之意则固同矣，然利起争夺，安得而和？”[②]显然，辅广进一步强调君子尚义，所以“和而不同”；小人尚利，所以“同而不和”。

与何晏、皇侃等的解读相比，朱熹的解读明显具有两大优势：其一，正如以上所述，何晏、皇侃等的解读尚没有就“和”与“同”的概念内涵做出自洽的解读，与此不同，朱熹的解读特别重视并明确给出了对于“和”与“同”的概念的统一界定；其二，何晏、皇侃等的解读讲君子与小人具有“和”与“不和”、“不同”与“同”的对立，但由于没有就“和”与“同”的概念内涵做出自洽的解读，这样的对立是含混的，与此不同，朱熹的解读对“和”与“同”的概念做出了明确的统一界定，并进一步强调由公私义利而有“和”与“同”的对立，突出了君子与小人的根本对立，因而是对何晏、皇侃等的解读的发展和完善。

需要指出的是，朱熹不仅从君子与小人的道德对立的角度解读“君子和而不同，小人同而不和”，从心性层面讲“和者，无乖戾之心；同者，有阿比之意”，而且明确反对依据晏婴“和如羹”所做的解读。朱熹《论孟精义》收录了吕、杨、侯氏的解读：

> 吕曰：“和则可否相济，同则随彼可否。调羹者五味相合为和，以水济水为同。”
>
> ……
>
> 杨曰：“五味调之而后和，而五味非同也。如以咸济咸，则同而已，非所以为和也。君子有可否以相济，故其发必中节，犹之五味相得也。小人以同为说，犹之以咸济咸耳，尚何和之有？”
>
> 侯曰：“和非同也，和则虽有可不可之异，济其美而已，故曰：‘君子和而不同。’同非和也，同恶相济，如以水济水，安能和哉？故曰：‘小人同而不和。’”[③]

---

① 黎靖德：《朱子语类》三，卷四十三，北京：中华书局，1986年，第1111页。
② 辅广：《辅广集辑释》中册，福州：福建教育出版社，2017年，第907页。
③ 朱熹：《论孟精义》，朱杰人等主编：《朱子全书》第7册，上海：上海古籍出版社；合肥：安徽教育出版社，2010年，第464页。

对此，朱熹《论语或问》说："吕、杨、侯氏说，皆祖晏子之意。然晏子之言，乃就事而言，而此章之意，则直指君子小人之情状而言，似不可引以为证也。盖此所论君子之和者，乃以其同寅协恭，而无乖争忌克之意；其不同者，乃以其守正循理，而无阿谀党比之风。若小人则反是焉。此二者，外虽相似，而内实相反，乃君子小人情状之隐微，自古至今如出一轨，非圣人不能究极而发明之也。……如此说，则君子之心，无同异可否之私，而惟欲必归于是；若晏子之说，则是必于立异，然后可以为和而不同也，岂非矫枉过直之论哉！"[①]这里对以晏婴"和如羹"来解读"君子和而不同，小人同而不和"，提出了批评，大致包括以下几个方面：

第一，在朱熹看来，晏婴所谓"和如羹"，是"就事而言"，而"君子和而不同，小人同而不和"是就"君子小人之情状而言"，是就人的内在道德品质而言，所以"不可引以为证"。晏婴强调听取不同意见，所谓"君所谓可，而有否焉，臣献其否，以成其可。君所谓否，而有可焉，臣献其可，以去其否"，又讲"清浊、小大、短长、疾徐、哀乐、刚柔、迟速、高下、出入、周流，以相济也"。然而，可否相济，只是"就事而言"，并非就道德上的君子小人而言，换言之，君子与小人的对立，并不在于是否能够做到可否相济，而在于内在道德品质的截然相反。

第二，朱熹认为，君子小人"外虽相似，而内实相反"，所以对于"和"与"同"的界定，不可只是从事物表面上看，而应当从人的内在心性看。朱熹《论语集注》从心性层面讲"和者，无乖戾之心；同者，有阿比之意"，又进一步讲公私义利，以此把君子与小人对立起来；《论语或问》则讲"君子之和者，乃以其同寅协恭，而无乖争忌克之意；其不同者，乃以其守正循理，而无阿谀党比之风。若小人则反是焉"。显然，对于"君子和而不同，小人同而不和"，朱熹的解读强调君子与小人的根本对立，而以晏婴"和如羹"为依据的解读则只是讲君子与小人在做事上的"和"与"同"的区别。

第三，朱熹认为，对于各种不同的事物，君子应当"必归于是"，而晏婴"和如羹"要求"必于立异，然后可以为和而不同"，过多讲不同事物之"和而不同"，属于"矫枉过直之论"。朱熹《论语集注》注"道不同，不相为谋"，曰："不同，如善恶邪正之异。"[②]并且认为，"君子小人决无一事之可相为谋者也"。[③] 应当说，在朱熹的话语中，天理、人欲、公私、义利，乃至君子小人，正如邪正、善恶，都是对立的，而不可"和而不同"，如果用晏婴"和如羹"来解读"君子和而不同"，实际上包含了对于小人的"和而不同"，必然会消解君子与小人的对立，那么君子就不是与小人对立的君子，也就不成其为君子，因而就会陷于悖论，所以用"和如羹"解"君子和而不同"是不可能的。

---

① 朱熹：《四书或问》，朱杰人等主编：《朱子全书》第6册，第819—820页。

② 朱熹：《四书章句集注》，北京：中华书局，2012年，第170页。

③ 朱熹：《四书或问》，朱杰人等主编：《朱子全书》第6册，第864页。

三、朱熹之后的讨论

朱熹解《论语》“君子和而不同，小人同而不和”，从心性层面将“和”解读为“无乖戾之心”，将“同”解读为“阿比之意”，是就人的道德品质而言，并非“就事而言”。然而，人的道德品质与做事又是不可分割的，所以朱熹之后，有不少学者解“君子和而不同，小人同而不和”，既从心性的层面强调君子与小人在道德品质上的对立，又讲二者在做事上具有“和”与“同”的差异。

元代陈天祥《四书辨疑》不满足于朱熹从心性层面讲“和者，无乖戾之心；同者，有阿比之意”的解读，说：“和则固无乖戾之心，只以无乖戾之心为和，恐亦未尽。若无中正之气，专以无乖戾为心，亦与阿比之意相邻，和与同未易辨也。中正而无乖戾，然后为和。凡在君父之侧，师长、朋友之间，将顺其美，匡救其恶，可者献之，否者替之，结者解之，离者合之，此君子之和也。而或巧媚阴柔，随时俯仰，人曰可，己亦曰可，人曰否，己亦曰否，惟言莫违，无唱不和，此小人之同也。晏子辨梁丘据非和，以为‘君所谓可，而有否焉，臣献其否，以成其可。君所谓否，而有可焉，臣献其可，以去其否。是以政平而不干，民无争心’；今据不然。君所谓可，据亦曰可；君所谓否，据亦曰否’；‘据亦同也，焉得为和’。此论辨析甚明，宜引以证此章之义。”[①]陈天祥的解读试图在朱熹讲“和者，无乖戾之心；同者，有阿比之意”的基础上，引入“中正之气”，并进一步以晏婴的“和如羹”区别君子之和与小人之同，实际上是把朱熹的解读与晏婴讲“和如羹”结合起来。

明代程敏政也解释说：“和是无乖戾之心，同是有阿比的意思。孔子说君子的心术公正，专一尚义，凡与人相交，必同寅协恭，无乖戾之心。然事当持正处，又不能不与人辩论，故曰‘君子和而不同’。小人的心术私邪，专一尚利，凡与人相交，便巧言令色，有阿比之意。然到不得利处，必至于争竞，故曰‘小人同而不和’。”[②]后来王夫之作了训释，说：“君子以义为尚，所与共事功者，皆君子也。事无所争，情无所猜，心志孚而坦然共适，和也。若夫析事理于毫芒，而各欲行其所是，非必一唱众和而无辨者也，不同也……小人以利为趋，所与相议论者，小人也。以权相附，以党相依，依阿行而聚谋不逞，同也。乃其挟己私之各异，而阴图以相倾，则有含忌蓄疑而难平者也，不和也。”[③]应当说，程敏政、王夫之的解释，合乎朱熹《论语集注》之意。

清代刘宝楠《论语正义》解“君子和而不同，小人同而不和”，引述何晏所言：“君子心和，然其所见各异，故曰‘不同’；小人所嗜好者同，然各争其利，故曰‘不

---

① 陈天祥：《四书辨疑》卷七，《景印文渊阁四库全书》第202册，台北：商务印书馆，1986年，第423页。

② 程敏政：《篁墩文集》卷二，《景印文渊阁四库全书》第1252册，第31页。

③ 王夫之：《四书训义》，《船山全书》第7册，长沙：岳麓书社，2011年，第759页。

和'也。"并指出:"和因义起,同由利生。义者宜也,各适其宜,未有方体,故不同。然不同因乎义,而非执己之见,无伤于和。利者,人之所同欲也。民务于是,则有争心,故同而不和。此即君子、小人之异也。"①显然,这里以义、利讲"和"与"同",并由此从心性的层面讲君子与小人在道德品质上的对立。这与朱熹《论语集注》解"君子和而不同,小人同而不和"所引尹氏曰"君子尚义,故有不同。小人尚利,安得而和"是相通的。在讲君子与小人相互对立的基础上,刘宝楠《论语正义》又讲史伯的"和而不同"、晏婴的"和如羹",从君子与小人在道德品质上的对立,引申出二者在做事上具有"和"与"同"的差异。

清末简朝亮《论语集注补正述疏》和康有为《论语注》解"君子和而不同,小人同而不和",如出一辙,都是先引述史伯的"和而不同"、晏婴的"和如羹",然后引申出君子与小人的相互对立。简朝亮说:"由是言之,和则不乖戾,同则惟阿比,其义不昭然乎?"②康有为说:"盖君子之待人也,有公心爱物,故和;其行己也,独立不惧,各行其是,故不同。小人之待人也,媚世易合,故同;其行己也,争利相忮,不肯少让,故不和。"③这明显更为强调君子与小人在道德品质上的对立。

直到现代钱穆《论语新解》解"君子和而不同,小人同而不和",说:"和者无乖戾之心。同者有阿比之意。君子尚义,故有不同。小人尚利,故不能和。或说:和如五味调和成食,五声调和成乐,声味不同,而能相调和。同如以水济水,以火济火,所嗜好同,则必互争。"④显然,这样的解读都是从朱熹的解读强调君子与小人在道德品质上的对立出发,并进一步引申出二者在做事上具有"和"与"同"的差异。

四、余　　论

从以上论述可以看出,中国古代对于《论语》"君子和而不同,小人同而不和"的解读,既有以史伯讲"和而不同"、晏婴讲"和如羹"为依据,而将其中的"和"解为"和谐",又有何晏《论语集解》、皇侃《论语义疏》以及朱熹的解读,从心性层面强调君子与小人在道德品质上的对立,朱熹之后的学者大多既从心性层面强调君子与小人在道德品质上的对立,又由此引申出二者在做事上具有"和"与"同"的差异。应当说,在这些解读中,朱熹的解读从心性层面讲"和者,无乖戾之心;同者,有阿比之意",并进一步讲由公私义利而有"和"与"同"的对立,发展并完善了何晏、皇侃等的解读,超越了以史伯讲"和而不同"、晏婴讲"和如羹"为依据的解读。

首先,史伯讲"和而不同"、晏婴讲"和如羹"是就先王而言,以此为依据解读

① 刘宝楠:《论语正义》,北京:中华书局,1990 年,第 545 页。

② 简朝亮:《论语集注补正述疏》,北京:北京图书馆出版社,2007 年,第 436 页。

③ 康有为:《论语注》,北京:中华书局,1984 年,第 202 页。

④ 钱穆:《论语新解》,北京:生活·读书·新知三联书店,2002 年,第 346 页。

《论语》"君子和而不同，小人同而不和"，是将圣王与君子混为一谈。据《论语·宪问》载，子路问君子。子曰："修己以敬。"曰："如斯而已乎？"曰："修己以安人。"曰："如斯而已乎？"曰："修己以安百姓。修己以安百姓，尧舜其犹病诸！"也就是说，君子首先在于"修己以敬"，如果在"修己以敬"的基础上做到"修己以安百姓"而天下和谐，就是尧舜也不容易做好。显然，在孔子看来，君子与圣王是有区别的。史伯讲"和而不同"、晏婴讲"和如羹"，讲的是圣王"和而不同"，而不是君子"和而不同"，因而不能用于解"君子和而不同，小人同而不和"。与此不同，朱熹的解读强调的是君子的内在品质，更为合乎《论语》讲君子"修己以敬"，并与圣王有所区别之意。

其次，史伯讲"和而不同"、晏婴讲"和如羹"是就做事而言，而《论语》讲"君子和而不同，小人同而不和"是就做人而言，做事与做人不可混为一谈。《论语》讲君子与小人，首先是就人的内在品质而言，《论语·宪问》讲"君子而不仁者有矣夫，未有小人而仁者也"。与此不同，史伯讲"和而不同"，强调"以他平他"，反对"以同裨同"，又讲"先王聘后于异姓，求财于有方，择臣取谏工"，显然是就做事而言；同样，晏婴讲"和如羹"，讲不同事物的"相成""相济"，反对"以水济水"，也是就做事而言。以史伯讲"和而不同"、晏婴讲"和如羹"解读"君子和而不同，小人同而不和"，实际上是将做事与做人混为一谈，而朱熹的解读揭示君子"和而不同"的内在品质，更为合乎《论语》的君子之意。

再次，史伯讲"和而不同"、晏婴讲"和如羹"由于只是就先王而言，就做事而言，因而不是就道德上相互对立的君子小人而言，史伯以"和而不同"批评周幽王"去和而取同"，并不是君子与小人的对立，所以，以此为依据解"君子和而不同，小人同而不和"，必定会带来对于君子与小人对立的消解，甚至会陷于以"和"来解读道德上君子与小人的对立所引起的理论矛盾。与此不同，较何晏《论语集解》、皇侃《论语义疏》更为完善的朱熹的解读，讲"和者，无乖戾之心；同者，有阿比之意"，从心性层面强调了君子与小人在道德品质上的对立，因而更为合乎《论语》讲君子与小人相互对立之意。

日本江户时代（1603—1867）的荻生徂徕解《论语》，强调其中的"君子""小人"主要是"以位言"。他说："君子者，在上之称也。……君者治下者也，士大夫皆以治民为职，故君尚之子以称之，是以位言之者也。虽在下位，其德足为人上，亦谓之君子，是以德言之者也。""小人，亦民之称也，民之所务，在营生，故其所志在成一己，而无安民之心，是谓之小人，其所志小故也。虽在上位，其操心如此，亦谓之小人；经传所言，或主位言之，或主德言之。所指不同，而其所为称小人之意，皆不出此矣。"[①]在荻生徂徕看来，《论语》中的"君子"为上层官员，

---

① 荻生徂徕：《辨名·君子小人》，《荻生徂徕全集》第1卷，东京：东京河出书房新社，1973年，第459页。

“小人”为下层百姓，“君子”与“小人”是相须关系，而不是道德上相互对立的君子与小人。他的《论语征》以晏婴的“和如羹”解读“君子和而不同，小人同而不和”，反对何晏以“君子心和”、朱熹以“无乖戾之心”解其中的“和”，说：“何晏曰‘君子心和’、朱子曰‘无乖戾之心’，皆徒求诸心而失其义焉。盖古之君子学先王之道，譬诸规矩准绳，故能知其可否。苟不知可否之所在，其心虽和乎，乌能相成相济，如羹与乐乎？亦可谓之同已。”[1]他认为何晏讲“君子心和”、朱熹讲“无乖戾之心”，并非“君子和而不同，小人同而不和”之义，而君子之为君子在于知道事之可否，而使之达到相互和谐。问题是，君子与小人的对立，并不在于能否知道事之可否，讲事物之和谐，而在于内在的心性道德。

《论语》中的“君子”“小人”，确有一些并不是讲道德上相互对立的君子与小人[2]，但是，由此而像荻生徂徕那样，以为《论语》中的“君子”“小人”大都不是道德上相互对立的，尤其是认为“君子和而不同，小人同而不和”中的“君子”“小人”并非就道德上相互对立的君子与小人而言，或需要做出进一步的讨论。

当今不少学者以史伯讲“和而不同”、晏婴讲“和如羹”为依据，将《论语》“君子和而不同，小人同而不和”中的“和”解为“和谐”，并将“和谐”解为“由‘自然的和谐’、‘人与自然的和谐’、‘人与人的和谐’、‘人自我身心内外的和谐’所构成的‘普遍和谐’”，又进一步认为“儒家关于‘和谐’的观念是把‘自我身心内外的和谐’作为起点的”。[3] 这里把“人自我身心内外的和谐”与人之外部的和谐统一起来，并以“自我身心内外的和谐”为起点。需要指出的是，这里所谓“自我身心内外的和谐”，实际上就是朱熹解“君子和而不同，小人同而不和”所言“和者，无乖戾之心；同者，有阿比之意”；今人所讲的“普遍和谐”，实际上正是朱熹之后不少学者既讲君子之“和”在“无乖戾之心”，因而无“阿比之意”，又讲史伯的“和而不同”、晏婴的“和如羹”，引申出人之外部事物的和谐，而朱熹讲“无乖戾之心”，因而无“阿比之意”，正是这一“普遍和谐”的起点。由此可以看出，朱熹解“君子和而不同，小人同而不和”，而讲“和者，无乖戾之心；同者，有阿比之意”，不仅更为合乎《论语》之意，而且至今仍具有重要的学术价值。

（原载《社会科学研究》2021 年第 6 期，
作者单位：厦门大学哲学系）

---

① 荻生徂徕：《论语征》，松平赖宽：《论语征集览》，上海：上海古籍出版社，2017 年，第 1029 页。

② 参见乐爱国：《朱熹解〈论语〉中的“君子”“小人”》，《江南大学学报》，2020 年第 3 期。

③ 汤一介：《略论儒学的和谐观念》，《社会科学研究》，1998 年第 3 期。

皇极与教化

——朱子、象山皇极说新论

许家星

《洪范》篇在《尚书》中具有特别的意义，历来得到学者高度重视，近来更成为儒家政治哲学讨论的热门话题。目前学界对朱、陆“皇极”解的认识大体有两种观点：一是余英时、吴震、丁四新、王博等所持的政治文化范畴说，此为主流意见。余英时的《朱熹的历史世界：宋代士大夫政治文化的研究》专辟“皇权与皇极”章，强调理学家通过对皇极概念的重新解释来表达关于政治秩序的新理念。[①] 吴震大体认同余氏之说，认为“皇极诠释之争不仅是概念问题，更是当时的政治问题”。[②] 丁四新则通过探讨以五行畴和皇极畴为中心的《洪范》政治哲学，从皇极本意的角度批评朱熹充满理学家趣味的解释并未切中其的。[③] 王博肯定了皇极是古典时代政治思想的集中表达，着力讨论了与皇极密切相关的太极、无极。[④] 二是陈来所持的经典解释说，他力排众议，认为把朱子皇极解当作一个政治文化范畴虽可成立，但并非朱子主要用心所在。对朱子而言，“皇极”更多的仍是一个学术思想、经典诠释问题。“朱熹的皇极讨论，不会只是针对政治的发言……‘论时事’和‘求训解’在朱子是不同的，这一点还是要加以分别的。”[⑤]

上述两派之说皆言之成理。然朱陆皇极之解，无论是政治问题说或经典解释说，其实皆不离“德性教化”这一主旨，政治是不离教化的政治，解释则以工夫教化为指归。朱陆皇极解皆再三强调了皇极“正心”“保心”的精神教化意义，皆推崇先知觉后知的以上化下之教，彰显了儒家哲学以教化为根本的精神特质，此是二者之同。然在落实教化的具体途径上二者则各有特色。朱子对皇极提

① 余英时：《朱熹的历史世界：宋代士大夫政治文化的研究》，上海：上海三联书店，2003年，第849页。

② 吴震：《宋代政治思想史上的“皇极”解释——以朱熹〈皇极辨〉为中心》，《复旦学报(社会科学版)》，2012年第6期。

③ 丁四新：《再论〈尚书·洪范〉的政治哲学——以五行畴和皇极畴为中心》，《中山大学学报(社会科学版)》，2017年第2期。

④ 王博：《从皇极到无极》，《北京大学学报(哲学社会科学版)》，2018年第6期。此外，刘增光《皇极根于人心——陆九渊的洪范学》亦纳象山皇极之教于政治哲学范畴，载《纪念张岱年先生诞辰110周年学术会议论文集》，第510—522页。

⑤ 陈来：《“一破千古之惑”——朱子对〈洪范〉皇极说的解释》，《北京大学学报(哲学社会科学版)》，2013年第2期。

出新解,认为皇极指君王以一身树立大中至极之标准,从而具有圣人般的德行,成为天下效仿之对象,此解具有责君行道的意义。象山则恪守以大中解皇极的传统之义,通过对德福关系的新解,突出了对民众的保心之教,以期达到承流宣化的效果,体现了化民行道的思想,此是二者之殊。概言之,朱陆皇极解皆认可责君上行道与化下民行道两种教化途径,不过因针对对象之异,而各自突出了化君与化民。二者相较,朱子皇极解更为复杂精密,其皇极思想有一明显的变化,反映了他晚年对教化、立极思想的重视。

一、"民视君以为至极之标准而从其化"

朱子皇极解经过反复沉潜而成,留下了初本与改本之别;朱子对自家之解充满自信,认为此解足以"一破千古之惑";朱子之解,特重文义训释,而归本于立人极的德性教化。以下从皇极新义、民从上化、立极于上、上之化为皇极、以身立极、为治心法、极中之辨七个方面依次论述之。

(一)"四外望之以取正"。朱子一反传统的皇极为大中之义,而主张君王树立至极标准,以为四方取正效法之义,体现了以德立极,以极化民的教化观点。[①]《皇极辨》中"化"字出现6次,包括"观感而化""从其化""下之从化""所以化""上之化"(2次),"教"字出现3次,反映出朱子着眼"下从上化"的理念。朱子说:

> 故自《孔氏传》训"皇极"为"大中",而诸儒皆祖其说,余独尝以经之文义语脉求之,而有以知其必不然也。盖皇者,君之称也;极者,至极之义、标准之名,常在物之中央,而四外望之以取正焉者也……《诗》所谓"四方之极"者(按:初本无此句),于皇极之义为尤近……既居天下之至中,则必有天下之纯德,而后可以立至极之标准……语其孝,则极天下之孝,而天下之为孝者莫能尚也,是则所谓皇极者也。由是而……考其祸福于人,如挈裘领,岂有一毛之不顺哉……《洪范》之畴所以虽本于五行,究于福极,而必以皇极为之主也。[②]

此含三层意思:第一层批评皇极旧说,表达新解,提出皇极是指君王居中,因其纯德至极,而为天下极致准则,故为四方取法。第二层指出君王树立至极之标准并非易事,须有天下至纯之德方可,具体落实为由五行五事以修身,八政

① 陈来已提及朱子皇极解的根本目的就是使民"归心教化",但并未展开论述。参见陈来:《"一破千古之惑"——朱子对〈洪范〉皇极说的解释》,《北京大学学报(哲学社会科学版)》,2013年第2期。

② 朱熹:《晦庵先生朱文公文集》卷七十二,《朱子全书》第24册,上海:上海古籍出版社;合肥:安徽教育出版社,2002年,第3453—3454页(本文涉及朱子文献,皆是《朱子全书》2002年版,以下不再标注)。作为初本的《皇极辨初稿》本段内容与改本差别较大,初本无"顺五行、厚八政,极仁极孝"等说。载《朱子全书》第26册,第727页。

五纪以齐政，方能卓然立极。特别以仁、孝为例，强调只有做到极致，方是皇极。[①] 第三层认为，在做到至极基础上，方能顺天应人，合于鬼神而审乎祸福。《洪范》九畴虽以五行为开端，以福德关系为究竟，却须以皇极为根本来统帅之，道出了皇极为《洪范》之本的观点。新解突出了"四外望之以取正"的上行下效的德化意义，其根本宗旨就是要求人君通过修身以树立一个天下瞻仰效法的道德典范，从而达到教化天下的效果。

此处定本与初本差别甚大，二、三两层义皆为初本所无，改后更显周全严密。首句"余独尝以经之文义"句初本为"予尝考之"，"独"字之补，颇显朱子自负之意；"经之文义"之补则见出朱子紧扣章句文本表达创见的治学风格。

（二）"使民观感而化焉"。紧接"皇极"的是"皇建其有极"，朱子解为人君以己之一身为天下树立至极标准。"皇建其有极云者，则以言夫人君以其一身而立至极之标准于天下也。"树立这个"至极标准"的目的就是为了"使民观感而化"。君王的"建极"，是一个自利而利他的行为：建极之君因自身光辉的德行而享有长寿、富贵等五种幸福，而这种五福聚集所带来的光环又吸引了民众，民众在对建极之君德福一体的崇高道德典范之观摩中，获得内心的感动和灵魂的教化，这就是建极之君将自身所聚之福广布于民众之中的利他行为。此中君民之福传递授受之关键有二：一是君王必须能"建极"；二是民众必须能"观感而化"，即它建立在君民之间道德感应、德行转化的基础上，否则这种赐福于民是不可实现的。

> 人君能建其极，则为五福之所聚，而又有以使民观感而化焉，则是又能布此福而与其民也。[②]

朱子将"建极"与"敛福"联系起来，强调德福一致，合乎《中庸》大德必得之说。又把"感化"与"赐福"相关联，认为接受德教者即是接受"福报"，被道德感化之人，即是有福纳福之人。此皆体现了朱子以德论福的德福观。应提出的是，"使民观感而化"，初本为"推以化民"，"推"字有用力勉强之意，改本更强调了感化之自然无形，同于《论语集注》"道之以德"解的"观感而兴"的潜默之化。

不仅是君"布福于民"，民同样会"还福于君"，朱子在"锡汝保极"解中提出：

> 夫民视君以为至极之标准而从其化，则是复以此福还锡其君，而使之长为至极之标准也。[③]

---

① 在《皇极辨》初本第一个补记中，朱子已以孝、悌为例来阐明至极："以孝言之，而天下之孝至此无以加；以弟言之，则天下之弟至此而无小过也。"《朱子全书》第 26 册，第 730 页。陈来《"一破千古之惑"——朱子对〈洪范〉皇极说的解释》认为朱子此处已经"把初本的补记一的思想增写在这里。"

② 朱熹：《晦庵先生朱文公文集》卷七十二，《朱子全书》第 24 册，第 3455 页。

③ 朱熹：《晦庵先生朱文公文集》卷七十二，《朱子全书》第 24 册，第 3455 页。末句中的"至极"，初本为"天下"，改后更加扣紧皇极和对应全文。

所谓“保极”，指民众以君王为至极标准而顺从其教化，此即还君王所布之福于君之身，使君永为至极标准，可谓“常建其极”。民之反哺、还福其君的实质是以君王至极之德为标准，顺从君之德化，使自身亦拥有同样之德。朱子指出“惟皇作极”表达的亦是君王作极的典型示范意义，对于民之感化向善具有关键效果。“民之所以能有是德者，皆君之德有以为至极之标准也。”①朱子还从全篇整体指出“皇建其有极”以下皆围绕君王修身立极，以观天下，天下自然而化之义展开。“大抵此章自‘皇建其有极’以下，是总说人君正心修身，立大中至正之标准以观天下，而天下化之之义。”②

（三）“立极于上而下之从化”。朱子于“皇则受之”句特别阐发了立极教化思想。他认为，君王立极于上，则下民受其感应从其教化，自然有快慢深浅之别，对虽有不完全顺从教化但却未过于违背者，仍当宽容接受之。他说：

> 夫君既立极于上，而下之从化，或有浅深迟速之不同……其或未能尽合而未抵乎大戾者，亦当受之而不拒也。③

学者多注意太极与皇极关系，于“立(人)极”似罕见论及。《皇极辨》中“立极”出现3次，分别为“君既立极于上”“圣人所以立极乎上”“人君以身立极”，意指君王当以圣人为标准来要求自我，做到“王而圣”“君为师”“政即教”的合一。朱子在此将“成圣”作为君应有状态和必要素质，表达出君应为圣的儒家政治要求，此不仅关乎君王一身之资质，实系乎天下治理之根本。

立极内含继天、立人极、立教三层含义。作为君王至极标准的极有一个超越的来源，那就是继天而来，极的根源其实在天。天在朱子看来，其实为“理”，故立极的实质就是要君王成为天理的体现，成为圣人，只有圣人才做到了“浑然天理”。故此处“立极于上”通乎朱子《学庸章句序》“继天立极”说，《大学章句序》提出伏羲等上古圣神是“聪明睿智能尽其性者”，故能继天命而立人极。④《中庸章句序》再次表达伏羲等上古圣神是“继天立极”者，将之与“道统”联系起来，说：“盖自上古圣神继天立极，而道统之传有自来矣！”

“立极”其实是“立人极”的简称，《太极图说》“圣人定之以中正仁义而主静，立人极焉”。朱子指出，圣人即是“太极之全体，一动一静，无适而非中正仁义之极”。圣人就是太极在人道上的表现，就是人极。皇极、太极、人极三个概念互涵相通。太极图自开篇言阴阳造化，中间言人禀受造化之灵，最后以圣人立人极结束，昭示圣人得乎太极全体，而合乎天地，此前后恰好构成一个首尾相因，脉络贯通的整体，显出人极乃太极说内在结穴所在，体现出太极图即天道而言

---

① 朱熹：《晦庵先生朱文公文集》卷七十二，《朱子全书》第24册，第3455页。
② 朱熹：《晦庵先生朱文公文集》卷七十二，《朱子全书》第24册，第2025页。
③ 朱熹：《晦庵先生朱文公文集》卷七十二，《朱子全书》第24册，第3455页。
④ 唐仲友亦言：“‘建用皇极’者，善民之习而复其性也。”《帝王经世图谱》卷三《皇极建用之图》，王云五主编：《丛书集成初编》第927册，上海：商务印书馆，1936年，第59页。

人道的天人贯通。前贤已注意朱子"皇极"是太极论的自然展开，但《皇极辨》并未出现"太极"，"立（人）极"则出现多次。盖皇极要求人君建立其极，是为民立极，人极的内容如朱子弟子方宾所言，即是仁义之道，"而仁义礼智所以立人极也"。[①] 朱子曾要求孝宗放弃功利之心，罢免求和之议，通过对仁义三纲之道的体验扩充，来"建人极"，树立作为君王应有的天下道德表率，如此方是重振国事的关键。"而以穷理为先，于仁义之道，三纲之本，少加意焉，体验扩充，以建人极。"[②]人极作为普遍永恒而又日用常行的人伦之道，具有大中至正的极则意义。圣人以仁义中正为立人极，其实即是仁义礼智，不过中正较礼智更亲切而已。"圣人立人极，不说仁义礼智，却说仁义中正者，中正尤亲切。"[③]

立极与立教密不可分，立极是树立至极之准则，是立教之前提，立教则是立极的落实和展开。朱子多次将"立极"与"立教"联系起来，早在《杂学辨》中即认为"修道之谓教"就是"圣人所以立极"所在。[④]《君臣服议》亦言宋朝开国确定的三年丧制具有立极导民之效，"则其所以立极导民者，无所难矣。"《大学章句序》指出，继天立极的圣人通过设立司徒典乐等官职开展对百姓的礼乐教化，以复其性。儒家之道其实就是"立极"之道，天生圣人的目的就是为了让圣人通过继天立极，来修道立教，教化百姓。"问继天立极……所以生得圣人为之修道立教，以教化百姓。"[⑤]

（四）"上之化也，所谓皇极者也"。朱子在"惟皇之极"句的解释中提出了民众"革面从君"与"以君为极"的思想。

> 夫人之有能革面从君，而以好德自名，则虽未必出于中心之实，人君亦当因其自名而与之以善。则是人者，亦得以君为极而勉其实也。[⑥]

若有人能受君之感化而改除旧习，从君之教，尽管其心出于好名而诚意不够，但君王亦当因任其好名之心而善待勉励之。此显示圣人设教"至宽至广""与人为善""一视同仁"的广大包容，合乎夫子"有教无类"，孟子"归斯受之"的教化理念。

朱子对"凡厥正人"句的诠释，强调了君王立极至为严密，而待人极为宽广

---

① 朱熹：《晦庵先生朱文公文集》卷七十二，《朱子全书》第 24 册，第 2655 页。

② 朱熹：《晦庵先生朱文公文集》卷七十二，《朱子全书》第 24 册，第 635 页。

③ 黎靖德编：《朱子语类》，《朱子全书》第十七册，第 3136 页。

④ 朱子《静江府虞帝庙碑》中认为舜是配天立极，"熹窃惟帝之所以配天立极"。《晦庵先生朱文公文集》卷八十八，《朱子全书》第 24 册，第 4099 页。《武夷七咏·天柱峰》"只说乾坤大，谁知立极功"。《晦庵先生朱文公文集》卷六，《朱子全书》第 20 册，第 455 页。朱子指出，司马光等人反驳王安石以僖祖为不祧之祖的观点是"以为太祖受命立极，当为始祖"，可见"立极"与"皇极"一并，已成为宋代学者政治主张的一个重要观点。《面奏祧庙札子》，《晦庵先生朱文公文集》卷十五，《朱子全书》第 20 册，第 726 页。

⑤ 黎靖德编：《朱子语类》，《朱子全书》第 17 册，第 431 页。

⑥ 《晦庵先生朱文公文集》卷七十二，《朱子全书》第 24 册，第 3455 页。初本无"从君"，初本"教以修身求福之道"被改为"因其自名而与之以善"，更扣紧文本。

的原则。

> 是以圣人所以立极乎上者，至严至密，而所以接引乎下者，至宽至广。虽彼之所以化于此者，浅深迟速……长养涵育，其心未尝不一也。①

朱子首先阐发了《论语》“富之教之”及《孟子》有恒产者有恒心的先富后善的教化原则，要求君王先安顿民众生活，否则难以教化诱导民众于善。如民众因生活所迫陷于不义再加以教化，则事倍功半，无济于事。此体现了朱子视民生保障为教化前提的立场。强调对作为立极施教的君王，应给予最为严格细密的要求；但对被教化者则又应持“至宽至广”的宽大包容原则，面对民众接受教化效果所存在的深浅快慢之差异，应始终抱有抚育涵养之心。这一对在上者严格与对在下者的宽容体现了差别化视角。

朱子对“无偏无陂”句的解释突出了在上之化的意义。他说：

> 天下之人皆不敢徇其己之私，以从乎上之化，而会归乎至极之标准也……王之义、王之道、王之路，上之化也，所谓皇极者也。②

天下之人皆不敢徇一己私情而自觉顺从于王者教化，会归于君王所立至极之标准。通过王者以自身所践行之正义、正道、正路教化民众，化除人之私欲而使之归于荡荡平平正直之则，此义、道、路作为在上之教化，即是皇极。可见朱子皇极的另一层含义就是在上之化的教化之道。

（五）“人君以身立极而布命于下”。朱子对皇极章最后三句的诠释，着重突出君王立极布命的身教思想，并将立极、伦常、天理、降衷贯通为一。一方面，作为施行教化者的人君，应当“以身立极”，人君所发布的天下教令即是天理伦常和上帝降衷之体现。

> 则以言夫人君以身立极而布命于下，则其所以为常为教者，皆天之理，而不异乎上帝之降衷也。③

此“以身立极”即“继天立极”，对君王而言，其身本自继天而来，德性上应实现与天为一，才有资格、有能力成为万民取法的教化者。初本“立极”本是“为表”，改后突出了“立极”这一中心主旨。“天之理”初本为“循天之理”，删此“循”

---

① 朱熹：《晦庵先生朱文公文集》卷七十二，《朱子全书》第 24 册，第 3455 页。末句初本为：“虽彼之所以移于此者，迟速真伪、才德高下有万不同；而吾之所以应于彼者，矜怜抚奄，恳恻周尽，未尝不一也。”《朱子全书》第 26 册，第 729 页。文字主要差别除“移”改为“化”外，把“真伪”改为“浅深”，表明这是程度问题，与“宽广”保持一致，亦与前文“因其自名而与之以善”相贯通。去除“才德高下”。改“矜怜抚奄，恳恻周尽”为“长养涵育”，突出养而育之的教养义。最后一句补充“心”字，体现了以心为教的特色。

② 朱熹：《晦庵先生朱文公文集》卷七十二，《朱子全书》第 24 册，第 3456 页。初本为：“言民皆不溺于己之私”，与改本同为“化私”之意。《语类》亦指出君王立极与民观而化是上下一体，教政合一，以教为本。“言王者之身可以为下民之标准也。貌之恭，言之从，视明听聪，则民观而化之。……敛者，非取之于外，亦自吾身先得其正，然后可以率天下之民以归于正，此锡福之道也。”《朱子语类》卷七十九，第 2710 页。

③ 朱熹：《晦庵先生朱文公文集》卷七十二，《朱子全书》第 24 册，第 3456 页。

字，表明立极之君所立之伦常教化，即是天理，突出了君王作为立极者的自我立法，与理为一的神圣法则意义。

朱子强烈责求作为立极者的君王，理应成为纯乎天理的圣人。对受教的天下之民，要求接受君王教化之命，恪守遵行，以不偏离天理伦常而直接感化于君王德教之光华。

朱子又解“天子作民父母”句为：

> 则以言夫人君能立至极之标准，所以能作亿兆之父母而为天下之王也。不然，则有其位无其德，不足以首出庶物，统御人群，而履天下之极尊矣。①

“人君能立至极之标准”初本为“能建其有极”，改本紧扣“立极”而论，显豁了“皇极”的“立至极标准”义。“亿兆”初本为“民”，改为“作亿兆之父母”正同乎《大学章句序》“则天必命之以为亿兆之君师，使之治而教之，以复其性”，亦证明朱子《皇极辨》始终着眼于君师复性之教。“首出庶物，统御人群”，初本为“建立标准，子育元元”，改为《乾卦》“首出庶物”及“统御”后，强调了君王首先应该履行作为一国之首应有的仪范天下之责，如此才能“统御人群”。即他不仅在地位上是万人之上，更应该在德性上“首出庶物”，做到“中心安仁”。此是再次扣紧“立人极”而论。② 表明天子之所以为天子，关键在“德”而非位。仅有位无德者，不足以履天子之位。《中庸》认为，德位分离者，皆不能制作礼乐以行其教化，只有德位兼备的圣人天子方可制作礼乐。

（六）“此是人君为治之心法”。朱子还以“心法”论定“皇极”，彰显了“皇极”作为道的意义，也揭示了宋代“皇极”畴取代五行畴的原因。

> 问：皇极。曰：此是人君为治之心法。如周公一书（按：指《尚书·周书》），只是个八政而已。③

朱子将皇极与八政比较，认为皇极才是人君治国心法，而《周书》不过是讨论具体政治措施之作，仅是“为治”，皇极才是更深层的决定“为治”的“心法”，此心法即是道之义。它直接作用人君之心，实非八政可比。皇极作为心法的意义在于：君王能以极为严格的道德标准要求自己，成为天下民众之道德标准、行为表率，使得民众皆有以兴起并效法之，以成就修身化民之效。君王能否成为天下所取法的对象，事关天下治理成败，故君王之心实为天下根本之要。可见朱子的皇极新解，与他格君心的道德教化思想一致。“心法”在朱子语境中，具有不同所指，但皆无外乎修身内圣与治国外王义，具有统率本体与工夫的道统意义。皇极心法与允执厥中、克己复礼之心法一脉相承，不过表述有所不同

① 朱熹：《晦庵先生朱文公文集》卷七十二，《朱子全书》第24册，第3456页。

② “首出庶物”之说已见于《皇极辨》初本：“故惟曰聪明睿智，首出庶物，如所谓‘天下一人而已’者。”《朱子全书》第二十六册，第730—731页。

③ 黎靖德编：《朱子语类》，《朱子全书》第十七册，第2704页。

而已。

君王如能通过修身工夫皇建其极，那就是把握了政治根本。因天下大事，皆无外乎是从君王一心之法流淌而出，如其心正大光明，则其事自然正大光明。“古人纪纲天下，凡措置许多事，都是心法。从这里流出，是多少正大！”①皇极心法说的意义表明朱子的道统论并非仅限于狭义的内在心性之学，而实际亦包含了治平天下的外王之道。

（七）中、极误解与“修身立政”。朱子对皇极章的逐句解释，体现了其“皇极”思想实是以责君立极化民为中心，并未涉及任何具体时政。此诚如陈来先生所言，朱子的皇极解首先或者说主要是一个经典命题的解释问题。朱子之解可能涉及政治的部分仅作为一段补充性质的短文被置于正文之后，且完全以“修身”立论，它以“修身立道之本”始，以“不知修身以立政”之告诫终。朱子说：

> 但先儒未尝深求其意，而不察乎人君所以修身立道之本，是以误训“皇极”为“大中”；又见其词多为含洪宽大之言，因复误认“中”为含胡苟且，不分善恶之意……乃以误认之“中”为误训之“极”，不谨乎至严至密之体，而务为至宽至广之量，其弊将使人君不知修身以立政，而堕于汉元帝之优游、唐代宗之姑息。②

朱子此段文字虽兼具学术、政治、教化三重意义，但仍是紧密围绕“中”“极”的字义之辨展开。在他看来，先儒误训“极”为“中”的原因是未能理会“皇极”之说意在确立“人君所以修身立道之本”，由此引发“人君不知修身以立政”的严重政治后果。时人不仅解“极”为“中”有误，且对“中”的理解亦有误。“中”本是“无过不及”之义，并非所误认的居中调停，“含糊苟且，不分善恶之意”，这种误解导致君王修身上的“恕己”，用人上的“君子小人并用”的姑息、放纵。③ 朱子特别反对以“宽恕”解释“恕”。认为恕当正解为“如心”，而非苟且姑息之义，恕只可对人，不可于己，批评范纯仁“恕己之心恕人”说虽心存厚道，为世所称，其实不合本义，后果严重。如郅恽对光武帝的“恕己”解将引发逢君之恶、贼君之罪的恶劣后果。④ 朱子“皇极”解“一破千古之惑”的意义建立在对“中”“恕”字义重新理解的基础上，表明对经典文义的理解之正误，将对修身治国带来重大

---

① 黎靖德编：《朱子语类》，《朱子全书》第十七册，第3867页。

② 朱熹：《晦庵先生朱文公文集》卷七十二，《朱子全书》第24册，第3456—3457页。

③ 朱子说：“今人说中，只是含胡依违，善不必尽赏，恶不必尽罚。如此，岂得谓之中！”《朱子语类》卷七十九，第2706页。

④ “近世名卿之言有曰‘人虽至愚，责人则明，虽有聪明，恕己则昏。苟能以责人之心责己，恕己之心恕人，则不患不至于圣贤矣’。此言近厚，世亦多称之者，但恕字之义，本以如心而得，故可以施之于人，而不可以施之于己。……若汉之光武，亦贤君也，一旦以无罪黜其妻，其臣郅恽不能力陈大义以救其失，而姑为缓辞以慰解之……光武乃谓恽为善恕己量主，则其失又甚远，而大启为人臣者不肯责难陈善以贼其君之罪。一字之义，有所不明，而其祸乃至于此，可不谨哉！”朱熹：《四书或问》，《朱子全书》第6册，第538页。

影响。此即朱子皇极解"破惑"的意义所在。

朱子皇极解的重心实不在政治文化领域,而归本于君王修身化民的道德教化义。朱子强调皇极的"至严至密""极则""准则"义,与其"格君心之非""正心诚意"之学是完全一致的。朱子皇极解其实是以修身教化为主的一套道德治国论,而修身、正身、修己工夫,五福、六极效验,完全落实在"人君之心"这一根本上,此为君王所承担重任所在。他说:"人君端本,岂有他哉……其本皆在人君之心,其责亦甚重矣。"①故一切工夫皆终归于治心的教化之学。

二、"以此心敷于教化政事"

象山皇极解既是其化民成俗具体实践的产物,又是其平治天下的理论纲领,体现了象山学鲜明的以心为教的特色,具有理事相融的色彩。以下从以道觉民、承流宣化、保心保极、心正是福、以心教化、皇极根心六个方面加以论述。

(一)"以斯道觉斯民者,即皇建其有极也"。象山为改变荆门上元节设醮祈福的陋习,代以宣讲《洪范》"敛福赐民"章,试图通过对"皇极"的解释来达到端正民心,改变民风的教化目的。此是象山以"正人心"为治荆首务的落实。② 象山以其天生的演讲能力,阐述了发明本心,自求多福的思想,使听者大受震动,深为信服,以至有感激哭泣者。《年谱》载:

> 讲《洪范》敛福赐民一章,以代醮事。发明人心之善,所以自求多福者,莫不晓然有感于中,或为之泣。

《讲义》并未对《洪范》皇极展开全面阐发,而仅就其前三句作一论说,即"皇建其有极。敛时五福,用敷锡厥庶民。惟时厥庶民于汝极,锡汝保极"。象山对"皇极"采用汉唐通行的"大中"说,并未自创新解。其实在经典解释上,朱子甚喜提出迥异于前人之新说,而象山往往遵循成说,此即一例也。象山说:

> 皇,大也。极,中也。《洪范》九畴,五居其中,故谓之极。是极之大,充塞宇宙。天地以此而位,万物以此而育。③

此以皇为大,中为极,皇极为九畴之五,故居其中。并以"充塞宇宙"来表明

---

① 《朱子语类》卷七十九,第 2708 页。象山亦特别重视格君心之非,反复致意于此,此是其与朱子之同处。如"格君心之非,引之于当道,安得不用其极"。陆九渊:《陆九渊集》,北京:中华书局,1980 年,第 345 页。"今时人臣逢君之恶,长君之恶则有之矣。所谓格君心之非,引君当道,邈乎远哉!"《陆九渊集》,第 179 页。

② 符叙舜功云:"象山在荆门,上元须作醮,象山罢之。劝谕邦人以福不在外,但当求之内心。于是日入道观,设讲座,说'皇极',令邦人聚听之。次日,又画为一图以示之。"《朱子语类》卷七十九,第 2712 页。有学者认为象山《讲义》具有明心学、倡教化、回应朱子的三重目的。方旭东认为象山上元讲皇极与道教有关。《上元醮与皇极——陆九渊〈荆门军上元设厅皇极讲义〉发覆》,《复旦学报(社会科学版)》,2020 年第 4 期。

③ 陆九渊:《陆九渊集》,第 28 页。

“极”之广大，此乃象山标志语，以之形容“极”之广大，可见“极”在象山思想中具有特殊地位。象山又采《中庸》致中和说，以位天地、育万物显示“极”之效用。象山又指出：

古先圣王，皇建其极，故能参天地，赞化育。当此之时，凡厥庶民，皆能保极，比屋可封，人人有士君子之行。“叶气嘉生，薰为太平”，向用五福，此之谓也。①

皇极大中构成参赞化育功效的前提，古代圣王能够做到皇建其极，故能参赞化育。在此皇极之中，民众受其教化熏陶，而能遵循中道。由此达到天下比屋可封，人皆君子的德行教化大兴之治。阴阳调和，风雨时至，太和之气带来祥瑞之物，化为太平世界，此即享用五福。

象山认为在圣王建极与民众保极之间存在上教下化关系，在天道太平与人道和谐之间具有内在感应关系。② 并意识到“皇极”并非是一定能确保建立者，如在无道之世，人心不善，豪杰无有，则皇极不建。“逮德下衰，此心不竞，豪杰不兴，皇极不建。”③皇极之能否建，关乎民众之能否觉悟。他说：

皇建其有极，即是敛此五福以锡庶民。舍“极”而言福，是虚言也，是妄言也，是不明理也。“惟皇上帝，降衷于下民”，衷即极也。凡民之生，均有是极。但其气禀有清浊，智识有开塞。天之生斯民也，使先知觉后知……以斯道觉斯民者，即“皇建其有极”也，即“敛时五福，用敷锡厥庶民”也。④

“皇建其有极”就是聚福以赐给百姓，但百姓能否接受所“赐”之福，则取决于自身能否“保有其极”。象山坚持以“极”论“福”，强调“极”“福”不可割裂，得“福”的关键在“保极”，无极则无福，无极而言福，必为虚妄之谈，必是不明事理之论。又引《汤诰》“降衷于民”说，指出“衷”即是“极”，“极”又是“中”，此不同于孔安国解“极”为“善”。以此证明人皆同样秉有上天所赐之极，凡民与圣人同体无隔，而实不可自弃。然又因气的清浊、智的通塞等客观限制，导致凡民不能明了自身所禀赋之“极”。⑤ 只有极少数先知先觉之士，方能明乎此上天降衷之极而觉乎此道，并以之觉悟后知后觉。象山一方面指出“凡民之生均有是极”，将凡民往上提升至与圣人同样禀赋天降之极；另一方面强调“古先圣贤与民同类”，圣贤亦不过是《孟子》所言“天民先觉”而已，可见圣凡同体。他强调“以道觉民”的教化、开发民众之意，表明宋代理学并非株守“得君行道”一途。事实上，朱陆真正的政治生涯皆极短，他们将主要精力用在发明斯道和以道化民的

---

① 陆九渊：《陆九渊集》，第 284 页。

② 朱子曾反思之前自己亦曾以天道、人道思想阐发《洪范》，后觉不妥而放弃之。“向来亦将天道人事分配为之，后来觉未尽，遂已之。”《朱子语类》卷七十九，第 2714 页。

③ 陆九渊：《陆九渊集》，第 235 页。

④ 陆九渊：《陆九渊集》，第 284 页。

⑤ 陆九渊《宜章县学记》提到“降衷”被堵的情况：“功利之习入于骨髓，杨朱、墨翟、告子、许行之徒，又各以其说，从而诬之。帝降之衷，茅塞甚矣。”《陆九渊集》，第 230 页。

教化工作上，由此重视书院讲习活动的展开。明代阳明学"觉民行道"亦是对理学此项工作的进一步深入展开而已。[①] 在象山看来，不管是在上之皇极还是在下之五福，皆离不开对道的觉悟，皆围绕如何觉道展开。象山此处论证逻辑极似朱子《大学章句序》思路。[②]

（二）"承流宣化，即是承宣此福。"象山将"宣化"与"宣福"等同之。他说：

> 皇建其极，"是彝是训，于帝其训"，无非敛此五福，以锡尔庶民。郡守县令，承流宣化，即是承宣此福，为圣天子以锡尔庶民也。凡尔庶民，知爱其亲，知敬其兄者，即"惟皇上帝所降之衷"，今圣天子所锡之福也。

圣上德性光明在上，足以洞察幽明，智照四方，故能替天治民，奉天从事，立大中之道，此伦常中道既是民众所当遵循之法则，亦同样是帝王所当行之法则，皇能建其极，则自能聚集五福以锡庶民。各级官员秉承圣意，宣扬教化，就是替天子赐五福于民。"承流宣化，即是承宣此福"说把官员开展教化当作赐民之福，把德性之教与人生幸福结合之，表达了以教为福的思想，明确了开展化民易俗的教化工作乃官员应尽之职责。[③] 于民众而言，如能做到爱亲敬兄的孝悌之道，即是实现了"皇降之衷"，即承受了天子所赐之福。可见，象山之教化以父子兄弟的孝悌爱敬之情为中心，将所谓祈福归结为个人的内在德性修养，此福不在天，不在王，而是在个人当下可行的内在之道，是人人本有的孝悌仁爱之心。象山指出特意开设本讲，乃是针对官府设立法会祈福之举的一项改革，"谨发明《洪范》敛福锡民一章，以代醮事，亦庶几承流宣化之万一。"指出天子以皇极君临天下，地方官员理应与民众践履皇极之义，从而接近天子之光辉。故以此讲代替法会，意在达到承流宣化之目的。列九畴于《讲义》之后，希望民众能转变观念，做到以善为福。所谓"自求多福"之福乃是自我当下即可把握者，求福即在求心，福在心内非在外也。

象山始终认为，宣扬教化乃是为官本职。他在尚未上任荆州时所作《石湾祷雨文》中，即批评官员不以宣化为职，反而一味以吏事、催科、簿书等为务，放弃了作为地方官员最重要的承流宣化之责，表明了以承流宣化作为执政首务的理念及革新弊政的用心。"论道经邦，承流宣化，徒为空言；簿书期会，狱讼财

---

① 余英时认为阳明心学由"得君行道"转向"觉民行道"。"王阳明是要通过唤醒每一个人的良知的方式，来达成治天下的目的，这可以说是儒家政治观念上一个划时代的转变，我们不妨称之为'觉民行道'，与两千年来'得君行道'的方向恰恰相反。"《宋明理学与政治文化》，长春：吉林出版集团，2008年，第190页。吴震在《明末清初劝善运动思想研究》（上海：上海人民出版社，2016年）的导论中着重从儒家德福之道及天人感应的角度讨论了皇极。

② 如"上帝降衷于下民"通乎《大学章句序》"天降生民以仁义礼智之性"，指人性之善本自天赋；气禀、智识论通乎气禀不齐，不全乎性说，解释现实人性之不善；"以斯道觉斯民"通乎"为君师之教以复性"说，落实为圣贤教化之道，使人皆能保全降衷之性。可见象山与朱子皇极解不仅有别，实亦有同。

③ 陆九渊：《陆九渊集》，第113页。

计，斯为实事，为日久矣。”①在《宜章县学记》中，象山大量引用《尚书》以为立论根据，充分表达了承流宣化、各负其责的教化思想。他说：

> 汉董生曰：“今之郡守、县令、民之师帅，所使承流而宣化也。”是故任斯民之责于天者，君也。分君之责者，吏也。民之弗率，吏之责也。吏之不良，君之责也。《书》曰“万方有罪，罪在朕躬”……此君任其责者也。可以为吏而不任其责乎？②

上帝不仅降生民之中，还任命君师对民众施其政教，行其化育。由此内设朝廷，外置邦邑，皆以尽心辅助天子之教化为务。周公告诫成王三宅三俊说，当以三德教化百姓；成王告诫康叔，应以五常教化百姓。董仲舒“承流宣化”说，指出郡守、县令等官，承担着宣扬君德，教化民众之责。故向上天承担保养教化民众之责者为君王，分担君王之责者为官吏。如民众不遵循教导，则当责备官吏；如官吏品行不端，则追究君王责任。可见君臣上下之间，各自承担着教化官吏与民众之职。天下有罪，百姓有错，君王当负其总责。然作为官吏者亦当承担所负有之职责，而不可推诿于民众与风俗之难治难移。

象山将有无教化之道，视为夷狄之国与中国的差别所在。据夫子君子化陋俗为良治之思想，批评官员推脱治化之责于风土民情者乃自欺之言。引曾子、孟子、孔子之言，表明民情处饥渴无助情形之下，反而最易推行治化之道。称赞吴镒通过学校教育子弟，使老幼皆受教化而自然回心向善，证明开展治理教化工作，于此民风不竞之世更为容易。又以周道大行为例，对教化提出了应达到“民日迁善远罪而不知为之者”的自然而化境界。特别抨击功利之说、百家之言对于人心的遮蔽和教化的阻碍，教化关键在自我挺立，践履仁义，扩充四端。

> 夷狄之国……无天子之吏在焉，宜其有不可治化者矣……顾不于其上之人而致其责，而惟民是尤，则斯人之为吏可知也……于其所谓不可化者，有以知其甚易化也。③

（三）“若能保有是心，即为保极”。象山将保极、五福皆落实为保心。说：

> 若能保有是心，即为保极，宜得其寿……即“惟皇上帝，所降之衷”，今圣天子所锡之福也。身或不寿，此心实寿……杀身成仁，亦为考终命。④

象山认为，如能保养此心不失，即是保极，就当享有富寿康宁等五福。福不是外在之事，而纯为内心存养；它本无关肉体，即使肉体消亡，此心仍可常存。如杀身成仁者，身虽亡而命常在。故百姓如能明乎君臣上下之义，中国夷狄、善恶是非之分，践行父慈子孝五伦之道，即做到了皇降之衷，即能承受

---

① 陆九渊：《陆九渊集》，第 308 页。

② 陆九渊：《陆九渊集》，第 228 页。

③ 陆九渊：《陆九渊集》，第 229—230 页。

④ 陆九渊：《陆九渊集》，第 284 页。

天子所赐五福。[1] 象山谈到了如何面对德福不一。他区分了心之福与身之福，认为如能行五常之教，其心实已享有了五福之报。此种福报完全是“心福”而非“身福”，如能存养、践履此道德之心，即是最大之福，外界富寿等，皆不足与计。此体现了象山以“心”为核心解释人生的思想。《贵溪重修县学记》则明确提出以本心为教，对民众教化本乎尧舜之道，皆不过使之不失本心。“庠序之教，抑申斯义以致其知，使不失其本心而已。”[2]然据《中庸》“大德必得”之论，“心福”应与“身福”一致。

（四）“实论五福，但当论人一心”。象山进一步申论了以心论福的“心福”立场。说：

> 实论五福，但当论人一心，此心若正，无不是福。此心若邪，无不是祸……不知富贵之人，若其心邪，其事恶，是逆天地……若于此时更复自欺自瞒，是直欲自绝灭其本心也……虽在贫贱患难中，心自亨通。正人达者观之，即是福德。[3]

象山提出论福实为论心，心正为福，心邪为祸，区别了德富背离和一致两种情况。一者大富之人，如其心邪事恶，则是违背天地鬼神，背离圣贤之训，君师之教。若自加反思，真实面对自我，必能意识到其中实有不可自我欺骗隐瞒者所在。若于此仍是自我欺瞒，不肯面对本真之我，则必是自绝灭其本心之人。况且富贵实非人生所当追求，自正人君子而观之，富贵非但不可羡慕，反而可怜鄙视之极，实乃身处监狱污秽之中而不自觉。反之，身处患难之中，如能心正事善，不违天地鬼神，君师圣贤之教，则必赢得庇佑和肯定。虽处贫贱，而心实富有通达。自正人君子观之，此即福德。象山以正邪、贫富、善恶之对比，突出“福德”的“德福”义，是因“德”而“福”而非因“富”而德，以消解民众以富为德的观念。世俗之福并非真福，唯有有道德者方是真幸福。当然，此处象山强调了观察者的身份——自正人观之，否则就不正之人观之，其判断必有所不同。

象山引《尚书》说论证“自考其心”的求福之法，批评求神拜佛无益。

> 但自考其心，则知福祥殃咎之至，如影随形，如响应声，必然之理也。愚人不能迁善远罪，但贪求富贵，却祈神佛以求福。[4]

伊尹告诫太甲上帝无常，灾祸吉祥因人善恶而降。《坤卦》说积善余庆，强调善祥恶殃的德福一致。祸福善恶端在自家之心，故当“自考其心”，如能自求自考，则见祸福如形影声响之必然而不可违逆。批评愚人贪恋富贵而妄求神佛

---

① 象山此处特别提及“中国夷狄”之分，可能与荆门彼时为“次边”之地有关，“中国夷狄”之分具有激发民众抗敌爱国之情的意味。另一种可能是思想文化之别，象山不满荆门设醮祈福之风，希望以儒家德性教化之学来扭转风气，激发民众归本儒学之教的用意。

② 陆九渊：《陆九渊集》，第 237 页。

③ 陆九渊：《陆九渊集》，第 284 页。

④ 陆九渊：《陆九渊集》，第 285 页。

保佑赐福，但却不知神自有其福善祸淫之原则，而不被人所收买，故不能予福德于不善之人。真求福德之法，乃在对治自身，迁善改过，远离罪恶。象山完全是从道德本心的角度阐发以善为福的思想，批评了求神拜佛思想的荒谬性。

象山之论，合乎其义利之辨的精神，他教化民众当以义为利，而不是以利为利。他曾据《尚书·仲虺之诰》区别内心动机与外在效果的同一与差异两种情况，略相当于康德的合法性与道德性之别。判定行为是否具有道德，关键是看其心之所主，而不是看其行之是否合乎所是。如心主于义，则其行为义；主于利，则行为利。故后世行为虽有合乎礼义者，然却是出于利害之心。反之，古人虽是考虑利害，却是出于道义之行。这样使得一切行为的价值皆当"凭心而论"，而不是就事而论，故官吏处理财会、诉讼等杂务就完全具有了正当性和必要性；同样，出于求利之心的祈福之举，则不具有了道德性。

> 后世贤者处心处事，亦非尽无礼义，特其心先主乎利害而以礼义行之耳。后世所以大异于古人者，正在于此。①

对民众而言，功利的态度尤表现在事鬼神上。象山虽肯定怪力鬼神实有，所看重者，则是鬼神所具有的教化百姓之效用。② 象山以"聪明正直"作为对神的要求，认为民众对神的祭祀应祭所当祭，非所当祭而祭，即是淫祀。对神而言，亦不应享有不当祭之祭，否则非神。他以此为准则来改革旧俗祭神之误，体现了化民成俗教化思想的实践。象山曾多次求雨，但却体现了很强的理性精神，毫无祈求姿态，批评山川之神素餐不治，劝告诸神既然享民之祭，理应替民分忧，救民旱灾。把山川之神视为自己的"同僚"，共同承担庇护一方百姓的使命，如不能消除灾害，对神来说，亦意味着失职。"旱干水溢，实与守臣同其责。"③

（五）"以此心敷于教化政事"。象山提出了以心为教说。

> 皇极在《洪范》九畴之中，乃《洪范》根本……"敛时五福，锡尔庶民"者，即是以此心敷于教化政事，以发明尔庶民天降之衷，不令陷溺。尔庶民能保全此心，不陷邪恶，即为保极。可以报圣天子教育之恩，长享五福，更不必别求神佛也。

象山肯定"皇极"在整个《洪范》九畴之中的根本地位。天子"建用皇极"，赐五福于百姓，其实质是以皇极之心施于政事教化，以阐发显明百姓内在本有的天降之中，使之不至陷溺。庶民如能保全此本心，即做到了保极。则可上报君恩，长享五福，而不必别求神佛。象山此处亦是以"心"论福，以心论"极"，天子

---

① 陆九渊：《陆九渊集》，第 422 页。

② 牟宗三亦以心论德福一致。"一切存在之状态随心转，事事如意而无所谓不如意，这是福。这样，德即存在，存在即德，德与福通过这样的诡谲的相即，便形成德福浑是一事。"牟宗三：《圆善论》，长春：吉林出版集团有限责任公司，2010 年，第 249 页。

③ 陆九渊：《陆九渊集》，第 306 页。

赐福于民者无他，不过是施教者以大中之心教化民众，使民众能自觉其大中之心，存养此心而不陷溺也。对受教化者而言，则保全大中之心纯正无邪，即是保养此极。无论赐福、保极皆是一心之教化。象山之心，并不离乎理。他指出福其实不可赐，所谓赐福，乃是指此理之遍布宇宙。象山主心即理，故此理充塞，其实亦是此心充塞。“福如何锡得？只是此理充塞宇宙。”①

（六）“皇极之建，根乎人心”。象山指出，《洪范》九畴之教关乎彝伦之存废，箕子曾对武王讲述《洪范》九畴，当鲧治水失败后，帝大怒而不授《洪范》，导致伦常败坏；在大禹接替治水工作后，方才赐予《洪范》，使得伦常有序。作为《洪范》核心的皇极大中之建立，事关彝伦兴废，此是普遍不易之理。但此“中”“常”并不神秘，不可仅从政治上加以理解，实则“根乎人心而塞乎天地”。大中常道既内在根本于人心，又超越充塞于天地，表达了以人心论“皇极”的教化思想。“皇极之建，彝伦之叙，反是则非，终古不易。是极是彝，根乎人心而塞乎天地。”

象山的教化思想，特别重视先知先觉的引导之功。他指出，先知先觉的意义在于明理导民。盖理虽遍在天地，但若无先知先觉开导引诱，则人必然限于黑暗摸索之中，而无法明乎此理。只有明觉之人方才可以论理。学不明理，只是凭一己武断论述天下是非，不自量力，此显出象山对于“理”之重视。“是理之在天下无间然也，然非先知先觉为之开导，则人固未免于暗。”②上古圣贤先觉此道以觉悟斯民，后世学者无学，道亦无传，故民无所归。批评士人未能明道，导致教化不行，斯道不明。可见士之先觉乃是教化推行之前提。故象山反复致意于“以道觉民”。“上古圣贤，先知此道，以此道觉此民。后世学绝道丧，邪说蜂起……而号称学者，又复如此，道何由而明哉！”③

在象山看来，所谓先知先觉实质就是师友之教，象山认为有无师友之教，是决定学道成败的关键。先知先觉之觉悟后知后觉，乃是天理必然。有师之教与无师之教，效果截然不同。先知先觉者承担培育天下人才之重任，故天下没有人才，责任在于作为先知先觉者的师友未能尽其教化之功。“天之生斯民也，以先知觉后知，先觉觉后觉，要当有任其责者。”④象山讨论了先知先觉所教与学者所习之异同，指出所谓先知先觉之教并非口耳言语之教、“意见之教”，乃是事实之教，人伦之道，是言教与身教的统一。此有针对朱子意味。

朱子对象山皇极说甚为关切，听闻象山解“保极为存心”，要求学者对其说加以判定，提出应对照经文，逐句落实其解，方能判定象山得失。朱子判定象山

① 陆九渊：《陆九渊集》，第 435 页。
② 陆九渊：《陆九渊集》，第 270 页。
③ 陆九渊：《陆九渊集》，第 127 页。
④ 陆九渊：《陆九渊集》，第 239 页。

的皇极解不过是敛六极，“陆子静《荆门军晓谕》乃是敛六极也”①。所谓六极乃是与五福相对的六种不好之遭遇：“一曰凶、短、折，二曰疾，三曰忧，四曰贫，五曰恶，六曰弱。”其意谓象山把敛五福解读成了敛灾祸。象山提出“舍极无福”“保有是心即为保极”“实论五福，但当论人一心”的以心为福说，注重教化民众不可执着世俗之祸福，其目的亦是“使天下之民归于正”，实在具有转化民风的教化意义。朱子颇为忌惮其将此等外在祸福完全收归于“心”，而置现实祸福于不顾之论，故发此批评，实不相应而有失严苛。学者已指出朱子所言不妥。②

三、结语：皇极与教化

朱子、象山对皇极字义及其思想的阐发，可谓同中有异，异中有同，但在基本精神旨趣上彼此相通，皆以推行教化为共同宗旨。朱子皇极之解，自辟新见，其指向却在责君行道，要求君王修身诚意，以立人极，通过树立圣人般的典范人格，成为天下四方效法取正的法则，以达到下民感兴而化的教化效果。朱子以治经学的严谨态度，对皇极文本，反复修改，字斟句酌，具有很强的学术性。就其文本前后修改等来看，体现了越来越突出教化、立极的意味。而象山的皇极讲义则完全是有感而作，是为了解决一个转移风俗，改变民心的实际问题。故象山的皇极解只是选取首三句而发，不如朱子皇极解严密完整。为了转变民众祈神求福的功利之心，象山开出了保心、保极，以心为福之方，教化民众当在自家德性用功，树立德福一致，以德为福的思想，体现了心学的教化理论，产生了明显的现实效果，彰显了象山学义理与事功贯通的“实学”特质。简言之，朱陆皇极解所针对对象，所设定任务皆有所不同，朱子可谓是责君成圣以化民的上层路线，象山则是化民之心以行道的下层路线，但二者皆同归于儒家的教化之道。

儒家的这一教化思想在当代仍具有新的理论活力。当代儒家教化哲学的代表学者李景林指出，儒学的根本特质就是一种教化的哲学。儒学作为一种工夫教化，它不脱离于哲学；另一方面，儒学作为哲学义理，它扎根于工夫教化。儒学的“教化”观念，取形式与实质、内在与超越一体的思路，经由“工夫”来引发人的内在精神生活和情感生活的转变。儒家哲学的教化还借助于中国古代社会固有的礼仪、仪式系统，经过形上学的诠释、点化、提升，巧妙地切合和影响于

---

① 黎靖德编：《朱子语类》，《朱子全书》第17册，第2710页。

② 陈来指出，“陆九渊这一儒家文化实践是值得赞赏的。”“朱子这个批评似不恰当，盖陆氏是对民众施行教化，不是解经论学，应不必在此处进行学术辨析。”陈来：《“一破千古之惑”——朱子对〈洪范〉皇极说的解释》，《北京大学学报（哲学社会科学版）》，2013年第2期。吴震《宋代政治思想史上的“皇极”解释——以朱熹〈皇极辨〉为中心》亦指出，朱熹对陆九渊之论乃“一酷评”，“未免说得有点过重”。

人的社会和精神生活之样式，这种教化带有浓厚的哲学的意味，这是它“哲学义的教化”一面。[①] 李景林强调，经典传习、礼乐教化、重视家庭教育作为的儒家教化方法，于今日落实儒学的教化之道仍具有重要意义。他提醒教化儒学的未来发展要注意三个方面：理论形态的重建、儒学和社会生活联系的重建、“以身体道”群体的培育。[②] 可见，从教化的角度来解读儒学的过去与重建儒学的未来，可以超越以心性或政治论儒学的分歧，从一个新的角度切入中国哲学传统，开拓中国哲学新境，这是宋代儒者皇极解留给我们的一个极具启发意义的论题。

（原载《学术界》2021 年第 1 期，
作者单位：北京师范大学价值与文化研究中心）

① 李景林：《教化的哲学·绪言》，哈尔滨：黑龙江人民出版社，2006 年。
② 李景林：《教化论视域中的儒学·绪论》，北京：中国社会科学出版社，2013 年。

“心性情”与“易道神”：朱熹对程颢思想的创造性诠释

翟奎凤

《二程遗书》卷一有下面一段话：

> “忠信所以进德”，“终日乾乾”，君子当终日对越在天也。盖“上天之载，无声无臭”，其体则谓之易，其理则谓之道，其用则谓之神，其命于人则谓之性，率性则谓之道，修道则谓之教。孟子去其中，又发挥出浩然之气，可谓尽矣。故说神“如在其上，如在其左右”，大小疑事，则只曰“诚之不可掩如此夫”。彻上彻下，不过如此。形而上为道，形而下为器，须著如此说。器亦道，道亦器，但得道在，不系今与后、己与人。①

一般认为，这段话是程颢说的，最后几句论形而上下、道器的话非常有名，相对来说，“彻上彻下，不过如此”之前的文字关注讨论得不多。实际上，朱熹与其门人在谈话中对这段文字前面所论“其体则谓之易，其理则谓之道，其用则谓之神”有非常集中而且相当深刻的研讨。朱熹的基本观点是：以心、性、情来对应这里的易、道、神。朱熹关于“易、道、神”的讨论成为构成其心统性情基本思想的一个重要方面。

“乾乾”的意思是刚健精进，也有慎独、戒惧之意，“对越在天”是讲对上天的敬畏。朱熹认为前三句话“只是解一个‘终日乾乾’”②，而“下面说‘上天之载，无声无臭’云云，便是说许多事，都只是一个天”（同上）。具体而言，“易、道、神”是“就天上说”，而“性、道、教”则是“就人身上说”（同上）。总体上来看，朱熹认为程颢所说这段话“皆是明道体无乎不在。名虽不同，只是一理发出，是个无始无终底意”（同上，第 3189 页）。朱熹关于“易、道、神”的讨论也是其道体思想的重要体现。

一、天人相应：“心性情”与“易道神”

1168 年（39 岁）朱熹在《答范伯崇》论程颐“随时变易以从道”③时说“‘易’

---

① 程颢、程颐撰，潘富恩导读：《二程遗书》，上海：上海古籍出版社，2000 年，第 55 页。

② 黎靖德编：《朱子语类》卷九十五，《朱子全书》第 17 册，上海：上海古籍出版社；合肥：安徽教育出版社，2002 年，第 3185 页。

③ 程颐在其《易传》自序中说：“易，变易也，随时变易以从道也。”

指卦爻而言，以《乾卦》之潜、见、跃、飞之类观之，则‘随时变易以从道’者可见矣”（《文集》卷三十九，《朱子全书》第22册，第1774页）。1171年（42岁）在《答方伯谟》信中又进一步发挥说：“随时变易以从道，主卦爻而言，然天理人事皆在其中。今且以《乾卦》‘潜’‘见’‘飞’‘跃’观之，其流行而至此者易也，其定理之当然者道也。故明道亦曰‘其体则谓之易，其理则谓之道’，而伊川又谓‘变易而后合道，易字与道字不相似也’。”（《文集》卷四十四，《朱子全书》第22册，第2008页）这是朱熹较早引述到程颢“其体则谓之易，其理则谓之道”一语，但这里还没有把“易、道”与心、性关联对应起来，只是以变易流行与定理当然来解释“易”与“道”。但其实在1170年，41岁的朱子在与张栻的通信中已把“心”与“易”作了关联，他说：

> 心具众理，变化感通，生生不穷，故谓之易。此其所以能开物成务而冒天下也。圆神、方知变易，二者阙一则用不妙，用不妙则心有所蔽而明不遍照。“洗心”正谓其无蔽而光明耳，非有所加益也。寂然之中，众理必具而无朕可名，其“密”之谓欤？必有怵惕恻隐之心，此心之宰而情之动也，如此立语如何？（《文集》卷三十二，《朱子全书》第21册，第1395页）

朱子这里以“心”解“易”，心、易皆有变化感通、生生、圆神方知、变易等特点。《易传·系辞上》说：“蓍之德，圆而神；卦之德，方以知；六爻之义，易以贡。圣人以此洗心，退藏于密，吉凶与民同患。”圆神、方知本来是讲蓍卦之德，朱子这里转用来讲心之德。《易传·说卦传》说“神也者，妙万物而为言者也”，朱子也以“妙”为心之用。《易传·系辞上》还说“易无思也，无为也，寂然不动，感而遂通天下之故。非天下之至神，其孰能与于此”。朱子在40岁己丑之悟中和新说之后，确立了心统性情的思想，心可以有未发（性）、已发（情）两种状态，认为未发为寂、已发为感。易学话语下的寂然不动、感而遂通也被朱子用来论心的静与动两种状态。但是这封信没有引述程子“易、道、神”之说。

1172年（43岁）朱熹在答吴德夫的信中说[①]：

> “易”之为义，乃指流行变易之体而言。此体生生，元无间断，但其间一动一静相为始终耳。程子曰：“上天之载，无声无臭，其体则谓之易，其理则谓之道，其用则谓之神。”正谓此也。此体在人，则心是已。其理则所谓性，其用则所谓情，其动静则所谓未发、已发之时也。此其为天人之分虽殊，然静而此理已具，动而此用实行，则其为易一也。若其所具之理、所行之用合而言之，则是易之有太极者。（《文集》卷四十五，《朱子全书》第22册，第2070—2071页）

这里也强调“易”为流行变易之体，此体生生不息。接着就引出了程子所说“易、

---

① 系年据顾宏义《朱熹师友门人往还书札汇编》第5册，上海：上海古籍出版社，2017年，第2787页。

道、神”，认为此“体”在人为心，相应地，“理”“道”对应“性”，“用”“神”对应“情”。在朱熹看来，“易、道、神”本是讲天道自然界的变化，相应于人，可以对应心、性、情。寂静之时，具此性理，感通之时为用之实行。寂感、动静、体用合起来又可以表述为“易有太极”，太极为理，易为变易流行之总体。

在答吴德夫信前后或同时，朱熹还有《元亨利贞说》短文一则，其中也说到：

> 元亨利贞，性也；生长收藏，情也。以元生，以亨长，以利收，以贞藏者，心也。仁义礼智，性也；恻隐、羞恶、辞让、是非，情也；以仁爱，以义恶，以礼让，以智知者，心也。性者，心之理也；情者，心之用也；心者，性情之主也。程子曰：“其体则谓之易，其理则谓之道，其用则谓之神。”正谓此也。（《文集》卷六十七，《朱子全书》第23册，第3254页）

这些都贯穿了朱熹心统性情、心主性情的思想，“理”“道”为性、“用”“神”为情，“体”“易”为心。心统性情之统有心包性情、心主性情二义，相应地，似也可说易统道神、易包道神、易主道神。

《朱子语类》中关于“易、道、神”的讨论相当多，相对文集来说，也更加详细深入。在与弟子万人杰论“易、道、神”时，朱子说“就人一身言之：易，犹心也；道，犹性也；神，犹情也”。对此，万人杰问说：“既就人身言之，却以就人身者就天地言之，可乎？”朱子回答说“天命流行，所以主宰管摄是理者，即其心也；而有是理者，即其性也，如所以为春夏，所以为秋冬之理是也；至发育万物者，即其情也”（《语类》卷九十五，《朱子全书》第17册，第3188页）。这里突出了“心”的主宰性。这条材料为万人杰自记，黄罃也记录了万人杰与朱子的类似对话：

> 正淳问：“‘其体则谓之易’，只屈伸往来之义是否？”曰：“义则不是。只阴阳屈伸，便是形体。”又问：“昨日以天地之心、情、性在人上言之，今却以人之心、性、情就天上言之，如何？”曰：“春夏秋冬便是天地之心；天命流行有所主宰，其所以为春夏秋冬，便是性；造化发用便是情。”又问：“恐心大性小？”曰：“此不可以小大论。若以能为春夏秋冬者为性，亦未是。只是所以为此者，是合下有此道理。谓如以镜子为心，其光之照见物处便是情，其所以能光者是性。因甚把木板子来，却照不见？为他元没这光底道理。”（同上）

“正淳”即是万人杰，此条语录记于朱子59岁时。朱熹强调“只阴阳屈伸”便是形体，显然，若说“屈伸往来之义”就指向性理了。易、道、神是从天（春夏秋冬）的角度来说，心、性、情是从人的角度来说。易、道、神为天地之心、性、情[①]。这里“春夏秋冬便是天地之心”的“心”是连着心、性、情来说，强调春夏秋冬、四季转换流行之体，就相当于人的心。因此，这里“天地之心”，与一般所说“复其见

---

① 刘砥于朱子61岁所记语录也有一条说：“易，心也；道，性也；神，情也。此天地之心、性、情也。”（《语类》卷五，《朱子全书》第14册，第233页）

天地之心乎”是不同的。这里“天命流行有所主宰”实际上又强调性对心的主宰，性理是根据，规范着心流行生生。与前面一条强调心对性的主宰、管摄义又有所不同。心主宰性，反过来也可以说，性主宰心，所揭示的思想意义不同。这条材料最后又以镜子来比喻心，“所以能光者是性”，镜子有光能照物的原理根据是性，光所照见之物为情。

黄畨还记载了另外一条相关材料：

> “其体则谓之易，其理则谓之道，其功用则谓之鬼神。”易是阴阳屈伸，随时变易。大抵古今只是大阖辟，小阖辟，今人说《易》，都无着摸。圣人便于六十四卦，只以阴阳奇耦写出来。至于所以为阴阳，为古今，乃是此道理。及至忽然生物，或在此，或在彼，如花木之类蓦然而出，华时都华，实时都实，生气便发出来，只此便是神。如在人，仁义礼智，恻隐羞恶，心便能管摄。其为喜怒哀乐，即情之发用处。（《语类》卷九十五，《朱子全书》第17册，第3188—3189页）

这条材料也是记于朱子59岁时，这里把“其用则谓之神”表述为“其功用则谓之鬼神”。以阴阳、屈伸、阖辟、往来解释易，为朱子一贯思路，其背后的所以然、根据为道和理；其发用功能、生机展现，为神。以心统性情之说，心能主宰、管摄性与情，照此逻辑，也可以说“易”能主宰、管摄道与神。朱子还说：

> 盖易以天道之流行者言，此以人性之发见者言。明天道流行如此，所以人性发见亦如此。如后段所谓“其体则谓之易，其理则谓之道，其用则谓之神”。某尝谓，易在人便是心，道在人便是性，神在人便是情。缘他本原如此，所以生出来个个亦如此。一本故也。[①]（同上，第3199—3200页）
>
> 要见得分晓，但看明道云：“其体则谓之易，其理则谓之道，其用则谓之神。”易，心也；道，性也；神，情也。此天地之心、性、情也。[②]（《语类》卷五，《朱子全书》第14册，第233页）
>
> 程子曰：“其体谓之道，其用谓之神。”而其理属之人，则谓之性；其体属之人，则谓之心；其用属之人，则谓之情。[③]（《语类》卷一百，《朱子全书》第17册，第3350页）

可见，大概是从43岁中年开始，一直到晚年，以心性情论易道神，是朱子常说的话语。那么，朱子为何一而再、再而三地反复把两者对应关联起来进行论说呢？朱子非常重视宇宙生化论、重视天道，同时认为天地之道与人道有对应、呼应

---

① 此条为李闳祖记于朱子59岁以后。

② 此条为刘砥记于朱子61岁时，为在论及才、性、情、心关系时所说。

③ 此条为曾祖道记于朱子68岁时。按：《朱子全书》此条把从“其体谓之道”到“则谓之情”都引为程子的话，标点当有误。“而其理属之人”后实际上是朱子的发挥。底本把程子的话引为“其体谓之道，其用谓之神”有脱字，与程子原话“其体则谓之易，其理则谓之道，其用则谓之神”比较，如果“则”视为省略字，当脱“谓之易，其理”五字。诸《语类》整理本此条标点皆有误，皆未注意到此。

性，人道的根源在天道，在这一点，相对程子来说，他受到周敦颐、邵雍的影响更大。朱子在40岁提出中和新说，确立心统性情思想之后，应该说他就开始潜在地寻求心统性情思想的天道论根据或本体论表述，在把心与易对应之后，对程子思想非常熟悉的他自然进而把心性情与易道神对应起来。这样在天之易道神，在人即为心性情，心统性情思想的主体论表述也就有了天道论的支撑，就更加具有权威性。

二、易体：道体而非形体

"其体则谓之易"，这里的体是变化流行的总体、统体，非体用之体，对此，朱熹有反复强调。但此体是形而上，还是形而下，抑或包体用，不分形而上下。就《语类》材料来看，朱子的表述有前后矛盾之处。统观来看，朱子所诠释的"其体则谓之易"之体应是该体用、形而上下浑融的道体。

朱熹曾把体理解为形体，为形而下的存在。如程端蒙所记语录说：

> "其体则谓之易"，在人则心也；"其理则谓之道"，在人则性也；"其用则谓之神"，在人则情也。所谓易者，变化错综，如阴阳昼夜，雷风水火，反复流转，纵横经纬而不已也。人心则语默动静，变化不测者是也。体，是形体也。言体，则亦是形而下者；其理则形而上者也。故程子曰"易中只是言反复往来上下"，亦是意也。[1]（《语类》卷九十五，《朱子全书》第17册，第3187页）

易、心皆为变化、错综、不测、流转不息的存在，这是朱熹经常说的。但是他这里说"体是形体"，而且直接说成是形而下的存在，与形而上之理相对。那么，这样的话，照此逻辑类比，就是心与性相对，心为形下存在。但是这显然与朱子本人心统性情的根本思想是矛盾的。因此，这条材料不能视为朱子的究竟之说。原文"体，是形体也"下有小注曰"贺孙录云：体，非'体、用'之谓。""贺孙"是指叶贺孙（字味道，括苍人，居永嘉）。贺孙所录为辛亥（1191年，朱子62岁）以后所闻。那么，据此推理，则端蒙此条所录也可能在1191年即62岁时（他与朱子过从密切，在去世前还曾写信与朱子诀别）。

《语类》中载有弟子辅广所记朱子论"其体谓之易"的一段话：

> 问：昨日先生说："程子谓：'其体则谓之易。'体，犹形体也，乃形而下者，《易》中只说个阴阳交易而已。"然先生又尝曰："在人言之，则其体谓之心。"又是如何？曰："心只是个动静感应而已，所谓'寂然不动，感而遂通'者是也。看那几个字便见得。"因言："易是互相博易之义，观《先天图》便可见。东边一画阴，便对西边一画阳，盖东一边本皆是阳，西一边本皆是阴，

① 此条为程端蒙所记，时间在朱子50岁至62岁期间。

东边阴画皆是自西边来,西边阳画都是自东边来。姤在西,是东边五画阳过;复在东,是西边五画阴过,互相博易而成。《易》之变虽多般,然此是第一变。"

广云:"程子所谓'易中只说反复、往来、上下'者,莫便是指此言之否?"

曰:"看得来程子之意又别。邵子所谓《易》,程子多理会他底不得。盖他只据理而说,都不曾去问他。"(《语类》卷六十五,《朱子全书》第16册,第2171页)

这段话中不少语句与上面程端蒙所记材料类似。辅广所记朱子语录在朱子65岁之后。如果拉近与上面程端蒙条材料的距离,那么辅广这条材料可系在朱子65岁时。可以尝试推测,在朱子62岁至65岁时,似乎他多次把"其体谓之易"中的体理解为形而下的形体。当然,就上面这段材料中朱子的讲话内容来看,他强调了心的动静感应,与易"寂然不动,感而遂通"的状态类似,接着又发挥了"易"的互相博易之易,以复、姤为重卦乾坤第一变,类似八卦中震、巽为其"一索"之第一变。这段话应该是进一步解释他所说的"易中只说个阴阳交易而已"。这是以邵雍先天易学的思想来解释互相博易。辅广问:程子所说的"易中只说反复、往来、上下"是不是就是这个意思?其实程子这句话,在程端蒙所记材料中,朱子本人也有引用到。但在这条语录中,朱子明显站在邵雍一边,对程子有些微词,认为他只是单纯从"理"的角度非常抽象地来讲"往来上下",没有去理会邵雍先天易学交互变易的精蕴。

显然,若把"体"理解为形而下的形体,这与朱子心统性情的基本思想是无法贯通的。实际上,朱子对这种说法也有明确否定过。我们看下面万人杰所记语录:

黄敬之有书,先生示人杰。

人杰云:"其说名义处,或中或否。盖彼未有实功,说得不济事。"

曰:"也须要理会。若实下功夫,亦须先理会名义,都要着落。彼谓'易者心之妙用,太极者性之本体',其说有病。如伊川所谓'其体则谓之易,其理则谓之道,其用则谓之神',方说得的当。然伊川所谓'体'字与'实'字相似,乃是该体、用而言。如阴阳动静之类,毕竟是阴为体,阳为用,静而动,动而静,是所以为易之体也。"

人杰云:"向见先生云,体是形体,却是着形气说,不如说该体、用者为备耳。"

曰:"若作形气说,然却只说得一边。惟说作该体、用,乃为全备,却统得下面'其理则谓之道,其用则谓之神'两句。"(《语类》卷一百二十,《朱子全书》第18册,第3778页)。

"黄敬之"为弟子黄显子。朱熹批评了黄敬之"易者心之妙用,太极者性之本体"的思想,重申对程子"易、道、神"思想的肯定。但是这里强调"体"是"该体用",

与“实”字相似。接下来，他亲自否定了自己之前把这里的体理解为形气、形体的说法，认为只有理解为“该体用”才完备，才能统得下面的“道、神”。显然，这里内在地贯穿着其心统性情的思想，只有心该体用，才能统得性、情。如果易、心只是形气，统不了性情。万人杰在朱子 51 岁时过来学习，直到朱子 70 岁时，仍与朱子过从甚密。综合来看，这条材料应该是在朱子 65 岁之后，可能在 68 岁左右。

朱熹强调“体”与“实”字相似，又说是“体质”之体，“犹言骨子”：

> 问：“‘上天之载，无声无臭’，其体则谓之易”，如何看“体”字？
>
> 曰：“体，是体质之‘体’，犹言骨子也。易者，阴阳错综，交换代易之谓，如寒暑昼夜，阖辟往来。天地之间，阴阳交错，而实理流行，盖与道为体也。寒暑昼夜，阖辟往来，而实理于是流行其间，非此，则实理无所顿放。犹君臣父子夫妇长幼朋友，有此五者，而实理寓焉。故曰‘其体则谓之易’，言易为此理之体质也。”（《语类》卷九十五，《朱子全书》第 17 册，第 3186—3187 页）

这条材料为弟子董铢于朱子 67 岁以后所记。关于“体质”之说，朱子在回答叶贺孙问“其体则谓之易”时也强调“体不是‘体用’之‘体’，恰似说‘体质’之‘体’，犹云‘其质则谓之易’”。那么，体质之体是不是就是形而下的形体、形气呢？总体上来看，应该不是。这里实际上是引入“道体”的观念来解释“易体”。董铢这条材料最后有小注：“程子解‘逝者如斯，不舍昼夜’，曰：‘此道体也。天运而不已，日往则月来，寒往则暑来，水流而不息，物生而不穷，皆与道为体。’《集注》曰：‘天地之化，往者过，来者续，无一息之停，乃道体之本然也。’即是此意。”（同上）

把易体与道体关联起来，在弟子甘节所录材料中也有体现：

> 周元兴问“与道为体”。曰：“天地日月，阴阳寒暑，皆‘与道为体’。”又问：“此‘体’字如何？”曰：“是体质。道之本然之体不可见，观此则可见无体之体，如阴阳五行为太极之体。”又问：“太极是体，二五是用？”曰：“此是无体之体。”叔重曰：“如‘其体则谓之易’否？”曰：“然。”（《语类》卷二十六，《朱子全书》第 15 册，第 1356 页）

“叔重”即董铢。这条材料录于朱子 64 岁以后。综合董、甘所录这两则非常相关的材料来看，体质、道体、易体是在一个层面来说的。

陈来先生在《仁学本体论》中对朱子的道体思想有深刻揭示，他指出：

> 从朱子学的立场来说，道体即是实体，也是最高实体。在程颐的说法里，道本无体，是无体之体，必须借助事物作为体才能为人所了解。但朱子已经与程颐不同，他不再说道之本然之体不可见，而直指川流，认为这就是道体之本然；他进而认为，天地之生化流行，就是道体之本然，可见他已经从程颐的观念摆脱出来，进至实体的观念了。①

---

① 陈来：《仁学本体论》，北京：生活·读书·新知三联书店，2014 年，第 19—20 页。

> 在这个意义上，道体就是“其体则谓之易”的体，乃变化生生流行不已之总体。至于此体之中寓有理，这是理学思维特别重视的地方。[①]

因此，全面来看，朱子所说“其体则谓之易”的易体是该体用的道体。这样的易体、道体是理气浑融不分的。这种道体论、实体论，究其实，也是一种境界论。

《易传·系辞》还说到“神无方而易无体”，朱子认为“无体”是说“或自阴而阳，或自阳而阴，无确定底”，而“其体谓之易”之体，“是说个阴阳，动静辟阖，刚柔消长”（《语类》卷七十四，《朱子全书》第16册，第2522页），两者是从不同角度来说的。“无体”之体谓没有形而下的固定形体，“其体”之体为道体、变易流行之总体，可以说，“易”因其无体，乃成道体，为无体之体。

三、神用：功用而非妙用

在朱子看来，“其体则谓之易”为该体用之道体，非仅形下之形体。这可以作为定论。只有这样，“易、道、神”，才能与“心、性、情”对应协调起来。然而，以“神”对应“情”，仍有不少让人费解之处，以至于让我们怀疑朱子以心、性、情来解易、道、神，到底恰不恰当？与程子的原意是否一致？

在朱子心统性情的思想中，性与情对，为体用关系，情为心的一种活动状态。情总是关联着具体的人与事，关联着气，有具象性，有形下性。但是在一般意义上来说，“神”是超越性的形上存在。那为什么朱子把“其用则谓之神”对应于情呢？

这需要我们回到程子说的另外一句话以及朱子的解读。程颐说“以形体言之谓之天，以主宰言之谓之帝，以功用言之谓之鬼神，以妙用言之谓之神，以性情言之谓之乾”（《遗书》卷二十二上，第343页）。学生经常就“以功用言之谓之鬼神，以妙用言之谓之神”来向朱子请教前后两个神的区别。朱子认为“鬼神者，有屈伸往来之迹，如寒来暑往，日往月来，春生夏长，秋收冬藏，皆鬼神之功用，此皆可见也。忽然而来，忽然而往，方如此，又如彼，使人不可测知，鬼神之妙用也”（《语类》卷六十八，《朱子全书》第16册，第2258页），“功用是有迹底，妙用是无迹底。妙用是其所以然者”（同上，第2259页），“功用兼精粗而言，是说造化。妙用以其精者言，其妙不可测。天地是体，鬼神是用。鬼神是阴阳二气往来屈伸。天地间，如消底是鬼，息底是神，生底是神，死底是鬼”（同上），“鬼神之神，此神字说得粗”[②]（《语类》卷六十七，《朱子全书》第16册，第2218页）、“言鬼神，自有迹者而言之；言神，只言其妙而不可测识”（同上，第2087页）。综合来看，似功用之鬼神是形而下的（粗或兼精粗），而妙用之神是形而上的（精），

---

① 陈来：《仁学本体论》，第214页。

② 但是前面又说“功用兼精粗而言，是说造化”。

朱子用“所以然”一词值得注意。《易传》说“一阴一阳之谓道”，程颐认为“道非阴阳也，所以一阴一阳道也”(《遗书》卷三，第118页)，那么，套此逻辑，功用之鬼神为一阴一阳之屈伸变化，而妙用之神乃功用阴阳鬼神的根据或动力。

可见，实际上朱子是把“其用则谓之神”与“以功用言之谓之鬼神”等同起来。据黄罃所记语录，朱子就曾直接说过“其体则谓之易，其理则谓之道，其功用则谓之鬼神”①，他直接把“其用则谓之神”中的“用”理解为“功用”，“神”理解为“鬼神”②。程颐曾说“鬼神者，造化之迹”，显然这也是从阴阳、形下的角度来理解功用和鬼神。朱子还说“从‘上天之载，无声无臭’说起。虽是‘无声无臭’，其阖辟变化之体，则谓之易；然所以能阖辟变化之理，则谓之道；其功用著见处，则谓之神”(《语类》卷九十五，《朱子全书》第17册，第3185页)。“阖辟变化之体”是易体、道体，其变化之理、道是本体、根据，这种意义上的理、道可以理解为太极。“其功用著见处，则谓之神”，“功用”意思是功能展现，是可见的表象世界。

结合这些来看，可以说朱子所理解的“其用则谓之神”之“用”主要是指各种自然现象、造化之迹，“神”是鬼神、阴阳二气屈伸往来之变化表象。“其体则谓之易”是讲变易流行的统体、总体，包含体用，而“其用则谓之神”则是表象、现象世界；当然，这个现象、表象也是体之功用表现，是用不离体、体用不二的。而“其理则谓之道”则是变化的根据、原理，是形而上的。

朱子反复以心、性、情来对解易道神。但是当以情释神，视神为情时，就会关联到心与神的关系，在此思维框架下，心“神”竟被视为气，为形而下的存在。我们看下面一段语录：

> (直卿)又问：“神是气之至妙处，所以管摄动静。十年前，曾闻先生说：神亦只是形而下者。”贺孙问：“神既是管摄此身，则心又安在？”曰：“神即是心之至妙处，滚在气里说，又只是气，然神又是气之精妙处，到得气，又是粗了。精又粗，形又粗。至于说魂说魄，皆是说到粗处。”(贺孙)(寓录云：“直卿云：‘看来神字本不专说气，也可就理上说。先生只就形而下者说。’先生曰：‘所以某就形而下说，毕竟就气处多发出光彩便是神。’味道问：‘神如此说，心又在那里？’曰：‘神便在心里，凝在里而为精，发出光彩为神。精属阴，神属阳。说到魂魄鬼神，又是说到大段粗处。’”)(同上，第3186页)

这些话也是由以“心性情”讨论程子“易、道、神”话语引起的。牟宗三据此认为“无论叶贺孙录或徐寓录，皆表示朱子视神为神气、神采之神，与鬼神之神

---

① 牟宗三说：“此第三语又随意加一‘鬼’字，非是。”(牟宗三：《心体与性体》中册，上海：上海古籍出版社，1999年，第26页)笔者认为若联系程颐所说“以功用言之谓之鬼神”，那么加“功”字、“鬼”字非随意，当是有意为之。

② 朱子把“其用则谓之神”理解为“鬼神”，可能也是联系到程子原文引述到《中庸》“如在其上，如在其左右”。

同。心、神、鬼神、魂魄、精、形等俱属于气，俱是形而下者”，并强调“心理学的心、习心、识心、成心，可视为气，为形而下者，而道德的、应然的本心则不可视为气，视为形而下者。神气、神采、鬼神之神可视为气，形而下者，而诚体之神，寂感真几之神则不可视为气，视为形而下者。由心理学的心到道德的本心，由鬼神之神到诚体之神，俱不能一条鞭地、直线地、形式地直通上去，而一是皆以气视之也”①，并批评说“朱子以如此实在论的态度一条鞭地视心与神为气，则其视道体为‘只是理’亦是很逻辑地一贯者，此见其心思清明、煞有工夫，而足以决定成另一系统，即吾所谓主观地说是静涵静摄系统，客观地说是‘本体论的存有’之系统”②。

牟宗三也承认神气、神采、识心、成心可视为气，同时他也指出诚体之神、道德本心的超越性，不可视为气。但是就“心性情”对应“易道神”话语来看，“情”对应“神”，这里的神为功用之鬼神，为具体的情感心理活动，类似于自然现象界的阴阳错综变化。在上面一段对话中，朱子所说的心与神，多是就神识、情识活动而言。实际上，在心神问题上，朱子的表述也相当复杂。当学生问“人心形而上下如何”时，朱子说“五脏之心，却是实有一物，若今学者所论操存舍亡之心，自是神明不测”（《语类》卷五，《朱子全书》第14册，第221页），陈来先生指出“理是形而上者，气是形而下者。心脏之心实有一物，可以谓之形而下，但哲学意义上的心并非实有一物，其特质为‘神明不测’，故不能说是形而下。心既然不属形而下，当然意味着心不属气”③。在《孟子集注》中朱子解释“尽心”时说“心者，人之神明，所以具众理而应万事者也”（《孟子集注》卷十三，《朱子全书》第6册，第425页），在《大学或问》中又说“知则心之神明，妙众理而宰万物者也”（《大学或问》，《朱子全书》第6册，第511页）。这两处关于“神明”的表述看起来很相似，如果进一步分析的话，前者从总体上讲“心”是“人之神明”，这个神明偏于形而上，而后者讲“知”是“心之神明”，有具体形下性。吴震认为“在他（朱熹）看来，既然人心主要是一种意识知觉，具有虚灵不昧、湛然虚明、神明不测等特征，因而我们就不能用形上形下这套观念模式来定义”④。心与神、神明的关系相当复杂，在一个层面上，心、神为易体、道体，是理气合一的统体，在另一个层面又为偏于气的情识、神识。全面来看朱子的心，它是包性与情的，在寂然不动的本心层面，心近于性，在感而遂通的发用层面，心又表现为情。性与情皆为心所统、所包，近于性的本心通于形而上，表现为情的心识又近于形下之气。所以朱子也说“心比性，则微有迹；比气，则自然又灵”（《朱子语类》卷五，《朱子全书》第14册，第221页），“灵”为神明性存在，相对气，有超越性、贯通

---

① 牟宗三：《心体与性体》中册，第25页。

② 牟宗三：《心体与性体》中册，第25页。

③ 陈来：《中国近世思想史研究》，北京：商务印书馆，2003年，第187页。

④ 吴震：《朱子思想再读》，北京：生活·读书·新知三联书店，2018年，第119页。

性。在这个意义上，说灵说神，又是本体性理功能的展现。[①] 但是在易道神话语下，在朱子的诠释下，神是有迹的功用之鬼神，为神气、神识，有形而下的气性特征。而牟宗三由此引申论证朱子的心为形下之存在，这种观点，显然又失之简单。

陈来先生指出“以‘心统性情’为代表的朱子心性论的结构，十分值得注意的是，这一结构的表达、描述常常使用的模式并不是‘理/气’的模式，而是‘易/道/神’的模式。因为心性系统是一个功能系统，而不是存在实体”。[②] “在朱子的哲学中，知觉神明之心是作为以知觉为特色的功能总体，而不是存在实体，故不能把对存在实体的形上学分析(理/气)运用于对功能总体的了解。在功能系统中质料的概念找不到它的适当地位。另一方面，形上学的‘理/气’分析把事物分解为形式、质料的要素，而‘心’是统括性情的总体性范畴，并不是要素。这些都决定了存在论的形上学分析不能无条件地生搬硬套在朱子哲学中对‘心’的把握上面。”[③]陈先生的这个看法深刻精彩。也许朱子本人也感觉到用理气分析模式很难解释说明其心统性情的思想，所以引入程子“易道神”话语，并予以创造性转化诠释，用来说明其心统性情的思想，应该说他本人对这种解释模式还是很满意的，所以反复以心、性、情来论易道神，把易道神作为一种理想的解释模式来说明其心统性情的思想。陈来先生认为，“按朱熹的理解，二程的这个思想揭示了一个方法论的模式，即易(体)—道(理)—神(用)，可以广泛用于说明一切具有一定功能的、自身运动变化的系统，就是说从三个要素来把握一个系统的总体关联，一个是系统的总体，一个是系统工作的原理，一个是系统的作用。朱熹发挥的这个思想，应当承认，具有相当深刻的含义。”[④]

那么，我们能不能说朱子的解读就是程子的原意呢？笔者更倾向于这是朱子的创造性诠释，是借用程子的话语来更好地表述其心统性情的思想，也就是说这未必或很难说就是程子的原意。牟宗三认为“‘其理则谓之道’，此理是与神为一之理。全道体即是一神，即是一理，但其为理是超越的、动态的、既存有亦活动的生化之理，不只是超越的、静态的、只存有而不活动的形式的所以然。朱子唯将此理视为静态的形式的所以然(当然亦是超越的、形而上的所以然)，故将易体与神用俱视为气，但属于形而下者，而唯理才是形而上者。如此说理

---

① 张卫红认为：“朱子心论的重点实为气之‘灵’，从形质构成、认知功能以及心识的生成结构来看，心都具有形而上下之间的特性，处于未受气禀私欲遮蔽的经验心之先，朱子称为‘本然之体’‘心之全体’等。本然心具有超越性，是经验心的真正根源，也是中和新说、心统性情等思想建构的理论基础。”(《朱子“心论”的层面与超越性特质：兼与阳明“心论”比较》，《中国文化》2020 年第 1 期)

② 陈来：《中国近世思想史研究》，第 192 页。

③ 陈来：《中国近世思想史研究》，第 194 页。

④ 陈来：《朱子哲学研究》，北京：生活·读书·新知三联书店，2010 年，第 294 页。

尤显非明道说此语之意"①、"至于'其用则谓之神'，用即是道体生物不测之神用。'神也者妙万物而为言'，故神即是寂感之神，亦曰诚体之神，皆即指道体自己说：全道体即是一神用，全神用即是道体之自己。此神用之用非是如普通之可以分解为体用，而体用各有所当属之用也：此神用不与体对，神即是体；道体亦不与神用对，体即是神"②。朱熹将神用视为气与情识，大体上可以这么讲，但是牟宗三说在朱熹，易体也是形下之气，前面我们已经指出，这不符合朱子原意。但是笔者倾向认可牟宗三"在明道，易体、神用、理道皆是说的道体自己"的看法，"其体、其理、其用，皆指'上天之载'本身说，即皆指无声无臭、生物不测之天道本身说，是故易、道、神亦是此天道本身之种种名，所指皆一实体也"。③

总结来说，朱子把心性情与易道神进行对应，虽不一定符合程子原意，但不失为一种创造性诠释。尽管把情与神用进行对应造成不少理解上的困难，但总体上来说，用易道神来说明其心统性情的思想，还是有其理论上的自洽性，可以深化人们对其心统性情思想的理解。

（原载《中国哲学史》2021年第2期，
作者单位：山东大学儒学高等研究院）

---

① 牟宗三：《心体与性体》中册，第21—22页。
② 牟宗三：《心体与性体》中册，第21页。
③ 牟宗三：《心体与性体》中册，第20页。

戴震与朱子对《孟子》性论诠释之差异

蔡家和

一、前　　言

朱子可谓宋学之集大成者，其依二程之理学思想而发扬光大，初始对于汉学亦是不满的！如于《大学章句序》提到："自是以来，俗儒记诵词章之习，其功倍于小学而无用；异端虚无寂灭之教，其高过于大学而无实。"①这里的"自是以来"，指的是从孟子之后。

朱子的道统观视孟子之后，唯二程能够绍继，而其间（孟子之后至二程之前）的主流学说，大致上特点有二，亦是朱子所批评的：(1) 佛、老二家之虚无寂灭教说；(2) 专务章句训诂之俗儒，亦指经学之儒，此指汉儒之注经，徒务章句之诵读，而不知更深层且直指生命的学问。

朱子对于汉儒之不满，亦显示于《四书章句集注》之中，其所收集的注解虽亦包含了汉儒之说，但大致仍以宋代道南派为主，即程子弟子之传承，而朱子编有《论孟精义》，诠释上亦多宗于宋儒，即程子一系。之后，朱学盛行，历宋、元、明、清不衰，或多或少皆占有一席之地，影响所及遍于东北亚、东南亚，包括日本、韩国、越南等。而在中国，如朱子的《论语集注》既兴，而汉学何晏所编的《论语集解》即废，官学、科举考试等亦以朱子注书为依据。不过，到了明、清以后，朱学之影响力有了变化。先是明朝中叶，阳明学派兴起，其一主旨便是反对朱子学，欲与朱学一争正统，不过大致上，仍不出宋儒之视角，其采朱学之形式义而不采内容义，争辩于心即理或不即理的问题。到了清代，戴震可谓反朱之巨子，就连朱子之形式义亦不取，不信朱子的"性即理"之说，而改依《礼记》，定义"性"只是血气心知。②

清代学风之兴，有回到朴学、古学、实学的趋势，亦被称为汉学，概以汉学为宗，而反对朱学，或以朱学为主的宋学。其视宋学已杂有佛老，虽可谓性命之学，却离先秦古义甚远。方法学上，朱子主张"以义理领导训诂"③，不过，戴震

---

① 朱熹：《大学章句序》，《四书章句集注》，台北：鹅湖出版社，1984 年，第 2 页。

② 见其《孟子字义疏证》之作："性"者，依《礼记・乐记》"夫民有血气心知之性，而无哀乐喜怒之常，应感起物而动，然后心术形焉"一段，解为血气心知。

③ 如注疏《论语》，其中的代名词，如"学而时习之"的"之"，多以"理"字填充。到了朱子弟子陈淳的《北溪字义》，虽亦精于训诂，但仍以朱子之说为宗，以理学进行建构。

则以先秦字义为准则，如其《孟子字义疏证》之作。

《孟子字义疏证》为戴震之重要作品，由此作，亦可看出汉学与宋学两种治学宗旨之大相径庭，汉学可称为相偶论，宋学则为体用论，如此不同观点，亦同时显现于其他“四书”“五经”之诠释上。

由于系统庞大，本文即聚焦于《孟子》之论性一处，借此比较二派对于孟子之性善说有何不同诠释？最后再做一总结，以孔孟为准，检视二派说法有何特点？谁较能接近孔孟之说？

二、戴震与朱子之性论

（一）戴震：性是血气心知

关于“性”字之诠释，学界向来有分歧，许是因为“夫子之言性与天道，不可得而闻也”（《论语·公冶长》）。如《中庸》“天命之谓性”一句，两派对此诠释即不同。朱子解曰：天之所命令者，在人而为仁、义、礼、智之性，性即理也！而戴震认为：万物分于道而为运命，人道即不同于物道，人性与物性即不相同。

戴震在《孟子字义疏证》中，将“性”解为血气心知：

> 性者，分于阴阳五行，以为血气、心知，品物区以别焉。举凡既生以后，所有之事、所具之能、所全之德，咸以是为其本，故《易》曰：“成之者，性也。”气化生人生物以后，各以类滋生久矣，然类之区别，千古如是也，循其故而已矣。在气化曰阴阳、曰五行，而阴阳五行之成化也，杂糅万变，是以及其流形，不特品物不同，虽一类之中又复不同。凡分形气于父母，即为分于阴阳五行，人物以类滋生，皆气化之自然，《中庸》曰：“天命之谓性。”以生而限于天，故曰天命。《大戴礼记》曰：“分于道谓之命，形于一谓之性。”分于道者，分于阴阳五行也，一言乎分，则其限之于始，有偏全、厚薄、清浊、昏明之不齐，各随所分而形于一，各成其性也。然性虽不同，大致以类为之区别，故《论语》曰“性相近也”，此就人与人相近言之也，孟子曰：“凡同类者举相似也，何独至于人而疑之，圣人与我同类者。”言同类之相似，则异类之不相似明矣，故诘告子“生之谓性”曰：“然则犬之性犹牛之性，牛之性犹人之性与？”明乎其必不可混同言之也。天道，阴阳五行而已矣，人、物之性，咸分于道，成其各殊者而已矣。[①]

这里，戴震举《大戴礼记》语而来证明：性乃血气心知！《大戴礼记》曰：“分于道，谓之命，形于一，谓之性。”分于天道之阴阳五行，即为命！借此诠释《中庸》的“天命之谓性”。《中庸》也是《礼记》中的一篇，属《小戴礼记》，而与《大戴

---

① 戴震：《孟子字义疏证》，《戴震集》，汤志钧校点，上海：上海古籍出版社，1980年，第291—292页。

礼记》相近。

依于此说，则“天命之谓性”的“命”字，有其分道，则所受者亦有所限，人有德性，而物则无。然反观之，人亦有不及于物者，如人的眼力、嗅觉不及于鹰、犬等，以分于道而有所限之故。故此“命”义乃指命限，有所禀、运气上的不同。至于“形于一，谓之性”一句，意思是，个体成形即有其性，某甲有甲之人性，而牛则有牛之物性。

此说的重点，乃“性”一字，有分类上的不同，如人性这一类，与牛性这一类，两类不同。这里的类概念，不只是生物学上的区别，更是存有论与德性论上的；人之存在属类，不会同于牛一般，而人之食色，亦不同于牛之食色，人是道德之存有，而牛则不是。

孟子亦曾有类概念之说，其曰：

> 故凡同类者，举相似也，何独至于人而疑之，圣人与我同类者。故龙子曰：“不知足而为屦，我知其不为蒉也。”屦之相似，天下之足同也；口之于味，有同嗜也。易牙先得我口之所嗜者也，如使口之于味也，其性与人殊，若犬马之与我不同类也，则天下何嗜？皆从易牙之于味也。（《孟子·告子上》）

同类则为相似，不同类则不相似，如某甲与某乙同类，则为相似，唯孔子虽属人类，却能成为圣贤，能够出于其类而拔乎其萃！一般来说，如果不知对方的脚有多大（需穿多大的鞋），只要依于同类之概念而来推测或制作，大致也就不会相差太多了。又如人之口味、味觉，彼此之间，便较犬、马等之口味更接近，马食刍草，人却不然。同类之人性较为相近，食色亦相近，道德性也相似。在戴震而言，食色亦是性，属于血气之性。

至于心知之性，戴震认为：

> 孟子曰：“理义之悦我心，犹刍豢之悦我口。”非喻言也。凡人行一事，有当于理义，其心气必畅然自得，悖于理义，心气必沮丧自失，以此见心之于理义，一同乎血气之于嗜欲，皆性使然耳。耳目鼻口之官，臣道也，心之官，君道也，臣效其能而君正其可否。理义非他，可否之而当，是谓理义。然又非心出一意以可否之也，若心出一意以可否之，何异强制之乎！是故就事物言，非事物之外别有理义也。“有物必有则”，以其则正其物，如是而已矣。就人心言，非别有理以予之而具于心也。心之神明，于事物咸足以知其不易之则，譬有光皆能照，而中理者，乃其光盛，其照不谬也。[①]

这里明言，“理义之悦我心，犹刍豢之悦我口，非喻言也”（《孟子·告子上》），指理义悦心与刍豢悦口之间，并非比喻的关系，而是指两者都属于人性。部分学者因“犹”字，联想到“性犹湍水”云云，认为此自为比喻无误，然理义悦心

---

① 戴震：《孟子字义疏证》，《戴震集》，第272页。

与刍豢悦口之间却非比喻,例如"牛之性犹人之性"一句中的"犹"字,即等同的意思。

心知即如君官,心官能思、能知,能依于物之则、人道、义理等而来导正;人道,即是义之道,心官悦于义理、人道,如同依于光之照明,而能中理不谬;心官依其本性,而能悦于仁义之道!

此处所引之文,尚有一个重点,即对于孟子"天下言性也,则故而已矣"之正解,戴震的说法是:"然类之区别,千古如是也,循其故而已矣。"参看《孟子》原文:

> 孟子曰:"天下之言性也,则故而已矣。故者,以利为本。所恶于智者,为其凿也。如智者,若禹之行水也,则无恶于智矣。禹之行水也,行其所无事也。如智者亦行其所无事,则智亦大矣。天之高也,星辰之远也,苟求其故,千岁之日至,可坐而致也。"(《孟子·离娄下》)

关于这段话,汉、宋学二派解法不同。汉学家方面,视天下之性乃千古如是,人类、犬类、牛类等各类之性、血气心知等,从古至今,不曾稍改。而宋学家中,朱子所解之"故",谓依其旧理、故理[①],此为"性即理";牛之理千古以来不曾稍改,人之理亦然。

朱子视性即理,而戴震则以性为血气心知,这似乎是孟子性论诠释中的理、气之争。要注意的是,戴震此中的血气心知并非属于形下层次;形上与形下二者,需要两两对立才能成立,若无气化之外或气化之内的区别,又何来形上与形下之切割?戴震的血气心知,并非如朱子所定义的形下之气,而是即于形下形上、无分气化内或外之气。形上与形下在戴氏而言也只是成形前与成形后之说不同,不可以朱子的形上形下之说用在戴震身上。

(二)朱子:性即理

朱子所主张的"性即理"之说,传承自伊川,而戴震则提出质疑,问如下:

> 问:《论语》言性相近,《孟子》言性善,自程子朱子始别之,以为截然各言一性。(朱子于《论语》引程子云,此言气质之性,非言性之本也,若言其本,则性即是理,理无不善,孟子之言性善是也,何相近之有哉!)反取告子"生之谓性"之说为合于孔子。[②]

这里质问:依于程朱,则《孟子》之性善论,与《论语》"性相近"说,两者所说之"性"竟不同?不过,程朱的气质之性(张载亦如此发明)与天地之性,其实是同一个性。所谓的气质之性,只是本然天地之性落于气质之中,以至于所表现

---

① "性者,人物所得以生之理也。故者,其已然之迹,若所谓天下之故者也。利,犹顺也,语其自然之势也。言事物之理,虽若无形而难知;然其发见之已然,则必有迹而易见。故天下之言性者,但言其故而理自明,犹所谓善言天者必有验于人也。"(朱熹:《孟子集注》卷八,《四书章句集注》,第297页)

② 戴震:《孟子字义疏证》,《戴震集》,第292页。

出的本然之性，有多寡程度上的不同，即使在动物上，天理、天性亦同，亦为性善，只是动物气质浊劣，只得表现其偏，如羔羊跪乳、乌鸦反哺等，证明动物亦具有性善、道德性之部分。而戴震则不如此认为。那么，戴震为何要说，若依程朱，则《论语》的"性相近"与《孟子》的性善论，将为二性？这可参看《论语集注》中，朱子对"性相近"的诠释，曰：

此所谓性，兼气质而言者也。气质之性，固有美恶之不同矣。然以其初而言，则皆不甚相远也，但习于善则善，习于恶则恶，于是始相远耳。程子曰："此言气质之性，非言性之本也，若言其本，则性即是理，理无不善，孟子之言性善是也，何相近之有哉？"①

程朱诠释孟子之性善论，定义为：性即理，故无有不善。不过，程朱以为，《孟子》一书中所言之"性"，却是要随文看，即有时是指天理之性，有时却是气质之性。若言性善，只能是天性、天理，人、物皆同，又怎可言"相近"？若言"相近"，只能是气质之性。气质之性亦是源自本然之性，但因所秉、客观环境不同，致使气质有美、恶之分，有时甚至相距亦远。

程朱认为，《论语》既言"性相近"，那么也就只能是气质之性；而在其他著作中，也提到告子之说亦是气质之性，这便让戴震怀疑，若依程朱，则反而告子合于孔子，而孟子不合孔子。在戴震"反取告子'生之谓性'之说为合于孔子"一语下有小注云：

程子云："性一也，何以言相近，此止是言气质之性，如俗言性急性缓之类，性安有缓急，此言性者，生之谓性也。"又云："凡言性处，须看立意如何，且如言人性善，性之本也；生之谓性，论其所禀也，孔子言性相近，若论其本，岂可言相近？止论其所禀也，告子所云固是，为孟子问他，他说便不是也。"②

此戴震抄自伊川之言，用以证明程朱之论，似乎以告子合于孔子，而孟子反远于孔子？那么，朱子对于告子的"生之谓性"，又是如何理解的呢？其曰：

愚按：性者，人之所得于天之理也；生者，人之所得于天之气也。性，形而上者也；气，形而下者也。人物之生，莫不有是性，亦莫不有是气。然以气言之，则知觉运动，人与物若不异也；以理言之，则仁义礼智之禀，岂物之所得而全哉？此人之性所以无不善，而为万物之灵也。告子不知性之为理，而以所谓气者当之，是以杞柳湍水之喻，食色无善无不善之说，纵横缪戾，纷纭舛错，而此章之误乃其本根。所以然者，盖徒知知觉运动之蠢然者，人与物同；而不知仁义礼智之粹然者，人与物异也。孟子以是折之，其义精矣。③

前面戴震共引伊川的两段话。第一段，"性相近"云云，与"生之谓性"之说，

---

① 朱熹：《论语集注》卷九，《四书章句集注》，第175—176页。

② 戴震：《孟子字义疏证》，《戴震集》，第292页。

③ 朱熹：《孟子集注》卷十一，《四书章句集注》，第326页。

皆指所禀气质之性。气质之性乃本然之性堕于气质之中而来，遂有善恶、美丑之判，而本然之性亦常为气质之性所掩，致其表现不出本然之性善。

而这里，朱子主张孟子所论之性，乃纯粹之天地之性，性即理也；而告子则不知以性为理，而以气当之，此只是形下之气，不比本然性善的仁义礼智的形上之理；而形下之气所杂的气质之性，主要以知觉运动为主，乃指人之食、色等动物性。

戴震依此朱子义理，而与伊川的气质之性比配，认为若依程朱之说，则反而导致告子能同于孔子，而孟子反不能同于孔子的结果，因为告子与孔子所论之性都是气质之性。

三、程朱对孟子之翻案

（一）二程论性已不同孟子

程朱理学揭橥"性即理"说，亦称为理气论，性即天理，而天理无所不善，则关于"恶"的出口，便只能推向另一边的"气质之性"。这应该就是程朱创立"气质之性"的原因，于是形成了二分之性的格局。再者，也正因性之二分，程朱可把历来诸如告子、荀子、扬雄、释氏、胡氏（五峰父子）等人说法，都判定为"误把气质之性认作天地之性"一类，这类人以气当理、认气为性，于是有性善恶混、性可善可不善、性空等说，是则差之毫厘，而失之千里矣！

程朱学派认为，因着理气之二分，儒家便得以归纳历来关于性论之学派，以便杜荀、扬等辈之口，战国时期的孟子无法做到，如今程朱却办到了，则历史争论至于程朱，或许可以稍歇！不过，戴震却不以为然，评曰：

> 创立名目曰"气质之性"，而以理当孟子所谓善者为生物之本，（程子云："孟子言性，当随文看，不以告子'生之谓性'为不然者，此亦性也，被命受生之后谓之性耳，故不同，继之曰：犬之性犹牛之性，牛之性犹人之性与？然不害为一，若乃孟子之言善者，乃极本穷源之性。"）人与禽兽得之也同，（程子所谓"不害为一"，朱子于《中庸》"天命之谓性"释之曰："命，犹令也，性，即理也，天以阴阳五行化生万物，气以成形而理亦赋焉，犹命令也，于是人物之生，因各得其所赋之理，以为健顺五常之德，所谓性也。"）而致疑于孟子，（朱子云："孟子言'人所以异于禽兽者几希'，不知人何故与禽兽异？又言：'犬之性犹牛之性，牛之性犹人之性与？'不知人何故与牛犬异？此两处似欠中间一转语，须着说是"形气不同，故性亦少异"始得，恐孟子见得人性同处，自是分晓直截，却于这些子未甚察。"）是谓性即理，于孟子且不可通矣，其不能通于《易》《论语》固宜，孟子闻告子言"生之谓性"，则致诘之，程朱之说，不几助告子而议孟子欤？[①]

① 戴震：《孟子字义疏证》，《戴震集》，第292—293页。

这里引了伊川之说。伊川认为，一来，孟子书中的“性”，须要随文看，有时指本然之性，有时指气质之性，二性并存，一是先天本然之性，二是后天落在气质中的性。二来，告子的“生之谓性”，并非全错。告子的“生之谓性”也是性，只不过是指受生之后的性，也就是气质之性，不同于孟子所强调的本然之性。只要区分出《孟子》书中的两种性，则孟、告争议即可平息。[①] 而伊川的这些想法，其兄明道早已言及。明道言：

> 生之谓性，性即气，气即性，生之谓也，人生气禀，理有善恶，然不是性中元有此两物相对而生也，有自幼而善，有自幼而恶（后稷之克岐克嶷，子越椒始生，人知其必灭若敖氏之类），是气禀有然也。善固性也，然恶亦不可不谓之性也，盖生之谓性，人生而静，以上不容说，才说性时，便已不是性也。[②]

明道以为，人生而静之上不容说者，乃本然之性；可说者，即是气质之性，这也可比配于告子的“生之谓性”。此气质之性，性即于气，气即于性，原来只是本然之性落于气中者，如此一来，则恶亦不可不谓之性，本性虽善，但因落于恶的气质之中，也就表现不出其本善。前面伊川的话，便是对其兄明道思想之阐发，而明道此段，大致也可用伊川“气质之性”的理念来做诠释。

伊川又说，犬之性、人之性、牛之性，虽在显现上不同，但不害其本性为一。这样的说法，其实已经翻了孟子的案了。如《孟子》原文：“然则犬之性犹牛之性，牛之性犹人之性欤?”（《孟子·告子上》）意思是，此三性并不同，犬性亦不同于牛性，虽都是动物，但本性不同。

而伊川却说“不害其为一”，此所谓“理一分殊”，如月印万川，天下海、湖之月影稍异，然本源为同一之月、同一之天理，天理即性，万物皆同具本然之性，而性即理也。万物虽同具一个性理，但因人、牛、犬等所禀气质不同，所表现出的本性之程度也就不同。人得其秀而最灵，人的气质中所表现出的本然之性较多；动物则较少，亦有些微道德性之表现，如羔羊跪乳、蜂蚁有君臣之义等。这些论调已与孟子不同，当是一种创造性之诠释，或可用以解决历来各家论性之争议，如荀、扬等人之说。

（二）朱子对二程之承继

程子尝言：“论性不论气，不备，论气不论性，不明，二之则不是。”[③]而朱子继之而言：“‘论性不论气，不备；论气不论性，不明。’孟子终是未备，所以不能杜绝荀、扬之口。”[④]论性不论气者，指孟子，而论气不论性者，指荀、扬。亦是说，性论之所以历来分歧，无法定于一尊，乃因各家所言之性不一，孟子所言，乃终

---

① 其实，孟子正是反对告子的“生之谓性”，性是类的原则，若一律以生释之，则牛性同于人性，亦同犬性，皆有其生之故，个别类则不显。

② 程颢、程颐：《河南程氏遗书》卷一，《二程集》，台北：汉京文化事业公司，1983 年，第 10 页。

③ 程颢、程颐：《河南程氏遗书》卷六，《二程集》，第 81 页。

④ 黎靖德编：《朱子语类》卷五十九，王星贤点校，北京：中华书局，1986 年，第 1338 页。

极的天地之性，而荀、扬则是以气为性。直到程子，才算真正解决各家之纷争，而得以杜绝荀、扬之口。

然如船山质疑程朱此说，曰："程子固以孟子言性未及气禀为不备矣，是孟子之终不言气禀可知已。"[①]船山意思是：若以孟子性论有所不备，则知孟子终究未曾言及气禀呀！

不过，朱子于《孟子集注》中，仍是以气禀之说来做诠释。如《孟子·告子上》"仁之于父子，义之于君臣"一段，关于"命"者，概有所禀与所值，禀其气清，则行义也易。此所言"命"，亦同于"天命之谓性"一处，天命者，本然之性也，而此性亦在气中。

故朱子注"天命之谓性"曰："天以阴阳五行化生万物，气以成形，而理亦赋焉，犹命令也。"[②]人、物各率其性，人率人性，马率马性，都是天理之生，而表现在气禀之中。朱子又言："性道虽同，而气禀或异，故不能无过不及之差。"[③]于是要人修道、进德修业。这便是程朱的气禀义。

戴震于"人与禽兽得之也同"一句后面，又引朱子《中庸》"天命之谓性"之注，即朱子所注，业已视人、物之间是本根、同性，故不害其为一，即人性、物性源于同一性。

朱子这些说法，亦曾在韩国儒学界引发著名的"湖洛论争"，主要争辩人、物性之同或异？依于朱子，人、物性是为同一性，所谓"不害其为一"者，皆源于同一个天理；不过，朱子亦说人、物性分殊，此因后天所禀气质不同，致使所表现出的"理一"多寡有别。而即便是动物，亦有健顺五常之德，只是气禀较偏，只能微性（道德性）之表现，不若人之周全，然人、物性却是本源同一的！

四、性中有无食色？

（一）戴震：性中有食

依朱子"气质之性"说，性善为本然之性，性中没有食色，食色者，气质之性也。朱子注"告子曰：食色性也"处言："告子以人之知觉运动者为性，故言人之甘食悦色者即其性。"[④]若再加上伊川之语，则可知"食色性也"亦是"生之谓性"之性，亦同于《论语》的"性相近"，皆属气禀之性。总之，在"性即理"中，性中只有仁义礼智，而没有孝悌，更没有食色。

然戴震有不同看法，他主张"唯有血气心知之一性"，合于血气与心知而为一性，是为"一本说"。性中自有血气、嗜欲、食色……如孔子曰："君子有三戒：

① 王夫之：《读四书大全说》卷十，《船山全书》第6册，长沙：岳麓书社，1985年，第1139页。
② 朱熹：《中庸章句》，《四书章句集注》，第17页。
③ 朱熹：《中庸章句》，《四书章句集注》，第17页。
④ 朱熹：《孟子集注》卷十一，《四书章句集注》，第326页。

少之时，血气未定，戒之在色；及其壮也，血气方刚，戒之在斗；及其老也，血气既衰，戒之在得。"（《论语·季氏》）又如上文提到，戴震认为"礼义之悦我心，犹刍豢之悦我口"云云，此非比喻之说，而是指即便是"刍豢之悦我口"，亦是性！

此如韩国儒学古学派之代表人物丁茶山所言"性是嗜欲"，以为所谓的"动心忍性"，其中的性何以要忍？以性即是欲故，当须用忍，不容私欲之任意勃发。孟子也有"可欲之谓善"的说法，这也近于戴震的"性中有食色"。

再来参看戴震以下之诠释：

> 问：孟子曰："口之于味也，目之于色也，耳之于声也，鼻之于臭也，四肢之于安佚也，性也，有命焉，君子不谓性也。仁之于父子也，义之于君臣也，礼之于宾主也，智之于贤者也，圣人之于天道也，命也，有性焉，君子不谓命也。"张子云："气质之性，君子有弗性者焉。"程子云："仁义礼智，天道在人，则赋于命者所禀，有厚薄清浊，然而性善可学而尽，故不之命。"宋儒分义理之性、气质之性，本于《孟子》此章，以气质之性君子不谓之性，故专取义理之性，岂性之名君子得以意取舍欤？
>
> 曰：非也，性者，有于己者也，命者，听于限制也，谓性犹云借口于性耳，君子不借口于性之自然以求遂其欲，不借口于命之限之而不尽其材，后儒未详审文义，失孟子立言之指，不谓性，非不谓之性，不谓命，非不谓之命。①

这里，问者因张子"气质之性，君子有弗性者焉"之言，视张子亦只说天地之性，而不谈气质，于是将张子等同于程朱，皆以天地之性为本性，而排除了气质。

然而，张子亦言："性其总，合两也。"合于天地之性与声色之性。又曰："饮食男女皆性也，是乌可灭？"②而张子对于《孟子·告子上》"口之于味"章的诠释，也颇为地道，其言："养则付命于天，道则责成于人。"③此甚得孟子之旨。

（二）唐君毅：以道德引导食

关于戴震上述说法，可以参看唐君毅先生之评论，其言：

> 清戴东原《孟子字义疏证》以《礼记》之血气心知之性释孟子，谓声色臭味之欲，根于血气，仁义礼智为心知，并皆为性，乃以借口释谓字，说孟子立言之旨，非不谓声色臭味之欲为性，而只言人不当借口于性以逞其欲，此亦明反于孟子之"不谓性"之明言，亦与孟子他处言君子所性仁义礼智根于心，处处即心言性，不即声色臭味之欲言性之旨相违。④

看来，唐先生并不苟同戴震之说法，认为其说将有违于孟子之旨。不过，唐先生也不赞成朱子之解法，如言：

---

① 戴震：《绪言上》，《戴震集》，第 369—370 页。

② 张载：《正蒙》，《张载集》，章锡琛点校，北京：中华书局，1978 年，第 22、63 页。

③ 见朱熹：《孟子集注》卷十四，《四书章句集注》，第 370 页。

④ 唐君毅：《中国哲学原论·原性篇》，《唐君毅全集》第 15 卷，台北：台湾学生书局，1984 年，第 22 页。

朱子承程子之言，于上一命字，以品节限制释之，而于下一命字，则曰谓仁义礼智之性，所禀有厚薄清浊，故曰命，此又以人之天生之气质之性之差别为命，对同一章之命字，先后异训，即自不一致。朱子尝谓气质之说，起于张、程，又何能谓孟子已有此说？①

同一"命"字，于同一章内，却有前后不同意思，如此说法，显得牵强。再者，由既有文献来看，可以说"气质之性"一语，起于张子、程子，又怎能牵扯上孟子早有气质之说呢？对此，唐先生亦是颇不以为然的。

唐先生倾向于一种做法——撷取各家之长，或凡合于孔孟之旨者，便来导出他所认为合宜之诠释。从侧重的角度来看，唐先生亦是将血气之性与道德之性合而为一，再以道德之性而来引导食色之性，这种方式最终还是与戴震一致。只不过戴震是先将二性合一而论，先总说一性；唐先生则是先分解为二性，而后再将二性合一。

若回到《孟子》原文，心官则思，应当从其大体，继以大体引领小体，以德性引导食色，孟子本义如此，戴震亦不敢违背。戴震"君子不谓性"之诠说，应是指：君子不会借口食色亦是天性，而随意放纵，在命之不可得时，亦能随遇而安。

五、物性之辨

（一）人性、物性之辨

依朱子的"性即理"说，人性、物性本源同一，彼此之不同，只在于禀气之殊异，人得其秀而最为灵气，性理之表现亦多，而动物却因气禀所限较多，仅能部分表现道德性。至于戴震则有不同见解，他认为，人是道德之存有，其心知可以知仁义，而悦于仁义，然动物则缺，以物之类种与人不同之故，并非道德之存有一类，无法表现仁义。

此外，戴震所定义的性，将随种类之不同而不同；人性与牛性不同，牛性与犬性也不同。关于后者的牛性、犬性之异，朱子则不强调，于是戴震批评朱子这点，其曰：

> 朱子释《孟子》有曰："告子不知性之为理，而以所谓气者当之，盖徒知知觉运动之蠢然者，人与物同，而不知仁义礼智之粹然者，人与物异也。"如其说，孟子但举人、物诘之可矣，又何分牛之性、犬之性乎？犬与牛之异，非有仁义礼智之粹然者，不得谓孟子以仁义礼智诘告子明矣。在告子，既以知觉运动为性，使知觉运动之蠢然者人与物同，告子何不可直应之曰"然"？斯以见知觉运动不可概人物，而目为蠢然同也。②

---

① 唐君毅：《中国哲学原论·原性篇》，《唐君毅全集》第15卷，第21—22页。

② 戴震：《孟子字义疏证》，《戴震集》，第294页。

这里举了朱子注《孟子·告子上》"生之谓性"章一段，表示人与物之同者，在于食、色等动物性，统称为知觉运动，人、物皆能知觉，皆能运动。不过，朱子此说，与孟子之说稍异；若依孟子，人、物虽都有动物性，都能知觉运动，但其中之内容毕竟有别，如孟子尝言："如使口之于味也，其性与人殊，若犬马之与我不同类也，则天下何耆皆从易牙之于味也？"(《孟子·告子上》)此则显示人、马于性类上之殊途。且口味亦性也。

(二) 物性之辨

上文引言，戴震更强调物物亦别的概念，以物与物之间应是分属于不同类种，亦如《孟子》原文："然则犬之性犹牛之性，牛之性犹人之性欤？"若只是分辨人与物之不同，则孟子只要举例"牛之性"犹如"人之性"便罢，为何还多了一句"犬之性犹牛之性"？

戴震这里的言下之意，似乎在凸显，朱子之所诠无法契合于孟子原意；孟子所表达的，当是一种类概念，即不只人、牛不同，至于犬、牛亦不同。朱子只是大要地说：知觉运动之蠢然，人与物同，而仁义礼智之粹然，人与物异。孟子此章，只谈人、物之辨，而不提犬、牛之辨。

若回到《孟子》原文，则孟子亦看到牛性与犬性之间的殊异，此由犬能看门而牛能耕作之不同表现上看出，可见牛与犬并不同类，性亦不同。则朱子此章之诠，便显得不够周全。

戴震以为，若孟子只谈人、物之异，则只要说一句"牛之性犹人之性欤"就好，"犬之性犹牛之性"云云，则为多余，但朱子似未认清物性之间亦有不同这点，其过失归根结底即在于"天地之性"与"气质之性"二性之分说，以及把"性"定义为天理、仁义礼智等说法有其弊病。

六、结语与反思

历来汉宋之争，宋儒之于汉学，总认定汉学仅是一种训诂之学，如朱子曰："俗儒记诵词章之习，其功倍于小学而无用。"[①]不过，朱子自己对于汉儒文献之抄录与批判，甚少下过功夫。既然缺乏论据，则朱子的批评也就难以服人。若是清儒，如戴震——作为汉学之一派，对于宋学程朱学派之批评，则用功甚多，他将宋儒作品逐条抄出，而后进行评判及论证，如此做法，说服力较高。[②]

到了近代之"当代新儒家"，其立场则又倾向于宋学，同时也对汉学特别是

① 朱熹：《大学章句序》，《四书章句集注》，第2页。既然缺乏论据，则朱子的批评也就令人难以服气。

② 笔者以为，章句训诂未必不好，亦能融沁身心而成为性命之学，宋儒若真欲批评，理应确实指出汉儒于义理上有何偏差，而借此昭告世人，以为简择。如唐君毅先生指出汉儒、清儒于孟子义理中的自觉、自证、自我提点的工夫义，常只是视而不见。

清代汉学做出批评。个中翘楚，如唐君毅先生认为，戴震视“理”为分理、文理、肌理，只看到先秦于“理”之区分处，而不见其整全，只见于“理”之静态性，而不知其动态性。总之，将“理”视为文理、分理，并非先秦之唯一说法。

唐先生之相关批评，收于其著《中国哲学原论·导论篇》约20页之篇幅[1]，其论述甚是有力。他举出戴震之缺失有三：

其一，孟子乃“即心言性”，如孟子言：“仁义礼智根于心。”不过，依笔者拙见，孟子除了“即心言性”之外，亦有“即生言性”[2]，如告子提出“生之谓性”处，孟子不辩，而只辩其义外。

其二，《孟子》原文“口之于味”等等，“性也，有命焉，君子不谓性”。唐先生认为在性中有命的，如口味，这得之不得有命，故在君子而言，不谓此为性。此处也是唐先生对戴震的反驳，因为他举出，孟子都视口味等，在君子不谓性了。然笔者认为，《孟子》原文也有提到“性也，有命焉”，但仍是性。而唐先生最后以道德之真性可包括口味之次味，则亦是融入戴震之说了。

其三，戴震谓，性乃血气心知，而能达情遂欲。唐先生则问，则由此血气心知，如何达到仁义？若是后者，当需自觉主宰，方能达办，此与达情遂欲，恐怕已是两层问题，而非戴震之一元气论所能解决。[3] 唐先生强调，这里要有一股精神之转折，方能由己情之达，而生同理心之自立立人、己达达人，自己若无其情，则不能知晓他人之情。这是发生顺序之义理，而非以性理来领导生理。

唐先生的第三点，可说非常有力。但若站在戴震立场，当须掌握达情遂欲之中相感相通之情，而将此情上看、高看即可。因戴震只是气论之一层、一元，其情将不同凡响、不能低看，总只有这一层，而须即情即理。乃一种依心知而能自觉，从一般之情，而为理想感通之情。

唐先生亦以为，朱子之论性，所谓“性即理”，乃是依于伊川之发明，而朱子之“心统性情”，则是来自张子，并于其性论之建构，区分了天地之性与气质之性。这一连串的发展，难以溯及孔孟之说。[4] 若强以此套建构来诠释孔孟之性，则非孔孟原意。朱子的确需要回答戴震之质问，除了戴震之外，明清之际的许多学者，如阮元、焦循等，以及日本之江户学者伊藤仁斋等，都对程朱有所批评。

唐先生最后以“即心言性”来包括“即生言性”，同理，是否也可把朱子的“性即理”，用以收摄性即气之一面？另一方面，戴震的血气心知、情欲，是否亦能上

---

[1] 可参见唐君毅：《中国哲学原论·导论篇》，《唐君毅全集》第12卷，台北：台湾学生书局，1986年，第27—46页。

[2] 如孟子言：“如使口之于味也，其性与人殊。”此为即生言性。

[3] 可参见唐君毅：《中国哲学原论·导论篇》，《唐君毅全集》第12卷，第84—87页。

[4] 程朱为何区分二性？一来是因理学之建构、理气论之构思，二者，则欲借此解决历代之性论分歧，而杜荀、扬等辈之口。不过，如此做法反而引发后世纷争，不甚完备。

提而收摄同理心？然无论如何，都不能违反大体摄小体的原则。这些做法，或许更能接近孟子原意。大致上，唐先生似有调和汉宋之意，视两派各有优缺点，而欲平彰汉宋，各美其美。笔者以为，唐先生之论证力道，足以抗衡汉学，而为新宋学之坚强学者，值得吾辈关注。

（原载《孔学堂》2021 年第 2 期，
作者单位：台湾东海大学哲学系）

全球朱子学研究述评

2021 年度中国台湾朱子学研究成果简介

陈永宝

对于 2021 年度中国台湾朱子学相关研究成果的整理与综述，共分三个部分进行。第一部分为期刊论文，第二部分为学位论文，第三部分为专书。为避免在整理过程中产生对作者原意不必要的误解和曲解，这里尽可能采取作者原有的论述来加以说明，而不附加编者的个人理解。

期刊论文方面主要来自中国台湾 2021 年的期刊论文，以华艺学术文献数据库为主选择数篇进行摘录。所选论文归纳为两种类型：一是直接与朱子学相关的研究，共 27 篇；二是间接与朱子学相关的文章，共 17 篇，二者总数共 44 篇。为了让学者快速掌握这些学者的研究成果，本文主要选取论文摘要作为主要内容进行介绍，希望能以此帮助读者清晰作者尝试解决的问题、证成的程序与所得的结论。学位论文方面，编者的数据来自台湾硕博士论文加值系统，论文主要以摘要的方式呈现，以便让读者可以快速掌握作者论文的研究动机与研究方向。本年度专书较少，只有 2 本。其中陈荣捷的《朱熹（二版）》早年已经出版，为 2021 年重新整理印刷。

一、期刊论文（以发表时间排序）

1. 吴启超：《再思朱子的“理”：“存在之理”还是“总文路”？》，《东吴哲学学报》，2021 年 2 月第 43 期，第 22—67 页。

该文探讨朱子哲学中存有论部分的“理”的基本涵义，具体来说是要对两种诠释做比较：到底“理”的根本身份较宜诠释为“万物凭之而有其存在”的“存在之理”（存在的根据或“所以然”），还是“万物依循之而运作、运行”，近期有英语著作译为“Pattern”（P 为大写）的“总文路”？该文认为，“总文路”的诠释对朱子有关“理”的界说和围绕着“理”的一系列存有论观点，皆能给出言之成理的说明。反观“存在之理”的诠释，则或未足够相应其中三项，即“理有偏全：上下两层之理有内容上的连系（联系）”、“理非一物”、“理为形而上，气为形而下”。

2. 郑泽绵：《“以心求心”与“以禅抑禅”——论大慧宗杲思想对朱熹批评湖湘学派的影响》，《东吴哲学学报》，2021 年 2 月第 43 期，第 69—96 页。

朱子认为湖湘后学近禅，但他对后者的批评也借用了禅宗，采用以禅抑禅的方式。首先，朱子批评湖湘学派的“观过知仁”会导致“一心三分”，作者在《大慧语录》中找到了类似“一心三分”的说法，还有朱子批评湖湘学派时引用的公案；其次，朱子批评湖湘学派的“以心求心”，认为“即觉其失，觉处即心，何更求为?”转而提倡“常惺惺”的主敬工夫；而大慧宗杲也说：“能知昏钝者，决定不昏钝”，紧接着引用瑞岩禅师“常惺惺”的公案。该文使用互证法：结合“思想结构相似性”与“人物交往、文献阅读史”，确证了从大慧到朱子的影响链。

3. 田富美：《清初朱陆异同论争的一个侧面——论王懋竑〈朱子年谱〉中鹅湖之会的书写》，《台大中文学报》，2021 年 3 月第 72 期，第 149—189 页。

探赜理学发展的历史，有关朱熹与陆九渊学术的异同论辩，始终是研治者无法回避的议题之一。自鹅湖之会后，朱、陆之学在经历元明以至清初儒者反复论述折衷、异同的过程里，门户派别逐步形成，各种文献评述、典籍著作，呈现的是各时期儒者受其当下学术氛围以及自我问学体验等复杂的意识投入此一场域中的辨析。被誉为“宋明理学殿军”的清儒王懋竑所纂订的《朱子年谱》，可说是以考辨史料形式参与朱陆异同论争的重要成果。王氏以撰作年谱的形式企图建构朱子学行的信史，尤其作为论争起始点的鹅湖之会，看似史料铺排的年谱，实则在删汰、择取、增补之中，潜藏了朱子形象的预设，以及朱陆异同论争的学术关怀。该文就王懋竑撰作《朱子年谱》之目的进行分析，指出王氏在阐明正学、尽破窠臼的理想前提下，批判李默在尊陆抑朱、朱陆晚同的视野中“以意删削”旧年谱所撰《紫阳文公先生年谱》；其次，梳理王氏《年谱》中鹅湖之会的书写，借由王懋竑《年谱》所摘录史料、《象山年谱》、相关文献等进行对读，透显王氏在删削、增补之间形塑儒门正传——读书讲学、训诂文义的朱子图像；最后，依据前述论析，指出王氏《年谱》所形构的鹅湖之会在清代朱陆异同论争史中之意义。

4. 吕政倚：《牟宗三与劳思光论朱子学中是否有“本质”概念：以韩国儒学的论争为例》，《思与言（人文与社会科学期刊）》，2021 年 3 月第 59 卷，第 155—197 页。

该文目的在探讨朱子学中是否有相当于亚里士多德的“本质”概念，这个问题涉及朱子是否运用这个概念来说明其“人性、物性同异”之辨。牟宗三与劳思光在这个问题上的看法迥异，牟宗三认为朱子学中并没有“本质”概念，劳思光则认为朱子学中有“本质”概念。牟宗三的看法颇具争议性，引起若干学者的批判。为厘清此争议，作者首先以他们对朱子“枯槁有性”说的解读作为切入点，分析他们二人的看法，指出牟宗三对朱子学的诠释最具效力。随后以韩国“湖洛论争”中的“人性、物性同异”论辩作为参照的对象，通过“人性、物性同”论者对“人性、物性异”论者的批判，指出在朱子的“理气论”中并没有安置“本质”概念的空间。最后，作者指出牟宗三认为唯有将“本质”概念归诸知识的领域，才能使其在朱子学中获得独立意义的看法具有合理性。

5. 张清江:《鬼神何以"体物而不可遗"? ——以朱熹的诠释为中心》,《哲学与文化》,2021 年 3 月第 48 卷,第 101—121 页。

"体物而不可遗"是《中庸》论述"鬼神之为德"的重要说法,也是理学家构建鬼神与万物关联的基本依据。朱熹将"体"解释为"做骨子",将"体物"理解为"物以鬼神为体",将鬼神界定为"气之屈伸往来",进而将"体物而不可遗"确定为"天下万物莫非阴阳造化之所为,无物可遗"。在这一解释中,鬼神作为天理落实的"良能功用",其主体性色彩被最大限度淡化,由此建构起的理学宇宙观,通过贯穿幽明和物之终始而祛除鬼神的神秘色彩,进而消解其作为佛教因果轮回主体性的意味,同时,因为这种屈伸作用的真实性,物世界的真实性也获得"天理"的超越保证,以此反对佛教的虚妄世界观。

6. 乔毅:《朱子文献刊误二则》,《鹅湖月刊》,2021 年 4 月第 550 期,第 23—25 页。

该文主要围绕北京中华书局《四书章句集注》句读《论语·为政篇》第二十一章和《四书或问·君子无所争章》文渊阁四库本部分内容进行刊正。

7. 王振辉:《唐君毅的"朱陆会通说"探析》,《鹅湖月刊》,2021 年 4 月第 550 期,第 41—55 页。

在朱陆异同问题上,唐君毅主张朱陆会通说。他认为如果悬置朱子心性论中的宇宙论观点,就会发现朱熹也有超越的本心思想,朱陆在心性论上不是异质的形态。在工夫论上,唐君毅围绕着去除气禀之杂这一核心,重构了朱子的主敬涵养、格物穷理和察识三层工夫论;围绕着发明本心这一核心,重构了象山一体两面的工夫论。进而,唐君毅提供了三种工夫论上的会通方案:一、朱陆工夫论始终相涵;二、朱陆工夫论博约相资;三、朱陆工夫论都需要奠基于诚信工夫论之上。总体而言,唐君毅是站在心学的立场上,通过将朱子哲学调适上遂,完成了朱陆的会通。而这种别具特色的朱陆会通说,又与唐君毅的感通思想息息相关。

8. 张崑将:《德川朱子学者对阳明学的批判及其局限》,《鹅湖学志》,2021 年 6 月第 66 期,第 59—81 页。

该文关注朱子学及阳明学在德川日本发展的特殊现象,首先从外部的制度面分析朱子学发展的局限,接着从学说思想层面,扣紧在德川时代批判阳明学最有力道的闇斋朱子学派,分析其批评亦多未能击中阳明学要害。暗斋学派可以说是在日本众学派中最排斥阳明学的,除山崎暗斋本人有《大家商量集》批判阳明学之外,其门人丰田信贞更编纂《王学辩集》,汇集韩国朱子学者李退溪以及暗斋学者们等非议阳明学观点的著作,更旁及日本朱子学者林鹅峰批判阳明学之作。该文企图以闇斋学派的阳明学批判论为主,观察他们对阳明学的批判理论之不足,加上德川特殊的政治文化体制,使得阳明学可以在日本的文化土壤中缓慢成长并在幕末成为显学。

9. 张锽焜：《朱子〈小学〉——一种儒家式的基础教育纲要》，《清华教育学报》，2021年6月第38卷，第1—41页。

南宋朱子认为教育应分为"大学"与"小学"两阶段。小学是奠定德性基础的时期，他与学生编辑《小学》一书，为小学之教提供了教育原则。该研究旨在探究朱子《小学》一书的教育理念与思想，进而探讨《小学》教育方案对扩展当前教育的可能性。《小学》的教育内容主要是：一、明伦：人生基本关系（五伦）之德性与实践智慧的培养；二、敬身：理想身心素质的形塑，包括心术、威仪、衣服、饮食等。朱子的"小学"对我们当前的教育有以下启示：发展以品格与德行为本的全人教育；重视人类本质关系的教育；实施适度的生活规范教育，引导学生迈向自我修养。

10. 李瑞全：《再论杨祖汉教授之论朱子之工夫为儒学的正宗》，《鹅湖学志》，2021年6月第66期，第161—187页。

杨祖汉教授《哲学思辨、自然的辩证及道德实践的动力》进一步论证程朱的工夫论虽然是在"心理为二"的架构之下，通过康德对"自然的辩证"之以哲学思辨的解决方式，可以转用以支持朱子之工夫论中的思辨方法，是可以达到正统儒家的"逆觉体证"工夫的目的的。而且由此可见儒家的工夫论不能单以牟宗三先生所标举的逆觉体证的方法为限。而且支持哲学思辨是一种从"常知"进到"真知"的工夫，足可以使人达到真正实践道德法则的要求。而且，哲学思辨对逆觉体证的工夫也是有效的和必要的。《论朱子之工夫为儒学的正宗》一文主要厘清康德所强调的在化解"自然的辩证"中所用的理性的思辨只是深化定然律令的内容，实与工夫或道德动力之生发无关。而康德的自由意志与意念的结构，与义务中的敬畏之生起方式亦与朱子不同，故康德之说对朱子之工夫论没有帮助。该文对思辨在儒家的工夫上的作用进行细部的分析，指出如杨教授一文所说的，在主张"心即理"的心学中，哲学思辨具有辅助的作用，但心学家的工夫由"逆觉体证"的道德本心或良知之发用，即足以成就真正的道德行动，毋须哲学思辨之助。而在朱子之"心理二分"下的"格物穷理"的思辨并不足以成为独立有效的工夫教法。朱子之工夫是彻底的渐教，不能使实践者成圣。此即证明朱子之工夫不是孔孟之传统，也不能成就真正的道德实践，确是别子为宗。该文最后申论，朱子的工夫中的思辨的功能，可以使实践者成就一定的道德人格的表现，也有助了解何以朱子所主张的工夫论不对头，仍然足以使朱子成为士林所承认的大贤。

11. 陈荣灼：《朱熹的孟子学——从诠释到发展的进路》，《当代儒学研究》，2021年6月第30期，第1—39页。

传统以来，朱子的孟子图像一向被视为正统，可是，于当代学界牟宗三却一反前人之说，首倡陆象山、而非朱子，方是孟子的正统传人。基于著名的"朱陆异同"论争在宋明儒学乃至中国哲学史上之重要性，如何去了解这两位儒者的

"孟子解"之本质差异，也是很有意义和饶有兴味的。简单而言，该文旨在展示：对比于象山的"主体主义"式进路，朱子的进路则是同时具有"共同体主义"与"反观念论"的特色。象山的孟子图像基本上是"唯意志论的"，而朱子的孟子图像则是"理性主义的"。从方法论而言，朱子的观点乃是"从下而上"——所谓"下学而上达"，因此朱子的进路乃是"具体的"。这亦可以为朱子的"认知主义"的孟子图像提供一辩解，从而平衡牟宗三对其之低贬。

12. 刘舫：《"天人不期合"：再议朱熹"〈易〉本是卜筮书"》，《哲学与文化》，2021年6月第48期，第183—197页。

朱熹提出"《易》本是卜筮书"，作《周易本义》和《易学启蒙》，旨在克服义理易学之支离与象数易学之附会。他置九幅易图于卷首、肯定先天易学、强调筮法等做法，在易学史上颇有争议。应该看到，自北宋以降人们逐渐摆脱天人感应，晓然自然与人事当分而处之，朱熹重提伏羲画卦的话头，重思天道、易、圣人之关系，将自然与人伦截断，为格物之学埋下前提。且随人们认知水准的提高，足以建立由卦画直接推导天地起源和事物多样变化之逻辑，可与通过拟象系辞之历史演绎齐观匹敌。朱熹意识到经学在此背景下必须仍然能够提供充分的哲学表达，于是通过重申"卜筮"和重构《周易》来完成经典的更新，从而在其后的尤其是自然研究著作中成为"元学"。

13. 方遥：《朱熹经学思想及其对传统经学范式的更新》，《哲学与文化》，2021年6月第48卷，第119—133页。

朱熹不仅是宋代理学的代表人物与集大成者，同时亦是宋代经学的集大成者。借用库恩的"科学革命"理论，朱熹对于传统经学的发展亦可谓一场"革命"。其意义主要不是对汉唐经学个别观点与方法的改进和拓展，而是对治经范式的全面更新。在经学研究的根本目标上，朱熹主张超越传注，直求圣人本义；在基本方法上，主张义理与训诂相结合；在核心典据上，主张以四书代五经，并以四书之义理统帅五经及其解释，从而建构起系统的四书体系与道统谱系。朱熹创立的这一经学范式是经学与理学相结合的产物，达到了当时经学研究的最高水准，对于后世经学在不同方向上的发展演变亦产生了极为深远的影响。

14. 张莞苓：《论真德秀的帝王教学及经史观念对朱熹的继承与转化》，《国文学报》，2021年6月，第117—148页。

南宋的真德秀服膺于朱熹学术，但其解经方式多以"六经"为先，史书、子书并列，不同于朱熹首重《四书》义理的解经方式。两人差异的关键之一，在于他们对于《四书》、六经与史书之间的本末体用看法，具有相当微妙的差异。该文以真德秀为研究主体，并与朱熹进行对比，凸显二人特色及差别，首先分析两人在"《大学》经筵"上的解经风格与引用情形，点出两人在帝王教学与解经策略上的差别；其次讨论两人如何看待《四书》、六经与史书之间的本末体用关系，呈现他们同中有异的经史观，并看见真德秀对朱熹的继承与转化。

15. 简嘉：《帝曰钦哉——由宋人对“钦”字的解读差异探朱熹女教思想一隅》，《华人文化研究》，2021 年 6 月第 9 卷，第 165—176 页。

《尧典》中尧嫁二女于舜，并从中观察舜的能力，不管是在童话故事还是经典里，一直以来都是备受讨论的故事。然而，对于最后“帝曰钦哉”四字，却在孔《传》与宋人的注解本里有不同的诠释，该文归纳了三种：诫舜、美舜、诫二女，其中诫二女为朱熹所谈，一改以往的注解，认为是父亲告诫出嫁的女儿“戒之敬之”，而非是舜的德性治理了二女。同时，也比较《史记》、《列女传》的书写手法，其拉出女性主体地位的方式，加入尧的叮咛，更显现朱熹所隐含的女教思想。由此，希冀该文能发现宋人诠解的差异，并填补朱熹女教思想一隅。

16. 杨祖汉：《朱子的“明德注”与韩儒田艮斋、华西学派的有关讨论》，《哲学与文化》，2021 年 7 月第 7 期，第 5—25 页。

朱子的“明德注”对后儒有很大的影响，而朱子所理解的明德，是指心抑或性理，在朱子有关讨论上，有不同的说法，也引发了后儒的争论。该文论述当代牟宗三先生的有关诠释，又用韩国朝鲜朝晚期有关明德是心或是理的争论来对照，表达对明德注不同的理解的各义理形态，希望通过上述的讨论，证成作者对朱子明德说的原意的理解。

17. 吴佩熏：《南宋戏禁文献辨析纠谬——以朱熹劝喻榜及陈淳“论淫祀淫戏”之上书对象为论述中心》，《戏剧研究》，2021 年 7 月第 28 期，第 1—35 页。

该文就南宋福建戏曲熟见的朱熹、陈淳文献，辨析朱子的歌乐演剧观，纠正陈淳的上书对象，以此重绘宋代戏曲的开篇轮廓。首先，朱熹任漳的晓谕劝俗有“约束傀儡戏”和“惩处丧制观乐”，然而并非全然的“禁戏非乐”，而是出于“养民”以经济富足，“教民”知人伦礼教。其次，在戏曲史广泛运用陈淳《上赵寺丞论淫祀》、《上傅寺丞论淫戏》二文之前，陈淳的理学官员同人需要先有清楚的定位，方能更准确地说明闽漳戏曲的时间与演进。该文从官员是否具备“寺丞”之官名切入，再借助庆元党禁以来闽漳理学的消长，庶民陈淳如何在理学圈建立影响力，以此纠正戏曲学界判读陈淳致书对象之谬误，受文者应为赵汝谠（1211—1213 知漳）、傅壅（1219—1221 知漳），而非赵伯逷（1195—1197 知漳）、傅伯成（1197—1199 知漳），意即呈书的时间分别往后递延了十四年、二十年以上。主张勒禁淫祀淫戏，显示民间演剧的蓬勃兴盛；陈淳公札所纪录的戏剧活动，正与温州南戏从源生到流播的横跨时间相重叠，可以归纳出：发展至嘉定年间的漳州戏曲，还不是发展成熟的大戏，而是小戏迈向大戏、多源并起的过渡阶段。

18. 陈永宝：《朱熹“情”的伦理思想向度》，《哲学与文化》，2021 年 7 月第 48 卷，第 77—92 页。

朱熹“情”思想的发展过程中继承了张横渠“心统性情”思想，衍化出以心、性、情三者为结构的伦理模式。朱熹的“情”思想构建了一种独特的“人化”、“人

性”的“成人”、“成圣”的“人之为人”的伦理学思想。他的“情”思想在其伦理思想中发挥着独特的作用，不能只被看作是“性体”的“情用”，或“性一”的“情分殊”。朱熹意图通过“情”思想的凸显达到了人与天道的结合，完成“天人合一”的伦理思想构建。因此，对朱熹“情”思想的强调，对情—性关系的重新挖掘，及关于讨论“情”与“敬”、“美”等观念的关联，有助我们在理解朱熹的伦理思想时突破已有的研究范式，更加接近朱熹的伦理思想的本义。

19. 詹秉叡：《由情入礼：朱熹“礼理双彰”思想述论》，《清华学报》，2021 年 9 月第 51 卷第 3 期，第 431—471 页。

朱熹(1130—1200)向来被视为宋明理学的标杆人物，唯若依自律伦理学之视域检视朱子学的内涵，其心、性分设的理论预设，使其招致不少负面的评判。近来论者试图为朱子学中的道德实践根源寻求解方，然若站稳朱子所论之“心”属“气”的立场，其伦理学仍存在着他律的疑虑。不过，一旦我们调整视角，跳脱西方伦理学的认识框架，将朱子学重置于儒者礼教思维的脉络下来检视，则可窥其建构理学的问题意识乃在为吾人之行礼提供自主性的理论依据，故于中国礼教思想史中有其突破的地位。在此理解基础下，该文试图指出：朱子的修身工夫论，与其重“礼”思维息息相关；故其理论系统中的心、性、情、理、敬等语汇概念，皆应纳入该脉络之下审视，始能有一整全性的理解。

20. 曾春海：《评比朱熹与钱穆的道统观》，《哲学与文化》，2021 年 9 月第 48 卷，第 99—144 页。

“道统”一词，由朱熹于 1189 年所规划的语词，理源依据《尚书・大禹谟》：“人心惟危，道心惟微，惟精惟一，允执厥中”十六字，界说儒家承传成圣之道的理论内涵和流脉。他立基于以儒抗佛、道，提出儒学的心统性情论、成德工夫论和“允执厥中”的价值论，来阐述道统所以然之理。钱穆认为此一观点来自禅宗一线单传之说法，批评朱熹的道统承传并未生生不息，中间隔绝千年之久。他认为朱熹道统内涵失之太窄，并认为儒学源远流长，整个儒学史皆是道统所涵摄。该文旨在厘清身为理学家的朱熹，其道统观系立基在道德形上学、心性存有论及成圣贤的价值论。钱穆是一史学家，立基于宽宏的儒学历史文化立基点批评朱熹。两人的学术背景不同，立基点不同，语境有别，各有理据和不同的学术贡献，不宜有所偏执，而对立分化地判别高下。

21. 周福：《理学中的师法与体证——从朱陆鹅湖之辩到阳明龙场悟道》，《鹅湖月刊》，2021 年 9 月第 555 期，第 40—53 页。

朱熹自小得宗小程的父亲和三君子所传，学有所出，且注重学问，吸收前贤智慧，在师法上已得大成。然师法与成法并不能代替理学家自身对道的体悟。朱熹过度的知识建构倾向必对其道学的体证构成障碍，以致其领悟之理“只存有而不活动”。另一方面，师法的缺乏又会导致工夫的不笃实，这就是朱熹对陆象山的“禅学”批评。阳明早年急于求道，然其龙场悟道也必遵循朱熹“循序渐进"之师法和成法。大程言："吾学虽有所受，'天理'二字却是自家体贴出来的。"对道的学习领悟，固然要遵从可靠的师法和成法，但心即理，不从自家心体上体认，则会偏于一个静的、滞留的固化之理层面。师法与体证是理学的鸟之双翼，车之两轮。

22. 张德锐：《理学集大成者朱熹传略——兼论对教师专业的启示》，《台湾教育评论月刊》，2021年10月第10卷，第69—77页。

朱熹先生（1130—1200），系我国南宋时期著名的思想家、教育家、政治家，他是"二程"（程颢、程颐）的三传弟子李侗的学生，与二程合称"程朱学派"，是理学集大成者。他也是唯一非孔子亲传弟子而享祀孔庙，位列大成殿十二哲者之一，被后世尊称为朱子。朱熹在中国教育史上占有很重要的地位。是故，先略述其生平事迹，再说明其教育思想，最后再阐述其生平事迹与学说对教师专业的启示。

23. 曹美秀：《朱子学在越南——以黎贵惇〈书经衍义〉为例》，《台大文史哲学报》，2021年11月第96期，第37—78页。

该文先追溯朱子学在越南的发展情形，以越南的朱子学风气为背景，再整合黎贵惇相关著作，确立其为朱子学者的前提。再接着就《书经衍义》，分析黎贵惇对朱子《尚书》学的承继与发展。简而言之，黎贵惇解《尚书》有承袭朱子者，又有对朱子说的融会、引申，及以越南文化为根基所获致的个人独见。其背离朱子说者，即朱子学在越南这块土地上的新开展。然此文所述，仅越南经学、朱子学之一端，期能以更多的研究为基础，理出越南经学的特色，并可借由中、越比较研究，对中国经学特质，有更深刻的理解。

24. 陈永宝：《论朱熹"情"思想的伦理建构》，《鹅湖月刊》，2021年11月第557期，第32—45页。

朱熹的"情"概念可溯源到《中庸》的"喜怒哀乐之未发，谓之中；发而皆中节，谓之和"和孟子的"四端"之心。在朱熹"情"思想的发展中，张横渠的"心统性情"的思想被其继承，遂而衍化出以心、性、情三者为核心的心性伦理学。朱熹的"情"思想是构建"人之为人"的"所以然"式的伦理学思想，并借此建构出一种"人化"的、或"人性"的"成人"、"成圣"之学。他的"情"思想不单是"性体"的"情用"，或"性一"的"情分殊"的区分，而是朱熹将现象式的"情体"通过"情用"的实在性表征出来，达到人与天道相结合，最终完成人之为人的"天人合一"的伦理学构想。对朱熹"情"思想的再发掘，有助于学者理解"中和新说"和"发而中节"的伦理学意义。因此，对"情"的重新定位，对"情"发用的讨论，对"情"的中节工夫（即"敬"的功夫）的讨论，均需要重新加以说明。

25. 于芝涵：《朱熹"道统论"的注释表达：以〈孟子集注〉中的道统构建为中心》，《哲学与文化》，2021年11月第48卷，第177—192页。

朱熹除了在《四书集注》序中论述其"道统论"，还通过溢出经文文义的追加

观点，把自己的“道统”思想灌注于典籍注释中。孟子在朱熹的“道统”序列中居于承转地位，朱熹将道统构建与注《孟》结合起来，通过注释典籍来传达其道统观念，不仅是一个哲学(思想)问题，也是一个注释学问题。该文深入《孟子集注》的具体注释，从“在注释中直接‘尊孟、彰孟’”、“在注释中刻意构建‘孔孟一体’”、“在注释中尊二程为孟子道统唯一传人”三个维度探讨朱熹以注释构建理学道统的层次和方式，还原和体察其注《孟》时刻意溢出原文文义所反映的儒学关切。

26. 申祖胜：《清初陆世仪对“气质之性”的诠释——兼论其对朱子人性思想之继承与发展》，《台湾东亚文明研究学刊》，2021 年 12 月第 18 卷，第 1—35 页。

朱子以后，随着儒家学者在对“理”的理解方面出现的“去实体化”转向，气质之性(条理之性)的人性一元论思想开始被普遍接受，朱子传统的二分人性说受到了极大挑战。面对异说之兴，如何在传承并发展朱学的前提下，重新阐发人性论命题，成为陆世仪一大关注所在。陆世仪继承了程朱对性、命范畴的界定，但不再坚持朱子二分的人性说，而改倡“气质之性”的人性一元论。陆世仪的“气质之性”内涵与同一时期其他儒者的“气质之性”(条理之性)有明显差异，他仍捍卫理的“实体性”，不以“理”为气之条理，故其“气质之性”实非“条理之性”。他对“性善”的诠释，亦是努力回归孟子本义，强调性善只在气质。陆世仪将性善之“善”定位在人性的发用层面，而非天道的流行层面，以此有效区分“命善”与“性善”，避免了宋儒的一些错误表述，在凸显儒学的道德主体性上，也较宋儒更前进了一步。在经历程朱重“理”之道德论不断深化“性”之本体与超越性之后，陆世仪企图将关注拉回至人的实际生活，并将道德与客观现实进行更紧密的联结。

27. 陈永宝：《朱子理学视阈下的网络伦理走向》，《亚东学报》，2021 年 12 月第 40 期，第 39—46 页。

网络伦理问题在本质上是人与人之间的沟通问题，而非是简单的工具伦理问题。这决定了网络伦理问题的最终解决方向要回归到人自身的伦理问题上。于是，从古代思维中寻找解决网络伦理问题的合理路径就具有了可能性。朱子理学在中国历史上拥有较大的影响力，以其理学思想来解决网络伦理问题是一种新的尝试。朱熹的天理人欲观所影射下的伦理规范、中庸思想，为网络伦理的解决提供了一个稳定的规范标准；同时，朱熹山水美学中的自由思想也为解决网络的自由问题提供了一个借鉴模式。至此，从朱子理学的天理、人欲及自由的角度，我们可以找到解决网络伦理问题的不同方法和路径。

28. 蔡家和：《心学与理学之争辩——欧阳南野与罗整庵书信论辩之全面探讨》，《哲学与文化》，2021 年 1 月第 48 卷，第 57—78 页。

该文欲透过阳明后学欧阳南野与罗整庵的两封答书内容，来探讨心学与理学这两个学派之间的争论；其中，由于双方各以自己立场而检视并答辩对方，以致论辩的交集性不大。整庵站在理气论的立场，视南野心学一系的良知是知觉，只就形上之气而言，未能及于形上之天理，又其主张“儒者本天，释氏本心”，视南野一系近于佛学。至于南野则认为朱子学的格物、读书穷理说法未能及于良知，以致有“道之远人”之嫌，不能切近于身。双方对《大学》“格物”之说各有诠释，针锋相对，亦由此看出两派对于自家体系的坚守，如心即理或性即理之说。大致而言，双方皆未契入对方而互相同情、了解，最后也就难以达成共识。关于整庵与南野此二封书信的争辩，学界包括吴震、邓克铭、林月惠与张学智教授等前辈皆曾论及，这篇文章则试图对于双方争辩进行更全面的讨论，以使朱、王之后心学与理学两派的异同更加清晰、明朗。

29. 锺彩钧：《尊德性而道问学：论程敏政的学术志业》，《哲学与文化》，2021年1月第48卷，第37—56页。

程敏政，字克勤，号篁墩（1445—1499）。篁墩《道一编》是王阳明《朱子晚年定论》的先声，颇为著名。然而篁墩实非哲学家，其哲学思想主要是继承朱子的基本概念，并没有多作发挥，相关著作也很少。《道一编》的编纂与其说是对朱陆哲学思想的探讨，不如说是篁墩学术志业的表现。浅言之则是其众多编纂工作的一种，以去粗存精，取得普遍规范为目的，深言之则是表达了他兼重博约，以德性为本而吸纳问学工夫的学术主张。该文更从《篁墩文集》勾稽材料，说明了篁墩论修养工夫以存心为本，而后穷理以充实之，换言之，尊德性在道问学之先，而为道问学之本。整体地看，篁墩的学术工作以编纂文献为主，一见似乎偏重道问学。然而他的各种编纂寓有一种求真实求规范的经学精神。在道问学方面他由博返约，归重六经，如此便可以接上尊德性的工夫。传统的史学近乎百科全书之学，充满着知识性与经世致用精神，篁墩在其中偏重于对时代、宗族、乡邦关系文献的搜集整理，更表现出其道问学的实用性，而可视为德性工夫的辅助与推展。

30. 范根生：《〈四书遇〉中关于孟子“性善论”的诠释》，《鹅湖月刊》，2021年2月第548期，第31—38页。

张岱在《四书遇》中以自然之情来解释《孟子》文本中的“情”，但有别于朱子，他对“情”呈现出“痴情”与“绝情”两种截然不同的态度：一方面，大力推崇和高扬真情、深情、至情；另一方面，又猛烈批判孟子从“乍见”处指点恻隐之心来论证“性善”，认为孟子是从“习中”论证“性善”，只说得情一边，严格区分“性”“情”之间的界限，谨防将“情识”误认为“本体”。此外，他极力捍卫阳明“性体无善无恶论”的思想主张，并通过对孟子“性善论”言说方式的批判性考察表达了他的这一立场。

31. 简慧贞：《从儒家道德情感视域建构医学伦理“同理心”教育》，《哲学与文化》，2021年2月第48卷，第121—135页。

现代医疗技术日益发达，医学专业训练越来越趋向于技术化与标准化，与此同时，医病纠纷的社会事件也层出不穷。为缓解医病之间因知识、社会背景等差异造成的沟通不良而延伸的各种纠纷，医疗体系更要求医疗人员面对病患须加强同理心，提供更人性化的照护服务。提升医疗人员同理心与沟通能力，一直是医学伦理教育重要的教学环节，该文希望借由儒家体系中的道德情感论与朱熹“居敬穷理”的道德实践方法，建构起具同理心与价值引导的医疗伦理决策训练模式，提升医疗照护中医病沟通的能力。

32. 陈威瑨：《五井兰洲〈易〉学及其意义》，《成大中文学报》，2021 年 3 月第 72 期，第 37—78 页。

该文以日本江户时代大阪地区怀德堂学派早期的重要儒者五井兰洲(1697—1762)为探讨对象，根据其《易》类讲义作品与其他文稿，观察个中的《易》学相关表现及意义。该文首先指出，兰洲的《易》学基本立场重视日用教化，以朱子学为主，但亦有不采朱熹之说的表现。接着该文说明《周易》是兰洲论性时的主要理论资源之一，特别受到他的重视，在他对其他学派的批判中也扮演重要角色。最后该文认为，兰洲《易》学相关表现的意义，其一在于呈现日本朱子学者在江户时代中期面对学派竞争时，利用《周易》夺回话语权的做法，有助于使人了解《周易》在日本朱子学发展中的作用；其二在于显现积极的教育意义，提供超越地域与国籍的东亚精神共同基础。

33. 罗圣堡：《张栻思想演变问题新探——以心地工夫意指所向之本体义为考察核心》，《中国文哲研究集刊》，2021 年 3 月第 58 期，第 89—126 页。

历代学者褒贬张栻晚年工夫论演变，多以朱熹回忆及其所整理的文集资料来作评论之依据，文献范围有所局限。为能凸显张栻儒学的思想特色与学术源流，该文采取发展的角度，以其理论核心《孟子说》为准，提出新资料《太极解义》为证，考察张栻近似程颐、朱熹的心地工夫，内涵实为程颢之学。张栻治心之严格基调，使他容易接受周敦颐与程颐之学，但其心论结构之道德涵义与简易特色，主要仍为胡宏影响。以心地工夫意指所向之本体义，作为工夫论实质转变与否之思想关键，张栻由察识本心转向主一之敬，修养形式虽有变化，实质内涵还是体会道德心活动，此察识、展现恻隐之心的核心意义，未随朱熹有实质变化。

34. 陈畅：《机制、存有与政教——明代哲学“自然”之辨的三个向度》，《哲学与文化》，2021 年 5 月第 48 期，第 45—64 页。

陈白沙思想以自然为宗，明代朱子学者对其有详尽的批评；而阳明学派聂豹与王畿、甚至刘宗周中年与晚年两个阶段，对陈白沙“自然”思想则有不同的认知与评价，从而分别展开复杂的思想辨析。由此，明代朱子学派与阳明学派围绕白沙展开的理论辨析，构造出自然之辨的独特思想论域。该文通过对于明代“自然”之辨的理论辨析，探讨“心”作为一个哲学概念的多重思想蕴涵。一方面，明代自然之辨厘清了作为天道机制、存有与政教秩序的诸面向，能够丰富和扩展吾人对于心体概念的理解。另一方面，白沙思想中作为天道机制的自然，阳明思想中作为存有的自然，与刘宗周、黄宗羲思想中作为政教秩序的自然，这三个层面的自然之辨在时间上先后发生，而在义理上则是结合明代心学发展和社会政治状况的变化而呈现逐层深入的态势。总而言之，通过明代自然之辨获得新的观察角度和研究视野，深入理解明代心学思潮的多层次义蕴，如心学与政教秩序之间的复杂关联等等，是该文研究的意义所在。

35. 蔡家和：《唐君毅对黄宗羲哲学之评价》，《哲学与文化》，2021 年 5 月第 48 期，第 5—26 页。

该文探讨唐君毅先生对于黄宗羲思想及其时代风气之评价。黄宗羲身处明、清之际，属明代之遗民，如此则该归于明代或清代学术呢？唐先生视黄氏为清儒，原因在于黄氏虽有宋明理学之义理，但在时代风气上，已往经世致用之实学发展，特别是对历史的重视，其《明夷待访录》乃一阐释外王事功之专著；相较于宋明儒学之重视心性以求天理的学术特征，黄氏则转为外开、下开的心学、气学发展，以及对外王、历史的强调。再者，黄氏虽属心学，但其《明儒学案》的编写，乃以史实、朴实角度而来给予每一位儒者地位——不论其人属于何种学派；此乃史学家的训练，比起古典心学，更能客观地看待并尊重每个人的实修工夫。简而言之，黄氏心学乃是结合了心学家的内在之道，以及朱子理学的重知传统，此为内圣之义理；并因明朝亡之反省，而开出外王之道。最后，黄氏又将气质之性与义理之性予以合一，修正了朱子的二元论性，此种做法更能合于客观义理，并且回到经典自身的内在诠释，不同于程朱理学的建构性诠释。

36. 杨祖汉：《哲学思辨、自然的辩证及道德实践的动力》，《鹅湖学志》，2021 年 6 月第 66 期，第 129—160 页。

在当代儒学界，关于朱陆异同的问题如何解决与朱子的思想的本质如何规定，仍然是争论不已的问题。该文作者近年对于朱子的哲学理论，给出一些个人的想法，对牟宗三先生的朱子学诠释，也提出了反省，引发许多有关的讨论，李瑞全教授最近也提出一篇长文，对本人看法提出不同的意见，该文就李教授的论文的大意，从哲学思辨、自然的辩证及道德实践的动力三方面作回应。

37. 刘琳娜：《晚明三教会通视域下的“克己复礼”新释》，《鹅湖月刊》，2021 年 6 月第 552 期，第 15—23 页。

王学泰州一脉的儒者如焦竑、耿定向、赵贞吉、李贽、杨起元等人对儒学经典命题“克己复礼”的诠释，反映了深刻的三教会通思维。他们的解读有别于朱子“以胜训克”的经典诠释，亦不同于杨简、罗汝芳“以能训克”的思路，而是“以无训克”，强调礼作为本体的空无特质以及复礼工夫在于自然无为。他们从形而上本体的层次理解何谓“礼”，强调其存在的合理性和必然性；又以“无己”训“克己”，强调以无思无为的工夫实践来复返先天自然的本体之礼。从“何谓

礼”、“何谓克己”、“如何复礼”三个方面探讨这些晚明儒者对礼的独创性论述，可看到他们如何在赋予礼以超越性的同时坚持以礼作为儒家规范性的存在价值，展现晚明礼学多元化的发展方向。

38. 何威萱：《宋元理学家从祀明代孔庙小考——兼论明代孔庙与理学道统的关系》，《明代研究》，2021 年 6 月第 36 期，第 7—59 页。

随着宋明理学兴起与理学的官学化，孔庙从祀也出现了“理学化”的现象。然而，透过考察明代相关史料，会发现奉程朱理学为官方正学的明代朝廷，并无意承袭元代的趋势，大量进祀宋元理学家，并积极完善孔庙中的理学道统系谱；相反地，明代新祀之宋元理学家，多非着眼其理学道统渊源，甚至从二程到朱子的完整道统系谱直至明末方全备于孔庙。此现象一来透露孔庙从祀自有其进黜的标准，同时也反映明廷有意识地在孔庙中淡化理学道统的元素，其对程朱理学的推尊仅限于作为科举官学的层面，并非毫无上限地蔓延至一切领域。

39. 陆畅：《王阳明的良知自知与他心知问题辨析——以“不逆诈，不亿不信而先觉”为考察中心》，《哲学与文化》，2021 年 6 月第 48 卷，第 151—165 页。

王阳明对“不逆诈，不亿不信而先觉”的解读是他对良知自知和他心知问题理解的重要体现。与朱子专从他人内心的外在表现形式来推知他人意图的“推论说”不同，王阳明从万物一体的角度来理解他心，这与舍勒的“宇宙同一感”理论极为类似。但舍勒的理论以基督教神学为背景且缺少通达同一感的功夫，在阳明那里良知自知不仅是实现真正他心知的必要功夫，还是他心知的奠基条件，并因其自知模式的不同而形成了三种不同的他心知模式：感性自我同时他心知、良知异时他心知、良知同时他心知。

40. 刘勇：《新见明儒湛若水〈格物之说〉手迹的文本问题与文献价值》，《明代研究》，2021 年 6 月第 36 期，第 145—166 页。

在明代中叶的整体性社会剧变中，湛若水和王阳明是儒学思想领域引人瞩目的明星组合，两人既在反思和批判作为意识形态的朱子学说上密切合作，同时又在探索和引领儒学思想新方向上互为有力竞争对手。新见湛若水“书付君恪”《格物之说》手迹，是其在正德末年书赠广东西樵山讲学门人邓昣的一首五言古诗，主要概括了他对《大学》“格物”概念相异于王阳明的最新看法。通过对手迹题识“与世杰格物之说”在湛、王有关“格物”论辩脉络中所处位置的考察，可以确认该诗正是二人长期围绕探索儒学思想新方向所产生的分歧与竞争的关键文本之一。作为物化形式出现和存在的五言古诗《格物之说》之手迹，为在具体历史情境中观察湛、王学术互动提供了一个间接视角，这是从多种明代文献收录的该诗文字中难以解读出来的信息，文献编刊时的例行加工使得该诗脱离其初始产生和反复使用的语境，仅仅作为泛泛解释“格物”的论学之作而存在。

41. 杨正显：《后死有责：从〈阳明先生文录〉到〈王文成公全书〉的师教衍

变》,《明代研究》,2021 年 6 月第 36 期,第 61—101 页。

该文论证由于王阳明生前的政治因素,与殁后门人对其思想定位不同,导致文集版本变迁与内容的差异,并探讨其中所蕴含的意义,而最终的《王文成公全书》则是钱德洪个人所认定的阳明精神。阳明生前受到当时新旧派政争因素的干扰,广德本《阳明先生文录》不收录《朱子晚年定论序》与《大学古本序》,直至嘉靖十二年(1533)黄绾序刊本则是恢复阳明所谓“近稿”的原始面貌。尔后,由于嘉靖十三年(1534)时黄绾等门人因朝廷政争波及,致使钱德洪与黄省曾在校订《阳明先生文录》时,亦有来自政、学两个方面的干扰,可证之其删掉黄绾讨论纂修《明伦大典》与有关张璁的信件。阳明殁后,门人对于如何定义“良知说”有种种异见,其中又以“致知”问题为要。由于钱德洪在面对罗洪先质疑《大学古本序》改序问题时,选择删掉最末一语“乃若致知则存乎心悟,致知焉尽矣”的做法,证明此句的争议性。往后门人弟子们各自提出对此句的解释,聂豹与王畿围绕“致知”的讨论亦因此而起,成为当时学术注目的焦点。隆庆年间,钱德洪编撰《文录续编》,透过注解阳明文字的做法,彰显其晚年文字的深意——企图定义阳明“晚年”师教为何。钱氏针对聂豹学说所引发师教不一的问题,于《王文成公全书》里删掉一段阳明称赞聂豹的文字,企图消解其重要性。钱德洪在增添的《年谱》文字里,强调静坐不是阳明致良知的教法,再次批判聂豹。最终,经过钱德洪清理过的《王文成公全书》呈现出的是归于一致的师教。

42. 钟治国:《王阳明的格物说的演变》,《哲学与文化》,2021 年 10 月第 48 卷,第 123—135 页。

区别于经典的原义和朱子之说,阳明之学更具思想个性。“龙场之悟”使阳明将格物致知的用功方向由事物转向此心,意为心之所发,而物是意之所在,此时格物主要是正其意念之不正,是诚意之功,致知被融摄于格物之中而不具有独立的工夫地位。致良知宗旨标揭之后,阳明以知为良知,意为良知之动,物主要仍训“意之所在”,但也兼具了良知明觉之感应者、良知所知之事的义涵。缘此,尽管阳明此时仍主要训“格”为“正”,但格物的义涵已不再局限于去私复理,更兼有了以良知自有之天则去正物,以使事事物物皆得其应有的理则、秩序之义。格物的工夫地位便由原来的诚意之功变为了从属于致良知这一首要工夫的施发之实地、实事。

43. 王世豪:《宋代程大昌〈考古编〉之〈中庸论〉探析》,《艺见学刊》,2021 年 10 月第 22 期,第 13—25 页。

宋人笔记中的学术论述多元,其中涉及四书类的论述却呈现着零散的分布。作为宋代儒家的思想发展和论述的主要文本,笔记中的四书相关论述其实是一个具有观察价值的侧面。该文研究的主轴,着眼于作为南宋徽学的代表人物——程大昌的学术笔记《考古编》中四篇《中庸论》对宋代理学家心性论和修养论的继承与阐发。该文首先阐述了中唐自两宋以来《中庸》的地位逐步提升

的背景原因，然后概述程大昌的融合理学于经世致用的学术特色。接着分别探考其四篇《中庸论》的内容，从而分析其对《中庸》的天道与心性修养的观点。当中发现历来皆云程氏对朱熹理学之宗承，但在《中庸论》中谈体道证妙的程序和心性诚明等第是有其自我的见解和修正的看法的。并从其所"论"的内容分"辩驳"、"补述"、"申说"三项，评析其中庸观点及论说之层次，以明白南宋徽州理学的代表人物——程大昌在宋代学术笔记的四书论述与中庸思想的内容与特色。

44. 康凯淋：《达例与特笔：吕大圭〈春秋五论〉、〈春秋或问〉的解经方法》，《清华学报》，2021年12月第51卷，第707—741页。

该文分析吕大圭(1227—1275)将《春秋》笔法重新论断为达例之常辞、特笔之变文，原本类例中的差异性变成了普遍性，循此通往《春秋》世变之迁流。另外又从普遍性中检选出特殊性，天理义蕴就是从特殊性之书法彰显而生，印证孔子从《春秋》建立是非善恶之公理，明正天理人心之纲纪。这套解经方法能延续朱熹(1130—1200)《春秋》说的基本精神，另立达例、特笔之调剂以糅合各派学说，明显具备会通众说、参稽诸家的特色，实践南宋会通诸家之学；在踵继绍承之上又别辟蹊径，弥缝扩充成更完整的诠释体系，形成元代《春秋》学折衷归一的先驱。

二、学位论文

1. 黄立森：《朱熹与王阳明"心性学"的哲学谘商蕴涵》，新北：辅仁大学中文系博士学位，2021年。

"哲学谘商"建立于二十世纪末叶，主要目的便是透过哲学处理生命的困扰，哲学在一般人眼里是既艰涩又脱离现实的学问，然而在苏格拉底时期哲学是能实际应用于生活当中的，而"哲学谘商"便是再次复兴这哲学应用的传统。而中国儒学自孔孟时期便重视实践，到了宋明理学时代虽然关注"心性学"但当时学者不只空谈"心性"，更是重视如何实践义理，达至"天人合一"之圣人境地。朱熹理学和阳明心学虽然在理论上有其不可调和，但两者皆在实现"性善"的共同目的上，也有可彼此会通的地方，在工夫论上朱熹理学的特点是循序渐进，步骤清楚详细；阳明心学则是直指本心，简洁明了，因每人之天资、性格有异，在实际哲学谘商的现场上两者均有其价值，缺一不可。儒学透过哲学谘商架构，运用于现实生活，可重现传统儒学在生命实践中之价值与意义。

2. 张育豪：《朱子〈论语〉注中的二程经说研究：文献引录与思想比较》，台北：政治大学中文系硕士学位，2021年。

该文透过分析朱子在注解时所征引二程语录之情形，厘清朱子与二程的思想关系。第一章为绪论，主要谈论研究朱子与二程的思想关系之动机与目的，并总结前人的研究成果，希冀在前人的研究成果之上，提出不同的见解，以及说明该文的研究范围与方法，将探讨主轴定于朱子与二程同样极为看重之《论语》。第二章讨论朱子在注解《论语》时所征引的二程语录之情形。厘清《论语精义》的明道语与伊川语，还原成起初样貌，再梳理明道与伊川说解《论语》的不同处，最后整理《论语集注》征引二程语录之情形。第三章讨论朱子与二程的思想异同。透过明道与伊川对于《论语》的说解分析二程之间的思想异同，《论语精义》到《论语集注》所呈现的朱子征引二程语情形，以及朱子征引之后所提出的观点，辨析朱子与二程的思想异同，厘清朱子与二程的思想关系。第四章说明朱子在对二程思想的继承与舍弃之同时，实有着“文献”与“思想”之间的冲突，从《论语精义》的“二程分说”到《论语集注》的“程子曰”来看，反映了朱子对待二程思想的历程，其实亦是朱子思想先行的展现。第五章为结论，朱子对待二程思想有着“文献”与“思想”的辩证关系，以及朱子征引二程语并非全部征引，而是各自有所选择，由此再度审视朱子与二程的思想关系，使得程、朱理学之内涵得以更加丰富。

3. 林伟杰：《蔡沈〈书集传〉二帝三王之心研究》，台北：台湾师范大学国文系硕士学位，2021 年。

该文以蔡沈《书集传》“二帝三王之心”作为主要研究对象，因为《书集传》是宋代《尚书》学非常重要之著作。这一部著作继承了朱熹的注经风格以及义理思想，不但以义理解经，同时亦保留了传统注疏和过去的解释。然而在传统注解义理发挥上，蔡沈采取了独特的原则作为其解经的核心标准，而这一核心即是——二帝三王之心。该文分为四个主题探究。第一部分探讨宋代《尚书》学中“心法”的概念形成因素，“心法”的形成，最早可以追溯到佛教之修心理论，儒佛会通间接造成宋代儒家对“心法”的钻研。而《中庸》文本地位提升，成为后来《尚书》学“心法”形成的基础文本。第二部分探讨朱熹与蔡沈的《尚书》观以及注经原则，蔡沈《书集传》从根本上继承了朱熹《尚书》学，而这也连带影响了其文献引用原则以及注经原则。蔡沈《书集传》的注经原则，应当以朱熹与蔡沈之书信作为标准。第三部分旨在探讨《书集传》“二帝三王之心”中心法核心的建构，蔡沈在建构“二帝三王之心”时，对于过去传统注疏的解释，有倾向于内圣化的现象，而最明显的即是《大禹谟》、《仲虺之诰》以及《洪范》中。第四个部分探讨《书集传》“二帝三王之心”心法的精神导入以及政治连接，在此章，该文发现除蔡沈序文所言的三个篇章之外，亦提出“敬”与“诚”的概念使心法精神完善。《书集传》提出“二帝三王之心”之背后，与朱熹的政治生涯也有很大的关联。

4. 江俊亿：《朱子学中“心学”论说形成之考察》，台北：台湾大学文学院中国文学系博士学位，2021 年。

当朱子学被称为“心学”，这并不是“心学化”的结果（意指朱子学被转化为“心学”），也不是近代学者出于特定意图才创造的新兴名词，而是起于南宋中后期，自成脉络的历史事实。至于其内容，则主要以“人心惟危，道心惟微。惟精

惟一，允执厥中”等十六字和“敬”为宗旨。因此，该论文将朱子学中的“心学”论说，视为“以传心为传道之学”中的“所传为心法”之学。不只勾稽“心学”本为“传心之学”的兴起，可能出于宋代特殊的政治原则“祖宗之法”，同时也对十六字和“敬”在程明道、程伊川、胡安国父子，以及朱子思想中的理论建构和诠释转向，展开比较研究，凸显“心法”在“道统”和工夫论上的意义。此外，在如何确立“道学”、“性理之学”的涵义、定位等问题上，该论文也经由思想和历史考察，提出一些看法，以补充既有之说。所以本论文的研究目的，即在于借由处理上述这些议题，还原朱子学中“心学”论说的动态发展过程，并发掘其意义。希望能为日后学术研究，提供进一步的思考方向。

三、专　　书

1. 许宗兴著：《朱子哲学析论与反省》，台北：文史哲出版社，2021 年

1968 年牟宗三谓朱子学属“别子为宗”，在中国哲学史上并非正统思想；此后，朱子学该如何定位，便成学术界关注的论题；而要做定位必先对朱子学进行了解。该书采“解析研究法”——透过对朱子重要哲学概念，进行清晰化与精确化，以期掌握朱子语汇的真正意涵。该书又采“批判研究法”——尝试立基于生命实践学的最高理境，对朱子学进行检视与反省，以期见出朱子学的限制及超越之道。该书因研究法特殊，对朱子学研究可谓别开生面，产出不少新颖的研究成果，故值得推荐。

2. 陈荣捷著：《朱熹(二版)》，台北：东大出版社，2021 年

朱熹认为，不管旧有的知识，或者新的学问，只要经过辨析、探究，就能使思考更加精密深远，并让真理更加明朗。这样“为有源头活水来”的朱熹真的是千古封建思想的罪人吗？从来讨论朱熹，大多由门户之见出发。五四以后，则改由西方哲学视线，以评朱子。然而，该书改采知人论世的角度分析朱子，借由《朱子文集》、《朱子语类》等朱子本人的著作，了解朱熹作为一个凡人真实的模样。

全书分四大部分。一为朱子之思想，包括太极、理、气、天、格物与修养。一为朱子之活动，如其授徒、著述与行政。三为友辈之交游。其与张南轩、吕东莱、陆象山和陈亮往来，各占一章。四为朱子之道统观念，朱学后继，与韩日欧美之朱子学。

此外，朱子之名号、家属、师承和与佛教之交涉，亦述及焉。所论多为中韩日学人所未言者，如朱子生活之酒兴、歌唱，贫乏以至印书发售的种种日常。

（作者单位：台湾辅仁大学、厦门大学哲学系）

2021年度日本朱子学研究述评

［日］福谷彬　王俊钧译

本稿就2021年于日本国内发表的重要日本朱子学相关研究，分别从著作、论文、译著影印书籍三方面进行介绍。最后陈述本年度的研究动向与今后的展望。

一、著　　作

［1］辻本雅史[①]：《江户的学问与思想家》[②]

本书不是狭义的研究著作，是针对一般读者的书籍，各章内容虽然多是据作者过去发表的研究成果所作，但并非是既已发表论文的简易版读物，书中随处可见作者身为江户时期教育学史顶尖人物的知见。全体目录如下。

序章　“知的建构方式”

第一章　“教育社会”的成立与儒学的学问

第二章　明代朱子学与山崎阇斋——从四书学的接纳到体认、自得

第三章　伊藤仁斋与荻生徂徕——读书、看书、会读

第四章　贝原益轩的媒介战略——商业出版与读者

第五章　石田梅岩与石门心学——讲学的复权

第六章　本居宣长与平田笃胤——国学中的文字与声韵

终章　江户的学问与去向

书中在讨论日本江户时期、明治初期的思想家后，进而触及学校的形态（习字塾、学问塾、乡学等）、教育的形态（书籍的音读、默读、轮读等）、传播时的媒介（出版、讲义等），这些是值得注意的焦点。

首先，作者在序章指出，在江户时期的教育中，作为文化培育之“基于身体性的知[③]”的重要性。何谓“基于身体性的知”，作者认为通过“面对木板印刷的

---

① 辻本雅史，日本中部大学副校长，京都大学教育学研究科名誉教授。著作有《近世教育思想史の研究（近世教育思想史之研究）》（思文阁出版，1990年），《教育を「江戸」から考える～学び・身体・メディア（透过“江户”思考～学问、身体、媒介）》（日本放送协会出版，2009年）等。

② 原题：《江戸の学びと思想家たち》，岩波文库，2021年11月。

③ 此论点根据唐木顺三《現代史への試み—型と個性と実存（对现代史的尝试——型、个性、实存）》（筑摩书房，1949年）。

大文字、标红点、音读等"行为，使得这些知识刻画于身体中，而四书五经的"素读"（只按文字发声朗读，汉文典籍内容的理解则为次要）则是其中典型。

例如山崎闇斋将朱子学的众多典籍标上训点（为了将汉文修改为日文语序所标示的符号），这不只是为无法阅读汉文典籍的读者所做的机械性作业；而且也是实地透过朱子所写的文章来体验朱子，是一种"以自己的身体来认识朱子真意"的操作。山崎闇斋学风的特色之一就是追求自己与朱子一体化，可以说正是通过这种地道踏实的作业而实现的。

关于媒介的部分。本书指出，山崎闇斋年轻时期在禅宗寺院度过、伊藤仁斋成长于京都上层町众社会、荻生徂徕受过以汉文书写日记的训练、贝原益轩自学日文的出版读物、身为商家佣人的石田梅岩曾在町中听受儒学讲解的经验。由于这些经历，他们的思想受到了这些媒介的影响，同时他们在传布自己的思想时，很大一部分也受到这些经历的影响。

以"素读"为主的江户时期之日本教育法，与将学问内容作为客观对象化的西洋做学问方法是有所不同的；但它作为前近代性的表征，则往往多受否定。因此可以说本书道出了过往未被充足探讨的江户时期日本学问文化的新积极性价值。

二、论　　文

[1] 吾妻重二[①]：《日本的〈家礼〉式儒墓——从东亚文化交涉谈起（二）》[②]

论文是继发表于《关西大学东西学术研究所纪要》第五十三辑（2020 年）之《日本的〈家礼〉式儒墓——从东亚文化交涉谈起（一）》之后，针对日本江户时期根据《文公家礼》之记述而有的儒教式墓："儒墓"之营造状况的调查报告。论文特别以江户前期至享保年间（1716—1736）的儒墓作为调查对象，对其墓碑、形状、大小、石台形状，坟土之有无，墓地所在，一一进行分析，并在资料末尾附上照片。从论文中可得知，吾妻氏的调查使得以下几点得以明朗化。

首先，在日本的儒墓中，如土佐藩谷时中门下的野中兼山（1615—1664）之墓所，有着男性墓为尖头形，女性墓为圆头形的营造例子，这是在中国大陆所见不到的，有可能是日本的独特风俗。

其次，江户昌平黉的林家墓碑四周刻着墓主的详细经历；相对于此，山崎闇斋与其门下的墓碑仅刻上殁去年月，这与野中兼山的儒墓有着共通点。

---

① 吾妻重二，关西大学文学部综合人文学科亚洲文化专修，教授。著有《朱子学の新研究》（创文社，2004）、中文版《朱子学的新研究——近世士大夫思想的展开》（傅锡洪译，北京：商务印书馆，2017 年），《家礼文献集成日本篇》1～10（关西大学出版部，2010—2022 年）。

② 原题：《日本における《家礼》式儒墓について—東アジア文化交渉の視点から（二）》，《关西大学东西学术研究所纪要》第五十四号，2021 年 4 月，第 3—28 页。

此外，吾妻氏认为，“石田梅岩（1685—1744）、手岛堵庵（1718—1786）、中沢道二（1725—1803）、柴田鸠翁（1783—1839）等‘石门心学’系统之学者墓与浅见絅斋同样是《家礼》式尖头形墓，此事说明了《文公家礼》的影响不仅仅只限于朱子学系统的儒者而已”。

［2］下川玲子[①]：《朱子学思想与西洋思想的邂逅——基督徒及中江兆民》[②]

此文探讨朱子学“理”的思想，文中指出此与西洋基督教的自然法则思想有一定的类似性，因此当明治时期日本在接受西洋思想之际，朱子学“理”的概念使自然法则思想得以圆滑地传入日本。关于文献资料的使用，第一章讨论了日本战国时期向耶稣会教士学习基督教的巴鼻庵（FucanFabian，1565－1621）[③]，及他论述儒教和基督教不同宇宙观所撰述的《妙贞问答》；第二章则使用了明治时期西洋思想引介者中江兆民（1847—1901）的著作。

第一章分析了巴鼻庵的《妙贞问答》，并指出巴鼻庵认为，“发现人类内在之性（＝理）及存在自然界之天道（＝理）具一贯性的朱子学思想，与主张神的意志贯彻于世界的基督教自然法则思想存在着共同点”。

第二章“中江兆民的儒教思想与西洋近代政治思想（原题：中江兆民における儒教思想と西洋近代政治思想）”指出，中江兆民向日本介绍了卢梭（Jean-JacquesRousseau，1712－1778）的天赋人权论，并进而有效地使用朱子学之“天命之性”的概念。

由上得出以下结论：由于朱子学之“理”的浸透，使得日本对于西洋近代权力思想的接纳变得容易。

［3］武田祐树[④]：《林罗山的排耶论再考》[⑤]

论文探讨林罗山（1583—1657）的天主教批判，根据《林罗山先生文集》[⑥]与写本资料，按时间顺序进行探究，指出其批判内容具一贯性。堀勇雄在《林罗山》（吉川弘文馆，1964年）中指出，林罗山以庆长十九年（1614）江湖幕府发起的基督教禁令为契机，展开了基督教批判。论文以此书为前提，继而指出林罗山对于基督教的批判态势乃在禁教令的前后，其批判皆具一贯性。

---

① 下川玲子，爱知学院大学文学部教授，主要著作为《朱子学から考える権利の思想（从朱子学思索权力的思想）》（ぺりカン社，2017年）。

② 原题：《朱子学思想と西洋思想との邂逅——キリシタンおよび中江兆民において》，《爱知学院大学文学部紀要》第50号，2021年3月，第224—215页。

③ 巴鼻庵为洗礼名，本名不详，加贺出身的日本人，曾是禅僧，后于耶稣会学习基督教，1605年著《妙贞问答》，隔年与林罗山针对地球球体说有过论争，最后脱离基督教协助弹压基督教。

④ 武田祐树，目前为东京大学大学院人文社会系研究科附属世代人文学开发中心特任研究员。

⑤ 原题：《林羅山の排耶論再考》，《日本儒教学会报》第5号，2021年2月，第93—108页。

⑥ 京都史迹会编，平安考古学会，1918年。国立国会图书馆数位典藏（国立国会図書館デジタルコレクション）公开图像。

首先，迄今为止关于林罗山的基督教批判，以《藤原惺窝林罗山》（岩波书店《日本思想史大系》，1975年）所收录的《排耶稣》为根据之论述甚多。本论文指出，在《林罗山先生文集》中，存在包含基督教批判的零星文章，从撰述年代来考量，可得知林罗山几乎在其整个生涯中都在批判基督教。

林罗山阅读利玛窦（MatteoRicci，1552－1610）《天主实义》（1604年刊）一事广为人知，论文指出，从当时书籍流通状况来推测，如果说是庆长十六年（1611）与巴鼻庵（FucanFabian，1565－1621）发生论争时所阅读的，难以令人信服，他应是在与巴鼻庵的论争之后，撰著《排耶稣》庆长年间（1615）之前阅读了《天主实义》。

论文结论认为林罗山将基督教视为儒教、佛教、老庄思想、阳明学的剽窃物，这点是具有一贯性的，而他对基督教的批判也并非是因幕府发出禁教令而起。文中也指出，林罗山将基督教看作中国思想剽窃物的背景，并不一定仅是出于时代性的制约，而是与《天主实义》中的基督教用语是基于传统汉语表现的翻译有所关联（如"天主"之语为一代表例）；同时信奉基督教的一方为了传教，则是强调基督教与中国思想的类似性，因此也与这样的历史背景息息相关，武田氏如此点出了此事的复杂性。

过去的研究已有"林罗山对于基督教采取的姿态，乃因此教具有动摇社会秩序的危险思想而产生"的结论，并指出其缺乏思想上的关注。然而，通过本文研究所展现出来的林罗山对基督教采取的姿态，就如作者所指出，林罗山不一定对西洋思想缺乏理解及关注，而是在时代性的制约中，以自身的方式试图深化对基督教的理解。

论文还指出，从林罗山的论述中，随处可见受《六书统》《四书蒙引》等汉文典籍的影响，这对吾人在想象江户儒者的思索场域之际多有启发性。

三、译著、影印

[1] 吾妻重二编：《家礼文献集成　日本篇　九》（关西大学出版部，2021年）

这是日本江户时期《文公家礼》相关文献影印系列的第九册。本书影印了山崎阇斋《文会笔录》中关于家礼的部分，浅见絅斋《家礼师说》《丧祭小记》《通祭丧葬小记》及《浅见先生祠堂考》《家礼纪闻》《丧祭略记》。《家礼师说》（写本）中附有全文翻刻。另外，也附上吾妻所作的解说。

总　　述

2021年的日本朱子学研究，如同下川氏与武田氏皆探讨了基督教文献翻译受朱子学语汇影响甚大之论述一般，讨论基督教与近代思想关联的研究颇多。下川氏指出，朱子学对于近代思想的接纳产生了作用，具有作为接纳近代思想之容器的意义。另一方面武田氏指出，作为对于伴随翻译而来的思想国际化之抵制，林罗山身处其中的基督教批判意义。光是用单纯的对立、融合无法完全说明朱子学与基督教的互动模式，看来这部分很可能成为今后被广为研究的对象。此外，因吾妻重二富于精力的研究，使得《文公家礼》在日本的接纳情况逐渐明朗，其基础资料的影印仍在持续。今后根据这些资料所产生的关于社会及民众受到什么样影响的这类发展性研究，则令人期待。

（作者单位：日本京都大学人间环境学研究科，
日本京都大学文学研究科博士）

2021年度韩国学者对朱子学及韩国儒学的研究综述

[韩]田炳郁

2021年韩国学者的朱子学研究,大致分为“哲学研究”“教育学研究”“经学、诠释学研究”,其中有“比较研究”或者“部分研究”。

1. 哲学研究

有关“哲学研究”的论文有:《理学与心学的间隔何以解决:朱子的晚年说与退溪的问题意识》(金炯瓒,《退溪学报》Vol. 150,2021);《中和新说与朱熹哲学的核心本领》(黄甲渊,《泛韩哲学》Vol. 102,2021);《朱子哲学中“义”概念的社会伦理学的含义》(洪性敏,《东洋哲学研究》Vol. 105,2021);《朱熹的“中底未发”与“不中底未发”及其工夫的有无》(李宗雨,《栗谷学研究》Vol. 45,2021);《朱熹有无“未发工夫”之论与湖洛论辩》(李宗雨,《温知论丛》Vol. 67,2021);《朱子道德哲学中“气强理弱”的意义小考》(金慧洙,《阳明学》Vol. 62,2021);《朱熹对李翱〈灭情论〉的批判之妥当性再考》(洪麟,《儒学研究》Vol. 55,2021);《洞察:豁然贯通的现代诠释》(Jeong Hwan-hui,《东洋古典研究》Vol. 84,2021);《中国佛教初期批判的论点与变化:〈难神灭论〉与〈朱子语类〉的〈释氏〉篇为主》(Park Gyeong-mi,《韩国佛教史研究》Vol. 0No. 19,2021);《朱子“一物”与“二物”概念的实践道德的涵义及其概念展开样态研究》(Kim Baeg-nyeong,《儒学研究》Vol. 57,2021);《朱子读书论中的切己工夫及其医疗的思考》(Jung Byung-seok,《哲学论丛》Vol. 103,2021);《宋代新儒学的仁论与理一分殊概念》(Lee Kang-hee,《东洋哲学》Vol. 56No. 1,2021);《儒家鬼神论的思维结构与朱熹鬼神论的解读》(Jo Hyeon-ung,《儒学研究》Vol. 57,2021)。

韩国学者朱子哲学研究也有比较研究的方式。比如,《朱熹与王阳明的美德伦理与美德认识论:是非之心与良知为主》(Lee Chan,《儒学研究》Vol. 57,2021);《朱陆经典观比较研究》(朱光镐,《哲学研究》Vol. 159,2021);《黄道周的朱陆观研究2》(Lim Hong-tai,《栗谷学研究》Vol. 46,2021);《儒学的和平思想:孔子、孟子、朱子的“仁”概念为主》(An Yoon-kyoung,《人与和平》Vol. 2No. 1,2021);《朱子与甑山的相生理论比较》(An Yoon-kyoung,《大顺思想论丛》Vol. 38,2021);《知讷与朱熹的伦理思想比较分析》(金钟龙,《佛教研究》Vol. 54,2021);《朱熹的“理”“气”、栗谷的“理”“气”、基督教的“灵”“肉”谈论》(Lee Yong-tae,《韩中言语文化研究》Vol. 0No. 62,2021);《阴阳与五行的相关

性：对周敦颐、朱熹理论的几何学分析》(Kim Hak-yong,《退溪学报》Vol. 150, 2021)。

哲学研究中部分涉及到朱子哲学的成果有《〈为学之方图〉与〈圣学辑要〉的〈修己〉篇的"敬"工夫之间的连贯性小考：静坐的意义为主》(Koh Yoon-suk,《儒教思想研究》Vol. 86No. 7,2021)；《艮斋田愚的未发论与静坐观》(李承焕,《东洋哲学》Vol. 55,2021)；《李滉未发论的形成背景与天理体认的方法》(Kim Seung-young,《栗谷学研究》Vol. 44,2021)；《南塘对〈太极图说〉的理气论解释体系》(崔英辰、赵甜甜,《哲学》Vol. 146,2021)；《南塘韩元震的阳明学批判论研究》(裴帝晟,《阳明学》Vol. 62,2021)；《从修己治人的观点分析艮斋田愚的"絜矩之道"注释分析》(李天承,《韩国哲学论集》Vol. 71,2021)；《栗谷修养论中"诚意"的道德实践强化的特点》(Lee Young-kyung,《儒教思想研究》Vol. 85, 2021)；《"理气之妙"的"妙"字解读：对栗谷理气论的过程原子论分析》(Jeong Kang-gil,《栗谷学研究》Vol. 45,2021)；《艮斋田愚的新正统主义性理学》(宣炳三,《人文科学研究》Vol. 44,2021)；《韩国洛学对"理弱气强"的认识方式》(Lee Won-jun,《栗谷学研究》Vol. 44,2021)；《茶山丁若镛的〈大学〉解释中"恕"的含义》(Kim Young-woo,《退溪学论丛》Vol. 38,2021)；《艮斋田愚的心统性情论及其哲学含义》(郑宗模,《东洋哲学研究》Vol. 105,2021)；《16世纪后半期朝鲜学界对阳明学的批判理论与有关文庙制度改正的议论》(Jeong Du-young,《历史与实学》Vol. 76,2021)；《"心即理"说与对其回应的栗谷"心是气"论：知觉说与格物说为主》(Chae Hee Doh,《栗谷学研究》Vol. 33,2021)；《朝鲜时代东儒传统的形成及其涵义》(Oh Se-jin,《儒学研究》Vol. 56No. 1,2021)；《儒学的"未发"与圆佛教的"精神"概念比较：朱子与鼎山为主》(Park Sung-ho,《韩国宗教》Vol. 49,2021)；《退溪的人心道心说：〈人心道心精一执中图〉的修改为主》(Jeong, Do-hee,《退溪学论集》Vol. 29,2021)；《朝鲜儒学中"直"思想的传承关系及其内在的问题研究》(Kim Chang-gyung,《儒学研究》Vol. 57No. 1,2021)；《从发展史的视野看李珥的"理"概念》(李倖珪,《泰东古典研究》Vol. 47, 2021)。

金炯瓒教授的论文通过分析王阳明所著《朱子晚年定论》的内容，提出其中包含"理学"与"心学"，两者之间的矛盾没有达到恰当的解决。金教授指出，《朱子晚年定论》收录朱子从37岁到69岁的书信，当然不能代表朱子的晚年观点，但是如果把书中的朱子书信按照时间顺序重新排列，从中可以了解朱子学问观点的演变过程。《朱子晚年定论》收录鹅湖之集稍后的朱子书信反复强调尊德性的内省涵养，警惕倾向于道问学的工夫方法。金教授把道问学的方法称为"理学"，尊德性的工夫称为"心学"，特别提出朱子57岁视力出问题是朱子更加重视"心学"的一个重要契机："熹衰病，今岁幸不至剧，但精力益衰，目力全短，看文字不得，瞑目闲坐，却得收拾放心，觉得日前外面走作不少，颇恨盲废之不

早也。”金教授又把小学工夫和“心学”联系起来，指出朱子在《大学章句》中特别阐发格物致知的重要性，而在《大学章句序》中却非常重视小学工夫，这意味着朱子当时把小学的尊德性工夫当成道问学工夫的基础，也即是说“心学”是“理学”的根柢。金教授说，世界的普遍原理为人的道德本性，具备于每个人的心中，但是要呈现道德本性，关键都在其人本身，所以在朱子的工夫论中，比起探求客观原理的“理学”工夫，修养身心的“心学”工夫是更重要的。虽然如此，朱子的工夫论，仍然强调格物致知，其原因是朱子认为如果没有“理学”的内容，“心学”不免危殆不安。在此观点的基础之上，金教授主张朱子的晚年追求建立的是合“理学”与“心学”为一的工夫论体系。金教授的这篇论文虽然没有独创的观点，但是比较清楚地说明朱子学体系中“理学”与“心学”的共存情况。

一部分韩国学者的朱子学研究深受牟宗三先生的影响，对他们来说，牟宗三先生是20世纪出现的新朱子。黄甲渊教授已经发表了很多有关朱子学与阳明学的论文，几年前把牟宗三《心体与性体》翻译成韩语。《中和新说与朱熹哲学的核心本领》这一文重述了他多年以来的一贯观点，而且把自己的体悟一言以蔽之：朱子哲学的核心本领是“本体的静态性”，也即是人人都熟悉的牟宗三先生所说的“朱子的‘理’只存有而不活动”。黄教授强调，朱子哲学的“性”与“心”的平行关系的两个概念：心是能（主），性是所（客），心是主宰性理的呈现和视听言动的所有活动，性是心的标准或者原理。工夫的主体与对象都是心，至于性，不存在工夫。黄教授认为，朱子哲学中的“性理”是静态的原理（实体），故性理不能通过自身的“振动（自觉）”实现道德价值，而心作为知觉与实践的主体，没有至善与原理的意思。黄教授还认为，对于朱子来说，理是静态的本体，所以朱子的居敬与格物致知的工夫论是合乎朱子本来的整个理论框架的。论文中，大胆提出一个没有资料支撑的假说：朱子哲学的思维模式跟朱子当时的时代精神有关系：朱子当时的现实情况是危机重重，所以朱子不能支持道德意志的自由立法，而维护现有的社会规范。黄教授是全北大学艮斋学研究所的所长，而艮斋是朝鲜末期的一位学者，主张“性师心弟”论，其内容是性是最尊严的而没有活动力量，而心是有善有恶的而有主宰力量，所以“心”作为实践的主体要尊奉“性”的命令而行事。牟宗三先生所了解的朱子哲学，与艮斋的“性师心弟”论，有不少的共同点，可以说黄教授的朱子哲学研究也有一定的一贯性。艮斋认为，“性”是只存有而不活动的，这是天经地义的，不可易的真理，他激烈批判“性”既存有又活动的观点，而牟宗三却认为“理”是既存有又活动的，严重批判“理”只存有而不活动的观点。对100年前的艮斋来说，牟宗三先生和黄教授的这个理论没有什么新鲜的内容，都是他的论敌经常主张的老观点而已。可是对现代研究者来说，艮斋的“性师心弟”论才是很陌生的，牟宗三先生的观点人人都很熟悉。“理”到底是能活动的存在，还是只存有的本体而已？这个问题也是朱子学研究者值得注意研究的主题。

李宗雨教授的两篇论文集中讨论朱子哲学中的“未发”是“中”还是“不中”的问题和未发时需不需要工夫的问题。李教授简单分析朱子哲学的“未发”概念，指出朱子在《中庸章句》说喜怒哀乐之未发是“性”，“性”是“中”，是天下之大本，但是有时候又说喜怒哀乐之未发有“不中”的情况，前后的说明不完全一致。这里的“中”既然属于“性”，那么这个“中”的性应该是本然之性，而其“不中”的性则属于气质之性。未发是性，性有本然之性和气质之性，所以未发有中与不中的不同情况。若说本然之性，则圣人和众人的未发都是“中”，而若说气质之性，则圣人的未发是中，众人的未发是不中。对于本然之性，未发时不需要涵养的工夫，因为本然之性是无时不在；而对于气质之性，未发时需要戒慎恐惧的工夫。朝鲜时期的理学家，对这个问题进行详细的讨论。退溪、栗谷以后朝鲜时期影响力最大的学者是尤庵（宋时烈），尤庵的嫡传是遂庵（权尚夏），他有“江门八学士”，其中的崔徵厚和韩弘祚提出“未发之前，只有本然之性，而不可谓有气质之性；及其发也，方有气质之性。道心即本然之性所发也，人心即本性之由于耳目口鼻而发，所谓气质之性也”。意思是，未发时只有本然之性，不存在气质之性。江门八学士中的巍岩（李柬）支持这个观点：“性有二名，何也？以其单指兼指之有异也。何谓单指？大本达道，天命之本然，是所谓本然之性也。无论动静而专言其理，故曰单指也。何谓兼指？气有清浊粹驳，而理有中不中，是所谓气质之性也，无论善恶而并论其气，故曰兼指也。然则所谓未发，正是气不用事时也。所谓清浊粹驳者，无情意无造作，澹然纯一善而已。此处正好单指其本然之理也。何必兼指其不用事之气乎？”巍岩认为，未发时是气不用事之时，所以这个时候只需要单指本然之理，不需要兼指不用事的气，也即是说不用说气质之性。表面上看，崔徵厚和韩弘祚主张未发时不存在气质之性，而巍岩则主张未发时不用提到气质之性，有微妙的不同，但大体的看法是一致的。对此，另一江门八学士南塘（韩元震）进行批判，“今以情为气质之性，则是本然之性在前，气质之性在后，相为体用始终，而地头阶级截然矣。岂非二性乎？”南塘的意思是，如果气质之性不在未发时，而在已发时，则属于情。本然之性是性，而气质之性是情，则等于说存在两个不同层次的情。遂庵也同意南塘的观点。朝鲜时期的首都汉阳（今为首尔）位于汉江的北边，这个汉江也称为“洛水”，所以汉阳地区成立的一个学派称为“洛论”，而韩国忠清道也叫湖西，所以这个地区成立的一个学派称为“湖论”。三渊（金昌翕）等洛论学者大体赞同崔徵厚、韩弘祚、巍岩的观点，与南塘等大部分湖论学者进行论辩。等于说，洛论一般主张未发时不存在“不中”，都是“中”的状态，而湖论一般主张未发时也存在不中的情况。至于工夫论，洛论和湖论都主张未发时需要工夫，但其工夫的目的有所不同：洛论的目标是涵养本然之性，而湖论的目标是变化气质。金教授特地介绍，李显益主张未发时不需要工夫，也不能着工夫。李显益说：“且朱子之以涵养于未发，省察于已发言者，则是宽言之未发；‘未发时自着不得工夫’云者，则

是窄言之未发。何尝有妨碍乎？虽然，窄言之未发，是为未发之真境，而此则以地头着工为言终不可。"李显益主要讨论的问题是心之未发已发问题。他区分广义上的未发和狭义上的未发，广义上的未发包括平时的大部分时间，而狭义上的未发是无所偏倚的状态。所以广义上的未发当然需要戒慎恐惧的工夫，而狭义上的未发根本不需要工夫，也不能着工夫。金教授不太考虑"性"的未发、已发和"心"的未发、已发之间的区别，笼统讨论"中"和"不中"的问题，但是论文中介绍的资料，对了解朝鲜时期"未发"论辩中所讨论的核心问题有一定的参考意义。

2. 教育学研究

韩国的朱子学研究的一个特点是教育学研究较为丰富，2021 年有一篇教育学的朱子学研究博士论文《朱子"学"研究》(Han Ji-yoon，高丽大学校教育大学院，2021)和硕士论文《朱子读书法之道德教育上的含义》(朴智惠，韩国教员大学校大学院，2021)，期刊论文有《朱子"仁"概念的教育学意义》(Jeon Sun-suk，《教育哲学研究》Vol. 43No. 2，2021)；《朱熹读书法中作为读解方法的"缝罅"概念小考》(Cheon Won-seok，《读书研究》Vol. 61No. 9，2021)；《伦理与思想》《实现知行一致的学问方法》(Han Ji-yoon，《教育哲学》Vol. 81No. 1)；《朱子认识能力理论的教育学诠释》(Han Ji-yoon，《孔子学》Vol. 45，2021)。其中，Han Ji-yoon 的博士论文研究朱子"学"概念的渊源、核心内容、实践方法等，其以教育学的角度集中分析道德目的的体会及其对实践的影响。

韩国的朱子学研究中"教育学研究"经常与"比较研究"结合在一起。2021 年这方面的研究有《杜威与朱熹的教育目的比较：〈学校与社会〉与〈小学〉为主》(Kim Su-youn、申昌镐，《人格教育》Vol. 15No. 2，2021)；《人性教育的视野分析气质与性格：Chloninger，C. R. 与朱熹的观点为主》(Lee Wha-sik，《学习者中心教科教育研究》Vol. 21，2021)；《基于人生观的道德教育比较研究：朱子与卢梭为主》(Han Ji-yoon，《初等道德教育》Vol. 0No. 74，2021)；《为改善〈伦理与思想〉教材"儒家伦理"部分叙述的分析与提议：朱子、阳明、退溪、栗谷的伦理思想为主》(Kang Bo-seung，《伦理教育研究》Vol. 61，2021)；《近代以前小学教育的结构与文字学习教材的国语教育史的意义》(Heo Jae-young，《韩末研究》Vol. 59，2021)；《〈小学〉的韩国式变更》(Bak Soon-nam，《韩国文学论丛》Vol. 87No. 1，2021)；《〈小学〉的道德教育理论与教学相长的含义》(Kwon Yoon-Jung，《初等道德教育》Vol. 0No. 74，2021)。

朝鲜时期的学者一般很重视朱子的《小学》书，对后世的影响特别大，所以现代的不少研究者关注《小学》在当代道德教育上的意义，也有些教授、教师和书院的山长等进行《小学》教育活动。申昌镐教授等的《杜威与朱熹的教育目的比较：〈学校与社会〉与〈小学〉为主》一文对朱子与杜威的道德目的进行比较研究，提出人工智能和疫情全球大流行的时代，韩国社会该追求的教育方向。按照杜威的教育思想，教育是教师—学习—环境的交互作用，教育的目的是学习者所具有的潜在能力的开发，其方法是学习者通过对环境的经验，进行对个人知识的反省，不断重构主体的知识体系，而学校应该提供学习者能成长为社会成员的经验环境，所以学校应该跟社会联系在一起，既是学习者社会训练的机构，也是实际生活的空间。按照朱子的教育思想，小学要教学生自己训练洒扫、应对、进退的生活礼节，实行爱亲、敬长、隆师、亲友的家庭、社会道德规范，以追求恢复自己的道德本性，通过与人为善，与他人共同体现共同体的公共之善。申教授等指出杜威的教育目的是个人的认知、心理的变化发展，所以没有提出具体的教育方向，而朱子明确提出教育的目的在于恢复本性、成为圣人，其教育方向清楚明白。申教授等认为，人类的教育与人工智能的开发有所不同，人类的教育应该考虑人格的完成、本性的恢复，而疫情全球大流行时期多多少少不重视学校的教育空间，可能导致学校的危机、教育的危机。申教授等主张今后的教育应该参考朱子、杜威的教育思想，重新建立起加强实用性、社会性功能的学校。申教授等的论文虽然没有新意，但是对朱子和杜威的教育思想进行详细的比较研究，得出一个共同的话语：学校是人类完成个人人格，成为社会成员的教育空间。从中可见，韩国的教育研究者非常重视朱子《小学》的教育思想。

3. 经学、诠释学研究

经学方面的单独或者比较的研究有《朱熹阙文说的意思与作用：〈论语〉的“色斯举矣”句为主》（朴英姬，《中国语文学志》Vol. 77，2021）；《〈论语集注〉的文献学读解：〈学而〉篇注释分析》（柳浚弼，《大东文化研究》Vol. 113，2021）；《中国儒学史中的“絜矩”含义演变小考：郑玄与朱熹为主》（朴素铉，《中国文学》Vol. 107No. 1，2021）；《从〈大学〉解释的差异看其含义：朱熹、王守仁、尹鑴的见解为主》（Choi Jeong-mook，《东西哲学研究》Vol. 99，2021）；《朱熹与李滉的修辞学的〈论语〉诠释》（You Min-jung，《退溪学报》Vol. 149，2021）；《峿堂对朱子〈大学章句序〉的修辞学读法》（Shin Jae-sik，《退溪学论丛》Vol. 37，2021）；《二程〈诗经〉学的朝鲜时代接受样态：朝鲜时代〈诗经〉学中程子学与朱子学的拮抗》（金秀炅，《泰东古典研究》Vol. 46，2021）。

除此以外，部分涉及朱子学的有硕士论文《正祖的〈大学〉解释研究》（李诗然，庆尚大学校大学院硕士论文，2021）与期刊论文《退溪李滉〈启蒙传疑〉收录的〈周易参同契〉的意义研究》（Seo Geun-sik，《东洋哲学研究》Vol. 105，2021）；《朝鲜知性史中“王道”与“霸道”话语》（Kim Hong-baek，《古典文学研究》Vol. 60，2021）；《道学文论中“载道”与周敦颐“文辞”的意思与地位再考》（李定桓，《退溪学报》Vol. 150，2021）；《权近〈周易浅见录〉中的象数学方法论》（Im Jae-kyu，《泰东古典研究》Vol. 46No. 1，2021）；《李焕模的〈书传记疑〉中的多维性诠释》（Lee Eun-ho，《泰东古典研究》Vol. 46No. 1，2021）；《朝鲜后期〈聚星图〉制作及其意义》（Kang Shin-Ae，《美术史学研究》Vol. 309，2021）；《星湖李瀷与

白云沈大允的〈国风〉说比较研究：朱熹所定的淫诗为对象》(Hong Yoon-bin,《古典与解释》Vol. 33, 2021)；《中国灾异观的成立与变化》(Lee Suk-hyun,《人文社会科学研究》Vol. 22, 2021)；《李睟光与郑经世的道文论》(Oh Se-hyun,《韩国汉文学研究》Vol. 83, 2021)；《星湖李瀷的冠婚礼仪节研究》(Doh Min-jae,《温知论丛》Vol. 67, 2021)。

（作者单位：南昌大学哲学系）

2021 年度欧洲朱子学研究综述

李 典

2021 年欧洲朱子学相关的研究主要见于期刊与部分专著中,笔者在此所摘录的主要标准为:一、任教单位在欧洲的学者所撰写的作品,无关作品出版地;二、作品的公开时间为 2021 年,除少数以线下出版时间为参考外,多数以线上数据公开时间为依据。

首先是在东亚文化研究作品中,对朱熹及其思想的探讨。这一部分主要是将朱熹及其思想作为一个典型代表,进而思考其对其他亚洲地区本土文化的影响。相关作品有:

柏林自由大学的李恩静教授在 2021 年出版的 *Dynamiken der Negation* 一书中发表的"Zwischen Himmel und Universum——Selektion von westlichem Wissen im Korea des 18. Jahrhunderts"[①]一文中提出在跨语言的知识交流中,不可避免会有一个知识选择过程。该文主要探讨了在对国外知识的接收与传递过程中,18 世纪韩国学者李瀷的态度和做法。李瀷是韩国最早接触和公开讨论西方知识书籍的重要的、有影响力的儒家学者之一。对 18 世纪的韩国而言,第一阶段的知识选择主导者是西方传教士,他们首先筛选出对传教工作有用的书籍翻译成中文,这可能是东亚的学者们接触到的最直接的来自西方的知识。[②] 而在这之后,李瀷,还有他那个时代的韩国其他学者,都以自己的方式有选择地传授了知识。作者以有关天堂或宇宙的理论为例,试图阐释李瀷对西方学说和新儒家学说的选择性态度中否定与接受的界限。李瀷认为朱熹的文本可以自由解释,甚至朱熹在他的作品中也有错误,需要纠正。李瀷与西方教义接触的基本框架仍然是新儒家学说。他将西方学说的个别要素纳入他的儒家思想大厦,在他看来,这些要素补充了儒家学说的不足之处,对他解释天、地和宇宙是有用的。然而,任何与儒家教义的基本方面相抵触的东西都被拒绝。他拒绝了天堂和地狱的神学理论,以及认为灵魂不死是魔鬼所为的神学理论,并坚持了朱熹的理论——理气,认为人们只需要培养自己内在的善,而不应该通过惩罚(例如地狱之说)从外部强迫自己向善。另一方面,在宇宙结构设计中,

---

① 题目直译为:天堂与宇宙之间——18 世纪韩国对西方知识的选择。

② 作者提到 1699 年,中国政府允许韩国公使馆的成员购买历史书以外的书籍。1712 年,边界问题通过在长白山竖立界碑的方式得到解决后,韩国的公使馆成员被允许在北京自由活动,也可以访问耶稣会社区。这意味着他们接触到的书籍首先应该是被翻译成中文的。

李瀷按照西方十二个天体的模式搭建宇宙，将天体的最高层作为“上天的统治者”的地方。但在这一层是否会像第十二个天球一样保持静止状态的问题上，他最终没有遵循西方的学说。太极之有动静，是天命之流行也。当他多次问自己，到底是地在动还是天在动时，他最终在宋儒的文本中找到了答案。李瀷并不属于他那个时代的政治权力精英，所以他的世界观的政治影响几乎不值得一提。然而，在考察朱子学的海外流传时，以他为代表的学者们毫无疑问起到了决定性的作用，他对朱熹思想的非正统原教旨主义态度和对所谓的西方学说的开放态度也直接影响了朱子学说在韩的发展进程。

弗罗茨瓦夫大学的李海成博士亦就朱熹对朝鲜王朝的影响在“Joseon Literati's Righteous Principles（Yiriron）as a Moral Practice in the Political Realities — Its Meaning and Limitation in a Historical Context”①一文中展开了论述。作者指出以朱熹为代表的新儒家思想在朝鲜王朝（1392—1910）时期作为一种核心意识形态和绝对的社会秩序而繁荣。在比较了各类概念的范畴后，他指出“道学”（Dohak）更适宜用以定义此一时期的朝鲜新儒家思想。它至少包含了以下几个主题：性理学，义理，礼学，修养论，经世论国等。换句话说，朝鲜王朝时期的道学是对宇宙论真理的一种整体方法论，包括通过认真研究，获得管理社会福利的智慧和技能，以（新）儒家经典的见解为基础，通过道德实践来促进个人的心智、真诚和责任。他特别指出在这之中（正）义的原则（Yiriron）是将成熟的道德放到现实的政治环境中的意识形态，它是民族意识的来源。然而作者也提到，如果不能正确认识和适应不断变化的国际秩序，这种类型的意识形态很容易堕落为自我辩解的教条。

爱尔兰科克大学的凯文·考利博士在“Christian pyrexia and education fever: Female empowerment in the late Chosŏn dynasty”②一文中概述了儒家的性别建构，指出朱熹的著作被朝鲜王朝用来约束家庭成员，塑造社会规范。特别是他关于家庭礼仪的著作《朱子家礼》，在整个朝鲜王朝得以广泛出版和传播。并且掌权者从中挑出了一些规则和规定，强化了严格编纂的性别结构。而这一系列对于女性权力都是极大的贬损，直至传教士借此切入，在一定程度上改变了这一权力结构。

相对于朝韩研究中稍作涉及的作为大背景的朱熹思想，日本文化研究中则更为翔实地探讨了相关内容。柏林洪堡大学的林内普的博士论文“‘Wissen’ und ‘Handeln’ bei Yamaga Sokō: Ein Beitrag zum politischen Denken im

① 题目直译为：朝鲜文人的（正）义原则（Yiriron）作为政治现实中的道德实践——它在历史背景下的意义和局限性。

② 题目直译为：基督教兴起和教育浪潮：朝鲜王朝后期的女性权力。

Japan des 17. Jahrhunderts"[①]是一个很好的证明。本文的主题是德川初期(1600—1868)政治思想的概念基础。重点是山鹿素行(1622—1685)在其中的贡献。实际上在德川幕府初期社会结构变化的大背景下,人们重新接触到了宋朝的儒家思想,它们是解释新的社会政治理论的一个重要的概念资源。有很多学者使用了广泛的儒家术语和论证策略,来表达自己的政治概念。林罗山(1583—1657)以宋代朱熹的学说为导向。他的核心兴趣是"理"的概念,他在明代注释的影响下对其进行了解释。他认为对于学者来说,汇编资料和系统化的知识体系起着核心作用。山崎闇斋(1618—1682)则试图重建朱熹的原始学说。他认为,人类的道德意识不可能脱离每个行动主体所处的伦理社会环境而实现。通过严格培养"敬",可以有条不紊地实现人的道德倾向与行动实践的一致。在关于实践的论述中,他强调了追随者对其主宰无条件忠诚的重要性。这一点上他背离了朱熹,因为后者似乎是把理性的洞察力放在行动原则之上。这些学者对朱熹思想的接受,特点是倾向于使其规范性的主张相对化。因为他们认为在当时的社会条件下不可能实现它们,所以他们强调内在信念的作用,而不是外在的行动形式或行动的情境适应性。而这也恰恰成为山鹿氏对朱熹学说如何保证政治行动进行质疑的一个重要的背景因素。山鹿氏以"知"和"行"为例,在四书五经的谱系中考察其来源后,以朱熹为主要代表描述了宋明时期新儒学框架内的概念解释。在详细地厘清了朱熹的认识论框架后,他提到朱熹使用术语的一个特点是在一个全面的理论和方法论概念的框架内将其系统化:知行常相须,如目无足不行,足无目不见。论先后,知为先;论轻重,行为重。但他认为依照朱熹的概念,规范仍然建立在人性的处置上即人格修养上,这并不能帮助论证自己的政治理论框架内的规范具有实际有效性。这也成为他批判朱熹的核心动机。但与此同时,从山鹿氏使用的文献来源看,他的论证仍然是在宋代新儒家思想影响下获得正统地位的文本框架内。他对朱熹的形而上学概念的批判,似乎也代表他接受了明末清初的儒家思潮。山鹿氏的核心关注点是通过对社会生活所有领域的规范性监管及其对共同利益理念的导向来实现稳定的政治秩序。而借用概念定义来阐明话语空间和不同理念的可能性,这似乎本身就是朱熹的一个重要影响。

匈牙利罗兰大学的塔科博士撰写了"Zsákutcák és középutak: Az eszmetörténeti vizsgálódások és az individuális cselekvés viszonya Maruyama Masao-nál"[②]一文。主要研究对象是丸山正夫。他是19世纪日本思想的决定性人物之一。作者以其对日本历史某些转变时期——德川时代和二战后——

---

① 题目直译为:山鹿素行的"知"和"行":对17世纪日本政治思想的贡献。根据相关信息,该文于2017年7月7日答辩,2021年7月4日在线公开。

② 题目直译为:死胡同和中间道路:丸山正夫的思想史和个人行动之间的关系。

的研究为例，试图考察其解释背后的哲学假设。在欧洲历史哲学传统的重要影响下，Maruyama Masao-nál 对以朱熹为代表的宋儒思想所形成的德川儒学进行了批判，认为儒学政治化不仅不能重建儒家思想，还带来了政治的去政治化——政治的文学化。长此以往，这将使得日本与中国一样，在循环往复的历史中基本上没有变化，成为"停滞的东方"。

其次是一些学者在讨论特定主题时，以朱熹的行为、思想为论据，佐证或者补充自己的某些观点。

由魏希德和莫尔彻教授主编的 *Political Communication in Chinese and European History*，*800 - 1600* 一书第八章摘录了由伊佩霞和梅泽夫[①]撰写的"Giving the Public Due Notice in Song China and Renaissance Rome"[②]一文。本章主要探讨了两个印刷术开始广泛使用的国家——宋代中国和文艺复兴时期的罗马——向普通人传递信息的方法的异同。在该文中，作者指出了朱熹在大量存留的材料中所扮演的角色。他曾提请人们注意告示作为接触普通人而非受过教育的文人精英的工具的价值。对朱熹来说，告示不仅提供了一种解决行政问题的方法，还提供了一种在道德上与其他人建立联系的方法。撰写告示使他们能够利用自己的文学才能来实现改善社会的更大目标。

基辅国立语言大学的科斯坦达教授则在"Stylistic Codification of the Traditional Forms of the Poetic Text (on the material of the first theoretical work on poetry *Maoshixu*)"[③]中专门分析了诗歌文本的风格形成过程。作者指出，朱熹在《诗经集传》中有一个特别的阐释。他认为"风"是统治者的变革工具。既可以自上而下传达教化，亦可以自下而上推测政治得失。朱熹还对赋比兴做了自己的阐述："赋者，敷也，敷陈其事而直言之者也；比者，以彼物比此物也；兴者，先言他物以引起所咏之词也。"作者认为这些都体现了朱熹劝惩以敦风化的诗歌功用观。而这一点也证明了诗歌文本的风格规范一方面取决于文学理论的传统，另一方面也取决于已经建立的意识形态、教育、伦理和美学方面。

最后是一些学者在以其他思想家为主要研究对象的文章中，涉及到的对朱熹思想的研究。

卢布尔雅那大学文学院的罗亚娜博士在"Wang Shouren's Ethico-Epistemology and the Double Nature of Recognition"[④]一文中提到认识起源问题时，指出在古代中国对该问题的探究主要集中在间接理解上，即通过教育和

---

① 莫尔彻教授任职于瑞士巴塞尔大学，魏希德教授任职于荷兰莱顿大学，本书亦由阿姆斯特丹大学出版社出版。虽第八章作者伊佩霞和梅泽夫来自美国，然出版方相关单位均在欧洲，此处亦进行摘录。

② 题目直译为：在宋代中国和文艺复兴时期的罗马给公众提供及时的/适当的告示。

③ 题目直译为：诗歌文本传统形式的文体编纂(以第一部诗歌理论作品《毛诗序》为基础)。

④ 标题直译为：王守仁的伦理认识论和认识的双重性质。

学习可以实现的理解中。这些都是源于道德内容的知识，而非来自感官知觉和推理获得的知识。在论述王守仁之前的重要学者时，作者提到朱熹作为一个建立了新的知识论体系的学者的观点，她认为朱熹认识论的基本内容根植于实用伦理主义，因为它总是在道德法则的网络中进行运作，所以作者将这种认识论称为伦理—知识论。在这种框架下，真正的知识总是被看作道德知识，但最全面的知识形式只能通过研究外部的现实对象获得（格物致知）。故而她认为朱熹的认识论体系建立在结构一致性原则（理）和其二元对立的生命潜力（气）之间的动态区分之上，也就是她所归类的客观唯心主义。

瑞士伯尔尼大学的戴维·马切克博士在“Mengzi on Nourishing the Heart by Having Few Desires（7B.35）”[①]一文中详尽地探讨了朱熹的相关论述，并或质疑或补充地提出了自己的观点。作者认为孟子道德理论最具特色的特征无疑是他认为人类道德发展的过程类似于健康植物的自然生长。人皆有先天而未成熟的道德行为倾向即“四端”；如果这些倾向要达到成熟，就必须“养”即促进和保护。为此他对“寡欲养心”进行了进一步的阐述。在辨析了“欲”的具体范畴后，他讨论了“多欲”、“寡欲”、“无欲”之间的关系，并得出结论，鉴于我们的自然构造，我们应该努力将欲望降低到我们的自然体质所允许和要求的最低限度。最后关于“欲”是如何作用于“心”这一问题，他首先赞同以朱熹为代表的思想家们的解释，即多欲不利于养心，因为它们以某种方式颠覆了心对道德行为的自然倾向。作者认为如朱熹所说的心易被这样的情欲蒙蔽或迷惑并“失其正理”，其暗含的意思是欲望从内部腐蚀人心，并将其推向不利于其本性的行为。这种解释从情理上来说是合理的，但作者认为它在孟子的文本中几乎没有任何支持。因此他提出另一种解释，即“欲”对于“心”的伤害在于一种认知扭曲，并找到一段文本以支撑自己的论点[②]。他认为扭曲或者说脱敏，属于一种直接影响：欲望通过将其暴露于与其本性敌对的行为而侵蚀了心的道德敏感性。它是通过剥夺养心的机会以及这种养所带来的满足感来做到的。剥夺的问题通常是从外部削弱了心的整体活动和活力，将其功能边缘化。在这一问题上，他显然持有和朱熹等传统学者们不同的观点。另一个相关的问题是作者讨论了“存焉”这个短语，争论主要集中在这个动词的宾语是什么。在这一点上，他对朱熹的注解作了补充。他指出朱熹认为保全的是人的“本心”，即具有先天道德倾向的心。最大的论点支撑在于前后文中孟子谈到了“养心”，孟子还多次提到

---

① 标题直译为：孟子论寡欲养心（7B.35）。7B.35：“养心莫善于寡欲。其为人也寡欲，虽有不存焉者，寡矣；其为人也多欲，虽有存焉者，寡矣。”

② 孟子曰：“饥者甘食，渴者甘饮，是未得饮食之正也，饥渴害之也。岂惟口腹有饥渴之害？人心亦皆有害。人能无以饥渴之害为心害，则不及人不为忧矣。”作者认为与对食物和饮料的感知相似，极度饥饿或口渴会扭曲一个人的味觉感知；而欲望同样会使心扭曲对价值的感知。

失去“本心”的危险。但作者做了一个补充的解释，即存焉存的是“持其志”，即保持自己的（良好的）意图。有意思的是，以上两部分内容虽然在回答不同的问题，甚至于对朱熹的注解的态度也十分不同，但作者在最后为两部分内容做了一个互补的阐释：欲望的冲击会使一个人倾向于采取不同的行动。当一个人始终未能保持自己的意图，从长远来看，会导致一个人失去本心。而君子之所以能够保持其以特定方式行事的意图，那是因为他能够在这些欲望的冲击下保持心对外在的道德敏感度。

虽然笔者未曾找到2021年由欧洲学者直接以朱熹及其思想为主题撰写的著作①，但其思想观点仍然在不同地区的研究中、不同主题的阐释中被反复雕琢、讨论。或许朱子学的意义，并不仅仅在于其自身理论的博大精深，更广义的是在其他地区如何与当地传统文化产生碰撞与交融，成为另一种“本土”文化。

（作者单位：特里尔大学汉学系）

相关文献按本文提及顺序罗列如下：

1. Lee, E. J. (2021). Zwischen Himmel und Universum——Selektion von westlichem Wissen im Korea des 18. Jahrhunderts. In *Dynamiken der Negation: (nicht) wissen und negativer transfer in Vormodernen Kulturen* (pp. 375 - 393). essay, Harrassowitz Verlag.
2. Lee, H. (2021). Joseon Literati's Righteous Principles (Yiriron) as a Moral Practice in the Political Realities — Its Meaning and Limitation in a Historical Context. *Studia Orientalne*, 20(2), 139 - 156. https://doi.org/10.15804/so2021209.
3. Cawley, K. N. (2021). Christian pyrexia and education fever: Female empowerment in the late Chosŏn dynasty. *History of Education*, 1 - 18. https://doi.org/10.1080/0046760x.2021.1890236.
4. Linnepe André. (2017). *"Wissen" und "Handeln" bei Yamaga Sokō: Ein Beitrag zum politischen Denken im Japan des* 17. *Jahrhunderts* (dissertation).
5. Takó, F. (2021). Zsákutcák és Középutak. *Távol-Keleti Tanulmányok*, *12*(2020/1), 101 - 127. https://doi.org/10.38144/tkt.2020.1.5.
6. Ebrey, P., & Meserve, M. (2021). Giving the Public Due Notice in Song China and Renaissance Rome. In H. D. Weerdt & F. J. Morche (Eds.),

① 鉴于多语种的搜索与理解难度，笔者或存在一定疏漏，尚请读者指正谅解。

Political Communication in Chinese and European History, 800 - 1600 (pp. 345 - 382). essay, Amsterdam University Press.

7. Rošker, J. (2021). Wang Shouren's Ethico-Epistemology and the Double Nature of Recognition. *Asian and African Studies*, *30*(2), 368 - 386. https://doi.org/10.31577/aassav.2021.30.2.04.
8. Machek, D. (2021). Mengzi on Nourishing the Heart by Having Few Desires (7b.35). *Philosophy East and West*, *71*(2), 393 - 413. https://doi.org/10.1353/pew.2021.0025.

江西近四十年理学文化研究述要

邓庆平　彭长程

江西理学文化是指历史上在江西这个地域产生、传播与流行的理学思潮以及由此思潮所衍生的宗教、制度、习俗乃至建筑等各种文化资源，理学思想是其核心。江西理学文化是中国理学文化的重要组成部分，甚至是其中非常核心的部分，更是江西历史文化的高峰与典型代表。在这一地域性理学文化的研究队伍中，江西本土学者是重要的研究力量。为了讨论的方便，本文所说的江西理学文化研究，限定为江西学者对江西理学文化的研究，不是指学界对于江西历史上理学文化的研究。这里的江西学者仅指在江西工作的学者，不包括工作在江西之外的江西籍学者。因此，这个主题所关涉的是地域文化研究，是江西的学术研究状况，是江西学者对本土历史文化的研究。之所以作这样的限定，一方面是由于江西学者对本土历史文化的继承与弘扬有着天然的情怀以及不容推卸的职责，研究江西理学文化是继承与弘扬的基础性工作；另一方面则是由于江西理学文化资源丰富且具有全国影响，因而研究队伍不仅仅是江西学者，更有江西之外的其他学者，而这部分学者的研究往往从属于中国历史文化研究的范畴，不一定具有地域文化研究的视野。

本文分三部分，首先，对江西理学文化资源进行一个大致的梳理；其次，介绍近四十年来江西学者的相关研究成果，这是本文的重点；最后，在深入研判研究现状的基础上就江西理学文化研究的未来提出一些思考。

一、江西理学文化资源异常丰富

要准确理解江西理学文化资源，至少应该做两方面的工作：一是描述历史事实，二是对历史事实进行适当的定位与评价。我们过去关于江西理学文化资源的研究通常侧重于第一个方面，而对第二个方面的论述较为简略。因此，本文首先介绍中国理学的整体面貌，以此作为评估江西理学文化资源价值的基础，其次从江西地方历史文化发展的角度来分析理学文化在江西文化史上的地位。

（一）江西是中国宋明理学的中心地带

从分系的角度来看，以周敦颐为开山宗主的中国理学大概可以分为程朱理学、陆王心学、张王气学与湖湘性学四派。从理学发展史的全过程来看，北宋是理学的开创期，南宋是理学的成熟期，元明是理学的继续推进与发展期，清初是宋学向汉学转变的过渡期。江西与中国理学关系密切，有两本关于中国宋明理学的专著可以印证这点。钱穆先生的《宋明理学概述》对宋明理学的阐发非常全面系统，共涉及宋明时期思想家近七十位，其中属于江西籍的有欧阳修、李觏、王安石、刘敞、朱熹、江西三陆、吴澄、吴与弼、胡居仁、娄谅、陈献章、罗钦顺、邹守益、欧阳德、聂豹、罗洪先、王时槐、罗汝芳等，另有许多长期在江西为官、讲学和受学的理学人物，如周敦颐、二程、王阳明等人。再如，陈来先生的《宋明理学》是宋明理学的深入研究之作，该书主体部分分别阐述了宋明时期二十三位理学代表人物，即周敦颐、程颢、程颐、张载、邵雍、谢良佐、杨时、胡宏、朱熹、陆九渊、杨简、曹端、薛瑄、胡居仁、陈献章、王阳明、湛若水、罗钦顺、王廷相、王畿、王艮、罗汝芳与刘宗周，其中半数以上人物与江西关系密切。因此，陈来先生称江西为“宋元明理学发展的最重要的地区”[1]315。

北宋时期，以周敦颐为代表的理学作为一种独立的新思潮登上中国历史文化舞台。周敦颐长期在江西做官，先任洪州分宁县主簿四年，次调任南安军司理参军三年，再转任湖南郴州，后又知洪州南昌县，通判虔州，知南康军，晚年定居庐山濂溪书堂，去世后安葬在江西九江。江西是周敦颐为官与为学的重要地域，留下了许多与周敦颐有关的遗迹。周敦颐的名作《爱莲说》写于虔州，发表于江西的于都县罗田岩。[2]397-398 周敦颐是理学的开山鼻祖，也是江西理学文化的发端。二程所立学问被称为洛学，但他们早年生活、受学于江西。庆历六年(1046)，二程的父亲程珦知虔州（今江西赣州）兴国县，兼管南安（今江西大余县），与周敦颐相识，遂令二子受学于周敦颐，当时大程年十五，小程年十四。周敦颐“每令寻颜子、仲尼乐处，所乐何事”[3]16。这一教诲被称为“孔颜乐处”，是后世理学的一个经典话题。周敦颐的授学地点在南安（今江西大余县）。南宋时，南安已被视为道学发源地。[2]395 此后三年间，二程多次问学于周敦颐。[4]9 同时，二程的重要论敌之一王安石也是江西人。王安石所创新学是北宋儒学的主要代表之一，与二程理学有着密切关联。

就南宋来说，江西是理学的中心地带。闽学创立者朱熹祖籍江西婺源，且在江西做官，并多次在江西讲学。据我们考证，朱子门人群体当中有八十八位江西学者，人数仅少于福建朱子门人，其中不乏朱子高弟，如李燔、张洽等。[5]60《宋史·道学传》所列六位朱子门人，其中李燔、张洽和黄灏三位，均为江西人。朱子的江西门人中，张洽、包扬、曹彦约、陈文蔚、程端蒙、程洵、董铢、范士衡、冯椅、胡泳、黄灏、李季札、刘清之、刘尧夫、彭蠡、彭方、滕珙、滕璘、王阮、徐昭然、严世文、余大雅、余大猷、赵蕃、曾兴宗等人，均有著述留于后世。江西朱子门人群体，在南宋中后期的朱子学派中具有非常重要的地位，也是宋代江西思想文化的重要代表。与朱子学相对的心学创始人陆九渊是江西金溪人。陆九渊长期在江西讲学，其门人除了浙东一支外，江西门人人数最多。

此后，朱陆二派在江西的学脉传承一直到宋末和元代，如饶鲁、程复心与吴澄等。其中，吴澄是元代最重要的理学家，对南宋朱子学与陆九渊心学均有吸收。吴澄合会朱陆所得学术思想体系，是宋明理学史的重要一环。

明代，江西在全国理学中的地位超过宋元，处于中心位置。在朱子学方面，《明儒学案》以吴与弼为首个学案，其弟子胡居仁、娄谅、陈献章在当时学界影响巨大。王阳明曾向娄谅问学，陈献章更是开明代心学先河。明代中期的罗钦顺是理学代表人物。罗钦顺既是阳明学的主要论敌，也是朱子学在明代中期向气学转化的主要代表。罗钦顺思想传播海外，对韩国性理学有深远影响。明代最知名的理学汇编文献《性理大全》《四书大全》《五经大全》的主要编纂者胡广也是江西学者。在心学方面，代表明代思想最高峰的王阳明，虽起于越中，但一生与江西渊源甚深。王阳明在江西做官，致良知之学也发端于江西，最后于江西去世。《明儒学案》称“姚江之学，惟江右为得其传……盖阳明一生精神俱在江右”[6]31，阳明去世之后，其门人弟子以江西弟子为主流，浙中不及江西。在《明儒学案》中，王门学案里，江右独占其九，人数达三十二人，浙中才占其五。在张学智先生的《明代哲学史》中，明代阳明学部分，第六章为王阳明的良知之学，第七至十九章为阳明后学，即王龙溪与钱德洪、黄绾、邹守益、欧阳德、聂豹、罗洪先、王时槐、胡直、李材、王艮及泰州之学、罗汝芳、耿定向、焦竑，共十三章。其中，江西阳明学者占八章，即第九章邹守益，第十章欧阳德，第十一章聂豹，第十二章罗洪先，第十三章王时槐，第十四章胡直，第十五章李材，第十七章罗汝芳。此外，第十六章王艮及泰州之学中颜山农、何心隐亦为江西人。由此可见，江西是明代阳明学最重要的地域。

总体来看，无论是朱子理学，还是阳明心学和气学，从两宋到元明时期，江西的地位都特别突出，是中国理学文化的中心地带。①

（二）江西理学繁荣的佛学因素

从江西历史文化发展史来说，宋明时期，江西之所以出现理学文化如此繁荣的局面，与隋唐时期江西佛学兴盛有一定关联。江西历来是中国佛学重地，作为佛教中国化的重要代表，禅宗在六祖慧能时期正式形成。六祖之后禅宗的发展出现五家七宗的兴盛局面，其中心就是江西。禅宗在江西的具体衍生过程详述如下。

六祖门下，湖南南岳怀让和江西青原行思的法系最盛。南岳怀让门下，马祖道一活跃于江西，长期在江西南昌和靖安等地弘法。其弟子百丈怀海在江西奉新制定“百丈清规”，确立后世禅院的基础。百丈门下，灵祐住湖南沩山，慧寂住江西仰山，二人所创法系因此被称为沩仰宗。百丈的另一弟子黄檗希运禅师

---

① 蔡仁厚先生在《江右学风与学术：〈江右思想家研究〉序》（《江右思想家研究》，中国社会科学出版社，2003 年）中定位江西为“理学的心脏地带”，陈来先生在《〈朱熹与江西理学〉序》（《朱子学刊》第 17 辑，江西高校出版社，2007 年）中也视江西为“宋元明理学发展的最重要的地区”。

住持江西宜丰黄檗山的黄檗寺，传法于义玄禅师，义玄创立临济宗。江西黄檗山因此成为临济宗的祖庭圣地。临济宗之支派黄龙派，由住江西修水黄龙山的慧南禅师所创。临济宗另一支派即杨岐派，由方会禅师在江西萍乡杨岐山创立。该派在元以后逐渐成为禅宗的代表，在日本也有深远影响。

江西青原行思的系统，由云岩昙晟、石头希迁等人相承。云岩之后，住江西宜丰的洞山良价及其住江西抚州宜黄县曹山的弟子本寂，创立曹洞宗。石头希迁传弟子天皇道悟，经龙潭崇信、德山宣鉴、雪峰义存，传至云门文偃，创立云门宗。其中，雪峰义存之后，经玄沙师备、罗汉桂琛，由法眼文益创立法眼宗。

至此，禅宗史上的五家七宗得以形成。五家为曹洞宗、沩仰宗、临济宗、云门宗、法眼宗，其中临济宗又分出黄龙派和杨岐派，故又称之七宗。这些宗派的形成与江西有着密切关系，曹洞宗、沩仰宗、临济宗以及黄龙派、杨岐派都是在江西创立的，云门宗与法眼宗虽不是在江西创立的，但是都源自江西青原行思法脉。由此可以断言，江西是禅宗尤其是南宗禅的中心地带。

宋明理学的出现与隋唐佛学的兴盛密不可分。一方面，佛学兴盛对儒家文化产生了重要冲击；另一方面，宋明理学又是在充分吸收隋唐佛学因素的基础上实现理论创新的。宋元明清时期，江西的佛学文化日渐为理学所吸收，直接促进了江西理学文化的发展。其中，最直接的一个证据是陆九渊的心学一直被朱子视为禅学。这个批评是否成立，可以再讨论，但陆九渊心学及王阳明心学对本心、心性的关注与禅学明心见性的主旨有一致之处，乃是事实。

隋唐和宋明时期，江西成为中国思想文化的中心地带。同时，这一时期构成了江西历史文化的高峰，也自然成为江西学者的重要研究对象。

二、江西理学文化研究现状

江西学者对江西历史上理学文化展开研究主要是在改革开放以后。① 这些研究以理学思想为重点，对理学思想与社会、家族、教育、民俗等多方面文化内容也有涉及。改革开放后的江西理学文化研究大体可以分为两个时期：第一个时期是从改革开放到20世纪末，主要学者有陈正夫、何植靖、吴长庚与胡青等；第二个时期是21世纪以来，以郑晓江、杨柱才、徐公喜、周建华、徐春林、李丕洋与邓庆平等学者为代表。

（一）相关研究专著

1. 朱子学方面的专著

陈正夫、何植靖著《朱熹评传》，由江西人民出版社于1984年12月出版。

① 据杨柱才先生介绍，在20世纪60年代初，江西学者陈正夫先生等曾计划对江西历史上的理学文化展开研究，并进行了初步分工。

这部著作是改革开放后国内第一部朱子评传类著作，也是当时极为少有的几部朱子学研究专著之一。[①] 这部著作的出版标志着当时的江西理学文化尤其是朱子学研究进入全国先进行列，陈、何二先生也成为20世纪八九十年代国内朱子学研究的代表人物之一。陈正夫、何植靖著《许衡评传(附许谦评传)》，由南京大学出版社于1995年1月出版。该书可能是目前为止唯一一部纳入南京大学思想家评传系列丛书的江西本土学者的理学研究著作。

吴长庚教授著《朱熹文学思想论》，由黄山书社于1994年12月出版。该书是国内较早研究朱子文学思想方面的重要专著。此外，吴先生还主编《朱熹与江西理学》(江西高校出版社2007年版)、《朱陆学术考辨五种》(江西高校出版社2000年版)等。

胡青教授的《吴澄教育思想研究》(江西教育出版社1996年版)对元代理学代表人物吴澄的教育思想进行了系统研究，是国内较早的吴澄研究专著。

21世纪初，郑晓江教授主持推动"江右思想家研究"工程，主编《江右思想家研究》(中国社会科学出版社2003年版)。该书是国内第一部研究江右思想家的论文集，其中大部分是理学思想家研究，对于推动江右理学研究具有标志性意义。此外，郑教授与杨柱才合著的《宋明时期江西儒学研究》(中国社会科学出版社2014年版)一书对江西宋明儒学有深入研究。

杨柱才教授在其博士论文基础上出版的《道学宗主——周敦颐哲学思想研究》(人民出版社2004年版)得到了国内权威专家的认可，在国内外学界拥有较大的影响，可以说是目前为止在周敦颐哲学思想研究方面最重要的著作。此外，杨教授还主持国家重大课题"朱子门人后学研究"，担任中华朱子学会和全国陆九渊研究会的副会长，是目前国内宋明理学研究界的代表性中青年学者之一。

徐公喜教授的专著有《朱熹理学法律思想研究》(江西人民出版社2004年版)、《朱子门人学案》(江西人民出版社2018年版)、《宋明理学理治社会研究》(人民出版社2019年版)、《朱子学正说》(江西人民出版社2018年版)。此外他还主编《理学家法律思想研究》(吉林人民出版社2006年版)以及"朱子学与地域文化研究丛书"等，校点理学渊源考辨丛刊。除了朱子理学思想研究，徐公喜教授对朱子理学中的法律与社会治理思想也有系统讨论。

周建华教授系统考察了周敦颐、朱熹和王阳明在江西的行迹，在江西理学文化方面的主要著作有《周敦颐南赣文学和理学研究》(中国文联出版社2003年版)、《朱熹与江西文化研究》(百花洲文艺出版社2004年版)、《阳明南赣活动研究》(中国文联出版社2002年版)、《王阳明在江西》(江西高校出版社2017年版)等。

---

① 此前仅有张立文先生1981年在中国社会科学出版社出版的《朱熹思想研究》一书。

邓庆平教授的《朱子门人与朱子学》（中国社会科学出版社 2017 年版）综合了其博士论文和国家课题成果，是国内外第一部系统研究朱子门人群体学术贡献的专著。周茶仙、胡荣明合著的《宋元明江西朱子后学群体研究》（江西人民出版社 2013 年版）采取区域社会史与思想史分析相结合的研究方法，从地域、家族、学术交游与社会变迁等方面系统研究了宋元明时期的江西朱子后学群体。冯会明教授著有《胡居仁与余干之学研究》（电子科技大学出版社 2014 年版）。该书研究了明代初期的重要朱子学者胡居仁的生平与思想。

2. 阳明学方面的专著

周建华教授的阳明学著作见上文。

方志远教授所撰《旷世大儒——王阳明传》（河北人民出版社 2000 年版，中国社会出版社 2009 年修订版）。方先生是明史专家，他对王阳明的生平经历进行了饶有趣味的叙述。毛静先生出版的《寻找王阳明》（江西高校出版社 2019 年版）是围绕王阳明人生轨迹而写的寻访札记，也是一部了解、研究王阳明文化的可读之作。李丕洋教授的阳明学研究成果丰硕，仅专著就有《追索真理和自由的境界：王阳明修道哲学概论》（内蒙古人民出版社 2011 年版），《罗汝芳哲学思想研究》（北京师范大学出版社 2014 年版），《明道淑人、化民成俗——陆王心学中的教育哲学研究》（人民出版社 2016 年版），《心学巨擘：王龙溪哲学思想研究》（中国社会科学出版社 2016 年版），《圣贤德业归方寸——杨慈湖思想研究》（中国社会科学出版社 2020 年版）等。

此外，阳明后学方面有徐春林教授的专著《生命的圆融：泰州学派生命哲学研究》（光明日报出版社 2010 年版）、李伏明教授的专著《江右王门学派研究——以吉安地区为中心》（江西人民出版社 2017 年版）、罗伽禄研究员的专著《一代思想大师罗汝芳》（江西高校出版社 2009 年版）等。

（二）相关研究机构、刊物及国家级研究课题

1. 研究机构

目前，以宋明理学为对象的研究机构有南昌大学的江右哲学研究中心、上饶师范学院的朱子学研究所、赣南师范大学的王阳明研究中心以及江西师范大学的宋明理学研究中心等。2016 年，江西成立江西省阳明学研究会。2017 年，江西成立江西省朱子文化研究会。

2. 学术刊物

相关学术刊物有南昌大学江右哲学研究中心主办的《赣文化研究》与上饶师范学院朱子学研究所主办的《朱子学刊》①等。

---

① 《朱子学刊》创刊于 1989 年，每年一辑，从 2019 年 7 月开始更名为《朱子学研究》，每年出版两辑。

3. 国家级课题

南昌大学杨柱才教授主持的2014年国家社科重大招标项目“朱子门人后学研究”是目前江西唯一一个中国哲学类的国家重大项目。该项目也逐渐成为江西朱子学研究的重要特色。有意思的是，这一研究方向早在20世纪80年代的江西朱子学研究中就被关注。20世纪80年代初，陈正夫先生参加宋明理学研讨会时发表过一篇梳理朱子门人后学的论文，即《朱熹思想的后继与分化》。后来，陈正夫先生又加入历代进步思想家对朱熹哲学的批判的内容，将该文更名为《朱熹哲学的后继、分化与历代进步思想家对朱熹哲学的批判》，纳入《朱熹评传》。[7]511-512

其他国家社科项目有近二十项。朱子学领域，徐公喜与邓庆平各主持两项，杨柱才、冯会明、许家星、周茶仙、赖文斌、田炳郁与张新国各主持一项。陆王心学领域，李丕洋主持了三项后期资助项目，彭树欣、李伏明各主持一项阳明后学研究项目。

此外，教育部项目亦有许家星、王小珍等人主持的多项涉及理学研究的课题。这些课题都直接以朱子学或阳明学为研究对象。

总体来看，江西的朱子学研究一度走在全国前列，目前正在进行的朱子门人后学研究也在全国朱子学研究领域具有不错的影响。此外，上饶师范学院朱子学研究所也做了不少朱子学文献整理方面的工作。该所主办三十多年的《朱子学刊》在学界有着广泛影响。江西的阳明学研究主要集中在江西阳明后学方面，在当前全国阳明学研究当中也有一席之地。在理学与社会治理、理学与家族、理学与民间讲会等方面，江西学者的研究也有一定的特色。

但是，如果对照上文提到的江西理学文化资源，目前江西的宋明理学文化研究主要集中在朱子学与阳明学两个领域，对陆九渊心学、元代江西理学和明代朱子学的研究还非常稀少，对江西理学与宗教、文学、民俗等其他文化类型之间的关系，江西理学文化与其他地域理学文化之间的互动与区别等方面也缺乏深入讨论。

三、对未来江西理学文化研究的几点思考

伴随着传承与弘扬中华优秀传统文化工程的进展，基于江西历史上丰富的理学文化资源，参照周边的地域文化研究，未来的江西理学文化研究大有可为。除了以上提及的一些具体选题有待加强之外，我们认为，推动江西理学文化研究应注意如下四个问题。有必要说明的是，这四个问题主要是针对江西本土研究者来说的。

首先，兼顾个体独立性与学术共同体意识。现代学术资讯日益发达，学术交流日渐便捷与频繁，学者的个体独立性得到越来越多的尊重，这是独特学术

成果产生的重要前提。但是目前江西学者内部的学术共同体意识相对缺乏，朱子学与阳明学研究者之间的对话很少，各自为战的现象较为普遍。这既不符合传统朱子学与阳明学同属理学的历史事实，也不利于我们合理规划研究重点、协同作战以提升全国影响力。

其次，兼顾地方意识与全国视野。江西理学文化本身具有地方性与全国影响，我们的地方历史文化研究要有乡土情怀，更要有全国视野。重视地方性，有助于揭示江西理学文化产生与发展的地域性原因，发现理学文化作为江西历史文化代表的特性；强调全国视野则意味着挖掘江西理学文化的普遍性和时代价值。此外，江西理学文化研究也需要江西地方学者与全国学者共同努力，尤其是江西学者必须加强与全国乃至全球学界的交流互动。当江西学者在江西理学文化研究的基础上逐渐成为当代江西地方历史文化研究的重要代表，并在全国理学文化学者群体中占据日益重要地位时，也就意味着江西理学文化研究步入了全国地方历史文化研究的先进行列。

再次，兼顾历史性与当代性。江西理学文化研究除了继续研究作为理学史和文化史研究的这一部分，还要注意这一研究的当代意义。江西理学文化研究活动，一方面是传统思想文化在当代的一种重要存在方式，另一方面也是当代文化建设的重要组成部分。这就要求我们的研究不能仅仅停留于旨在增进相关历史知识的专业学术思想史的讨论，而应注意当前社会与人心秩序重建的现实需要，以多种形式挖掘与展示传统理学文化的当代价值，实现优秀传统文化的创造性转化与创新性发展。

最后，兼顾思想性与文化性。就理学本身的存在形态来说，理学并不是一种纯粹的知识体系，它具有强烈的实践性，渗透于社会生活的方方面面，构成一种复杂的文化形态。作为一种文化形态，江西理学的产生，与江西独特的文化传统如隋唐时期的江西禅宗文化有着内在的关联。江西理学深刻影响着江西传统的地方治理、家族规范、民间习俗、文化教育与宗教传统。就理学文化的研究来说，兼顾思想性与文化性是其内在的必然要求。我们目前的研究主要集中在理学思想的层面，就理学思想对地方文化其他层面的渗透与影响还缺乏足够深入的关注，这一点是目前江西理学文化研究亟待突破的重要问题。十八大以后，在思想文化领域有两个系统工程非常重要，一是构建有中国特色的哲学社会科学体系，二是传承与弘扬中华优秀传统文化。前一个涉及思想理论的建构，后一个则涉及文化系统的建设。这就要求我们必须守住传统，强化研究特色与优势。比如，在朱子门人后学以及江右王门的研究方面持续产出更多成果；注意挖掘江西理学的独特文化形态，进一步明确江西地方历史文化的整体性特征与时代价值。江西理学文化研究只有兼顾这两方面的要求，才能在参与当前哲学思想体系建构的同时，成为当前文化建设的重要组成部分。

总的来说，在江西理学文化研究方面，我们当前的研究力量还比较零散，整体研究实力相对薄弱，有必要在更新视野的基础上，加强学界交流互动，整合研究力量，坚持特色与优势，力争产出更多标志性成果，在当代江西文化建设事业当中发挥更为重要、更为基础的作用。

参考文献：

[1] 陈来.《朱熹与江西理学》序[M]//朱子学刊：17.南昌：江西高校出版社，2007.
[2] 郑晓江.江右思想家研究[M].北京：中国社会科学出版社，2003.
[3] 程颢，程颐.二程集[M].北京：中华书局，2004.
[4] 杨柱才.道学宗主：周敦颐哲学思想研究[M].北京：人民出版社，2004.
[5] 邓庆平.朱子门人与朱子学[M].北京：中国社会科学出版社，2017.
[6] 黄宗羲.明儒学案[M].北京：中华书局，2008.
[7] 陈正夫.陈正夫自选集：第2集[M].厦门：鹭江出版社，2009.

（原载《河南教育学院学报(哲学社会科学版)》2021年第2期，
作者单位：江西师范大学马克思主义学院）

朱子学书评

《朱子家礼宋本汇校》与吾妻重二的《朱子家礼》研究

朱杰人

2012年，由吴震教授编译的日本著名学者吾妻重二的力著《朱熹〈家礼〉实证研究》在华东师范大学出版社出版。此书汇集了吾妻先生研究《朱子家礼》（以下简称《家礼》）的主要成果。全书由两部分组成：第一部"研究篇"，共七章。第一章《儒教仪礼研究的现状与课题》，第二章《江户时代儒教仪礼研究——以文献学考察为中心》，第三章《〈家礼〉的刊刻与版本——到〈性理大全〉为止》，第四章《宋代的家庙与祖先祭祀》，第五章《木主考——到朱子学为止》，第六章《近世儒教祭祀礼仪木主、牌位——朱熹〈家礼〉的一个侧面》，第七章《深衣考——关于近世中国、朝鲜及日本的儒服问题》。第二部"文献篇"：第八章《宋版〈家礼〉校勘本》。

吾妻先生在中文版序中说："事实上，《家礼》一书作为'冠昏丧祭'之仪礼的实施手册，自宋代以降便产生了巨大的影响。然而，对于《家礼》所具有的这层意义，在此之前并没有受到充分的关注。"①很遗憾，吾妻先生的话不幸而言中：此书出版以后，也并未受到中国读者们的"充分关注"。2020年9月，上海古籍出版社将《朱熹〈家礼〉实证研究》中的第二部抽出，略加修订，以《朱子家礼宋本汇校》的书名再次出版。在全书《小序》中作者再次发出这样的感叹："《家礼》一书是宋代朱熹（1130—1200）所撰，是'冠昏丧祭'礼仪的实施手册，在日后产生了巨大的影响。随着朱子学的广泛渗透，《家礼》也成为人们所熟知的书，很多人都按着《家礼》所述进行了儒教的日常礼仪。然而，《家礼》的这种意义，在过去并没有受到充分的关注。"②又是一个"没有受到充分的关注"。

近年来，国内学界研究儒家的礼制，渐呈热态。但是对《家礼》的研究依然关注度不够。以笔者愚见，到目前为止，国内还没能出现一部如吾妻先生这样对《家礼》全方位研究的力著。《家礼》的研究，确实"没有受到充分的关注"。我想，吾妻先生的话并不是对国内学界的批评，作为一个具有全球视野的学者，他的断语其实是对清以后整个朱子学界（全球）现状的一个客观描述。这一现象的出现当然有它的各种客观原因，可以理解。但是今天在中国儒学复兴与提升

① 吾妻重二著，吴震编：《朱熹〈家礼〉实证研究》，吴震、郭海良等译，上海：华东师范大学出版社，2012年，第1页。下引该书仅随文夹注页码。

② 吾妻重二汇校：《朱子家礼宋本汇校》，上海：上海古籍出版社，2020年，第1页。

民族文化自信的大环境中，再漠视《家礼》对中国人生活方式的巨大影响力，恐怕就说不过去了。他山之石，可以攻玉。鉴于此，笔者不揣愚陋，借吾妻先生《朱子家礼宋本汇校》出版之际，对他的《家礼》研究做一个粗略的介绍。

一、关于理论研究

吴震教授在为《朱熹〈家礼〉实证研究》所写的《编后记》中指出："此书具有重要的问题意识……朱熹《家礼》的出现，标志着儒教仪礼由思想落实到生活，由经典转化为常识……由此《家礼》构成了包括中国、朝鲜、日本等地在内的近世东亚传统文化的要素之一。"他认为，吾妻的研究"对于我们深入了解宋代以来近世中国的礼仪思想及其行为方式将有莫大之助益"（第 418 页）。

吾妻的《家礼》研究是从研究儒教礼仪的现状和问题开始的。在探讨儒教[①]与中国古代礼仪关系的问题上，他指出："西周以降，在与孔子无任何关联的情况下，由国家和贵族所积累的与礼仪相关的文献及口述，自春秋后期至战国时代，主要经孔子后学的儒家之手而得到整理、改编并流传后世。由于其他的相关古文献存世不多而汉代儒教又成了国家教学体系等因素，使得自此之后儒教仪礼构成了中国传统仪礼的核心。"（第 4—5 页）接着他又说："中国仪礼的特色之一是其持续性。"他用"五服"制度为例，说明这一制度自产生以后便一直持续，"直至清末，即 20 世纪初基本上被原封不动地继承下来"（第 5 页）。他指出了中国儒家仪礼的产生时代及原因，并揭示了这一礼制是一个持续不断地从未被打断过的历史事实。在讨论儒家仪礼及其意义的时候，他把儒家的仪礼与一般意义上的仪礼加以区别，他强调，中国儒家的仪礼并不是在非日常的空间及时间所举行的仪式，而是一种深入人们日常生活方方面面的礼。他指出，儒教仪礼的另一个特点是可以使人文雅，他说"仪礼就是要避免野蛮粗鲁的行为而表现出文雅高尚的行为方式"，"进而，由对仪礼是文雅之形式的理解，产生了仪礼才是象征文明的主张"（第 6—7 页）。这是对中国"文明"论的一种新诠释，这一诠释使礼获得了现代意识。

吾妻对《家礼》的理论研究，特别重视对《家礼》历史意义的阐发。他认为，《家礼》并非以王侯、贵族为对象，而是以士人及庶人为对象。关于《家礼》是对"礼不下庶人"的一种颠覆，自《家礼》出，礼开始下移到平民草根的观点，前人、今人已多有论述。吾妻认为，在"礼不下庶人"的时代，"普通士人和庶民被置于极受歧视的境地"，所以，以士人和庶人为对象的《家礼》在中国仪礼的发展史上具有划时代的意义。他认为，"《家礼》是作为有'官封'的士人和无'官封'的庶人双方均能实行的仪礼书而被构思的"（第 11—12 页）。他把这称作"仪礼的开

---

① 日本学界习惯称中国的儒学为"儒教"。为行文方便，本文有时也会以儒教为儒学。

放”,认为《家礼》之所以能在东亚广泛传播,正是由于此种“任何人都可实行的开放性特点的缘故”。同时他还为《家礼》找到了理学的理论依据:“这种作为‘士庶通用’之礼的《家礼》的出现,在思想上与朱熹的人生观有关。正如‘圣人可学而至’的口号所示,朱子学不是依据家庭和阶级等‘出身’而是依据‘学问’向人们展示潜能。”(第 12 页)这一论述,令人耳目一新——这是否意味着如西方所谓“文艺复兴”“宗教革命”所倡导的“人生而平等”的观念已经在朱子的学说中出现,而且早了西方几百年?

吾妻认为,研究东亚地域的文化不能忽视儒教所起的作用,更不能无视儒教“仪礼”的作用。吾妻对“仪礼”的定义有两个重要内涵:1. 情感的秩序化;2. 情感的外化。这是儒家仪礼的一种现代阐释,它揭示了儒家仪礼的哲学性和形而上学性。他接着指出:但是,仪礼历来是被作为“形而下的行为展示(performance)而被排除在形而上=哲学的思辨范畴之外”的。而这样做的结果是“对整个儒教史的全貌仍未充分阐明”(第 54 页)。这也呼应了本文开头时所引用的他的话:对《家礼》的研究“没有受到充分的关注”。这确实是一个值得关注的理论问题:儒学思想的研究、哲学的研究,如何来关注形而下的“秩序”的研究、行为的研究、方式、方法的研究?对儒学的研究如何使形上和形下的贯穿和融通成为可能?

二、关于实证研究

吴震教授在他的《编后记》中对所谓“实证研究”有一个定义:“实证研究是以揭示历史原貌、逼近历史真相为职志的史学研究工作者的重要方法之一。”(第 416 页)笔者借用这一名词,并把它的外延扩大:吾妻教授的实证研究是如何揭示《家礼》在中国及东亚传播和发展的。

(一)关于中国。吾妻特别重视元代黄瑞节的《朱子成书》(笔者按:此书收录了《家礼》)及明代丘濬的《文公家礼仪节》。他认为这两部书使《家礼》以国家威信为背景而在各个阶层得到广泛流传。前者的重要性在于它提供了一个权威的文本,而后者的成功在于它对《家礼》进行了合乎明代社会状况的改编(第 17 页)。

(二)关于朝鲜。吾妻认为,“在朝鲜,《家礼》具有足以使其文化发生巨大改变的影响力”。他指出,《家礼》传入朝鲜是在元末明初,即高丽王朝末期。从此,《家礼》就成为知识阶层极其重要的仪礼规范,中宗以后(16 世纪初)开始在民间积极推行。他指出,即使在现代的韩国,《家礼》依然在人们的生活中保持着活力,甚至“家庙”还在被广泛建造(第 17—19 页)。

(三)关于越南。吾妻认为,儒学对越南的渗透始于黎朝仁宗完善科举制度以后(15 世纪前半期)。圣宗时代向中国明朝学习,旨在建设以朱子学为理

想的儒教国家。《家礼》在此时开始受到关注，圣宗时代的婚礼及服丧已经依据《家礼》进行（第19页）。

（四）关于日本。吾妻认为，《家礼》传入日本的时代应该是室町时代中期（15世纪）。他不认可牧野巽关于"家礼对日本的影响则几乎完全没有触及实际生活"（第20页）的观点，他写了一系列论文，研究《家礼》在江户时期在知识分子中被关注并加以实践的事实（第52页）。他指出，日本"佛坛中牌位的制作是以《家礼》为根据的"（第22页），这种牌位已经普及到家家户户，这说明日本社会祭祀祖先习俗是受到《家礼》的影响。他认为，近代日本的祖先观念是在儒教及《家礼》的影响下得以形成或得以强化的。吾妻认为，《家礼》还具有宗族结合的功能，这在近世中国凝聚宗族方面发挥了很大的作用。

吾妻的实证研究注意了《家礼》在实施过程中的一系列细节问题。比如，关于家庙与祖先祭祀、关于祖先祭祀的设施、关于墓祭及其演变、关于家庙（祠堂）的设施、关于祭祀的范围（应祭祀几代祖先）等，他都做出了详实的考察。再比如，关于木主的形制与演变，关于木主与牌位的关系及在世界各地的表现形式等。又比如，关于深衣与儒服的关系及其演变等。对这些问题的研究，立体地全方位地呈现了《家礼》及儒家仪礼的历史面貌及演化过程，具有很高的史料和研究价值。此外，他对于"礼"与"理"、关于"原则主义"和东亚地区"生死观"等的理论探讨也具有独特的理论建树（详见后文）。

三、关于考证

吾妻关于《家礼》研究的另一大贡献是其考证的细密与严谨。

吾妻的《家礼》研究大量运用了传统的考据方法，运用娴熟、得心应手，令人叹服。

（一）关于文本与文献的考证

对于《家礼》刊刻与版本的考证，是本书的一个重点也是凸显功力的部分。

作者首先考察了《家礼》的稿本，他认为这些稿本在朱子生前即已有流传，而有文献记载可以确认的有《祭仪》与《时祭仪》两种。朱子逝世后，在他的葬礼上出现的《家礼》则是第三个稿本。这一论述，在时间上把朱子《家礼》的刊刻研究提前了，有利于厘清《家礼》的成书过程。而《家礼》的首次刊刻，他认为是廖德明刊刻于广州的所谓"五羊本"。根据他的考证，把刊刻时间定于嘉定四年（1211）。其后5年，对"五羊本"进行校订的"余杭本"出版，刊刻者为时任余杭知县的赵师恕。经过比勘，吾妻认为"现行的《家礼》文本除了一部分内容源自余杭本之外，大体上蹈袭了五羊本"（第79页）。

作者又进一步考察了《家礼》的注本。一般而言，学界已知第一个为《家礼》作注的是杨复。但是杨复的附注本何时出版，却一直没有定论。吾妻对此进行

考证,他发现了方大琮的一篇佚文《家礼附注后序》,由此推断出杨复附注本"约于1231年前后被刊刻出版"(第81页)。除杨复附注本外,还有两种重要的注本,一为周复的注本,一为刘垓孙增注《纂图集注文公家礼》本。作者也对这两本书的版本沿革情况做了考辨,并厘清了此后出现的若干《家礼》刊本的版本系统。关于《纂图集注文公家礼》版本时代问题,历来有不同见解。吾妻经过考证,认为"从内容来看,断定其为宋版,应当是正确的"(第85页)。他的依据恰恰就是该书行文所出现的几处关于宋代内容的记载。

关于元明时期的《家礼》的刊本,他在考辨各本的版本源流的同时,还对各种版本流布和影响力的状况做了分析。他认为,明代黄瑞节的《朱子成书》本《家礼》是一个重要的版本,他不仅使家礼图得以传布,又由于作为国家礼典的《大明集礼》引用了《家礼》及其附图,永乐年间胡广等人编纂的《性理大全》又将《家礼》收入其中,《家礼》被作为官方认定的文本和礼式被确定了下来,由此,《家礼》的传播和应用得到了极大的发展。

借由对《家礼》一书的发生发展的系统考证,作者对王懋竑的"伪作"说的主要观点做了逐一批驳。作者认为,王懋竑失误的一个重要的原因是没有对陈淳、黄榦、方大琮等人的序跋予以关注。

(二)关于木主的考证

木主,即木制的神位,上书死者姓名以供祭祀,也称为"牌位"。吾妻说:"在中国的祖先祭祀,木主作为祖先灵魂所依附之对象而受到重视。"(第159页)在日本,它被称为"位牌"。但是,未涉及其形制的描述。事实上,不同的历史时期,木主的形制都会有不同的变化。吾妻对此进行了详细的考证。他的考证,从木主的材质到形状、尺寸及其历史的演变,直至木主在东亚社会(韩国、日本、琉球)的运用与流变,都做出了详实的、有数据支撑和有文献依据的、有些是有实物为证的叙述。木主作为整个祭祀场景中一个非常具体的用具,在庞大而纷繁复杂的祭祀叙事中并不受重视,所以关于木主的相关研究也不多见。吾妻的研究应该是关于木主研究最系统、最全面、最详实的一次梳理。

但是,吾妻的研究并未到此为止。他说:"《家礼》对中国以及东亚世界的影响绝不亚于《四书集注》,只是有关这种影响的具体状况至今尚有诸多不明之处。本文所要讨论的木主,就是与祭祀祖先这一仪礼有关的一种祭器。通过对木主的探讨,将有助于我们深化理解朱子学中仪礼思想的特色及其在东亚世界中所发挥过的历史作用。"他认为,在朱子的理论体系中"礼"就是"理"本身:"在朱子看来,礼与理是紧密结合、不可分割的",是"无比重要的"(第177页)。同时,他又认为朱子将"礼"与"体"用概念相对应,并将其归为"体"的范畴。他指出,朱子所谓的"礼"就是指人类理应遵循的行为准则,是"理"之所系的本质所在。但是"礼"又不是固定不变的,所谓"礼,时为大"。因此,当时之礼只能是"以古礼减杀,从今世俗之礼"。他认为《家礼》正是在这样的思想指导下编撰出来的。他把这称作不同于“复古主义”和“原理主义”的“原则主义”。

有趣的是，如此重要的理论创见，是由木主引发的。他考察了从程颐到朱子如何一步步把木主从天子、诸侯、高官显贵的特权中解放出来，主张士大夫都应该有家庙并供奉木主，以至一般士人及庶民阶层如何以“牌子”取代木主。所谓“牌子”就是后世所称的“牌位”，这一习俗一直沿用至今。这里我们看到了“原则主义”的活现。

吾妻认为，《家礼》中的木主影响到佛教，并被佛教所接受。而禅宗的牌位又影响到了日本。随着朱子学影响力的扩大，木主在冲绳及韩国也被普遍接受。他指出，木主的问题实质是中国民间“招魂再生”观念的体现。他说“儒家主张供奉木主，而程颐和朱熹设计出了适合于普通人使用的木主样式。此后，这种木主就在东亚世界得以推广”，“由此可见，在近世东亚世界祭祀祖先这一礼制的发展史上，《家礼》中所倡导的木主（牌位）具有划时代的意义”（第199页）。

四、关于《朱子家礼宋本汇校》

如前文所述，《朱子家礼宋本汇校》原收录在《朱熹〈家礼〉实证研究》一书的“文献篇”中。吴震教授有感于这一汇校本具有极高的学术价值，说服吾妻教授把它从《朱熹〈家礼〉实证研究》中抽出单独成书。吾妻同意了他的建议，并把全书又做了一次校改，交由上海古籍出版社正式出版。

所谓“《家礼》宋本”，是指本书所采用的底本为南宋周复本。此本现藏国家图书馆。其实，这已经是一部抄配而成的宋本，卷一至卷三是据清影宋抄本而补全。但是，这确实是一部存世最早的《家礼》刻本了。

据吕振宇考订，《家礼》一书的手稿大约在淳熙三年（1176）失窃于衢州石岩寺。[①] 直到庆元六年（1200）朱子葬日才由一士子携抄本来归。陈淳也许是最早见到这一抄本的人之一，他在《代陈宪跋〈家礼〉》一文中说，嘉定辛未（1211）他在朱在家里见到这一抄本。这说明，失而复得的这个本子掌握在朱在的手中，而后陆陆续续出现的《家礼》刻本应该均由此本而出。

前文已经对吾妻考订《家礼》版本的情况做了介绍，在考证的基础上，他做出了一个《家礼》版本系统的源流图表。这个图表清晰地展示了《家礼》从稿本到刻本再到注本的演进过程。从这张图我们可以看到，陈淳为之作跋的廖德明广州刻本（又称五羊本）实为所有刻本之祖。而杨复附注本则为所有注本之祖。周复本，则是直接来源于杨复本。这是唯一的一本现存最早的、最接近于版本源头的宋本，吾妻选择它做底本，虽有不得已之憾，但其版本之可靠确为不二

① 吕振宇：《〈家礼〉源流编年辑考》，博士学位论文，上海：华东师范大学，2013年，第12页。

之选。

吾妻选用的校本凡九种。

其一为洪氏公善堂复宋刊本。据吕振宇目验上海图书馆所藏洪氏公善堂刻本《家礼》五卷,《附录》一卷。内封前作“宋本家礼”,后作“光绪六年冬/公善堂校刊”。版式、行格、刻工俱仿宋本,唯字体、板框稍参差(框高二一九毫米,宽一六三毫米),且避清讳“宁”字(缺末笔)。[①] 吾妻认为这是一本“非常忠实的宋版的翻刻本”(第 83 页)。当为确论。

其二、三均为《纂图集注文公家礼》。其二为东京大学东洋文化研究所藏本,其三为中国国家图书馆藏本。前文已述,吾妻认为这两个版本都应该是南宋刻本。但他并未指出这两个版本是否属同一版次,其间是否有不同。

其四为《朱子成书》所收《家礼》。此书为元人黄瑞节所编。吾妻所据为台北故宫博物院藏本,国家图书馆亦有收藏。比勘吾妻所著录版本信息,可知两地所藏乃同一版本。但吾妻曰,台北本附图 19 页在《家礼》正文之后,检国图本,附图则在正文之前。这应该是图书在装订过程中出现的疏忽,不影响全书的内容及阅读。值得注意的是《朱子成书》本《家礼》附图之第一图《家庙之图》,右首标题曰“纂图集注文公家礼”。这是一个重要的信息,它说明,黄瑞节的《家礼》是从杨复本改编而来。另外,《朱子成书》本《家礼》出现了 28 幅之多的图,足足比《纂图集注》本多出 10 幅。这些图从何而来?吾妻认为,“《家礼》28 幅图是在利用既有的相关图例的基础上,最终由黄瑞节整理定型的”(第 90 页)。也就是说,这些图是黄瑞节根据相关礼书的记载编制而成。吾妻评论曰:“家礼图之所以能够成为现在的形式,完全是黄瑞节整理的结果。”他指出了家礼图的重要源头。

其五为《性理大全》本所收《家礼》。此书为明永乐十三年(1415)胡广等人奉旨编纂。吕振宇曰:“《性理大全・家礼》以《朱子成书》本《家礼》为骨,罄载宋元诸家注解、图式,为集大成之作。”[②]吾妻认为,《性理大全》本《家礼》的出现,“意味着《家礼》作为官方认定的文本正式登场”。这具有划时代的意义,从此《家礼》成为官方颁布的礼典,它对《家礼》的传布至关重要。

其六为上海图书馆藏明版《家礼》。此本之所以被吾妻看中,是因为这是宋版周复本的翻刻。他认为“除了没有刻工名之外,本书与宋版周复本基本相同”(第 92 页)。

其七为文渊阁四库全书本《家礼》。

其八为郭嵩焘《校订朱子家礼》本。吾妻认为此书的价值在于其中所附的注释部分。

---

① 吕振宇:《〈家礼〉源流编年辑考》,第 332 页。按:吾妻似未见上图所藏。

② 吕振宇:《〈家礼〉源流编年辑考》,第 71 页。

其九为日本宽政四年(1792)和刻《家礼》本。

从吾妻所选对校本可以看出,他基本把历代《家礼》主要的刻本和不同版本系统的版本都网罗殆尽。经过对校,他基本摸清了《家礼》的两套版本系统。一为周复五卷本的系统:含宋版、公善堂本、明本、四库本、郭嵩焘本。一为《性理大全》本系统:含《纂图集注》本、《朱子成书》本、《性理大全》本、和刻本。应该说他的分析和归纳是符合现存《家礼》刻本的实际的。从全书的版本对校可以发现,这两种不同的版本系统之间存在着明显的文字上的差异性。这再一次说明,明代出现的《朱子成书》本和《性理大全》本,是两个很重要的版本,它的重要性在于:1. 这是两个经过重新整理的本子,其整理的目的,一种可能是为了尽量向杨复本靠拢,另一种可能则是注入了整理者的意志,作为官方颁布的经典,这是完全可能的。2.《朱子成书》本和《性理大全》本的出现几乎垄断了明代以后各种《家礼》刻本的走向,并影响到朝鲜和日本的《家礼》刊刻和传布。

《家礼》宋本的汇校采用了传统的版本对校。古人说:"书不校勘,不如不读。"中国传统的学术非常重视古籍的校勘,认为这是读书、做学问的第一要务。近人胡朴安著《古书校读法》辟专章论"底本互勘"曰:"何谓底本?底本者,即书之版本也(笔者按:这里说的底本,与整理古籍所用之底本含义不同)。段氏玉裁云:'校书有二难:一底本之是非,一立说之是非。必先定其底本之是非,而后可断其立说之是非。'据段氏此言,则底本之校雠,实为重要之事……书不校雠,所读之书即非真书。书既不真,焉能定其立说之是非乎?所以底本互勘,为校书者最重要之事。段氏之言,不易之理也。"[①]所谓"底本互勘"就是今言"版本互勘"。底本互勘的目的,是为了求得一本"真书"。此事对《家礼》而言尤为重要。《家礼》早年失窃,失窃的应该是手稿本。朱子去世以后此书出现,但出现的是抄本。这件有点蹊跷的事情一则为后来否定《家礼》为朱子所著的人提供了口实,同时也为文本的准确性(所谓"真")提供了想象和研究的空间。如果说,一般的古籍底本互勘是常规的需要的话,那么《家礼》的互勘就是特别的需要。《朱子全书》整理出版时,对《家礼》做了版本对校,但是由于当时的条件所限,无法做到应校尽校。想不到一个外国人帮我们弥补了这一缺憾。

"底本互勘"的一个硬条件是"必须备有众本"。[②] 而吾妻的一大贡献恰在于他能"备足众本"。本节花费很多篇幅条列吾妻所用校本,就是为了展示他在版本收罗与鉴别、裁制上所做的努力。可以肯定,经此一校,《家礼》可称"完本"了。

古人校书又有"活校"与"死校"之说。叶德辉《藏书十约》曰:"今试言其法:曰,死校;曰,活校。死校者,据此本一校彼本,一行几字,钩乙如其书。一点一

① 胡朴安:《古书校读法》,南京:江苏古籍出版社,1985年,第53—54页。

② 胡朴安:《古书校读法》,第53—54页。

画，照录而不改。虽有误字，必存原文。顾千里广圻、黄荛圃丕烈所刻之书是也。活校者，以群书所引，改其误字，补其阙文。又或错举他刻，择善而从，别为丛书，版归一式。卢抱经文弨、孙渊如星衍所刻之书是也。斯二者，非国朝校勘家刻书之秘传，实两汉经师解经之家法。”①对死活两种方法后人多有评骘，或以为机械而不负责任，或以为专擅而妄改古书。折中者则以为校书应死活兼用。被誉为“新的中国校勘学的最大成功”者的陈垣在《元典章校补释例》中总结自己的校书法有四：一为对校法，二为本校法，三为他校法，四为理校法。但是他最看重的却是对校法。他说：“一为对校法。即以同书之祖本或别本对读。遇不同之处，则注于其旁……此法最简便，最稳当，纯属机械法。其主旨在校异同，不校是非，故其短处在不负责任，虽祖本或别本有讹，亦照式录之。而其长处则在不参己见，得此校本，可知祖本或别本之本来面目。故凡校一书，必须先用对校法，然后再用其他校法。”②陈垣此说，其实告诉了我们一个很重要的原则：校书采用何种方法，关键是校书的主旨何在。校书的目的不同，则采用的校法就应该不同。另外，古书的版本情况千差万别，所校之书的版本性质、流传方式等情况不同，则校法亦应不同。以《家礼》为例，其祖本唯一，即朱在所持抄本。最早的刻本唯一，即五羊本。由五羊本而有宋杨复附注本。由杨复本又有宋周复本和元《纂图集注》本、明《朱子成书》本、《性理大全》本。但宋以前诸本除周复本外均已不传。故周复本无论是从版本的传递路线还是刊刻时代都可视为最可靠之版本。《纂图集注》诸本虽由杨复本派生，但时代较晚，且经改编，可靠性已经衰减。又，吾妻之校《家礼》，目的乃在于提供一个最接近祖本的《家礼》定本。故以周复本为主，以杨复本之衍生本为参校，是一个最佳方案。因是之故，《家礼》的校勘只能走版本对校一途——也即决不能轻易改字。吾妻校勘《凡例》曰：“首先示以底本即宋版正文，继而在页末注明各本的文字差异。即便显是误字，亦不避繁冗予以注明。”（第 246 页）善哉！此乃对校法之谨严也。经此一校，《家礼》可称“定本”矣。

五、结　　语

吾妻的《家礼》研究，第一次把《家礼》提高到与《四书集注》并重的学术与社会地位，他的结论有东亚社会的“实证”为依据，可谓振聋发聩。他的研究以考据立论，考辨细密、援据详实，可谓实事求是。在实证与考据的背后是他的理论创新，可谓高屋建瓴。最难能可贵的是他的《家礼》汇校，此本一出，《家礼》的最善本横空出世，天下学人裨以得益。

---

① 叶德辉：《藏书十约》，上海：古典文学出版社，1957 年，第 50—51 页。

② 陈垣：《元典章校补释例》卷六，北平：国立中央研究院历史语言研究所，1934 年，第 85 页 a。

论及吾妻的《家礼》研究，还不能不提到他的另一部著作——《家礼文献集成》。此书以文献集成为宗旨，凡与《家礼》有关的历代礼制文献均在其收罗之列，仅“日本篇”即已出版八大册。皇皇巨著，令人生畏。据说，他的计划是把东亚各国的《家礼》文献集而大成。不难想象，这是一个多么浩大的文化工程。笔者钦佩于他的雄心，更期待着他的新作能早日问世。

当然，学术研究终究是一件不可能十全十美的事业。笔者一直想不明白，为什么一本非常重要的《家礼》著作，明代丘濬的《家礼仪节》没有进入他的对校书目。丘濬一书自问世以来，历代翻刻，可以说是最著名也是被翻刻得最多的一本《家礼》注释本。当然，丘濬的注本重点在“仪节”，所以他对原作做了较大的删节。但是不管怎么说，这是一本研究《家礼》不可绕开的书。我想，以吾妻的精明，他不可能故意忽视此书，也许他另有安排吧。

（原载《国际儒学》2021年第2期，
作者单位：华东师范大学古籍研究所）

读经典遇圣贤文化

——《宋明理学》典藏版

王丽娟

《宋明理学》是当代著名哲学家、清华大学国学研究院院长、清华大学哲学系教授陈来先生的经典作品。这本书原为“国学丛书”首批十种之一,1990年,作者应张岱年先生之邀而撰写。第一版出版于1991年12月,后继印行了若干次。此书是全面了解宋明理学的必备读物,叙述简明,出版后深受读者喜爱,并获得社会广泛好评,30年畅销不衰,成为版版断货的优秀好书。2020年4月,经过全新校订,《宋明理学》典藏版由北京大学出版社精心策划重印出版,典藏版优选雅致纸印刷,古朴典雅简洁大方的精装型装帧方式,突显国学风范。

理学发展的关键枢纽点。《宋明理学》一书以周敦颐、张载、程颢、朱熹、陆九渊、王守仁、王畿等25位理学思想家为主,叙述了宋明理学的产生、发展和演变,以求展示出宋明理学的基本人物、学术派别、概念命题和理论特色,着力揭示宋明理学发展的固有脉络和内在讨论。作者视理学为一股前后相继又相互激发的思潮,对于理学发展的关键枢纽点,对于颇具特色的知识点等,着重拈出。

中华文明历史悠久,从先秦子学、两汉经学、魏晋玄学,到隋唐佛学、儒释道合流、宋明理学,经历了数个学术思想繁荣时期。宋明理学,即为两宋至明代的儒学。宋明时期儒学的发展既是儒、释、道三教长期争论和融合的结果,也是先秦两汉历史时期所形成的传统思想在新的历史条件下不断体系化、完善化的过程。由于宋明理学是在时间上最接近近代的传统,所以有关儒家思想与现代性的讨论,多以宋明理学为主要素材,文化研究视野的扩大也促进了宋明理学的研究。宋明理学的历史,亦是一部经典解释史,其中的问题都是来自《周易》等元典,这是与一般所谓经学和经学史研究不同的一种新的研究。在《宋明理学》一书中,陈来教授对宋明理学的发展脉络及名称有详细的阐释:宋明理学,有人又称为宋明道学。道学之名虽早出于理学之名,但道学的范围比理学要相对小。北宋的理学当时即称为道学,而南宋时理学的分化,使得道学之称只适用于南宋理学中的一派。至明代,道学的名称就用得少了。所以,道学是理学起源时期的名称,不足以囊括理学的全部。今天我们称之为理学的是指宋明(包括元及清)时代占主导地位的学术体系,主要有两大派,一派是宋代占统治地位的道学,其中以洛学为主干,至南宋发展到高峰,在明代仍有很大影响及正统地位，主要以二程朱熹为代表的程朱派，以“理”为最高范畴，用“理学”指称他们的思想体系；另一派是在宋代产生而在明中期后占主导地位的以“心”为最高范畴的思想体系，代表人物为陆九渊、王守仁。所以，广义的理学包括道学与心学。宋明理学的学术思想体系虽发展、流行于宋代与明代，但它的一些基本倾向在唐代中期已有所表现。

《宋明理学》最后一章写的是韩国理学家李退溪，作者认为，“理学”不仅是中国的思想，也是韩国、日本的思想，要把在理学思想上做出的贡献都展示出来，这样才能把理学体系所有的逻辑环节和思想发展的可能性尽可能地揭示出来。

着重拈出特色的知识点。本书梳理了二十几位思想家的基本观点，以导论的方式，将每位思想家的思想体系用大纲的形式展开，脉络清晰，并配以简单的解读。

与《宋明理学》一书而相遇，犹如与思想家进行面对面的交流，从而窥见更多的真理。就如王阳明《传习录》记载：“你未看此花时，此花与汝同归于寂；你来看此花时，则此花颜色一时明白起来。”

深入浅出，适用广泛。《宋明理学》由专门从事宋明理学研究的学者陈来教授撰写，深入浅出，内容全面、脉络梳理精准，适用于大学本科生和研究生作为学习宋明理学的入门读物进行研读，也适用于学界的研究者及普通读者，此书出版后，被选做北京大学“宋明理学”课程、香港公开大学的“中国宋元明哲学史”课程、美国大学课程等多所大学专业课程的教材。

（原载《新阅读》2021 年第 8 期，
作者单位：北京大学出版社）

儒家经典体系的转化与创新

——评《宋代〈四书〉学与理学》

刘文鹏　殷　慧

在中国学术思想史上,宋代是继先秦之后的又一高峰时期。宋儒在思想上抵御佛老,重建儒家伦理;在政治上以天下为己任,拯救社会危机。他们通过吸收外来思想,开发先秦儒学资源,纷纷创立学术体系,一时间"学统四起",并最终形成以理学为主体的宋代义理之学。《论语》《孟子》《大学》《中庸》渐为宋儒所重,"四书"学术形态,经历了从先秦之子学、汉唐之传记,再到具有鲜明理学色彩的《四书》的演变过程。朱熹《四书章句集注》的结集,标志着《四书》学的形成。

由朱汉民、肖永明两位教授合著的《宋代〈四书〉学与理学》①,立足于宋代理学与《四书》学两大体系,通过思想史与学术史相结合的方式,探讨两者内在联系,"一方面,注意思想观念得以形成、构建、拓展的学术依托、知识背景与表达工具;另一方面,注意分析学术传承发展背后的思想动力,努力把握学术活动的思想史内涵。"(第 11 页)也就是说,将理学与《四书》学相结合,认为二者存在某种一致性与关联性:宋代理学家通过对《四书》经典内容的解释发挥,以阐发、完善其理学思想;同时《四书》经典文本又在理学家的注释、诠释下完整化、体系化,最终形成《四书》学,焕发出新的思想生命。该书力求整合二者,理学旨意与《四书》学建构并重,不仅从理学家对《四书》的诠释过程中梳理出理学体系的成熟轨迹,并且着意"从理学发展的视域来撰写一部通贯的宋代《四书》学史"(第 462 页),这样不仅能够避免将理学看成单一的纯粹思辨化思想样态,也能提防《四书》学流于单纯的考辨训诂的文献之学,从而在历史的动态演进中把握宋代理学、《四书》学各自要旨以及两者之间的关系。

一、以经学视域探讨理学形成

《宋代〈四书〉学与理学》一书酝思于世纪之交,时值传统儒学复兴、多元观点萌生之际,该书成稿历经数年,不仅反映出作者对当时学术新动态的敏锐,同

---

① 朱汉民、肖永明:《宋代〈四书〉学与理学》,北京:中华书局,2009 年初版,2021 年修订。下文仅随文夹注页码。

时书中观点又深刻反映出朱汉民、肖永明两位教授建构理学新思路、扩展理学新视域的努力。彼时学界或倾向将理学置于概念、范畴上以谈其特征，又或着意于将理学置于纯粹的学术演进脉络上以谈其演变[①]，虽取得极为重要的研究成果，但上述两种研究路径在研究方法上却往往先将理学家著作中的词句按照诸"范畴"或诸"理论"（如天理论、心性论等）的设定分别摘出并归类，然后再对这些词句加以分析、论述，而忽视了理学与经学的内在联系。冯友兰先生在两卷本《中国哲学史》中，将中国哲学史分为两期，又对二者关系加以界定："自孔子至淮南王为子学时代，自董仲舒至康有为为经学时代。在经学时代中，诸哲学家无论有无新见，皆须依傍古代即子学时代哲学家之名，大部分依傍经学之名，以发布其所见。"[②]也就是说，自汉以降两千多年，思想家往往通过训解、阐释儒家经典，并结合社会发展之需求，提出新见解，创造新思想。可见，宋代理学之产生、发展、成熟离不开理学家们对儒家经典的选择、发挥、诠释，故理学与经学存在某种内在一致性。而该书便是立足于前辈学人研究成果的基础上，在借鉴西方学术思想资源的同时，将理学置于中国传统经学视野，尤其是通过把握理学与《四书》学之间的互动，以探讨理学与《四书》学形成、发展、完成的双重流变。

中国传统经学形式、样态经唐至宋，实为一重大转折时期，即所谓由"汉学"转至"宋学"。两者在解经方式上存在重大差别，汉学专注于训诂考证，宋学则更为重视通过义理阐发经学思想。而造成汉、宋学术转向大致有内外两因：于内，经学发展到唐代，儒者解经特重训诂考订，至宋初，唐代学以"疏不破注"为主要原则的解经方式已显颓势，学者着意文词语义，莫能对经典的思想实质深加挖掘，从而导致学术僵化，思想不前；于外，佛老冲击彼时强盛，并且在心性领域中掌握话语权，儒家莫能与之抗衡。正是在此背景下，儒家群体开始重新诠释传统经学思想资源，以求从原始经典中寻求能够正面抗衡佛老并重振儒门学理的"性与天道"之论。于是学者开始以义解经，以发挥《五经》（或称《六经》或"六艺"，为方便表述，本文均用"五经"之说）之中的性命之学，但又因《五经》文字晦涩、内容繁多，且心性资源相对分散，故而使其外的《论语》《孟子》《大学》

---

① 以概念、范畴为轴线，探讨中国哲学之演进，此研究进路以张岱年先生为代表。张氏特重范畴与概念，其著《中国哲学大纲》《中国古典哲学概念范畴要论》等，皆以范畴、概念形式，将中国哲学加以整合。参见张岱年：《中国哲学大纲》，《张岱年全集》第1卷，石家庄：河北人民出版社，1996年；张岱年：《中国古典哲学概念范畴要论》，《张岱年全集》第4卷。而专以范畴论讲宋明理学之演进则可参见蒙培元：《理学范畴系统》，北京：人民出版社，1989年；陈荣捷：《宋明理学之概念与历史》，台北："中央研究院"中国文哲研究所，1996年。而将宋明理学的发展看作抽象化逻辑演进的著作较多，参见侯外庐、邱汉生、张岂之主编：《宋明理学史》，北京：人民出版社，1984年；张立文：《宋明理学研究》，北京：中国人民大学出版社，1985年；陈来：《宋明理学》，沈阳：辽宁教育出版社，1991年。

② 冯友兰：《中国哲学史》下，北京：商务印书馆，2011年，第4页。

《中庸》渐为学者所重。随着《论语》地位进一步提高,《孟子》被刊刻成石经,《大学》《中庸》亦被从《礼记》中单独抽出,《四书》遂逐步成为北宋儒家诸派阐发性命之学的重要经典资源。

该书正以此背景为突破点,注重思想、学术发展的连续性,回归中国传统治学形态,以经学为起点,通过动态的方式把握宋学中训诂与义理之间的关系;同时又将作为经学形态的《四书》学与作为哲学形态的理学整合起来,以两者之间的相互演进关系为论述核心,深入探索经学义理化(即宋学)、哲学化(即理学)之进程,梳理理学与《四书》学的密切关系。如此,不仅可兼论治学方法上的宋汉之别,同时又可以经典文本体系为切入点,在对传统《五经》体系与"理学—《四书》学"体系的比照中,看到"以《四书》为代表的理学'新文化'与以《五经》为核心的'旧文化'"①之间的张力与关联,以及由此儒家新经典体系所成就的中华文明体。

二、理学与《四书》学的互动

宋代理学由周敦颐肇其端,张载、邵雍则在不同方面有所发展、创获,最后以二程兄弟"体贴"出"天理",标志着理学最终形成,至南宋时期,朱熹集理学之大成,此后逐步壮大成为官方指导思想。而在理学的形成过程中,各个理学家又通过注解《四书》来建构其学术体系。也就是说,理学学者在依凭、训诫《四书》的基础上,使理学体系得以最终完成;同时《四书》作为理学重要思想资源的经典文本,亦在同理学形成的过程中演变为彼此相关、内在一致的《四书》学体系,此著作正是以两者的互动关系作为写作主线。具而言之,该书主体可分为两部分,第一部分为理学与《四书》学的建立、发展期,以周敦颐、张载、二程等人为代表;第二部分为理学与《四书》学完成、定型期,以朱熹为核心。

在被尊崇为理学开山的周敦颐学术体系中,虽以易学为主要建构框架,但其理论来源又与《中庸》《孟子》《论语》难以分割。周敦颐对《中庸》之"诚""中""和"等概念加以发挥,又通过《孟子》的寡欲发展出"无欲"的道德修养论,并着重阐释《论语》中"孔颜之乐"。张载对《四书》极为重视,他不仅首次将《论语》《孟子》《大学》《中庸》并列而论,同时又将《四书》作为其学术思想的重要来源;张载之学,虽以《易》学为宗,但又能兼容四书,而以《中庸》为"体",以孔、孟为"法"。二程是理学建立时期的关键性人物,他们同样采取阐释《周易》与《四书》典籍的方式建构哲学体系。在对《四书》资源的运用上,他们将《论语》《孟子》两书置于为学根本的地位,又将《大学》《中庸》分别视为"孔门遗书""孔门传授心

① 殷慧、田浩:《从〈四书〉到〈五经〉——以宋代礼理的突破与融合为中心》,《中国哲学史》,2014年第2期。

法”，可见，在二程心中，《四书》蕴藏圣人之义，是研读儒家典籍之基。除提升《四书》经典地位之外，二程更是在建构其学术体系的过程中，训解《论语》《中庸》《孟子》，重定《大学》章次，并通过重新阐释《论语》《中庸》《孟子》的思想以建构人性论、心性情论、心性修养论。

两位教授不仅注意到理学一脉通过注解《四书》以建构其哲学体系的一面，同时也看到对《四书》资源不同维度的阐释成为北宋中后、南宋时期儒学诸派分歧的重要原因。其书分别对北宋时期的荆公新学、苏氏蜀学，南宋时期作为理学分支的湖湘学以及心学一脉的象山学，这儒家四派的学术建构与对《四书》文本资源之间的关系进行深入探讨。并指出诸学者对《四书》文本资源的不同侧重、不同选取，是造成他们理论思想差异的主要原因之一。

待至南宋，《四书》已成为儒家学者尤其是理学学者公认的思想资源，同时《四书》学也因理学体系的完善而逐渐成熟。这不仅体现在理学学者通过大量注解、诠释《四书》，使《四书》开始具备“训释系统”而颇具经学规模，同时还表现在《四书》作为内容相关且精神一致的统一体，开始在治学先后上优先于《五经》体系，如此便在相当程度上承认《四书》学之于《五经》学的重要性，也为后世理学学者发展《四书》学开辟道路。总之，作为该书主体的第一部分，作者着力勾勒出构建理学体系与《四书》学规模化的一致性，即“宋代《四书》学的形成与当时以义解经的时代思潮、理学体系的构建有着历史与逻辑的一致性，他们表现出十分明显的相关性与互动性”（第 58 页）。

《四书》学与理学体系真正完成于朱熹。朱熹实现了《四书》学的体系化、综合化、经典化：朱熹《四书章句集注》的完成，真正将原先分散、单独的《四书》经典体系化；朱熹通过对传统儒者四书经典注释的搜集、考辨、审定，完成《四书》学的综合化；朱熹通过不断研治《四书》，提高《四书》学体系的地位，使《四书》最终风行于天下，成为士人科举考试、修身治国的研究文本范式，实现《四书》的经典化。同时，朱熹通过继承前代如周敦颐、张载、二程等理学名家的思想资源，吸收同时代如张栻、吕祖谦、陆九渊等学人的哲学创见，将理学思想体系发挥至“致广大、尽精微”之境界，理学的天理论、心性论、工夫论亦走向成熟。理学与《四书》学之间的相互促进、彼此成就则集中体现在朱熹对《四书》的诠释工作上，朱、肖以全书一半的笔墨叙述此过程。朱熹《四书》学的重要治学特点在于，注重义理阐发的同时又不废对文献经典的章句训诂。朱熹重视对《四书》经典字、词、句、段的训释与诸相关文献的考辨，广泛搜集比较前人注疏，秉持对经典的历史主义态度，避免穿凿附会，尽可能地还原经典的原始文义，于是《四书》原典内容便成为朱熹建构学术体系的核心资源；而在注重对《四书》经典的训诂考证的同时，朱熹更注重以“理学”作为对《四书》经典文义训释、解读的最终标准，即通过朱熹式的“道理”“圣人之心”以完成对《四书》的理学改造。于是通过朱熹对《四书》的诠释解说，《四书》成为理学思想体系的文本载体，而理学亦成为

《四书》的精神义旨。因此说,“朱熹将《四书》学的确立与理学体系的完成统一起来,建立了一个以理学为思想内涵的《四书》学经学形态,或者说建立了一个以《四书》学为学术形态的理学思想体系”(第 234 页)。

三、“理学—《四书》学”新经典体系的影响与功能

事实上,在宋之前,《五经》实为儒家学者所普遍遵奉的经典。到北宋中期,通过张载、二程等理学学者对《四书》的大力提倡,才使《四书》的地位真正提高。而从朱熹开始,完整且融贯的“理学—《四书》学”体系才终于出现。不同于主要记载三代礼乐制度的“五经”经典体系,由朱熹所完成的“理学—《四书》学”体系,着重关注先秦儒家诸子所宣扬的仁义道德。如果说前者所长在于国家层面的典章制度,那么后者则以内在的精神价值为主导,关注个体精神的修养、实践工夫的落实,通过超越性的道德理想实现对现实政治权力的规训。自朱子始,“理学—《四书》学”体系地位不断提高,终于超越五经体系,而影响此后中国传统社会长达七八百年之久。实际上,朱、肖两位教授不限于仅厘清“理学”与“《四书》学”之间的相互影响,亦不满足于对“理学—《四书》学”学术体系的论述。作者的视野更为开阔,更认为由朱熹对新经典体系的完成是儒家人文信仰与中华文明体得以成熟的活水源头。

朱、肖首先认为“儒学就是一种人文信仰”(第 325 页)。传统《四书》由先秦儒家诸子开创,诸子通过继承并发挥西周以来的人文理性精神,将内在的人心、人性作为礼乐典章制度的依托;同时将具有人格性、神秘性象征的“天”改造为可以通过理性化认知的终极精神信仰,并进一步肯定人内在的仁义礼智精神与具有超越性的“天”之间的内在联系,由此便形成对具有理性特征的终极信仰,即所谓“人文信仰”。如果说,“《四书》是宋儒人文信仰的经典依据”,那么“理学思想则是宋儒建构的信仰理论”(第 308 页)。集理学之大成的朱熹,以《四书》为依据,不仅使理学体系内容更加丰富,更通过理学使《四书》所开创的儒家人文信仰得以完成。朱熹的《四书章句集注》以“经典训导理学,理学诠释经典”的方式完成了以“人文化”“世俗化”“理性化”为特征儒家人文信仰的建构。如果说,朱熹将《四书》学与理学的影响发挥至儒家群体的人文信仰层面,那么此后儒者将其推向更远,“理学—《四书》学”已然从单纯的学术思想、群体信仰,一步步走向国家政治,社会生活。理学学者以经筵进讲、奏札封事等方式影响朝廷,以朱熹《四书》学著作列为官学为标志,实现了“理学—《四书》学”的国家正统地位;同时他们又通过大量刊刻《四书》学著作、创办书院讲学模式、关注民间乡村讲学教学,以实现“理学—《四书》学”思想的社会化。于是经过后代理学学者上到国家下到民间的全面传播,使“理学—《四书》学”“能够扩展到政治制度、治国方略、社会风俗、学校教育以及个人信仰、人格成长等社会各方面”(第 424—

425页），因此，“理学—《四书》学”体系在此处彰显其重大价值，即超越一般的知识体系，而具有塑造儒家人文信仰，构建统摄国家、社会各个方面的中华文明体的功能。

四、结　语

汉唐儒学以《五经》经典体系为指导思想，在经历魏晋玄学之中介[①]、佛老思想之冲击、训诂章句之疲弊后，宋儒为扭转儒门颓势，开始构建新的学术体系，而在诸儒所构建的体系中，又以理学体系最为完备、精深。理学体系以《四书》经典为文本依据，宋儒通过对《四书》的诠释，不但使理学体系本身更加圆融精深，同样随着理学的深入，也使《四书》成为思想内在一致的专门之学，可以说理学与《四书》学正是在互动中成就彼此的。

与以礼为本的《五经》之学不同，由朱熹完成的“理学—《四书》学”体系以“仁”为核心，两者既存在外“礼”内“仁”的互补关系，又具有明显的差异性：前者更强调典章制度与国家治理，后者则更重视内在心性与个人道德。宋儒强调“理学—《四书》学”体系优先于《五经》体系，这不仅标志着唐宋之际儒家在学术、政治的巨大转向，同时意味着以“成德”为核心的中华文明形态的巨大跃进。[②] 因此，《宋代〈四书〉学与理学》一书的价值与意义不仅在于如何通过《四书》学论证理学的形成，还在于将“理学—《四书》学”作为一个整体看待，从而超出单一的学理建构，而深入到对经学史、学术史、思想史、文明史的探讨，赋予“理学—《四书》学”体系以更广阔的生命。[③]

（原载《国际儒学》2021年第4期，
作者单位：湖南大学岳麓书院）

---

① 朱汉民：《玄学与理学的学术思想理路研究》，北京：中国社会科学出版社，2012年。

② 朱汉民：《“四书”学术形态的历史演变》，《广西师范大学学报》，2021年第2期。

③ 实际上，虽《宋代〈四书〉学与理学》一书早已付梓出版，但哲思未止。作为本书作者之一的朱汉民先生继续沿着“理学—《四书》”经典体系对儒家人文信仰、政治构建、民间教化、中华文明影响等系列问题深入探索，并发表系列文章，尤见“理学—《四书》学”体系的宏阔视域。文章具体可参见朱汉民：《宋儒新仁学的构建》，《求索》，2017年第8期；朱汉民：《〈六经〉与〈四书〉的思想互补与内在张力》，《中山大学学报（社会科学版）》，2018年第6期；朱汉民：《〈四书〉学与蒙学教育》，《孔子研究》，2019年第3期；朱汉民：《〈四书〉学整合中的道统与政统》，《社会科学》，2019年第9期；朱汉民：《宋代书院的〈四书〉学教育》，《中南大学学报》，2020年第3期；朱汉民：《〈四书〉学与中国思想文化转型》，《社会科学报》，2021年2月18日第6版。

朱子学研究论著

《朱子语类》身体动作类词群研究

黄冬丽著，
北京：中国社会科学出版社，
2021 年 1 月

该书从《朱子语类》中选取部分词汇，先进行语义范畴分类，整体命名为“身体动作类”范畴。具有代表性的身体动作可分为三类，分别为“手部动作类”“口部动作类”和“脚部行走类及其相关因素”（包括行走的载体——道路、性质、施事等），这三类就是三个小范畴。然后把属于各个小范畴的词群放在一起再进行更深一层的语义及认知分析。全书以“语义范畴”及“词群”理论为研究框架，同时还涉及文字学、词汇学、认知语义学、语言类型学等基础理论，力求在继承传统词汇研究方法的同时，在研究框架和研究思路方法上体现出一定的创新性。

朱熹楚辞学研究

徐　涓著，
北京：中国社会科学出版社，
2020 年 9 月

该书旨在探讨朱熹理学与楚辞学之间的关系以及朱熹楚辞学的特点与成就。朱熹理学对其楚辞学产生了重要影响，具体表现在篇目选择、注释特点、比兴手法揭示、魂魄巫俗阐释、屈原精神分析、理学楚辞观念、格物致知方法论等方面。在楚辞学史上，朱熹成就卓著，与王逸、洪兴祖比较，朱熹楚辞学在义理阐释方面更系统化，他对后来的楚辞注释名家如汪瑗、黄文焕、林云铭、来钦之、王夫之、曹同春、方苞、蒋骥等人都产生了重要影响。

宋代《四书》学与理学（修订本）

朱汉民　肖永明著，
北京：中华书局，
2021 年 2 月

《论语》《孟子》《大学》《中庸》经

汉、唐至宋，理学家朱熹将之合为一体，遂有《四书》之名。朱熹等理学家对《四书》进行编排、训释、诠解，使其逐渐具备了单篇所无法比拟的理论力量。该书系统地论述了《四书》学的渊源及在两宋时期的演变与发展，探讨了宋代《四书》学与理学思潮发展之间的内在联系，着重从经典诠释学的角度阐发了朱熹《四书》学的诠释方法、学术成就与思想贡献，并从儒家的人文信仰、实践工夫的角度探讨了朱熹《四书》学的学术成就与思想特色，试图通过上述分析，揭示儒家思想及其知识形态的历史特质与文化特色。

朱熹“性”的救赎之路

束景南著，
上海：复旦大学出版社，
2021年3月

该书是《朱子大传："性"的救赎之路》的精编本。《朱子大传》是朱子学研究的经典作品，曾荣获中国图书奖等重要奖项。曾先后多次改版重印。精编本主要针对一般读者的阅读水平和需要，对《朱子大传》一书进行重新的编排和删减。一方面删去原书中比较多的引文资料，以求上下文的连贯性和阅读的紧凑性。另一方面删除个别过于深度的思想解读的章节，以及一些过于琐碎的细节和外围的论述文字。整体上主要保留作者的重大的研究成果和精华，注重语言的生动性和通俗性，提高可读性。该书将有助于读者更好地理解中国传统儒学文化。

经学与实理：朱子四书学研究

许家星著，
北京：中国社会科学出版社，
2020年3月

朱子四书学是理学经学一体化的重要成果，标志着中国经学史上“四书学”这一新经学典范的确立。书稿以经学与理学的相互关系为中心，深入探讨了朱子四书学作为经学哲学的特质，在朱子四书学文献的考察、朱子四书学内在理学论题的分析、朱子四书经典诠释思想的挖掘、朱子四书工夫论的阐发等方面进行了初步的思考。书稿以翔实的史料为基础，以内在的分析为方法，以忠实朱子原意为主旨，以贯彻朱子所倡导的平实简易的学风为追求。该书可为朱子学与四书学的研究提供一些参考。

朱子语类文章学研究

刘振英著，
北京：社会科学文献出版社，
2021年3月

该书以语体分析为基础，以讲

述、讲解、论辨三种语体形式为总纲，直面语录文本，总结朱熹语体学和文章学成就。作为讲述语体，《朱子语类》的讲述与文学叙事存在区别和联系，有着述说故事、塑造人物的独特性。作为讲解语体，《朱子语类》的讲解与前代经学有着密切联系，其语体要素包括讲解方法、讲解话语本身和所讲解经典中蕴含的义理。作为论辨语体，《朱子语类》的论辨要素为议论和辨析，体现着追求真理、鉴衡是非的理学精神。《朱子语类》有别于《国语》，而近于《论语》《孟子》，显示了朱熹对学术、政治、历史、文学的睿智思考，更体现了他对讲学艺术和文章法则的高超驾驭能力。

宋明理学新视野

吴　震主编，
北京：商务印书馆，
2021 年 4 月

宋明理学向来有“理学”“道学”“新儒学”等不同称谓，在中国哲学的发展中占据承上启下的历史地位。该书为 2018 年“宋明理学国际论坛”会议论集的编选，结集了七十余位国内外学者的精心之作，呈现出中国哲学视域下的理学与儒学、理学与道学、理学与经学、理学与心学、理学与气学乃至中西比较、现代诠释、东亚儒学等多元互动的学术主题。宋明理学作为中国哲学研究的一个专业方向，经过近四十年的研究积累以及几代人的学术传承，已进入了一个新时代。文集分为四篇。第一篇为“道学思潮与经典诠释”，第二篇为“理学建构与思想论辩”，第三篇为“心学世界与思想转型”，第四篇为“现代诠释与他山之石”，充分反映出中国哲学研究已呈国际化协同发展的新气象，来自世界各国及中国港台地区的学者占据了不少的分量，预示着中国哲学国际化必然是未来发展的新趋向。

宋明理学人格美育论

潘立勇著，
北京：人民出版社，
2021 年 4 月

全书主要从三方面展开对宋明理学人格美育思想的探讨：从宏观的角度，以中国文化哲学为背景，系统观照了中国传统文化中的人格美育思想和人文精神，以及宋明理学对其的理论提升与本体化建构；从微观的角度，梳理宋明理学人格美育思想的内在体系及其在整个理学构架中的意义，并以张载、朱熹、王阳明三位代表人物为点，以相关理学家为面，剖析了其以人格化育和人生境界为追求的精神主旨与以礼乐艺教、体认践履为基本方式的修为工夫；从比较的角度，以西方尤其是德国古典美学及其审美教育思想为比照，分析了宋明理学人格美育思想以“本体-工夫-境界”为内在理路的民族特色、理论品格及其当代意义。

爱敬与仪章：东亚视域中的《朱子家礼》

[日] 吾妻重二著；吴震等译，
上海：上海古籍出版社，
2021 年 5 月

《家礼》为朱子礼学思想的实践性著作，影响后世达七百年，深刻塑造了中华礼仪文明。《家礼》不仅对中国近世社会影响深远，而且走向东亚诸国，成为整个东亚世界共同遵守的礼仪规范，正是经由《家礼》的普及，“礼”成为了寻常百姓的一种生活方式。该书为日本朱子学、礼学专家吾妻重二教授《家礼》学研究成果的汇集。全书分三编：文献足征、礼文备具、礼书承传，共十四章，广涉《家礼》版本、木主、深衣、日本《家礼》接受史等议题，融文献学、历史学、哲学于一炉，全面深入地揭示《家礼》在东亚的“漫游史”。《爱敬与仪章》将家礼研究拓展至东亚地域，开创了东亚“家礼学”研究的典范。该书以日本近世对《朱子家礼》的接受状况为核心，将研究视野扩大至整个东亚范围，对今后的儒教研究必将大有裨益。

朱子学年鉴 2019

朱子学会　厦门大学国学研究院编，
上海：华东师范大学出版社，
2021 年 5 月

《朱子学年鉴》是朱子学会主办

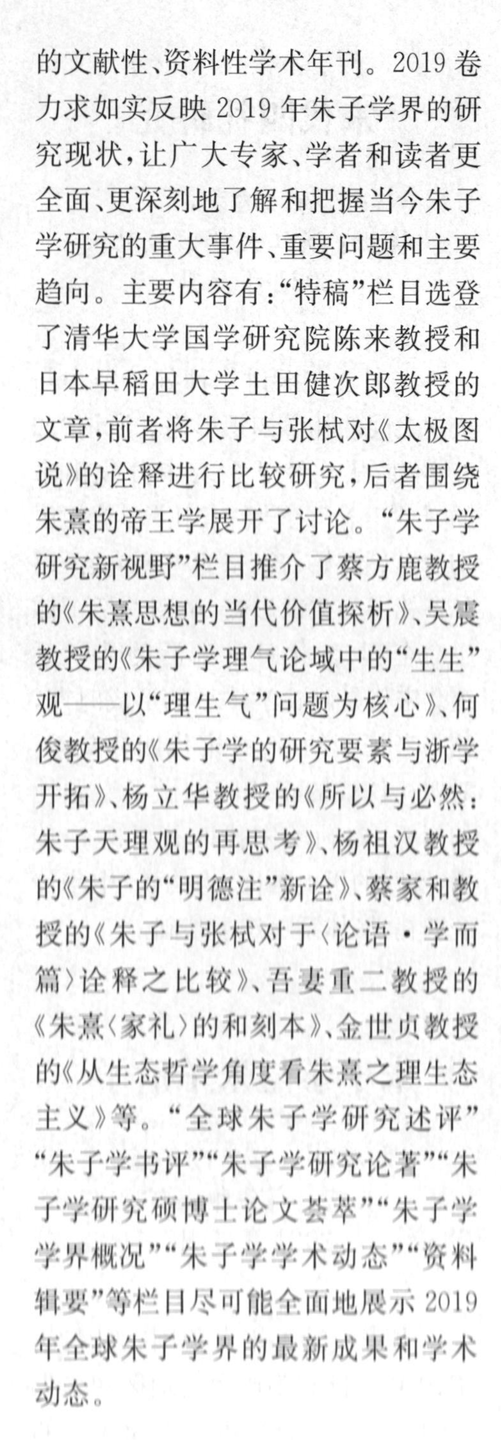

的文献性、资料性学术年刊。2019 卷力求如实反映 2019 年朱子学界的研究现状，让广大专家、学者和读者更全面、更深刻地了解和把握当今朱子学研究的重大事件、重要问题和主要趋向。主要内容有：“特稿”栏目选登了清华大学国学研究院陈来教授和日本早稻田大学土田健次郎教授的文章，前者将朱子与张栻对《太极图说》的诠释进行比较研究，后者围绕朱熹的帝王学展开了讨论。“朱子学研究新视野”栏目推介了蔡方鹿教授的《朱熹思想的当代价值探析》、吴震教授的《朱子学理气论域中的“生生”观——以“理生气”问题为核心》、何俊教授的《朱子学的研究要素与浙学开拓》、杨立华教授的《所以与必然：朱子天理观的再思考》、杨祖汉教授的《朱子的“明德注”新诠》、蔡家和教授的《朱子与张栻对于〈论语·学而篇〉诠释之比较》、吾妻重二教授的《朱熹〈家礼〉的和刻本》、金世贞教授的《从生态哲学角度看朱熹之理生态主义》等。“全球朱子学研究述评”“朱子学书评”“朱子学研究论著”“朱子学研究硕博士论文荟萃”“朱子学学界概况”“朱子学学术动态”“资料辑要”等栏目尽可能全面地展示 2019 年全球朱子学界的最新成果和学术动态。

学的思想理念、政治实践及其当代价值。

宋代四礼研究

杨　逸著,
杭州:浙江大学出版社,
2021年5月

该书旨在探讨一种处于经学与史学之间的礼学知识形态。所谓"四礼学"是从礼经学系统中分化出来的,与"三礼"之学、"五礼"之学相区别的,以冠、婚、丧、祭为主要内容,以私撰礼书为文献形式,试图总括个体生命全程、儒化日常生活的礼学系统。宋代是四礼学体系的形成时期,该书考证了约60种宋代四礼文献,对四礼仪式的相关问题做了专题性的剖析,勾勒了宋代四礼学理论传播、实践的历史画面,为构筑"中华传统四礼学"体系奠定了基础。

朱子学与朱子后学

朱人求　苏费翔等著,
北京:商务印书馆,
2021年6月

书中收录了来自美国、德国、法国、中国大陆和中国台湾地区知名朱子学者近作14篇,内容涉及朱子的道统论、礼学、气论、诗论、格物致知论、人心道心、家国天下等问题,时间上从南宋跨越到现代,空间上从中国走向东亚世界,以点带面,简单勾勒了朱子思想的多元面向,介绍了朱子

中国哲学通史·宋元卷

田文军　文碧芳等著,
南京:江苏人民出版社,
2021年7月

由武汉大学哲学学院郭齐勇教授担当主编,联合相关中国哲学史专家、学科带头人共同编纂的十卷本学术版《中国哲学通史》由江苏人民出版社陆续出版。《中国哲学通史·宋元卷》考论宋、元哲学,既注意把握宋元哲学演生发展的时代条件、理论趣向、思想渊源与学术追求,也注意清理宋、元哲学演生发展的历史脉络与逻辑线索;既注意以中国哲学的传统概念、范畴来概括宋、元哲学的思想内容与理论系统,也注意从本体、功夫,或发展、知识、价值的角度辨析宋、元哲学的理论得失。在这种考论与辨析中,作者既注意借鉴已有的宋、元哲学研究成果,尤其是"五四"以来宋、元哲学的研究成果,又注意突显自己在新的时代条件下,对宋、元哲学经典的考论诠释,以及自己与对宋、元哲学理论价值的理解评断。

朱熹踪迹田野采风

刘家军　于正伟主编，
厦门：厦门大学出版社，
2021 年 7 月

该书为厦门大学师生关于宋代理学家朱熹（1130—1200）在福建 68 年踪迹的田野采风调查报告集，集中展现朱熹事迹的历史、现状及当代文化传播，包括对朱熹“为学教育”之实践寻踪，对朱熹“格物致知”之丝履寻踪，对文化品牌“朱子文化”之应用感悟等内容，强调“朱熹文化遗产或朱子学”的两岸田野实证，特别是海峡两岸文化遗产的同根同源，有着文化一家、学术共同体的价值，是弘扬福建朱子特色文化，凸显朱熹踪迹实证及文化思索的新成果。

从经学到理学

何　俊著，
上海：上海人民出版社，
2021 年 7 月

该书以经典或者说经学著作为中心，探讨历史中理学的思想演进，分序曲、正篇和尾声。序曲主要聚焦于中国传统知识谱系中的知识观念分析以及马一浮的“六艺论”；正篇以列于马一浮“群经通类”中的经学著作，即啖助新《春秋》学、胡瑗《洪范口义》、程颐《周易程氏传》与王宗传《童溪易传》、敖继公《仪礼集说》、李光地《诗所》、黄道周《孝经集传》、朱熹《论孟精义》为核心，讨论理学如何从经学中转出，形成自己的问题关怀、理论诉求和治学方法；尾声则从顾炎武的《五经同异》讨论理学的后续影响和清学与理学的关系。

南宋儒学建构

何　俊著，
上海：上海人民出版社，
2021 年 7 月

该书以“儒家的精神”界定为核心，系统梳理了王安石新学与二程洛学的消长沉浮，阐述“洛学”成为主流之后其内部的分歧与内在冲突，并着重分析了道南学派与湖湘学派的区别。同时对以朱熹为轴心的儒学时期展开讨论，揭示了儒学的最基本特征即为思想性向形态化的文化转型。在书中，作者根据各家专集，佐以有关史籍，为我们勾画出 12、13 世纪儒学发展的大轮廓，眉目清朗，条理分明。就各家的分别研究而言，以分析为主，力求呈现出每一位思想家的基本宗旨；就全书而言，作者紧紧地把握住综合的线索，不让整体的一贯观察淹没在纷繁的端绪之中。更值得指出的是，作者关注思想与环境的互动，将抽象的观念和实际的人生融为一体，从而呈现出有生命的、也是动态的儒学史。

湖湘学派研究

曾　亦著，
北京：商务印书馆，
2021 年 8 月

该书依循工夫论这一进路，以湖湘学派为个案，从湖湘学派自身思想的脉络，及与其他学派的学术交往，展示了道学家们对性情问题的思考。由此，宋明道学一开始就表现出两条完全不同的道路：一系以伊川、朱子为代表，主张下学而上达的工夫论；另一系则以明道、五峰为代表，主张上达而下学的工夫论。通过对道学脉络的重新梳理及相关具体问题的处理，从而将湖湘学术本身的独特性及其在道学发展史上的重要性充分展示出来。另外，该书专门对湖湘学派的思想源流、学术交往及相关的史实进行了考订。

棹歌声声：朝鲜朝九曲文化

金银珍著，
北京：中国轻工业出版社，
2021 年 8 月

朝鲜朝九曲文化是以朱熹的《九曲棹歌》作为范本形成的文化现象，由九曲歌系诗歌、九曲园林和九曲图三大部分组成，既有对中国传统元素的传承和发扬，又有在本土化的过程中形成的自身艺术特征。这一文化的形成过程充满着朝鲜朝士林对朱熹的圣人般的尊仰、对《九曲棹歌》的圣诗般的推崇、对武夷九曲的圣域般的向往和对九曲图的圣境般的钦慕，自始至终饱含着一个“圣”字、凸显着一个“尊”字。而一部诗歌文本，能够在文学、园林、绘画等诸多领域产生如此深远影响、在异域形成一方文化且维系 500 年之久，在中外文学史上实属罕见。该书在对《九曲棹歌》文本的意象世界和结构模式予以多元解读的基础上，对朝鲜朝九曲歌系诗歌、朝鲜朝九曲园林与朝鲜朝九曲图进行了历史性的解读和共时性的阐述，并从比较文学、园林学、景观学、美术学、社会学、民族学等多学科视角，对当下的韩国九曲文化进行立体化的研究和透视。

黄道周与朱子学

郑晨寅著，
北京：中国社会科学出版社，
2021 年 9 月

黄道周一般被认为是理学家、朱子学者，但又是颇具创造性的经学家，故该书从朱子学的论域出发，采取经学与理学交融互涉的视角，以翔实的文献资料为基础，附以必要的图表，较为全面地论证了黄道周对朱子易学、礼学、理学的发展与创新，同时指出其于中国学术思想史上的贡献。全书共分五个部分：第一章主于区域

儒学，从朱子与高东溪学派之关系入手，探讨朱子对漳州(闽南)儒学、书院乃至对黄道周生平思想之影响，进而揭示地方儒学研究之价值；第二章主于易学，从"《孟子》是否知《易》"这个学术史问题出发，探讨黄道周在朱子、邵雍易学影响下对理学、经学之融通；第三章主于礼学，分析黄道周对朱子《家礼》之践行及其礼学著作之特点，重点阐述《儒行集传》的君臣伦理观；第四章主于理学，阐述黄道周论"朱王异同"的学术价值，探讨其以"致知"为工夫、以"至善"为本体、以"乐性"为旨归的心性思想及其实践；第五章主于信仰，分析黄道周早年信仰的民间色彩与道教内涵，探讨其后所奉祀"五十六贤"及以朱子为首的"九先生"之经世意义与重建道统之努力，及其自身信仰化之过程。五个部分各有侧重又相互联系，将学术发展史、理学范畴与文献分析进行有机结合。

日本朱子学派之哲学

［日］井上哲次郎著，万丽莉译，
北京：中国社会科学出版社，
2021年9月

《日本朱子学派之哲学》(1905年)与《日本阳明学派之哲学》(1900年)、《日本古学派之哲学》(1902年)被称为井上"儒学三部曲"，是近代日本儒学史的奠基性著作。《日本朱子学派之哲学》是"儒学三部曲"中最晚完成的一部，处理的却是江户思想史中最为主流的部分，即以日本朱子学为核心的正统儒学。全书梳理了朱子学在日本的发展脉络，将其分为藤原惺窝及惺窝系统、惺窝系统以外的朱子学派、南学及暗斋学派、宽政以后的朱子学派、水户学派，并就其中有代表性的思想家的事迹、著书、学说、学风、主要门人等进行了考察。井上特别强调了朱子学在普及儒家伦理方面的教育功能，以此指出其在现代社会仍然具有不可忽视的实际能量。同时，日本的朱子学与中国的朱子学有何种关键差异，日本的朱子学盛极而衰的历史与它所遗留的课题应该如何在日本思想史中加以定位，此书在这些关键点上均提供了重要启示。

秋潭别集

［韩］艮斋田愚著，
［韩］石农吴震泳编，
张京华　陈　微　蔡　婕点校，
北京：商务印书馆，
2021年10月

该书是对田愚《秋潭别集》的整理，包括标点和校勘。田愚(1841—1922)，号艮斋，又号畏庵、臼山、秋潭，清末民国时期的韩国儒学家。与李恒老、奇正镇、李震相重振朱子学，对朱子学造诣之深、见解之精又超过退溪和栗谷，被称为韩末"四大朱子学者"。《秋潭别集》，是田愚的诗文集。全书四卷，第一卷疏；第二卷书；

第三卷杂著；第四卷杂著、序、记、跋、铭、赞、告祝、祭文、诗。该书是《秋潭别集》的第一个现代整理本。

朱熹思想及其当代价值

蔡方鹿主编，
北京：人民出版社，
2021 年 10 月

对朱子学的研究，一直是我国自 20 世纪 80 年代以来学术研究的重点领域或重大课题，对朱子学展开深入研讨，挖掘朱子思想的现代价值，无疑有着重要的学术价值和现实意义。该书是 2018 年 11 月 3—4 日在四川成都召开的“朱熹思想的当代价值”国际学术研讨会的论文选编，就朱熹思想中的求实求理精神、重视经世致用的思想、“理一分殊”思想、兼容并包思想、道统思想、“心统性情”说、知行关系的重行说等作一阐述，以探讨朱熹思想的当代价值和现实意义。

宋代经学思想发展史

姜海军著，
北京：人民出版社，
2021 年 10 月

该书系统地研究两宋诸家、诸派的经学渊源、传承、经学诠释特点、经学诠释与思想建构等问题；基于文献梳理，将两宋不同时期各家、诸派经学诠释研究与当时政治发展、文化演进相结合，探究两宋经学及思想发展的基本状况；将两宋经学放在整个中国经学史、学术思想史的视野中，探讨其特征、地位及历史意义。

永嘉学派研究

王　宇著，
北京：商务印书馆，
2021 年 11 月

永嘉学派崛起于朱子学全盛时代，清代学者全祖望有一恰当的评价：“乾（道）、淳（熙）诸老既殁，学术之会，总为朱（熹）、陆（九渊）二派，而水心（叶适之号）龂龂其间，遂称鼎足。”以叶适为代表的永嘉学派亦在宋代学术思想界具有举足轻重的地位和影响。该书即主要梳理永嘉学派的形成、得名、代表人物、学术思想、历史地位及其衰落，重点阐释代表人物陈傅良、薛季宣、叶适等的学术思想，专章论述永嘉学派的经济思想、政治思想、军事思想及其经学、史学的学术成绩。

宋明理学：形而上学、心灵与道德

［美］刘纪璐著，江求流译，
西安：西北大学出版社，
2021 年 11 月

该书运用分析哲学的当代理论

对宋明理学作了系统研究，以期为理学中的许多传统哲学观念提供一个新的解释学门径，其宗旨是提取宋明理学的哲学精髓并使之与当代的哲学论述联系起来。作者通过形而上学、心灵和道德三个概念在宋明理学中的呈现，展示如何可以哲学地从事理学的研究，其中对宋明理学核心人物思想和学说的梳理新意迭出，文本解读细致，论证推理缜密，对于理解宋明理学的发展线索以及理学与西方分析哲学传统的关系、理学的哲学维度等都能提供理论视角和方法启示。全书三部分：理学形而上学：从宇宙论到本体论；人、人心与人类道德的基础；德的培养、道德人格以及道德世界的建构，共计十二章，内容包括：从无到无限：周敦颐宇宙论的本源；万物的基本构成：张载的气一元论；程朱学派的规范实在论：宇宙之理；王夫之"理在气中"的理论；朱熹的内在道德实在论："性即理；陆象山和王阳明的"心即理"学说；王夫之的人性日生论及其道德心理学等。

会通朱陆：朱熹与陆九渊比较研究

张品端主编，
厦门：厦门大学出版社，
2021 年 11 月

武夷学院会通朱陆传承理学学术研讨结集，纪念陆九渊诞生 880 周年。内容包括朱熹和陆九渊哲学思想的评析，关于会通朱陆的新诠释，并将会通朱陆的视域扩展到东亚儒学，侧重关于朱熹理学思想内涵的阐释等。会通不仅继往，更重要在于开来，对宋明理学的研究将拓展而进一步深化，为中国特色哲学知识体系建设做出更大的努力。

朱熹的儿童哲学研究
——蒙学思想的现代路径

陈永宝著，
桂林：广西师范大学出版社，
2021 年 12 月

该书从朱熹存世文本《小学》《童蒙须知》《近思录》和《朱子语类》中挖掘其儿童观，进而阐释朱子理学中的儿童哲学思想。内容包括与马修斯儿童哲学的对比、赤子之心与儿童哲学、前语言时期的儿童哲学、儿童哲学与家庭哲学、朱子儿童哲学思想的践行等。其中既有教师主导、价值引领等方法论层面，也包括天理意识的本体论、格物致知的知识论及修身至德的伦理学面向，以此回答朱熹儿童哲学存在的合理性问题，亦为中国儿童哲学的研究开辟一条可行的新路。全书共分为十章，意在以朱子理学为背景，用不同的视角来观察和探索中国的传统文化对当代人生活、教育的作用和影响。

朱熹文学接受史

程　荣著，
合肥：黄山书社，
2021 年 12 月

该书梳理了朱熹在文学创作、文学理论、文学研究、文学批评理论和文学典籍整理方面的巨大贡献，以朱子理学成为官方哲学而被广泛传播的事实作为背景，爬梳了从南宋至二十世纪八百多年对于朱熹文学的接受与传播，从多维度研究朱熹文学在各个时代的接受状况：历代朱熹文集的编纂与刊刻，诗文选本选录朱熹作品的状况，对朱熹诗文的多种评点方式（注疏、评点、诗话、序跋、论诗诗、书信），学者诗人对朱熹诗文的唱和、次韵和拟作，总结提炼各时期的朱熹文学接受和传播表现出的特点。

朱熹高足黄士毅考论

尹 波 郭 齐 《中国哲学史》
2021年第1期

朱熹门人黄士毅生于1167年，卒于1224年，1196年从学朱熹。其学术主旨以贴近日用之功夫论为主，重在内心体验和切己践行。朱熹去世不久，即率先从事乃师著述编纂，《晦庵书说》填补了朱熹《尚书》专题论述的空白，类注《仪礼》亦为先师未完心愿，创作理学组诗《训蒙绝句》，对后世影响巨大。朱子三大代表作文集、语录、《四书集注》中，士毅编纂者有其二，为功甚巨。特别是创造性地将朱熹文集、语录按类编排，找到了展现朱熹思想体系的最佳方式，在朱子学发展史上产生了深远影响。在朱子文献编纂方面，士毅超越了黄榦、陈淳等众多朱门翘楚，堪称第一。

朱子论"孝"

冯 兵 《哲学研究》
2021年第1期

朱熹的孝论是以"四书"、《礼记》及《孝经》等先秦与秦汉文献为基础，萃集儒家孝论的精粹而成，具有集大成的性质。朱熹以"理—气"结构论证孝的合法性，以"理—礼"结构确定礼为孝的运行机制，由权而"得中"为孝的实践原则，并基于孝悌为"行仁之始"的理解，从心性与政治两个层面总结了孝的意义。朱熹的孝论体现出了兼该体用、会通公私领域的特点，并不是后世愚忠愚孝思想的理论来源。而"经由现代性的洗礼"，在当前的中国社会重建新的孝伦理体系，仍是一项重要和迫切的工作。

朱子学视域下之“明德”新解

曾令巍 《湖南大学学报（社会科学版）》
2021 年第 1 期

“明德”一词始见于先秦文献中，但因强调其伦理内涵而未突出哲学的特质。以朱子为代表的理学家从《大学》中重新发掘“明德”，除接续经学家从道德伦理的维度解读“明德”内涵的模式外，在理学的范式下既精致地阐述“明德”须先“为己”，又分别从心、性两个方面论述如何“明”“明德”的问题。而对“明德”这一问题的关注，不仅是理学家深化其在理学论域内的哲学内涵，还是他们重构“天下一家”王道理念的政治需要。

朱子易学对《太极图》与《先天图》的交互诠释

陈睿超 《周易研究》
2021 年第 1 期

周敦颐《太极图》与邵雍《先天图》两类易学图式在朱子易学中具有核心地位，二者构成了交互诠释的紧密关联。朱子一方面以源自《先天图》的“加一倍法”诠释《太极图》的整体象数结构，本于先天数理而赋予《太极图》以本于普遍天理的通贯性原理架构；另一方面以源自《太极图》第二圈阴阳互含结构的“交易”之法诠释《先天圆图》之成图，将阴阳对待互根之理注入其中，使《圆图》成为天理本体所蕴阴阳动静“错综无穷”之神妙特质的象数表征。由此，朱子得以融通濂溪、康节两家之易，将其共同纳入统一的理本论易学体系建构中。

朱、陆异同的学理差异及其经学展现

姜海军 《国学学刊》
2021 年 1 期

朱陆异同是中国近世经学、理学及学术思想界的公案，长期以来朱陆异同的探究存在多个纬度。如果从经学的角度来说，这自然也存在着对群经思想内涵即道的认知、经学解释学范式、经学旨趣等多个方面的异同。朱陆尽管借助经学所建构的理论不同，建构理学或心学所依赖的经典诠释方法有别，但是在治学旨趣、理念上都是成就圣人之德，在借助经典诠释，以儒家精神治国安邦、兴复三代之治的治学宗旨上彼此非常一致，都希望通过道学的兴盛，然后以道学为指导，重建孟子所言的王道政治。

宋明理学视野中的修身以礼

殷　慧　《哲学与文化》
2021 年第 1 期

礼是儒家思想文化的核心内容。原始儒家推崇的六经，皆以礼为本；到宋代礼义的提升，理学话语的展开，最终标志是《四书》辑合成书。无论是理学和心学，均致力于提高人的道德修养，而礼义的突破最终落实为心性修养工夫和家礼的实践。从宋明理学视野中探索的修身之学，一方面就经典世界的创发而言，《四书》文本的相互关联与诠释，从《礼记》中的《大学》《中庸》到"四书"中的《大学章句》和《中庸章句》，从程朱的《大学》诠释到阳明倡研的《大学》古本，均体现了心性修养理论的发展与变化；另一方面在生活世界，礼义的领悟与礼仪的践履相互促进，互相启发和影响，呈现出对新儒学精神境界和生活方式的双重探索。

两宋理学"巧贼拙德"的涵蕴、诗歌表达及后世接受

王培友　《清华大学学报（哲学社会科学版）》
2021 年第 1 期

在承继先民使用惯例的基础上，两宋理学家在使用"巧贼拙德"及其相关、相近话语时，对其内涵进行了转换。周敦颐《拙赋》从体、用、文三个层面，对"巧""拙"这一对范畴进行了界定。北宋理学"五子"门人及其后学，继承了其理学前辈的"巧贼拙德"思想，而从本体论、价值论、目的论、工夫论等方面，对"巧贼拙德"话语进行了深入开拓。胡寅、张栻等湖湘学者在性理层面上论证了"巧贼拙德"的合理性，提升了其在理学体系中的价值与地位。朱熹、吕祖谦、陆九渊及其后学，在理学工夫论、价值论及诗文批评标准等多方面丰富和发展了"巧贼拙德"的义蕴及功用性。两宋理学家对于"巧贼拙德"的多方探讨，对彼时理学家及受其影响的文人的诗歌书写等产生了影响，亦在一定程度上影响到后世理学、诗学、书法、绘画等多个文化部类的历史发展进程。

宋明理学"公理"论的阐释学意义

郑　伟　《山西大学学报（哲学社会科学版）》
2021 年第 1 期

公理论表明宋明理学具有明确的公共性意识，理学家践行"觉民行道"的使命，总是努力地将自家之所得扩充为可以普遍共享的真理，这即是向着阐释之公共性生成的过程。在这个过程中，理学家以"公理"来思

考世界秩序,以“公共之心”来达成人与世界之间相通、相恕的关系,由此将对话建立在这种世界同一性的基础之上,并将阐释者的个体生命通向了宇宙生命共同体的存在体验。理学阐释作为一种生命体验或工夫,它的对话精神和公共性品格就是循着这样的逻辑而来的,这为中国当代阐释学的建构提供了宝贵的民族经验。

“同体”之爱与朱熹社仓的创设

向世陵 《孔学堂》
2021年第2期

“民吾同胞”,有生之类“同体”,是朱熹创设社仓的理论基石。从“成周之制”“委积之法”的“古法”到汉代以后常平仓、义仓的设置,从制度的层面体现了对弱势群体的关照和惠民的主题,得到了朱熹的充分肯定。但其设置和管理存在缺陷,社仓正是有针对性地进行补救。“东南三贤”在社仓创设及规制上存有分歧,但出发点均在仁人的恻隐。“爱民”是朱熹荒政的核心,也是他倡行社仓的初心。推广社仓赈荒济困,成为他后半生始终萦绕于心的事业和念想。但“人存政举,人亡政息”,社仓推行不尽如人意。人有无平等关爱之心和能否严格执法成为社仓成败的关键。朱熹赈济亦讲“利”,肯定王安石青苗法有可取之处,但“利”要安放在正心修身的基点之上。不论是常平仓、义仓还是社仓,都属于赈灾视野下的粮谷调剂,更重要的在于将救灾与劝农促生产很好地结合起来。“爱之理”最终要落实到仁者济民纾困的实践。

朱熹浩然之气、道德认知与道德勇气述论

赵金刚 《伦理学研究》
2021年第2期

浩然之气是儒家道德哲学的重要伦理命题。朱熹在其理学构架内重新对“浩然之气”进行诠释,在他看来,“知言”是养成浩然之气的关键,亦即要通过道德认知的方式涵养出道德勇气,将血气转化为浩气。如此养成的浩气,可以推动道德实践的落实,使人以一种无所疑虑、恐惧的状态去实践。浩气具有道德实践能力,即在朱熹的思想当中,气不是纯然消极的,气可以有积极的面向,这也是“浩然之气”道德性的重要展现。“浩然之气”作为“道德勇气”,其时代价值也就能更充分地展现出来,即今天依旧需要具有道德实践力、能抗风险、坚守价值的道德主体,此种道德主体必定是一身浩气。

试论朱熹对儒家公私观的发展
——基于临政处事之道的分析

孔凡青　《孔子研究》
2021年第2期

亲亲之恩既具公共普遍意义，又有个人特殊性，其公私双重意涵使得儒家公私观复杂且吊诡，也造成了实践中的难题。这在为政者的政治实践中表现得尤为突出。朱熹之前的儒家或倡导政治实践应断绝一己亲恩，或认为为政者可通过权衡成全一己亲恩，这不仅未解决这一难题，反而导致了因公灭私和以私害公两种后果。朱熹提出“本于天理，验于人心”的临政处事原则，在为政者与公众、人与制度的互动关系中实现了为政者一己亲恩与政治公平性的动态平衡，完善了儒家普遍之公寓于并成于具体之私的思考理路，相较于西方“二元对立”“公私二分”的思维模式，对于应对当今制度世界与生活世界相隔绝的问题颇有启发。

从“自我提升”到“真知的意味”
——朱子知行论诸问题新探

李　毅　《中山大学学报（社会科学版）》
2021年第2期

朱子所言“知”“行”的核心义涵，不是“成物”领域内的“认识此事物并谋定处置方案”和“将之付诸实施”，而是“成己”领域内的“自我提升”和“自我保持”。其对于知行轻重的看法，并非“行重于知”，而是知行各有其“重”。朱子对于知作出了浅、深的区分，对于行则相应地作出了小、大的区分，其在知行次第问题上的看法与其说是“知先行后”，不如说是“浅知—小行—深知—大行”。朱子有时以“真知”为“行”的前提，有时又以“行”为“真知”的前提，似涉逻辑谬误，但实际上后一种说法中的“真知”并不是指“真知”本身，而是指“真知的意味”。这些关键点的探明，极有助于重新理解朱子知行论的价值以及日常的知行实践。

朱子与船山体用视域下的“四端”“七情”之分判

陈力祥　汪美玲《船山学刊》
2021年第2期

四端七情是宋明理学家们所讨论的核心问题，朱子和船山尤甚。但是朱子与船山对四端之内涵的认定存在根本的差异：朱子根据已发未发的性情体用之别将四端视为情，船山则从有无自质的立场视四端为性。这种从情或性来定义四端是对孟子之四端两个面向各自的发展。对于七情，朱子和船山初看都将二者视为情，但是朱子之七情是有善有恶的，船山之七情是中性的——可善可恶，

具有极强的可塑性，因之，朱子和船山对待七情的态度分别是“制”和“导”。“制”所强调的是对情进行内敛的工夫，而“导”则注重发挥情的积极效用，同时也严防情的消极影响。

从朱熹的“诚意”难题到王阳明的“知行合一”

——重构从理学到心学的哲学史叙事

郑泽绵 《哲学动态》
2021 年第 2 期

对于从朱子学向阳明学的哲学史转化，传统叙事常以阳明的“格竹子”故事为核心，围绕朱子与阳明的“格物”训释之别展开。这个“格物叙事”容易引起误解。而以“诚意”为中心来考察，以意念真诚的达成途径、自欺的发生机制等论题为核心，可以揭示朱子晚年修改《大学》“诚意章”注的哲学史意义。王阳明的“知行合一”是对朱子“诚意”问题的回应，其“致良知”是对该问题的最终解决。这种新的“诚意叙事”揭示了从朱子到王阳明之哲学史过渡的内在逻辑，它既能兼容传统的“格物叙事”，又能凸显朱子与王阳明的核心关切，更具有解释效力。

李退溪的“诚”与王阳明的“诚”

——以二人思想之异同为中心

井上厚史 胡嘉明 孟 红
《贵州文史丛刊》
2021 年第 2 期

阳明学东传日本曾受到朝鲜朱子学——“退溪学”创始人李退溪及其门人的推动。李退溪对阳明心学是持批判态度的，但在心性论、工夫论等方面，也能看到两者有着密切联系之处。本文以作为《大学》和《中庸》中重要概念之一的“诚”为切入点，围绕“天即理”、“理”的能动性以及“心学”等概念，对李退溪和王阳明的思想中关于“诚”的解释之异同进行分析比较，细致地考察了二者思想的相同和相近的地方，以期为阐明两者思想之异同提供一种视角。

东南亚闽南语朱子学的现代终结

郑文泉 《国际汉学》
2021 年第 2 期

论文旨在对东南亚有史可征的1690—2006 年间的闽南语朱子学，做一学术史的梳理与评析。从东南亚早期书院史来看，闽南语朱子学的传入，应该是中国闽南本土朱子学书院南迁和移植的结果。东南亚以闽南语讲习、传播朱子《四书集注》的传统到了1897—1942年，进入繁荣时期，为今人留下仍可检索的多家、多部闽南语《四书集注》译本及相关论著。尽管如此，自1945年独立以来的两次官音化（印尼语化、华语化）进程，使印尼最终也走上新加坡、马来西亚的道路，东南亚闽南语朱子学逐渐衰微并走向终结。2006年，黄立志最后一次以闽南语阐发朱子学，终于成为东南亚末代闽南语朱子学者。本文还对东南亚闽南语朱子学译著进行了书目汇编。

学教双行：金末元初理学北传再思考

刘　舫　《复旦学报(社会科学版)》2021年第2期

金末元初理学北传是儒学史上的重要事件。公元1235年蒙古军南下，于德安俘获儒士赵复，遂携之与理学书籍北上燕京，是为理学北传之始，至元仁宗时颁定程朱著述为科举考试标准，自此程朱理学正式成为官方思想直至清末。然而蒙古人最初并无特意留心理学之意，中书杨惟中为传播理学于燕京专立太极书院，内所奉理学人物皆深涉道教，还被称为道院。另外，赵复极力强调道统，宣扬儒家圣贤事迹，自著《伊洛发挥》布散天下，最后归隐，殊类全真道者，虽有首传之功，但著述言行不见于后世元儒。可见赵复所传理学专取修养身心一面，凸显宗教特质，借当时如日中天的全真教得以存续，与日后许衡立朝所传理学崇尚践履各具特色，可以视为理学初立北方的两个分支，而不是由赵复传授姚枢、许衡的单一关系。

钱穆汉宋观的转变及其意义
——以“经学即理学”的评价为线索

韩书安　董　平　《中国哲学史》2021年第2期

“经学即理学”是顾炎武揭橥的考据学方法论，乾嘉以来成为汉宋之争的一个焦点话题。以“经学即理学”的评价为线索，可以清晰考察钱穆汉宋观的演变。对于“经学即理学”的评价，钱穆早年秉持严厉批判的态度，晚年则逐渐转向温和的认同，这反映了他在汉宋观上从“尊宋抑汉”到“汉宋等观”的转变。这一转变与他晚年研治朱子学的经历有直接关系。基于经学与理学是朱子学的两个面向之独特认识，钱穆提出了“会通博综”的治学理念，主张考据、义理兼尽，融汉宋之学于一炉，最终回归于儒学的大传统，这无疑更能从根本上消弭汉宋之争。

北宋五子意论之体用二重性

张锦枝 《安徽师范大学学报(人文社会科学版)》2021年第3期

北宋五子关于意的相关探讨表明，意在理学中正逐渐成为独立的概念。他们普遍认为，意具有意见、私意、意念、意欲等义，是天人、物我之间的隔碍。然而，正因为意居于天人、物我之间，是贯通天人、物我的结穴，其自私、遮蔽、阻碍的意涵又必然随之消解，潜在地构成意论在体用方面的两重特质。意作为天人、物我之间的隔碍为表象，而沟通天人内外才更为必然和根本。通过贯通天人内外，此一心意成为人成就内在自我的根据。

朱熹对《论语》“礼”的三维诠释

郭园兰 《中国文化研究》2021年第3期

朱熹对《论语》“礼”有“天理”“节文”“天理之节文”等三个维度的诠释。为建构理学体系和应对佛道挑战，在继承前人思想资源的基础上，朱熹释“礼”为“性”，发展“性即理”，把“礼”诠释为“天理”。“天理”空而不实，难以囊括精细、着实工夫，中年起，朱熹对只以“理”释“礼”表示不满，强调释“礼”为“节文”。“天理”“节文”诠释各有偏废，朱熹创造性地提出两全之释“天理之节文”，以“天理”为根源、为体，以“节文”为表现、为用，晚年尤其注重强调和阐发此义。朱熹在继承、发扬、反省、批判中发展、完善和定型“礼”之诠释。从理学建构视角系统探究朱熹对《论语》“礼”的三维诠释及其曲折发展，有助于更加深入全面地理解朱子礼学、理解宋代理学。

试论朱熹理学思想建构中的荀子思想形象

朱锋刚 《吉林大学社会科学学报》2021年第3期

随着“朱熹是荀学”命题的提出，朱熹笔下荀子的真实思想形象值得聚焦探讨。朱熹用“参杂法家”甚至“全是申韩”的评语表达对荀子取法法家以建构学说的不满，但依然认为与韩非等法家人物相较，荀子是有救世情怀的儒家圣贤，是“大醇”。朱熹沿用了程颐“论性”时性与气兼备的义理架构，认为孟荀皆有得失，荀子于“大本处不透彻，只见得人性之不好”；孟子“只见得大本，未说到气质之性”，这构成了性恶论兴起的理论源头。不识性之大本，导致荀子虽强调践履工夫却因流于细节而无从落实。朱熹认为应该从孟子四端说来阐明“礼乃性之固有”，可破荀卿之说。总之,朱熹体察、肯定荀子的救世情怀下的良苦用心,从义理上有意识地统合孟荀来寻求发展儒学。

美德伦理学的自我中心问题:朱熹的回答

黄　勇　《杭州师范大学学报(社会科学版)》2021 年第 3 期

与后果论要求我们为最多的人创造最多的幸福和义务论要求我们遵循普遍的道德规则不同,美德论要求我们成为具有美德的人。因此美德论有时被批评具有自我中心倾向,似乎我的唯一目标就是使自己获得美德。这种批评表面上很容易回应,因为美德论要求我获得的很多美德都是涉及他人的,例如仁慈这种美德就要求我关心他人的利益,因此不是自我中心的。但这种批评还有两个更深的层次:一方面,美德伦理学认为一个人的美德比一个人的外在利益更重要,但一个人在追求美德过程中为自己获得的是比较重要的美德,而给他人提供的只是一些外在的利益;另一方面,具有美德的人虽然也关心他人利益,但他之所以关心他人利益,最后还是为了自己成为一个具有美德的人。

认知转向视域下朱熹“理一分殊”说的隐喻结构

张　寿　《齐鲁学刊》2021 年第 3 期

“理一分殊”说是贯通朱熹整个理学体系的关键点和核心内容。然而,这种“理一分殊”说却使得他的理学体系深深陷入悖论困境。当今随着认知科学的突飞猛进,哲学研究正要进入一个“认知转向”的新的历史时期。体验主义是一种以当今认知科学的经验性研究成果为基础,逐步形成发展的崭新的哲学理论。根据体验主义的基本观点,隐喻映射和建构化在本质上是局部性的,它的哲学意蕴在于“隐喻建构物”虽实在,但不具有客观性或确定性。从体验主义观点看,朱熹的“理一分殊”说是由“月亮”“窝窟(容器)”“杓碗(容器)”“木根”“绳索”“统体异用”“异体异用”等多重隐喻精致化的复合型隐喻,这表明,朱熹所谓“理一分殊”只是一个没有客观性、确定性的抽象观念而已。这进一步表明,宇宙间其实并不存在“理一分殊”的运作,通过“理一分殊”呈现出的理对宇宙现象界的参与和主宰作用亦是一种理论假象。

朱熹、王阳明对天理的理解

——从二人对“子入太庙，每事问”的解释来看

王春梅 《学术探索》
2021 年第 3 期

王阳明、朱熹二人对“子入太庙，每事问”做出了不同的解释，朱熹认为孔子是“知而问”，王阳明则认为孔子是“不知而问”。王阳明、朱熹二人之所以对同一件事做出了不同的解释，根源在于二人对“天理”的理解不同。朱熹理解的“天理”是事理、具体的礼节，这样理解“天理”，就会析心与理为二，导致道德无力。王阳明理解的“天理”则是性理，性理并不是具体的礼节，而是形成和判断具体礼节的本源和标准，这样理解“天理”，如果落实不够，就会导致荡之于玄虚或参之于情识。

自律还是他律

——反思牟宗三对朱子格物致知理论的定位

高海波 《道德与文明》
2021 年第 3 期

在心学史上，陆象山、王阳明、黄宗羲等人都曾对朱子的格物致知理论提出批评，认为其有“义外”之嫌。牟宗三延续了这一看法，他从康德哲学的视角，指出朱子的格物致知理论是将道德法则置于主体之外，从而是一种他律道德。陆王心学家特别是牟宗三对朱子格物致知理论存在误解。实际上，在朱子那里，格物致知就是克服气禀、物欲的影响，从而使主体充分认识自身性理并使其现实呈现的过程。从这个意义上说，朱子格物致知的道德形态也是一种自律道德而非他律道德。

陆陇其的独尊朱子论

——兼谈其对东林以及蕺山、夏峰等学派的评定

张天杰 《中国哲学史》
2021 年第 3 期

陆陇其是清初程朱理学一系的代表人物，其学术主旨是“尊朱辟王”。与对其有影响的张履祥、吕留良、熊赐履等学者相比，陆陇其明辨道统，形成了更为完整而独特的“独尊朱子”论。一则辨析为何朱子之学即孔子之学、尊朱子即尊孔子，一则辨析为何顾宪成、高攀龙与黄宗羲、孙奇逢等调停朱、王之不可取。正是因为他的深辟与严辨，从而在“由王返朱”思潮，也即朱子学再度意识形态化过程中发挥了较大的“卫道”之功。

《朱子封事》的思想特色及其在中朝之影响

孙卫国　袁昆仑　《学术研究》
2021年第4期

《朱子封事》是朱熹从1162年至1195年所作6篇封事的总称，涉及南宋政治、文化和军事等多方面内容，是朱熹哲学理念和政治思想结合的体现。从南宋至清，《朱子封事》成为理学家评价朱熹和议论时事的重要媒介。随着朱子学在朝鲜王朝的传播，《朱子封事》也受到朝鲜王朝君臣的重视，成为朝鲜王廷经筵的重要书籍；其也被朝鲜儒士广泛研读，成为明清之际朝鲜王朝宣扬“讨复大义”的思想源泉。《朱子封事》在中国和朝鲜半岛的传播，同中有异，既源于朱子思想在中朝的重要影响，也反映出朱子学在朝鲜王朝的独特性。

“格物穷理”：晚明西洋哲学与宋明理学之间的话语竞争

王　格　《世界哲学》
2021年第4期

晚明天主教来华，西洋哲学随之首次进入中国。在传教士的“文化适应”以及“尊古儒”的策略之下，对西洋哲学的译介一方面大量采用了宋明理学的话语体系，另一方面却并非与之融合，而是形成一种话语竞争。从哲学及其分支学科的名目，到基本概念如“天”“理”“礼”等，西洋哲学均与宋明理学展开了一场争夺战。这场争夺由在华传教士发起，虽然并未引起中国主流思想界显著的反弹，但其细微影响亦时有潜入中国思想潮流之中；而此番话语竞争的遗产在晚清得以延续和壮大，影响至今。

朱陆之辩再论：理论症结、内在关联与话题选择

傅锡洪　《杭州师范大学学报（社会科学版）》
2021年第4期

朱子和象山分别围绕“尊德性”“道问学”问题以及“无极而太极”问题展开了两场辩论。必须凭借知觉以穷理，还是可以体悟本心并进而凭借本心直接做身心修养工夫，是双方在尊德性、道问学之辩中的根本分歧。在主张理与气或说道与事不离之外，究竟是否还要主张它们的区别，则是双方在无极太极之辩中的根本分歧。两场辩论存在内在关联。从体用关系来看，朱子强调体用有别，体难以直接作用于用，不应将两者混同；象山主张体用一致，体可以直接在用中发挥作用，不应将两者割裂。两场辩论不过是分别借助尊德性、道问学和无极太极的话题展现了这一根本分歧而已。

蔡沈《书集传》的伦理思想及其对程朱的推进

樊智宁　陈　徽　《南昌大学学报（人文社会科学版）》
2021 年第 4 期

蔡沈《书集传》从道德主体的人格、道德实践的模式以及道德生活的视域三个方面对程朱的伦理思想进行推进。蔡沈《书集传》严格区分了圣人与贤人两种最高的道德主体人格，认为两者不可贯通，但主张成为贤人比成为圣人更能体现人的崇高性。蔡沈《书集传》区分随顺与持敬两种道德实践模式，认为前者包含后者，前者是圣人的专利，后者则属于贤人。蔡沈亦将随顺从被动的应物状态改造为主动的道德行为，使得程朱伦理思想的自律性得以突显。蔡沈《书集传》还通过构建出德性生活与政治生活的交互结构，揭示了德性与政治的内在关联，使得程朱的理学思想在政治领域得以进一步完善。

“理之用”还是“心之用”？
——退溪和栗谷对物格注的争论及其回响

周元侠　《世界哲学》
2021 年第 4 期

朱子《大学章句》曰：“物格者，物理之极处无不到也”，退溪早年认为“理岂能自至于极处”，晚年则主张“先寻个理所以自到者”。为了解决“理自到”与“理无情意，无计度，无造作”之间的矛盾，退溪依据朱子“理必有用，何必又说是心之用”的说法，提出“无情意、造作者”是理之体，“随寓发见而无不到者”是理之用。栗谷学派则从“理无为而气有为”的立场，批评退溪违背了“体用一源”的原则。退溪后学一面批评栗谷“物理到极处”的说法是分物理与极处为二，一面接着《四书大全・大学或问・补亡章》小注的讨论，认为“心之用”实为“心所管之理呈露于本地”，重申理到是“理之用”的观点。退溪和栗谷两派对物格注的争论体现出朱子理学思想存在的“复见天地之心”阐释中的未发已发问题。

朱子“复见天地之心”阐释中的未发已发问题
——兼论“静中存养”工夫的优先地位

李健芸　《哲学动态》
2021 年第 5 期

在朱子将“复见天地之心”与未发已发概念关联起来的阐释中，存在着由已发之用的生气流行显示未发之体的天地生物之心的结构。在这个结构中，朱子又区分了两种对“复见天地之心”的解释，即由纯粹蕴蓄而尚未显露的生气显示天地之心和由显露几微的生气端倪显示天地之

心。相较而言，朱子更加看重前者。与此相关，在心体流行的层面，“复见天地之心”则可以相应解释为由心灵活动在未发阶段的静中知觉不昧显示出天地之心，在此状态下的心灵活动完全保持自身的纯粹醒觉。无论是心体层面的静中纯粹醒觉，还是生气层面的纯粹蕴蓄的生气，都因其纯粹性而能够最直接地显示出自身不会孤立显示的天地之心。这既是朱子在生生流行统体之内确立“以静为本”的思路，又是他确立“静中存养”工夫的优先地位的思路。而后者也是朱子在中和新说中对延平教诲的重新理解。

尽忠还是行恕：朱熹对刑罚的道德解释

肖芬芳　《孔子研究》
2021 年第 5 期

朱熹在解决刑罚和恕道如何兼容此一难题时，以忠恕一体的关系来论证刑罚不失儒家道德本意。他认为治理者和犯罪者都需尽己为忠，如此治理者因恪守道德而用刑罚裁制犯罪者，犯罪者也会认识到自己应当承受刑罚措施，从而不会存在“己所不欲”的恕道困境。朱熹主张使用刑罚来表达“恶恶”的道德态度，并通过惩戒恶者来保护善弱群体，此种意图严分善恶界限的义刑观注入了教化仁爱之意，从而治理者使用刑罚和推行儒家道德是一体两面之事。朱熹建构了刑罚和儒家“忠”“义”等德目的契合性，其中既可能发展出追求正义、践行法律的司法精神，也很难避免在道德严格主义中陷入严刑之流弊。

太极 VS 创造性
——朱熹与怀特海本体论之比较

王　锟　《现代哲学》
2021 年第 5 期

朱熹与怀特海哲学之间的相通性，怀特海本人及现代新儒家人物都有觉察。自李约瑟开启朱熹与怀特海比较研究以来，朱熹与怀特海的比较开始受到关注。本文以怀特海有机主义哲学为媒介，把朱熹与怀特海的本体论范畴——“太极”与“创造性”进行比较。作为最高的本体范畴，朱熹的“太极”与怀特海的“创造性”既具有终极原理的面向，又具组织力、发动力的面向，二者意义相通；怀特海的本体论在强调超越性与内在性、体与用之统一方面，更契合于朱熹。不同之处是：朱熹正是由太极的“生生不息之机”而上达“天地生物之心”，最后挺立起“仁”本体论，成就自己的道德形上学；而怀特海的本体论则是自然化、平面化的，缺失了道德形上学的高俨。

追慕“圣人之道”：《续文章正宗》中的理事关系与文道关系

李法然　《复旦学报(社会科学版)》2021年第5期

真德秀《续文章正宗》立足于道学立场而面对古文传统，至少在两个层面上寻求理学与文章的契合点：其一，在思想内容上以“道”之“一”统领各类文章之“殊”；其二，整合以“道”统领的知识体系与“文章”的外在形式。二者正好对应刘彝所说“圣人之道”中“体”“用”与“文”的关系。前者反映出道学思想体系，后者则是对文道关系的处理。前一层面借由《大学》八条目的理论框架完成了道学文章契合点的寻求，而后一层面却未取得预期效果。其中反映出理学家在处理文道关系方面存在的困惑，促成了南宋道学选本的转型，不再尝试整合古文传统，只求在道学思想体系内部获得自洽。

退溪思想中的“敬”以践德

耿志刚　《伦理学研究》2021年第5期

退溪发展了朱子主敬学说，把“敬”作为治学的根本，将其贯穿为学的始终。在退溪思想中，“敬”是心的主宰与存在方式，其核心要旨就是遏制欲望，恢复作为人道德之根源的道心。他集中阐发了关于心的本性和修养的问题，从而探讨“为人”与“成圣”的路径，进而在“知行并进，互为轻重”辩证思维指导下，把敬工夫与道德的“行”结合，践履“敬”思想于日常之中，最终实现人行为的道德性与身心价值的中正性相统一的目标。

朱熹民族关系思想初探

崔明德　穆　琛　《贵州民族研究》2021年第6期

朱熹民族关系思想以“内修政，外攘夷”为主要内容，具有多方面内涵：一是对“理欲”之辨的理论应用，通过华夷观表现出来。二是对“中国”正统的全新阐释，通过“中国”观、正统观表现出来。三是对主战反和的理性表述，通过“战守合一”表现出来。这三个方面凸显了南宋在“中华一统”进程中的特殊作用：以朱熹为代表的宋代理学家实现了对天理道统的构建，为金元儒士华夷观念和“中国之道”的调适提供了哲学范式，在古代中国各民族共创中华的发展脉络中发挥着重要的理论构建作用。当然，朱熹以恢复华夷秩序为目标对“中国”的阐释、重新突出民族身份以及提出“正统之始”和“正统之余”两个概念，刻意延长正统接续周期，是对传统夷夏可以互变古训的背弃，更是汉唐“大一统”格局的严重倒退，因

而其民族关系思想明显具有封闭性和狭隘性。

再论朱子“四端之发有不中节”
——捍卫朱子性善论之基础

洪明超 《道德与文明》
2021年第6期

许多学者认为朱子“四端之发有不中节”的思想动摇了其性善论的基础。这种看法存在着“双重滑转”,既把“四端之发”滑转为“四端”,又把“不中节”滑转为“不善”,由此对朱子的相关思想产生了严重误解。通过分析可知,“四端之发”的整体过程在时间中包括“发显”“持存”和“落实”三个阶段,“不中节”只能指涉后两个阶段,“发显”的四端本身则纯善无恶。因此“四端之发”之“不中节”并不蕴含“四端”之“不善”,朱子性善论的基础仍可保持牢固。

道德生存与天命的分合及其意蕴
——以朱熹与阳明对《孟子·尽心》首章诠释为中心

高瑞杰 郭美华 《浙江社会科学》
2021年第6期

自孔孟以来,道德主体性与天命之间就一直存在紧张关系,影响着后世诸儒对此问题的解读。在对《孟子·尽心》首章的诠释上,朱子以普遍之理的预设为根基,依据《大学》条目,从认知角度呈现了一个由知到行、普遍的历时性进程,突出普遍天理对于现实生存的绝对优先性;而阳明将此章三句视为三种品第的为学进路,并与《论语》《中庸》生知安行、学知利行、困知勉行结合起来,将此章理解为不同主体现实生存活动及其境界的共时性差异,对单纯的认知主义进路有所克服。但是,阳明依然将普遍天理预设为主体性良知的先天本质,同样湮没了真正的道德生存本身。事实上,重新敞露道德生存论的真蕴,将天命与道德生存划界,以人自身活泼的生存活动及其展开作为人之本质的基础,是彰显人自身生存性意义的必由之路。

从《大学》诠释看王船山对朱子学态度的嬗变

李敬峰 《求索》
2021年第6期

缘于《大学》在朱子哲学体系建构中的肯綮地位,从《大学》入手探究朱子学便成为理学和理学史研究的重要进路。王船山在45岁时作《四书稗疏》《四书考异》,47岁时作《读〈四书大全〉说》,55—59岁作《礼记章句》,61岁作《四书训义》,66—70岁作《四书笺解》,诸书关涉《大学》的部

分，形成了船山独到的《大学》诠释体系。从动态的视角考察这些不同时期的《大学》注本，揭示出船山由批评到依违，再到推衍、发越和卫道朱子的特质，成为厘清和衡定船山与朱子学关系的一个重要方法，从而回应了学界在此问题上或宗承，或修正，或参伍的纠纷，对把握船山与理学主流学派的关系，乃至把握明清之际的学术思潮的走向不无裨益。

永嘉学视野中的理体学与心体学
——项乔的理气心性论

张立文　董凯凯
《浙江工商大学学报》
2021 年第 6 期

项乔认为体会“四书五经”之言，就是体悟圣贤的心学，进而融通义理。他认为，阳明发朱熹之所未发，“致良知”是其独创之见。良知作为天理而主于虚，虚能容物，推致良知于事物。虚实一源，显微无间。项乔的“致良知”“求放心”之学，是在圆融孟子、《中庸》和阳明心体学，并融通朱熹的观点而阐发自己的独创见解，进而探索理气和道器的关系。项乔融突和合程朱理体学与陆王心体学旨在归本圣贤经典的理想人格，高扬随事在物即行的德性，终成心体学的事功学。

论朱子学视域下元儒许衡的孟子研究

周春健　《安徽大学学报（哲学社会科学版）》
2021 年第 6 期

许衡是元代北方学者，位至国子祭酒、集贤大学士、中书左丞，开创鲁斋学派，被奉为元代理学宗师。德安之战后，许衡自姚枢处获睹程朱著述，得以研习朱子《四书章句集注》诸书，并“一以朱子之言为师”，实现了其平生治学的四书学转向。许衡一生受到孟子学的很大影响，在孟子学理论上也有所创获。从态度上讲，许衡曾明确表示“愿学孟子”，以为孟子仁义之学“不可须臾离也”；在孟子学的核心观点如人性论、夷夏观、君臣观等方面，颇有可观之处；许衡一生之出处进退与政治思想，亦受到孟子学的重要影响。从许衡之孟子学，还可以看出元代理学和会朱陆、开启明代心学的时代特色。

林罗山的《春秋》学

张德恒　《孔子研究》
2021 年第 6 期

德川日本（1603—1868）时期著名朱子学派儒者林罗山治《春秋》学根本程朱、推崇胡安国《春秋传》，同时兼攻《左传》《公羊传》《穀梁传》，重视对《左传》文法的领悟与揭示。林罗山《春秋劈头论》以设为问答的方式讨论了《春秋》与孔子之关系、《春秋》命名由来、《春秋》所行正朔、诸侯能否改元、孔子笔削《春秋》具体方法等《春秋》学基本问题，为德川日本《春秋》学的发展开辟了进路，具有重要意义。

对牟宗三诠释朱熹仁说的方法论反省

杜保瑞　张雅迪　《西南民族大学学报(人文社会科学版)》
2021 年第 8 期

牟宗三的哲学思维模式和方法论对当代中国哲学影响巨大，本文以牟先生对朱熹“仁说”的讨论来反省牟先生对朱熹学说的整体思考，说明牟宗三先生的哲学问题意识，在于对比中西哲学而主张儒学系统是唯一能完成形上学的系统。以此之故，牟先生特别关心儒家道德形上学的证成义，于是所说之本体宇宙论的纵贯创生系统，成了绾合宇宙论、本体论、工夫论、境界论的天道流行义与圣人践行义的综合型态形上学，并以此为孔孟思想之根本型态、唯一型态。以此解读朱熹哲学时，便将朱熹纯粹谈论存有论的概念定义及概念解析的儒学系统说为别子，关键是在此系统中并不说明主体活动；又将朱熹诠解《大学》所说工夫次第的格物穷理工夫说为只管认知不管意志纯粹化的活动。本文即是对牟先生的思考重做分析，指出朱熹所说存有论与工夫次第论并不违背孔孟实践义，只是说了不一样的形上学系统及讨论了工夫次第问题，而工夫次第问题亦不是对立于本体工夫的问题，以此还原朱熹学说的型态定位。

罗泽南《姚江学辨》的核心要旨及其思想史意义

刘　俊　《东岳论丛》
2021 年第 9 期

在晚清汉学式微、宋学复兴、心学抬头之际，理学名儒罗泽南以卫道程朱、恪守正统为己任，倾力著述《姚江学辨》，以朱子学为准则，对阳明心学展开剖析毫厘、决其疑似的批判。他首先力证阳明之学为禅学，割断心学与孟子学的渊源，将其打入异端，从儒学行列中清扫出去，消解其合法性；继而操戈入室，从阳明心学的三大要旨心即理、致良知和知行合一入手，详辨其非，否定其合理性。罗泽南这种不遗余力的批判，呈现出鲜明的学术特质，在学术史上具有重要的典范意义：一是标揭程朱、重振宋学，使程朱理学得以在乾嘉汉学没落之后再度崛起；二是显豁程朱、陆王之学的创获与局限。

朱子的“诚意”论及其道德动力

孟少杰 《哲学研究》
2021 年第 10 期

理解朱子“诚意”说的关键在于如何处理“诚意本位工夫”和“真知必能行”的关系。诚意的本位工夫是好善恶恶时能实用其力。而真知正是要为此过程提供道德动力，使诚意工夫的展开具有自然性和自发性。同时，道德动力的来源不能只归于行动主体的深切体认，而是根源于天理的生生不已。在天理的统摄下，诚意本位工夫中的实用其力和道德意识的自然而发具有了同一性。因此，朱子的“诚意”说贯通了“知—天理—诚意”这一过程，这和王阳明的“致良知”思想既有相似又有区别。

理治的法理阐释
——以朱子理治思想为中心的考察

郭　忠　刘渠景 《学术界》
2021 年第 10 期

法理作为高于实在法的思想、观念和理论成果，其不仅是一套形式化的思维体系，更是一系列合理化的社会治理原则和实质性的理想价值追求，其与一个国家的历史文化与社会治理传统密切相关。以朱子为代表的理学家的理治思想，是古代中国社会治理思想的最高结晶，蕴含着丰富的法理资源。理治具有治之理的多元一体性、治之道的内外合一性以及治之法的相辅相成性等多种重要特性。与法治相比，其在效力范围、运行机制、价值追求等方面的法理意蕴也更为丰富、立体、多元。深入挖掘理治中的法理，有利于补充形式法治与形式法理的不足。

论中国古代教育意义世界的消解与重构
——以朱熹对宋代科举之学批判为中心的考察

孙　杰 《学术探索》
2021 年第 11 期

为己之学是以朱熹为代表的理学家们所秉承的为学宗旨。以追求外在功名利禄为宗旨的科举之学，不仅使古代学者面临着失去自我独立人格和主体地位的歧途和风险，而且在无形中消解了学者为己的古代教育意义世界。以“四书”为中心的新经学课程体系及旨在改革科举之弊的《学校贡举私议》，体现了朱熹在科举取士背景下立足于为己之学的立场来协调举业与修学之间的相互关系，并使学者在与圣贤的文本对话中体悟儒学内在超越价值取向的学术理想。朱熹对于孔颜乐处本真的阐释及对圣贤气象的追寻，正是要重塑属伦理又超伦理、准审美又超审

美的精神境界，进而使古代学者在体验圣贤德行工夫中领悟超然的教育意义世界。仁智统一的为己之学正是儒家教育经典之真价值所在，成己成人之中蕴含着古代学者的学术理想和修身境界。这正是追溯朱熹重构古代教育意义世界的价值所在。

朱子学研究硕博士论文荟萃

宋代道学的工夫实践与理论

——从二程到前期朱子

张洪义（清华大学 2021 年，
导师：陈来教授）

从二程到朱子道学发展的一个突出贡献是他们依据自己的亲身实践经验并吸收先秦儒学思想资源，提炼出系统化的人类生存结构和工夫实践理论。不过，对于道学家来说，最重要的问题不是圣贤和前辈说了什么（概念、命题），而是怎么展开为学的，前者只有以后者的解答为基础，才具有真实的意义。而“怎么为学”的回答，意味着对道学生命体成长轨迹的还原和描述。可以说，描述宋代道学生命的成长轨迹和追问道学家“怎么为学”是同一个问题的两个面向。这是本文所要集中探讨的问题。与之前学术研究中将二程对立起来、将程门之传分立为“道南学派”和“湖湘学派”不同，我们将二程、二程弟子视为道学发展生命中的内部环节，将二程到朱子的道学发展当成一个思想生命整体来叙述和理解。当然，这一宏大的思想生命内部有诸多曲折发展，既不是浑沦整体地顺流直下，也不是内部分流为互不相干的叉道，而是呈现出曲折、分流又汇合的进程。其中，二程兄弟是道学工夫进路探索的两个开端，程门第一代四位重要弟子（吕与叔、谢上蔡、杨龟山、尹和靖）、五峰及其弟子、李延平是中继者，朱子为完成者。在道学家那里，存在着两条工夫进路和相对应的境界类型：以明道、延平为代表的工夫进路，首先着眼于辨识心性本体涌现出来的义理内容，然后加以涵养，使之回归现实实践生命，从而指向“融释洒落”或“万物一体”的境界；以伊川、朱子为代表的工夫进路，首先在思想中确立实践法则（“理”），然后使得心念与之相符，从而指向“豁然贯通”的境界。第一条工夫进路，用延平的话来说，是先“体验未发”再“理会分殊”。工夫的出发点是心性本体中涌现出来的“义理”，落脚点是将发现和确证的“义理”回落到心性本体中，消泯实践者的主体色彩。第二条工夫进路，用朱子的话来说，是先“居敬涵养”再“格物穷理”。工夫的出发点是知觉“具”已知之理，虽然“理”隐退到“知觉”的背后而达到“知觉”与“理”合一的心灵状态，但由于“理”始终无法融释为心性本体，所以它仍然是“知觉”的对象物，两者之间的“对立”局面不会消解，实践主体的生命很难达到明道、延平那样的“自然”状态。其他程门弟子基本上在这两条线、四个点所形成的框架内摆动。

理学叙事中的师道与治道
——从韩愈到朱熹

王亚中（清华大学2021年，导师：唐文明教授）

论文是在唐宋师道重建这一历史背景中，探索具有理学性格的思想家对师道的理解，并从师道的角度切入到对治道的理解，主要涉及师道、师道与治道关联、治道三个方面的义理探讨。以朱子学的理学史观为据，本文选取的研究对象是从理学兴起，到确立以至于完善进程中的关键人物，包括韩愈、宋初三先生、周敦颐、二程、朱子。韩愈《师说》一文重提传道之师，而有别于当时的文儒。“传道”之目的在于复性，而复性是效法与创造的统一。韩愈论性主张“五性说”和“三品说”，而“五性说”源于孟子之性善论。此外，《师说》与其《原道》篇相通，通过《原道》能见出师道的政教意义。“宋初三先生”之一，胡瑗，以德教为本，论性强调天地之性，其论说具有超越之维度。他基于对颜子的理解而倡导复性之学。孙复《春秋尊王发微》中有“中国叙事”的线索，石介通过三才之道理解“中国”。二人强调士大夫之政治主体地位，希望通过师道之重建而培养士大夫，从而回向三代之理想政治。二先生关于治道的理解也为后世理学家提供了政治批判的视野。周敦颐《通书》中关于师道的涵义，可以从师道问题发生、师道确立、师道典范三个方面见出，其论性的思想属于古典教化传统，由教化才能培养德行；师道确立过程中，“耻”对于学者意义重大。《蒙卦》与“主静”思想相关，体现了“智包四德”之意。颜子发圣人之蕴，因此是具有典范意义的“圣徒”。《师》中周敦颐强调师与天下治的关联，师以复性之学教人，士大夫从学于师而渐具伊尹之志与中正、明达、果断的司法素养。其德化政治的根源在天地之心，并非是“道德吞没政治”。程颐正视性与气的距离而强调师道尊严，程颢珍视“继之者善”而善于接引学者。二程倡导“圣人可学而至”的学问宗旨：就“可至”而言，程颐的才性论包括形质论和性善论两种意义的才，成圣只是尽其才；就“可学”而言，“圣人无迹”而“颜子微有迹”，学为圣人关键在于学颜子之所学。理学集大成者朱熹注重以四书学为根本的经典教育。《论语》“克己复礼”章体现了朱子对颜子之学的理解，其指出“克己复礼”之“己”包括克己、由己、仁三个方面的涵义。此外，朱熹以正君心为治道之根本，究其缘由，是君主作为政教元首具有的独特

意义。君心正否可由此区分王霸，“势”与“观感”是君心为天下大本的关键机制。

“本心”或“圣人之心”：朱子思想历程中的经典意识

祝浩涵（清华大学 2021 年，导师：高海波教授）

“其所以不已乎经者，何也”，《一经堂记》中的这个问题正是本论文追索朱子思想发展线索而致力于探究与回答的。笼统而言，尽管传统思想家大多对于经典都十分重视，他们也不会否定经典对于为学是具有助益的，但是，如朱子一般强烈坚持经典必要性的思想家还是少有的。坚持“道在六经，何可它求”，意味着六经与朱子所构想的“学”之间具有本质的联系。这一联系缘何而建立，其经过与意义何在，本论文所欲探究的正是这些问题。朱子早年曾有过出入释老的经历，正是延平“令去圣经中求义”的教诲，开启了他“刻意经学，推见实理”而归本纯儒的思想历程。经学与实理在朱子思想中的联系，亦由此而建立了起来。在亲身感受过具备“本心”倾向之学问的魅力以后，归于纯儒的朱子开始了对异端杂学的全面批判。乾道年间朱子太极实理观的建构，及其与湖湘学者诸多的论辩，都体现着他批判“本心”之学的关怀。在此过程中，学者之心与圣人之心的差异逐渐为朱子所强调与重视。在朱子看来，“人之所以为学者，以吾之心未若圣人之心故也”，正出于学者当身之心与圣人之心存在距离的缘故，“学”才成为了一项具备根本必要性的事情。在此，“学”首先就意味着要去求“圣人之心”以拉近己心与圣心之间的距离。而对“圣人之心”的了解，离不开对其传承物——圣人之文的研习，朱子“学”与经典之间的本质联系亦由此而建立了起来。在与陆九渊交往的过程中，朱子这一为学构想的关怀得到了更清晰与充分的表露。通过对朱陆为学构想差异的考察，我们得以对朱子经典意识的体现与意义有更充分的了解。总之，本文认为正是在与当时具备“本心”倾向的众多思想家交涉的过程中，朱子形成了自己以“效”为核心的为学构想。在此，“学”首先意味着要去求“圣人之心”以拉近己心与圣心之间的距离。而朱子所谓“学”，亦本身就包含了一项因圣人之文以求“圣人之心”而明天地之理的事业，它由此也使得圣人之文——经典与朱子“学”具备了本质的联系。从经学史的角度看，这一求圣人之心的为学构想，也拥有着绾合圣人之文与道的关系的可能。朱子的这一努力，固然出于其不安本心之学可能造成的良知失范与良知的傲慢等修身层面的问题，更是出于其为整个华夏之为文明的生活方式与价值信仰奠基的宏愿。

黄榦理学思想研究

李思远（西北大学 2021 年，
导师：张岂之教授）

南宋后期，朱熹的门人与后学在朱熹理学思想基础上，推动了理学新的发展，即将朱熹的理学思想、学术主张综合发展为朱子学。而在此过程中，受朱子临终寄命的门下高徒黄榦，承担和发挥了重要作用。黄榦不仅是朱熹理学的继承人，也是朱熹门人后学团体的领导者。他向上继承了朱熹的理学思想，向下开启和主导了朱熹学术思想的传承和发展历程。因此通过对黄榦理学思想的讨论，不只有助于后人加深对黄榦个人理学思想内容及其发展历程的了解，同时能为认识朱子学的历史演变情形，提供更为全面、多元的观察视角。

就黄榦理学主张内核而言，道体论、心性论和工夫论构成了他理学思想的基础。具体来说，黄榦站在现实中气（物）的角度上，提出了“理气不离”的道体论。黄榦这里所言道体是指现实的事物，又现实中的事物必定带有理，而理就是道，因此他认为现实事物就是道的实现、体现。但在他的“道体论”中，道体与体用又有所区别，道即是理，理居体的部分，而道体则是合体用而言。综而言之，黄榦的道体论是从事物角度上看待道器关系，而具体的器、事物是有限而短暂的，虽然他们的实现过程中带有理的规定，但这并不能穷尽理的规定，因而具有了变化的可能。此外，道体在时间中表现为运动发展，其现实性则来源于阴阳二气的交错运动变化。详细来说，黄榦认为五行之气分别由阴阳终始而生，而在生成事物的成质过程中，五行又与未分化的阴阳之气相互作用，最终使成质的五行在性质上发生变化。进一步而言，黄榦的道体造化说不仅认为造化是事物合乎道的运动，更是为了说明造化是以道为目的的运动。另外，黄榦还讨论了人在道体中的地位。他认为在道体运动中，人起到了裁成辅相的作用，是包含在道体自然运动内部的自觉活动。在他看来，正是在人的参与作用下，道体运动趋向于道且并行而不相悖，万物亦并行而不相害，事物之间的关系因此而协调融洽，万物也都能够得到发展的方向。

就黄榦整个理学思想体系而言，他是以道体论为理论框架，而其他心性论、工夫论、社会政治观等内容则可以看作是人实现其道体意义的不同阶段。具体来说，黄榦在心性论方面强调了“心性不二”的实然状态。这里他延续了朱熹性即理的观点，并指出人禀赋了清正之气，才具有虚灵知觉的心作为认识能力。而虚灵知觉的心与性、与气质、与事物的结合，就产生了心中的具体意识。此外，性必定由人之心的虚灵知觉来反映，才能产生出合乎道德的意识，因此心与性并非两物。性虽然一定由心的虚灵知觉加以反映，但是心的虚灵知觉并不一定反映性的内容。心的虚灵知觉还会对气禀之杂、人欲之私进行

反映，产生不合乎道德的意识，影响着人们的行为。黄榦指出，人心、道心的区别就在于意识的对象究竟是人的形气之私，还是先天禀赋的天理之正。而人虽然不能先天地认识道的内容，却可以先天地认识道的体段，因此人具有扩展知识、发展道心的天赋能力。黄榦在心性论的基础上，还整合理学各家的为学修养方法，提出了自己的工夫论。他认为工夫的直接目的在于成德而存心。而所谓德就是心中所认识到的理，是性理在意识中的实现，德一旦出现在心中，就要持存不放失，这就是成德存心之说。此外，黄榦认为存心工夫既要寡欲，即减少内心对外在事物的需求，还要将致知、持敬工夫包含在自身内部，以维持主体合乎道德的意识状态。在存心之外，黄榦还借用理学忠恕的观点，提出了工夫要由内转外，由个人转向社会的观点。

道体论、心性论和工夫论是黄榦理学思想的理论基础，在此之外黄榦还有社会政治观念等思想主张，其基本内在逻辑是基于道体论中包含着推动事物有序发展的基本理想，而心性、工夫都是这一理想实现的途径。故而他的社会政治观念和学术发展观，亦是其理学思想的一部分，而非黄榦理学思想在政治、社会和学术方面的应用。黄榦认为道体运行的方向是“万物并育而不相害，道并行而不相悖”，而人的心性与工夫又为此方向实现提供了基础，即人的社会政治活动实际上是道体发展的一环。现实中政治与社会活动的目的与道体运行的方向一致，即使民物各得其所，因此他以治理作为政治的目标，以民生为治理的重点。从具体举措建议来看，黄榦从理学思想出发，提出了均气同体作为改善社会关系、加强朝廷与民间联结的基本原则，并主张朝廷官府担负起改善民生的职责。此外，有鉴于当时的政治情况，黄榦又提出“上下之情相通”的政治原则，以改善官府的治理能力。最终，黄榦认为治之兴废存乎其人，提出从根本上改变政治的途径仍在于培育人才。

综而言之，黄榦的理学思想对朱子学的历史发展产生了一定的影响，即在当时便起到了维系朱熹门人团体思想统一的重要作用。具体来说，通过他的理学讲解和学术辩论，在一定程度上减小了朱熹门人思想上的分歧。而后为将朱熹的理学思想稳定规范地传于后世，黄榦还参与了理学书籍的编订，并整理了朱熹的生平，写作《朱子行状》，以及通过《圣贤传授道统总叙说》确立了朱熹在道统中的地位，为后学提供了激励和效仿的对象。在朱子后的理学发展史上，经过与饶鲁、何基等人思想比较，可以发现黄榦理学思想中具体观念没有被后学全盘接受，即黄榦的后学在哲学思想上走上了独立发展的道路。但黄榦自身对政治社会问题、学术问题、道统问题的重视，使受其影响的后学亦将思想重心转移到关注这些现实的社会、文化和政治问题上来。

黄榦是朱熹理学思想在南宋后期转变，并发生实际社会作用的关键人物。他的理学思想在道体论中展

开，而道体论本质上是对朱熹理学理气论的继承和变化，因此黄榦的理学思想在内容上没有走出朱熹理学的范围。但黄榦改变了朱子后学对朱熹理学思想发展的方向，引导后人走出了对理气关系的论辩，固定了朱熹理学义理的涵义，并将其运用于政治社会问题，促使朱熹理学发生现实的社会作用。

主体与存在：朱熹主体哲学研究

盛　夏（厦门大学 2021 年，导师：乐爱国教授）

朱熹作为宋代理学的集大成者，开创了宋明理学话语体系的讨论范式，但是在学术思想史上却遭到了批判。作为明代心学的集大成者，王阳明以朱熹"格物致知"为核心，批判朱熹过于重视外在之理，而不首先立足于良知、良心；现代新儒家的代表人物牟宗三认为，朱熹的哲学缺少道德主体的挺立，人心由于只具有认知意义而无法实现自由自律的境界，所以判定朱熹"别子为宗"。从思想史的发展和对朱熹思想的反思来看，对朱熹哲学中的主体性问题的研究就显得尤为重要了，不仅可以认识到朱熹精微的哲学思想，而且有利于跳出以往的窠臼，以更为全面的角度看待朱熹哲学。应该说，朱熹的思想中不仅围绕着主体性的问题，而且相较于陆王心学，也更为精密和细致，其将主体分为涵养、认识和道德三个层面探讨，最终统一于道德主体的挺立。

围绕朱熹"格物致知"所涉及的心、物、知、理等概念及其之间的相互关系，我们不能仅仅以认识常识来理解，而是要将其放到朱熹哲学的背景中，首先，心并不是一个现成涵摄道理的容器，而是动态绽出的"生道"，理是在心之生道的过程中存在的，而非外在于心的客观事物；其次，《大学》"格物致知"中对物的理解，我们常常理所当然地与"八目"联系，也就是以外物的视角来看待"格物"之物，但是朱熹认为物的内涵首先是"三纲"，格物就不是普通认识论，而是儒家的工夫论；再次，还原"知"的含义，与西方认识论不同，根据仁义礼智与元亨利贞的对应关系，"知"的内涵是"贞下元起"的过程，也就是说，儒家哲学中的"知"是主体挺立的工夫。最终，朱熹将人的主体性问题诉诸周敦颐《太极图说》中"立人极"的要求，将人的主体性与太极（理）联系起来。

与西方哲学中将主体作为超绝于经验事物的唯一、静态的单子不同，儒家哲学中主体总是面向生活世界的，主体总是生存于世界之中的。通过讨论主体在"仁"、"孝"、"命"和"憾"中存在来探讨当主体面向生活生存时如何保持自身的超越性，首先，仁、孝、命和憾，不仅是儒家思想中看重的生活经验，同时也是主体普遍在生活中会遭遇的问题；其次，主体存在并不是现成客观的，而是在虚无与存在之间保持的，所以，主体的挺立是从现有存在堕入虚无，又从虚无中超脱出来而生存的；最后，为了考察主体虚无与存在的生存状况，需要上升到儒家形而上学的角度探究主体存在何以可能的原则，围绕人“性”的存在方式的辨析、生生之道和天人关系来说明主体是始终面向异于自身的事物存在，探究主体存在的原则是异质开放的同一性，以批判传统中单一、封闭的同一性。

追寻道德：朱子功夫世界中的道德哲学研究

王凯立（厦门大学2021年，导师：朱人求教授）

在“道德哲学”的名义下来研究朱子的思想，具有解决时代困境的现实意义。对朱子而言，道德哲学以人身心性命的安顿、人类的生存以及万物的存在为切身关照。其中，“道德哲学”一词具有通过工夫修为以实现生存转化的意味，它在契合于朱子思想原初语境的同时，又保持着与西方道德哲学的沟通。在这个意义上，对朱子道德哲学适宜的提问为：人应该使自己生存于其中的世界成为一个怎样的世界？对朱子道德哲学适宜的研究方法为：介于诠释与分析之间的话语分析方法。总体而言，朱子对道德哲学问题的回答是一个全体大用的功夫世界，即人应该使自己生存于其中的世界成为一个全体大用的功夫世界。一方面，“功夫世界”是人通过工夫所打开的世界，具有基础性视界的意义，人身心性命的安顿、人类的生存以及万物的存在都在功夫世界中得以呈现，人去存在的生存转化过程就是“在功夫世界之中存在”；另一方面，朱子很晚才将“全体大用”写入“格物致知”补传，它描述了朱子功夫世界的结构，意味着朱子的功夫世界乃是人在有限生命的工夫践行中寻求无限、全面实现心性而打开的世界。

对朱子功夫世界的描述以《大学》为基本规模：“三纲领”揭示了朱子功夫世界“十字打开”的时空结构，而“八条目”则勾勒了朱子功夫世界的敞开进程。就后者的具体层面而言，朱子所言的“格物致知”乃是一内外相合、内外相交的工夫，即借由向外认知事物的实然之理而向内逆觉心中的应然之理，在“第一人称视角”下具有在工夫践行中亲证“天理”实存的意味，这一亲证过程在具体的生存体验中朗现了功夫世界。继“格物致知”之后，人在功夫世界之中存在进一步通过诚意、正心、修身的工夫实现了道德的内化。对于朱子的诚意工夫而言，晚年改注“诚意”章的核心问题是：“真知状态下产生的自欺”何以可能？对此问题的思考，使得朱子晚年“诚意”思想的发展呈现出了三个阶段。朱子诚意思想的晚年定论为：以格物致知工夫确立为善去恶的道德意志，由“真知”促发道德行为，在此基础上以谨独工夫纯化为善去恶的行为动机，保持道德行为的意志快足无阻。如果说诚意工夫还停留在心性工夫的层面，那么朱子对

《大学》"正心"与"修身"工夫的诠释则由"心性"转向了"事为"，这一脉络揭示了工夫由"内圣"转向"外王"的机理，同时也揭示了人在功夫世界中对道德的追寻由"内化"转向"外化"的进程。在朱子的道德哲学中，"家"具有特殊的意义，它不仅是最小的社会单元，同时还是一个塑造世界观的原初体验场域，具有生存论意义。朱子功夫世界中的诸多核心环节都将通过"在家"所获得的伦理原初体验而被澄清，人内圣外王的工夫践行是一个随时"回家"的活动，人在功夫世界之中存在就是"在家"。对于功夫世界的建构而言，礼仪教化是人伦秩序合理化的主要实践方式，朱子《家礼》为此提供了很好的典范。在"天理"落实于"人世"的过程中，朱子《家礼》所隐含的时空建构却多为人所忽视。基于这个视角，在现代社会的时空巨变中，功夫世界的礼学实践乃是一场与权力、资本的时空斗争。在"国"与"天下"的领域中，朱子以道德规范政治，又以政治实现道德，二者以道德共同体的实现为理想。就朱子理学与道德的关系而言，朱子理学追求着道德，但又并非与道德属于同一个层次。朱子理学所打开的是一个生动活泼的功夫世界，人正是首先"在功夫世界之中存在"，然后才必然追寻着道德，朱子理学其实是一个追寻道德的基础生存论。

现代朱子道德哲学的研究常常被置于西方道德哲学的范式之下，对此，朱子功夫世界中的道德哲学研究既须入乎其内，又须出乎其外。朱子的道德哲学常常面临以牟宗三为代表的康德式责难，即朱子道德哲学只能证成"他律"，而实际上朱子的"明德"观却蕴含着"自律"的证成。进一步而言，朱子道德哲学实际上因其"合内外"的架构而超越了康德式的"自律—他律"模式，而这一"合内外"的架构就是朱子功夫世界"天人合一"内在结构的理论显现。就西方规范伦理学的"三分"范式而言，朱子的道德哲学既可证成义务论，也可证成后果论，更可证成美德论，因而朱子的道德哲学不适宜以西方规范伦理学范式进行定位。这些解构性的结论将指向一个积极的结果：朱子的道德哲学倾向于解构一种观念体系的笼罩，它以功夫世界的敞开为整全视域，是在全体大用的功夫世界中追寻道德，对朱子道德哲学的研究需要在与西方道德哲学的对话中回归功夫世界。

此外，从当代的视角来看，《大学》在"家""国""天下"之间还有一个隐藏环节，即"社会"。以"社会儒学"为参照，朱子功夫世界的当代存续并不乐观地拥有广大的"社会"领域，而只能在官僚制支配结构之外争取空间。在价值多元化的现代社会，朱子功夫世界的当代存续还面临着如何对待"他者"的问题。以列维纳斯的他者伦理学为参照，朱子的功夫世界首先须要放弃"自我同一性"的优先权，从而无条件地倾听他者的声音，如此才能走出"杀人"困境。当然，走出"杀人"困境并不意味着对"他者"的唯命是从，"第三者"的出现为"自

我”的确立提供了契机。在儒学脉络中,“经典”是个未被列维纳斯所注意到的“第四者”,在无条件地倾听他者声音的基础上回到“经典”,才能真正解决朱子功夫世界当代存续的身份疑难。

朱子功夫世界中的道德哲学研究以一个功夫世界的哲学观为基础,即:将哲学理解为人在“去生存”过程中打开功夫世界的活动。对朱子乃至整个儒家道德哲学的研究而言,功夫世界的哲学观为探索传统在当代的切适出场方式奠定了基础,从而具有方法论意义。在功夫世界的哲学观中,理论总是与现实交织,理论的革新总希望为当下的生存指引方向。当我们生存在功利化、价值虚无化的现代社会时,朱子的功夫世界建议我们注重那些具体的生存体验,特别是那些原初的伦理体验,并在这些体验的基础上通过回归“经典”的方式开启自己的生存进程。朱子道德哲学真正的当代价值在于为一种经典化的人生提供辩护,这个经典化的人生是哲学理论与实践智慧的不竭源泉,也是朱子本人通过一生的努力所成就的典范。

《八朝名臣言行录》文献学研究

王海宾(吉林大学 2021 年,
导师:孙赫男教授)

《八朝名臣言行录》成书于南宋乾道八年(1172),是“言行录”体史书的开创之作,是南宋大儒朱熹纂修的一部重要史书,是书取材广博、考证精当、内容丰富、体例独特、文献价值极高。

朱熹本着“有补世教”之目的纂修了《八朝名臣言行录》,希望当世君臣能够通过此书“以古鉴今”“因人省己”。朱熹以独特的视角选择了北宋八朝 104 位“名臣”,将他们收录于《八朝名臣言行录》,通过“名臣事迹”展现北宋 160 余年的历史。其独以一朝“名臣”汇为一书,每位“名臣”的传记由小传、正文、注文组成,该书采摭北宋笔记、文集、碑传、杂纂等 200 余种文献,分条叙述,基本直录原文,自注出处,其“体裁、义例”别具一格,兼具“征实”和“善叙”的特点。此体例,该书当属首创,可称为“言行录体”。“言行录”体例史书源于正史列传,经朱熹创立,形成了编纂结构独特的新史体,其以时系人,以人系事,提纲挈领,以叙人臣之迹,以寓“八朝”之史。自《八朝名臣言行录》起,“言行录”体例史书的载述范畴得以确定,编纂结构模式得以建构,撰述思想得以生成。其后,历代续仿之作不绝,形成了“言行录”史书系列,朱熹首创之功,堪称不朽。

《八朝名臣言行录》历代屡有刻印,形成了诸多版本。南宋至明清时期,其主要有“一详一略”两个版本系统。一是目前所见该书最早的版本,即南宋“淳熙本”;另一个是流传最广的版本即“李衡校正本”;两种版本各具特色,各有价值。此外,还有被学

界所忽略的一个版本，即《新纂门目十朝名臣言行录》，可称为"新纂本"。研究发现，中国国家图书馆藏宋刻本《新纂门目十朝名臣言行录》与朱熹《八朝名臣言行录》宋淳熙刻本主体内容相同，唯个别部分有增删，可断定其脱胎于《八朝名臣言行录》早期版本，与淳熙本为同书异本。其与淳熙本行款、版式等亦有别，亦显示为别一宋版。该本不见于目前学界梳理的《八朝名臣言行录》传世版本系统，为朱熹该著一新发现的版本。该本既有助于完善《八朝名臣言行录》版本系统的整理研究，又可补淳熙本之缺页，有校勘之用，并对《八朝名臣言行录》有所增补。

《八朝名臣言行录》是辑佚、校勘北宋典籍，研究北宋人物，考辨史实的重要文献。经初步统计，全书所征引并注明出处的文献有 2 151 条，全书总计 32.9 万字，能确切统计的引书有 215 种。其主要来源于各类单篇文献 120 余种，包括单篇"言行录"、神道碑、奏状、行状、序文、题跋、墓志铭等文献；还包括笔记、小说、语录、家传、别集、总集、杂史等类书籍 90 余种。其中涉及很多现已亡佚的文献，如：《卮史》《荆公语录》《范太史遗事》《范忠宣言行录》《蓬山志》《系年录》《仁宗君臣政要》等；也涉及很多传至今日已非足本的书籍，如：《玉壶清话》《东斋记事》《韩魏公遗事》《杨文公谈苑》《吕氏杂志》《金坡遗事》等。《八朝名臣言行录》征引的现已亡佚、残存之书主要佚文 380 余条，可校补它书之误、脱、衍、倒，极具"征文考献"之资。

《八朝名臣言行录》流传广泛，其后历代书目文献对其多有著录；类书、杂纂、文集、笔记、方志等各类文献对其广泛采摭；其在流传过程中成为官方学校和私人藏书中的必藏书目；古代学者时常利用该书考证历史或校补它书。在流传过程中，《八朝名臣言行录》被奉为经典，其成为士人案头的必读之书，成为士子学习社会历史知识的范本；士人认为可以通过阅读该书提升莅官处事的能力，并能提高自身修养。《八朝名臣言行录》故事性强，其内容易于读者接受，体现了其传播朱熹思想的重要性。

《八朝名臣言行录》因其自身的诸多优势及时代发展之影响，加之朱子学在思想界的权威所致，其渐成经典、流传广泛、影响深远、盛传不衰。

"只是吾心初动机"
——朱熹"情"思想研究

冀晋才（山东大学 2021 年，
导师：曾振宇教授）

朱熹作为中国传统哲学最高理论思维水平的代表——宋明理学之集大成者，一直是中国古代哲学史、思想史研究的焦点人物之一。如果说人性论是朱熹思想体系建构的根基，那么"情"思想就是其构建人性论的依据。因此，对朱熹"情"思想的研究，有助于更加深入地明晰其思想体系的建构思路与意图。基于这样的

认识，本文试图通过考察朱熹对“情”概念的诠释及其思想体系中“情”概念与“天理”、人性论、修身论之间的关系来探讨其“情”思想。

以“孔子—曾子—子思子—孟子—二程子”为主干的理学“道统”是朱熹“情”思想的主要渊源。《中和新说》是朱熹“情”思想走向成熟的标志，“性体情用”、“心主性情”是其根本要旨。由此观之：孔子的“实情观”、孟子由“四端之情（情感之初萌）”体察“仁义礼智之性”的思路为朱熹由“情善”追溯“性善”、“天理至善”提供了思想依据；《中庸》中的“天命之谓性”“未发已发”诸说及《礼运》中对“情”概念的总结，对朱熹“情”思想的形成多有启发；二程“性即理”“情是性之动处”等观点和从“气本”层面分离“情”“欲”概念的思路，是朱熹“性体情用”、“心主性情”等观点的直接来源。荀子及汉唐儒家合“情”“欲”而言“性”，使得“性”有善有恶，因违背了朱熹“情”思想之本旨而被其否定。

影响朱熹“情”思想形成的历史背景是多层次的，但促使朱熹比二程更关注现实生活的原因更多地来自于政治层面。“靖康之变”后南宋长期面临内忧外患的危急形势，声称掌握“天理”、“天道”的理学一派必须拿出一个既合于其思想主旨又切实可行的应对方略，朱熹的“情”思想应运而生。由此造就了朱熹比二程更重视“情”思想的实践维度，形成了朱熹注重“理欲之辩”“情欲之别”、强调在生活日用中分辨“天理”“人欲”的“情”思想特色。

“情”与“天理”之间关系的建构，是朱熹对“性”的源流梳理。朱熹由“情”悟“性”、由“性”溯“理”，证实了“天理”内在于人，实现了为其“性善论”溯源的目的。继而从“天理”推扩至“情”，完善了其“性善论”。他将“天理”融入“气化生人”、人“心”之静动各环节中，使“天命之谓性”、“情是性之动”实现了逻辑上的贯通和完善。他分别从“体用”、“静动”两个层面言“性”、“情”关系，以“理”而言是“体用”关系，以“气”而言是“静动”关系。从“体用”角度言“性”、“情”关系，意在理清“天理”、“天命”、“性”与“情”之间的源流关系，为“性善论”正本清源。从“静动”层面言“性”、“情”关系，意在于阐明人“心”应当“循性”而思，为修身论的提出做铺垫。

“情”与人性论关系的建构，是朱熹对“性善论”的进一步巩固和完善。朱熹对“性”、“情”、“欲”作了精细的概念剥离：首先，将“性”完全纳入“天理”的范畴，将“情”作为“性”在气动层面的表现，由此使“情”脱离了善恶之辨；其次，将“欲”从“情”中分离出来，专作为人之形体之气动的呈现，与“性”无涉，于是善恶之辨就最终被落实到了“欲”的范畴之内。“性”即“天命之性”或人之本性，是人所禀受之“天理”；“气质之性”是从“气化成人”的意义上言人性，即人之形体的本能。朱熹将“欲”从“情”中分离出来纳入“气质之性”的范畴中，最终为“恶”论证出了形而上本源，从而进一步巩固和完善了“性善论”。

"情"与"修齐治平"的关联,是朱熹推动理学思想向现实生活渗透所作的思想准备。朱熹主张万事以修身为先,修身以"正心"为本,"正心"即精察"心"之思虑形成之根源以实现"去人心、存道心"。"心"作为人之视听言动的主宰者,其意识形成的依据有二,即"理义"与"形气",也即"性"与"欲"。"心"由"性"主宰,则所生之意识合于"天道",故此"心"被称为"道心";"心"被"欲"蒙蔽引诱,则意识会追逐物欲,万恶由此而生,此心被称为"人心"。"正心"实质上就是"存道心",因为做到了"存道心",自然也就实现了"去人心"。"存道心"首在悟"道",也就是"穷天理"。"穷理"的途径有二:一是读书明理,即深入研习儒家圣人遗书中的道理;二是格物穷理,即在生活日用中体悟圣人书中道理的伟大意义。以这两个途径"穷理"事实上就是"正心"、修身的过程,久之则"天理"可明、"人欲"可去,那么在齐家、治国诸事上自能禀"道心"而思虑营为。但穷究"天理"、修养道德达到什么样的水平才是合乎"标准"?这个标准由谁来制定、又由谁来裁评?人是否必须先经历"穷天理"的过程方能去齐家治国?这些都是朱熹未能说明且带来负面影响的问题。

"靖康之变"后,南宋内外交困、危机重重,探索变革图强、复国雪耻之策逐渐成为思想发展的主流,朱熹的"情"思想便是其中的一股。由于朱熹"一切以修身为先"的说法及近乎苛刻的修身论主张与时代对改革图强具体之策的急迫需求格格不入,且朱熹固执地坚持其思想的正统性和唯一性并批判打压其他儒学思想,于是反朱子学的思潮逐渐兴起,其中比较有代表性的是以薛季宣、陈傅良和叶适为主干的永嘉学派。在"情"与人性论的关系上,永嘉学派摒弃朱熹用"理""气"来诠释"性""情""欲"的方法,直视"情"和"欲"为人性之固有内容;在"情"与修身论的关系上,永嘉学派否定了朱熹"万事以修身为先"、修身即"穷理、去欲、复性"的观点,指出圣王之道蕴含于其实政实德之中、以保民养民为要。继而,永嘉学派对儒家的天人观、"道"和"道统"进行了重构,极大地冲击了朱子学话语体系。

朱熹的"情"思想体系完善、源流清晰,且对孔孟儒学的传承发展与社会人心的治理具有一定的积极意义,因而有众多的信从者。陈淳是朱熹众多信从者中的典型,在继承了朱熹"性体情用"、"心主性情"、"情""欲"有别等"情"思想基本观点的基础上,对陆九渊"心学"、永嘉之学等进行了深入的批驳,极大地翼护和弘扬了朱熹的"情"思想。当然,陈淳在"情"思想上也有自己的独见。首先,在对"情"之善恶的认识上有独见。朱熹从"情"之生发过程上言其善与不善,初萌之"情"是"性之动",全善无不善,"迁于物之情"则掺杂了物欲在其中,故而不是全善。陈淳则明确指出"情"有善有不善,而且为二者剖析了形成根源。"情"之善,即"情"之发而中节,是出于本性,从这个意义上说,

"情即理"。"情"之不善形成的根源有二:从"心"的层面言,是"人心"、"人欲"作乱;从"气"的层面言,是因形体之"气"有驳杂,使"理"发出时偏离了原定的轨道。其次,在对"心"的认识上有独见。朱熹主张"心主性情",认为"心"是意识的主宰、具有知觉思虑的能力,因而能在"道心"、"人心"间作出抉择。陈淳则认为"心"只是个贮藏"性"的器官,并无知觉审绌之能,真正主宰人之思虑言行的是"意"。最后,陈淳在修身论上只强调"穷天理",而很少再提"去人欲",这与朱熹也略有不同。陈淳的这些独见并不是对朱熹"情"思想的反对,而是补充和完善。

朱熹通过对"情""欲""性"的概念分离,及对"情"与"天理"、"人性论"、"修齐治平"的关系建构,形成了一个完善的"情"思想体系。由此,朱熹不仅解决了前代儒家"以情欲论性"而导致的"性"善恶难辨等问题,更使理学思想贯通了生活世界和形上之维。朱熹的"情"思想也是南宋时期儒学逐渐转向"内在"的表现,而无论是永嘉学派由初期注重经世实政研究转向后期致力于批判朱熹的"情"思想,抑或是陈淳对朱熹"情"思想的传承、翼护与发展,都体现出这种"内在转向"的不断加强。这种趋势表明了在南宋统治集团不断腐朽颓废的形势下士大夫群体的进取心在逐渐衰退,也揭示了南宋后期的历史发展走向。

朱子心论研究

彭长程(江西师范大学 2021 年，导师：邓庆平教授)

心是中国哲学的重要概念，朱子对中国古代哲学中关于心的思想进行了系统的总结。他一方面继承了自孟子以来的强调自我反思的儒家心论传统，另一方面吸收了荀子关于心的理解，强调心外求理，同时又借鉴了道家以境界论心的思路。在汉唐儒学心论的自然主义特征、汉唐道家心论的神学化倾向与汉唐佛学心论的本体论思维的影响下，以及在北宋五子、道南一脉、湖湘学派以及浙江诸学者对心的问题的广泛讨论中，朱子最终形成了其心论的三个基本命题，构建起庞大的心论体系。其心论体系建立的最终目的是回应佛教的人生观和价值观，宣扬儒家的人生观和价值观。心在朱子哲学中包含主宰义和主体义。主要内容是心与理一论、人心道心论、心统性情论，这三者之间有着密切的关联。心与理一包含着两重结构，一是宇宙论结构中的理与心纵向的贯通为一，二是人生论结构中的道德本心与理横向的同一，心与理气的关系需要分情况来讨论。人心道心都属于气，是两种不同的意识现象。心统性情讨论了人如何能在后天的心性修养实践中重新达到心与理一。朱子心论命题遵循着“所当然等于所以然”、“形上形下互推”、“一体两分”的逻辑结构，心与理气有三层关系：本心即理；人心为气但又具理；道心统合理气。朱子门人后学对心与理一思想的诠释的大致轨迹是从强调心与理之联系到强调心与理之界限。此外，朱子门人后学对人心道心论展开了激烈的讨论，主要针对道心是否为理体，人心是否为恶，人心道心之间是何种关系等问题。而对于朱子的心统性情命题，朱子门人后学只是照着朱子的话来讲，并没有多少创造之处。尽管王阳明对朱子心论的批评存在不合理之处，但他消解了朱子心论的形而上学结构，舍弃了自然主义的思路，将心局限于伦理学的范围内进行讨论，解决了朱子心论容易表现为二元论的问题，重新构建起中国传统的心学体系。实际上，朱子对心与理气关系的解释存在矛盾，一方面，他自始至终没有赋予心范畴以宇宙本体的意

义，另一方面他又认为心和理具有一样的地位，以此保证道德伦理的先验客观性和自主自觉性，其中反映出中国古代哲学的宇宙论思路和佛教本体论的思维方式之间的冲突，前者具有经验色彩，体现在气范畴中，后者强调超越经验，体现在理范畴中。朱子在论证宇宙本体时渗入了人的情感和经验，最后以人生哲学作为归宿。

朱熹《孟子或问》研究

张雪敏（四川师范大学 2021 年，导师：杨燕教授）

《孟子或问》是朱熹在集注之外，用辩论的文体，问答的形式，展现朱熹对宋代各理学家的孟子学思想取舍的著作。研究《孟子或问》可以帮助我们更好地研究《孟子集注》的高峰意义，了解《孟子集注》中思想的取舍过程，还可以帮助我们更好地了解朱熹思想的继承关系与学术倾向。论文运用问题求索法、文本比较法、背景寻索法等研究方法分三章分别论述了宋代孟子学的崛起、《孟子或问》的形式、《孟子或问》的思想。论文先对各学者的宋代孟子学和朱熹孟子学的研究著作和论文进行了归纳总结，在此基础上分析出朱熹《孟子或问》研究存在一定的空白，为笔者的朱熹《孟子或问》研究提供了研究的现实意义。正文从宋代孟子学的崛起开始论述，从道统视野下孟子的升格运动和朱孟渊源具体展开，讨论了《孟子》因其道统谱系传承和独特的心性思想在宋代不断升格的过程和朱熹对于《孟子》的了解研究不断深入的一个过程。第二章从《孟子或问》出发对比了孟子三书的写作体例和诠释特点的异同，突出了《孟子或问》说明《集注》之于《精义》取舍的作用和通俗易懂、形式亲切的特点。第三章论述了《孟子或问》中的理气思想、心性思想和理欲思想三个方面在朱子整个思想体系中承上启下的地位，表达了《孟子或问》在思想上上承《论孟精义》下启《朱子语类》，同时还对《孟子集注》进行补充的意义，展现了《孟子或问》在朱子孟学体系内的不可或缺性。

朱熹“理”的政治哲学研究

李　冉（东北师范大学 2021 年，导师：隋思喜副教授）

政治哲学是一种规范性哲学，探究的是政治的规范性问题，而规范性与朱熹的“理”具有内涵及价值上的一致性。朱熹《四书章句集注》以解释四书的方式建构了自己的哲学体系，其政治哲学同样也涵摄其中，故以《四书章句集注》为中心对其政治哲学进行考察是有其必要性的。论文研究重点致力于揭示朱熹的“理”所拥有的“内圣外王”的政治哲学内涵，并以“礼”显现“理”的规范性内涵

寻求“内圣”与“外王”的真正互通。全文主要分为五个部分，其中第一部分是对作为政治哲学的理学的“规范性”这一核心特质的分析，即通过点明规范性诉求这一政治哲学的基本问题，进而探索朱子之“理”的规范性特质，从而契合政治哲学的特征，找到朱熹“理”的政治哲学研究的必要性。第二部分是讨论朱熹建构规范性思维的方式，即“一本万殊”的具体展开，主要通过分析“理一分殊”这一思维方式，回答规范何以具有普遍性的问题，并将这一思维方式落实在政治生活中，具体表现为“絜矩之道”。第三部分是对“理”的规范性进行学理阐释，主要通过“理欲之争”指出规范性得以实现的人性论前提，探究“理”的规范性不能自然完成的因素，进一步探究“穷理灭欲”在功夫层面对理的规范性的实现，彰显合乎“天理”的价值取向。第四部分探究朱熹理礼互释的思想，实现“理”在知行逻辑中的贯通，即通过朱熹以“理”对“礼”进行形上奠基，以“礼”对“理”进行实践完成，打通规范理性与实践理性，实现“理”的规范性在知行上的贯通。第五部分是对朱熹“理”的政治哲学的现代价值的探究。论文通过发掘朱熹之“理”的规范性特质，对天理观中的政治哲学意蕴进行深入剖析，探究朱熹所想要建立的具有普遍性的政治规矩及具体实践方式。通过发掘朱熹政治哲学的“礼治”色彩，寻求朱熹“内圣”与“外王”的有机结合，进而揭示朱熹“理”的政治哲学中所表达的真实意图与理论特点。这有利于朱熹理学体系的进一步完善，更有利于儒家传统政治哲学的丰富与发展。

朱子道德学说为自律说辨

黄　羽（上海师范大学2021年，导师：邓辉教授）

牟宗三先生援引康德自律道德哲学将朱子学判为道德他律，此一判论在学界引起了多次讨论风波。牟宗三将朱子之心完全视为经验认知之心，进而认为朱子由于心性二分，导致性体虽具义理但却不足以挺立，只能由心认知地摄具性理，因而其道德只能是他律道德。然而，跳出牟宗三的思维框架，我们可以看到朱子之心兼具“本心义”与“经验心”两个向度，牟宗三此一判论正是在“经验心”这一层面上做出的，而在“本心义”这一层面，朱子道德哲学同样可以证成自律道德。尽管这种做法显得有种削足适履之感，但不失为当下理解朱子道德哲学的一种尝试。论文通过论述朱子学中“本心义”之向度，进而论述朱子学中自律道德之证成，最终达成朱子学为自律道德与他律道德之共存的判论。首章主要是对朱子之心进行讨论，通过阐述朱子中和新旧说之思想历程，试图对朱子之心的“本心义”与“经验心”两个层面的含义进行说明，故而其自律道德之证成就有了可能性。第二章对朱子心之

“本心义”进行论述，着重对朱子之道心、明德进行论述，以及“觉”——心之自我活动能力进行论述，试图证成朱子学中挺立的道德主体。第三章从工夫论层面论述朱子学中自律道德之实践，具体体现在“涵养须用敬，进学则在致知”的工夫过程中。第四章则是跳出牟宗三的思维框架，对朱子学为自律与他律道德之共存的学术形态进行探讨，同时对把自律——他律这一对“康德式”概念引进朱子学是否合宜进行反思。

从“当然之则”到“圣人之心”

——朱熹“格物致知”思想的道德认知之维

朱启凡（中国科学技术大学 2021 年，导师：方贤绪副教授）

朱熹在中国思想史上的地位不言而喻，其思想中最富有个人创见与特色的就是“格物致知”，对于“格物致知”问题从古至今不同学者都有着自己不同的诠释路径。其争论的核心集中在朱熹的“格物工夫”的指向是否是完全归属于道德领域。通过对朱熹本体论思想中的“当然之则”与心性论思想中的“圣人之心”这两个重要概念的辨析，可以确定其“格物致知”发生作用的实质领域。作为认知功夫的“格物致知”一方面强调对外在客观存在的认知，另一方面是以超越的“本心”作为知识贯通的理论依据。通过对“当然之则”的本体来源的分析，可以看到“天理”本身具有“所以然”和“所当然”这两层属性，而由其延伸出来的“实然”与“应然”则统一于“当然之则”的道德知识之中，这一点在朱熹对理气先后的讨论中得到存在论层面的证明，儒家的天道之理本身就具有大化流行、生生不息的特点，天理既是存在的依据也是价值的依归。“圣人之心”则涉及到朱熹的心性论的内容，学界对朱熹“心统性情”诠释各异，但从工夫论的视角看有一种对朱熹心性论的综合性理解。朱熹在心与理之间刻意留有空间正是为了使后世学者永远保持一种对切实的“格致”工夫的认同。对于“格物致知”的认知意蕴来说，“物”是广泛的外物，“穷理”是终极的目标，以对“当然之则”的认知成就“圣人之心”的理想境界是整个儒家工夫论在朱熹这里的独特发展。知识与德性、实然与应然在“格物致知”的工夫中得到富有中国儒家特色的统一。

朱熹高等教育思想研究

——基于《学校贡举私议》《白鹿洞书院揭示》的考察

魏　莎（湖南师范大学 2021 年，导师：张传燧教授）

论文基于《学校贡举私议》《白鹿洞书院揭示》的考察，以现代高等教育的理论视角对朱熹的教育思想进

行深入考察和分析，力求系统全面地归纳总结朱熹的高等教育思想。全文共六章。第一章是关于论文前言的介绍，如研究题目的缘由、已有研究的分析、研究的思路和方法以及相关的概念界定等。第二章介绍了朱熹所处的政治、经济、文化、社会的外部环境和他求学、做官、办学、治学的内部个人经历两个方面对于朱熹教育思想形成的作用。第三章从背景、内容、主要观点对两部作品进行了归纳介绍。其中提出了摒弃功利性的宗旨、轻诗赋重经义的课程、不以吏而以德为师的人才选拔标准、主张教学相长的师生关系。在师生关系上，既重视教师的选拔和提高教师为师的品行，也重视约束学生的行为和提高学生求学的品质，还提倡师生之间相互切磋、质疑问难的学习，同时主张师生之间克己复礼、尊师重道和自由开放、宽容博爱。第四章介绍朱熹高等教育的办学宗旨和课程设置安排。坚持"以德育人"的教育理念、提倡"明人伦"的教育目的、强调"穷理尽性"的大学宗旨、培养"圣贤"的教育目标和宣扬"重德行、尚自由"的大学学风；主要是以儒家经义为教学之根，以《四书》、《六经》类为教学之本，以历史、政治、哲学、艺术等为教学之辅，以德业、举业为教学之合。第五章介绍朱熹高等教育的教学与管理。在教学上有两个方面。一是教学模式如教师讲解和学生自学相结合、课内课外和校内校外相结合、教学目的与教学顺序相结合、理论与实践相结合；二是教学原则如因材施教、有教无类、启发诱导、教学相长、循序渐进、博专结合。在管理上则主要是针对教学和行政管理两个方面。第六章主要提炼朱熹高等教育思想的现代借鉴。包括着重德行的教学宗旨、强调实用的教学内容、采取灵活的教学组织形式和多样的教学方法、培养和谐共生的师生关系、制定规范的管理制度。

王阳明与朱熹诠释《大学》"亲民、新民"内涵共通性研究

李恩润（湘潭大学 2021 年，导师：陈代湘教授）

阳明首次以"亲新之辨"为中轴检视、反思朱熹哲学的整体性架构，认为朱熹之"新民"凸显出三重理论困境：一是他新与自新的理论冲突；二是教而无养或教养生民实践向度的缺失；三是格物与诚意工夫论的抵牾。从学理上讲，阳明以"格物"说作为朱熹思想体系的理论中心点，认为朱熹以"格物"作为其哲学的基石将引发知识与道德何以转化的矛盾，造成主体之心与价值之理的断层，割裂实然与应然的联结，造成形上世界与形下世界的失序。以上所谓的理论冲突正是阳明以朱熹"格物"乃向外求理为方式而展开对"新民"论批判的结果。论文以上述问题为逻辑起点，展开对"亲民与新民"的再审察，以阳明思路为索引，以出土文献为旁

证，以朱熹原典为依据，以朱王会通为宗旨。首先以阳明思路为索引，厘定"亲新之辨"命题之由来，分疏争议之所在。其次以郭店楚墓竹简等地下文献为证，在字源学上证立"亲"与"新"乃通假互用以明证"新民"命题之可靠性，并进一步详述二者可互为转用的证据；最后以朱熹原典为据，对朱子"格"之工夫，"物"之范围，"心"之意涵，"理"之层次，"格物"与"致知"、"心"与"理"、"知"与"行"的关系及内涵做出详尽说明，从而在学理上证立阳明对朱熹理路解读的偏差，纠正阳明以向外"格物"为思路对朱熹"新民"说的诘难，从而证实"新民"所蕴含的他新自新并行不悖之意蕴，教民养民并驾齐驱之内涵，德行与德性并重的道德实践和知、行一体与进修工夫的双向互动。据以上思路，着力说明"亲民"与"新民"理论内部的共通性和思想内涵的一致性。进一步以"亲新之辨"统一性证成的视域为前提，对"亲民之辨"历史公案的重思和再释或许为会通朱熹和王阳明哲学提供更宽阔的视域，并对朱王会通之可能及前景进行展望和扼要简述。

朱熹与胡宏心性思想比较研究

胡亚辉（湘潭大学 2021 年，
导师：王丽梅教授）

心性之学是儒家的"内圣"之学，是以"人学"为内容的儒家思想的核心部分。在对性的阐述方面，胡宏和朱熹都把性作为万物存在的依据，但是胡宏更进一步把性作为最高的宇宙本体，而朱熹认为天理才是万物的本原，性是从属于理的。此外，胡宏认为人与物之间的不同在于人性得天地之全，而物性不得；朱熹则认为人与物之间的差别在于禀气清浊的不同。在性之善恶方面，胡宏认为性作为最高本体是无法用世俗之善恶来规定的，但也肯定人性中有"良知良能"的存在；朱熹则认为，性即是天理，天理是纯善无恶的，推导出了人性本善。在心的论述方面，胡宏和朱熹都肯定了心有知觉思虑的作用，进而提出了"心宰万物"。他们都认为心有道心和人心之别，这是因知觉所主不同而产生的两种倾向，非有两心存在。在心性关系方面，胡宏和朱熹都认为心性虽不可分离，然"实是二物"，不能混为一谈。胡宏认为性和心是体与用的关系，心是性的表现；朱熹认为心性不可对言，因此提出心和性之间的关系应该是心统领性，心是性的主宰。在对已发未发和心性的阐述中，胡宏认为已发、未发和心、性是相对应的，性是未发之"中"，心是已发之"寂然感通"。但是朱熹提出已发未发是心的两种状态，未发之时可见性之体但不能直接说未发即是性，心贯通动静，故亦不能直指已发就是心。同时朱熹认为，"寂然感通"并非如胡宏所说全是就已发之心而言，而应该是"寂然不动"为性之体，"感而遂通"为情之用，心之体是

"中"。关于心性修养，胡宏和朱熹都不否认察识和涵养的重要性，在具体的修养方法上有所不同。胡宏上承程颢、谢良佐，提出要在利欲之间把握良心之苗裔，用涵养工夫将其扩充以体认至善本体；朱熹则继承了程颐的思想，认为应该先涵养本心，通过格物穷理的积累达到对本然之性的认识。

孟子与朱子性情论比较研究

张文豪（山东大学2021年，导师：沈顺福教授）

论文从三个部分对孟子与朱子的性情论进行比较研究。第一部分，比较孟子与朱子两者之"性"。孟子认为性首先是人初生具有之材质，同时也是人之所以为人之特质。朱子将性分为"天命之性"与"气质之性"，"天命之性"是天理在人身上的显现，故纯善，"气质之性"是兼理与气来说，故有善有恶。但是两者对于性的定义不同，孟子认为性是气，主张养浩然之气，存心养气。朱子认为性即理，理是形而上者，具有本原性的意义，是万物之所以然，在朱子这里，通过"性即理"为性提供了一种形而上之根据，从而高扬了性的价值与地位。第二部分，比较孟子与朱子之"情"。孟子认为四端之情是人本真的道德情感，性情不分，性善情亦善，主张率性而为。但是孟子刻意地忽视了"食色之性"，到了魏晋玄学时期，人们率食色之性而行，出现了很多问题。朱子同样也认为四端为情，同时又对"情"的内涵有所扩充，吸取荀子等人的情欲思想，认为七情也是情，情有善亦有不善。在情之存在方式上两者皆归之于气之活动。第三部分，比较"心"与"性情"的关系。孟子有人心与本心的区分，孟子认为"本心"是四端之心，也就是我们所说的"不忍人之心""良心"，"本心"与"性"都具有本原上的意义。在这里，孟子将"本心"看作是性，"人心"有害，主张去人心来存本性，尽心知性。具体来说，对于有害的人心，孟子主张要寡欲。对于作为性之本心，孟子认为要养性，由于性是浩然之气，所以养性的过程同时是养浩然之气的过程。朱子有道心与人心之分，认为道心是合理的人心。朱子认为"人心惟危"，人心危险不可控，容易萌生不合理的欲望。朱子要做的是变化气质，将人心中恶的气质变化为善的气质，心理会通，将相对的气质之心与绝对的天理结合起来，在结合的过程中，人心向道心转化，朱子把这一过程称为感通。在心、性、情关系问题上，孟子认为"心""性""情"三者的关系是心性情一体，以情言性，以性释心，四端之心是性的具体内容，情是性的活动，性是决定者。朱子则认为"心统性情"，心做主宰，但是决定心的是性（理）。朱子在继承孟子性情论的基础之上，既弥补了先秦儒家心性论的缺憾，又顺承儒家一以贯之的宗旨，将性比之于形而上的超越的理，为人之所以为人提供了形而上的

道德立论，对性情关系的发展发挥着重大的意义与价值。

蔡沈的五行学说研究

辛　月（吉林大学2021年，导师：赵海英副教授）

蔡沈，南宋建阳人，蔡元定之子，朱熹弟子。蔡沈承继父师之学，将象数易学纳入理学的范围内，推动程朱理学的进一步发展，同时对宋代象数学的发展起到了重要的推动作用。蔡沈对五行思想的阐述是建立在其理学思想的基础之上的。在蔡沈哲学思想中，“理”仍是其宇宙本体，其独特之处在于将“数”的概念融入理学本体论的范围中来讨论，由此衍化出对形上之理与气、数、象之间关系的探讨，进而展开对理与五行、数与五行之间关系以及对宇宙生化万物等一系列问题的探讨。蔡沈对朱熹理学的进一步发展以及对宋代象数学发展所起到的积极作用，是我们所不能忽视的。第一章对五行学说的起源，以及在宋代蔡沈之前的五行学说的发展演变作了梳理。第二章对蔡沈五行学说的方法论原则进行论述。指出，蔡沈的五行学说，是在理学框架下，在理、气、数、象一体性原则下进行的。在此一体性原则下，突出数的表达作用，用数来阐释五行，吸收借鉴《太极图说》中的太极（理）—阴阳—五行—万物的宇宙生成模式来推衍他的五行学说，推动了五行学说的进一步发展。其用象数的方式来建构五行理论，进而明宇宙本体之理，为展示和诠释宇宙本体之理提供了新的方式。第三章对蔡沈五行学说的内容和结构进行论述。首先阐释蔡沈五行学说的内涵，其次论述朱熹的五行思想，指出蔡沈的五行思想是在理是宇宙本体的前提下，在对朱熹五行思想继承的基础上，在理、气、象、数一体性框架下，突出数的表达作用，以奇偶之数的运动变化来阐释五行的运转流行、推衍五行之化合。同时其以五行配人体性情，以五行配五事，用数来沟通天道与人道，进而来解释宇宙万物的生成变化，以明宇宙本体之理。这是对朱熹五行学说的进一步发展，同时也推动了五行学说在宋明时期的发展。第四章对蔡沈的五行学说的影响作了介绍，同时指出蔡沈的五行学说继承朱熹思想而来，以其独特的象数理论不仅推动了宋代象数学发展，而且为宋明理学的发展注入了新动力，增添了新内涵。

杨时理学思想的构建

刘　倩（山东大学2021年，导师：王新春教授）

作为程门高弟的杨时，在传承洛学、排斥新学的学术活动中建立了自己的理学体系。论文主要分为五个部分。重在阐释杨时的学术渊源、理本论的构建、心性论、功夫论及其圣贤期许。第一部分主要介绍杨时三个阶段的成学经历。第二部分主要介绍杨时对二程学说的保护和传承。杨时编订《河南程氏粹言》，整理《伊川易传》手稿，从文本上尽可能还原了二程学说的原貌。为了发扬洛学，杨时接续二程所表彰的四书系统，将《论语》《大学》《中庸》《孟子》看作是圣人传道之书。第三部分主要介绍杨时理学本体论的建构。杨时以“理”来解释周敦颐的“太极”，认为“太极”只是个自然之理。一方面，杨时用太极、两仪、四象、八卦的二分法来解释宇宙的生成；另一方面，杨时用“太极之理，以一函三”的三分法解释理在人伦规范中的作用。但仅“理”无法生化出纷繁复杂的现实世界，于是杨时引入张载的“气”来阐释现象界的形成和变化。理和气共同构成了整个世界，理比气更根本，气流行发用必须以理为准则。第四部分主要介绍杨时的理学工夫论。杨时的理学工夫是以大程收摄小程而来的。杨时继承了程颐的“格物”学说，他以外物、书本和己身为所格的对象，外物之多无法一一格尽，于是杨时将格物对象转为己身，主张养气、诚心。第五部分主要介绍杨时所描绘的圣贤气象。杨时圣贤气象的描述和其“理一分殊”的思想是互相关联的。他将“理一分殊”作为道德伦理的形上依据，并从体用关系的角度解释“理一”和“分殊”的关系。杨时更强调分殊，人们应当在心存理一的基础之上，根据各对象所处位分的不同，采取不同的行为方式。圣人是生而知之，且能够依“分殊”而行的人。通过杨时对前人的评判，可见杨时所推崇的是不以外物撼动己心、和平安然的圣贤气象。

黄榦事迹著作编年

刘佳佳（山东大学 2021 年，
导师：葛焕礼教授）

年谱是按年月展示人物生平事迹的重要体裁。现存唯一一部黄榦年谱是由其弟子郑元肃录、陈义和编的《勉斋先生黄文肃公年谱》，比较详细地记载了黄榦的生平经历，但有诸多不足之处：第一，缺乏完整的家族世系；第二，黄榦的作品记录不全，部分作品尚未载入；第三，黄榦师友、门人的书信以及不少关于黄榦生平的地方志资料尚有待考证。论文在全面收集黄榦的家世、生平和作品等资料，并对有关事迹的时间和有关作品的形成年月进行梳理、考证的基础上，对《勉斋先生黄文肃公年谱》相关记载进行订正、对缺载之处进行补充，由此形成内容更为详尽、切实的黄榦事迹著作编年，以期深化学界对黄榦家世和生平的认识，从而助益于推进黄榦及南宋道学人物的研究。全文除“绪论”外，主要有三部分：第一部分考列黄榦的著作、文集及其版本存世状况，将《勉斋先生黄文肃公文集》的元延祐二年刻本，确定为所据依之本。第二部分梳理黄榦的家族世系和亲属，通过《黄文肃公世家宗谱》《勉斋先生黄文肃公文集》和其

他地方志等文献中的记载加以梳理。第三部分按时间顺序编排黄榦的生平事迹和作品。论文以《勉斋先生黄文肃公年谱》为纲要和基本史料，按年月编排黄榦的生平经历，以按语的形式表明考证性的问题和依据。按语所引用的史料首先按相关程度、再按时间顺序编排，力求以黄榦本身的记载为主，以其师友门人的相关文献为辅，从多方面入手对黄榦的事迹进行考证。“结语”在细致梳理黄榦生平、著作的基础上，进行总结性论述。

北山四先生“格致诚正”思想研究

余柯嘉（浙江大学 2021 年，导师：董平教授）

何基、王柏、金履祥、许谦是宋元时期金华地区的四位学者，史称“北山四先生”。北山四先生继黄榦之学，以“熟读《四书》”为治学之重心，终生奉守朱子学，被后世推崇为“理学正宗”。论文主要从四个方面系统梳理了以《大学》为中心的北山四先生“格致诚正”思想。第一部分介绍北山四先生《大学》研究的时代背景与学术渊源。北山四先生师承黄榦一脉，以朱子学为本诠释《大学》，融会以吕祖谦、陈亮为代表的浙学学术观念，提出了具有创造性的《大学》研究的新观点，同时从侧面展现出浙江朱子学的独特形态。第二部分详细分析北山四先生对于“格物致知”的认识。北山四先生在理学视阈之下解读《大学》，是以“理一分殊”与“性即理也”为理论前提的，而对于“格物致知”的理解囊括了客观求知与扩充本性两个方面。其中，知识的获取集中于“博物洽闻”与“立德修身”两个层面，并将道德践履也看作一种“求知”活动。同时，强调以格致“分殊”为重，洞达“理一”为本，从而引申出对于具体实践的重视。第三部分以对“诚意正心”的讨论为主体，总结出北山四先生乃以“慎独”解“诚意”、以“持敬”言“正心”。并在疏解朱子之说的基础上，辨明“意”与“情”之差异，乃“心之初发处”与“心之发用处”。即“慎独”、“持敬”各有侧重，然皆“心”上工夫，是“修身”的最后关口。第四部分从“明明德”、“新民”、“止于至善”与“格物致知”、“诚意正心”的关系中，理解“三纲”及《大学》文本之意义，及其在整个儒学体系中的价值。“明明德”便是儒家“学以成人”的目标所在，“新民”则集中体现了儒学“下学而上达”的精神，而“止于至善”契合“允执厥中”的儒学心传。可知《大学》之教具备了儒学“明体达用”之特质，并与其他儒家经典共同构筑起儒学思想的重要根据。北山四先生关于“格致诚正”的讨论，也充分反映了宋元时期“四书学”研究的新趋势，已由“述经”转向“述朱”，由“传经”过渡为“明道”，并展现出“文字与义理并重”、“以史证经”、“经世致用”的新时代解经特色。是时，朱学面临陆学之挑战，北山一派以重振朱子学自任，讲学授徒，自成一派，希冀借

助理学思想的力量，达成移风化俗、肃清人心、匡扶社稷之目的；也在学术上促进了理学的北传，直接对元明时期理学的发展产生了影响。

金履祥对朱熹《仁说》思想的阐释

诺　敏（内蒙古师范大学2021年，导师：张金兰教授）

仁是孔子思想中的核心命题，是儒家思想的核心概念之一。朱熹在前贤理论的基础上，建构了系统的仁学本体论。元代儒者对朱熹仁学思想的传承则是学术界研究的薄弱环节。金履祥作为朱学嫡脉，在对朱熹《论语集注》注疏过程中，通过对比朱熹其他文本，对朱熹仁学思想进行了全面的阐释。首先，金履祥继承了朱熹“仁者，心之全德”的思想并进行阐释。在《论语集注考证》中，金履祥用“仁者，心之全德”诠释“仁”，保留了朱熹的核心观点。在此基础上，金履祥对朱熹“仁者，心之全德”展开了进一步诠释，并运用了“理一分殊”说明仁与义、礼、智、信的关系；提出“知行合一”命题，并且对“为仁之方”具体论证。其次，金履祥传承了朱熹“仁者，天地生物之心”的思想。金履祥在《论语集注考证》中引朱熹在《仁说》中对“仁者，天地生物之心”的阐释，将宇宙论与心性论相联系，完整地呈现了朱熹从形而上与形而下两个层面对仁学的建构。结合金履祥《复其见天地之心》一文中对于“天地之心”的论述，金履祥提出天地之心即是“仁也，生生之道也”以“一阳复于下”言天地之心，皆是继承了朱熹的“仁者，天地生物之心”思想的体现。金履祥对朱熹仁学思想的阐释，是对朱熹仁学本体论思想的有力传承，为朱熹思想在元代的发扬起到了推动作用，使后人能够更好地把握朱熹在宇宙论与心性论上对仁的阐释。

陈献章哲学思想研究

徐文殊（吉林大学2021年，导师：张连良教授）

陈献章是生活在明代初期的哲学家，其思想也构成了宋明理学发展过程中的一个重要环节。论文从宋明理学发展的大背景出发，对陈献章思想的文化形式和精神实质进行学理上的梳理和分析。针对朱子学在发展过程中偏向一隅而产生的学风僵化的问题，明初诸儒在理论上展开了对朱子学的纠偏和补救，陈献章也是其中之一。陈献章解决朱子学理论困境的办法就是回到理学开山周敦颐的思想中去，秉承了周敦颐开创的“三位一体”哲学文化形式结构；同时也汲取陆九渊的理论内容，建立起了以“自得之学”为核心的三位一体的本体观念系统。陈献章所构建的认识论原则是通过“自得”来实现的，在此基础上对“自得之学”何以可能的形上意义进行追问，就推演出了

“心道合一”的本体论；再向下追问“自得”在道德主体的生存活动中得以实现的归宿，就推演出了“自然”的境界论。他提出了“君子一心，万理完具。事物虽多，莫非在我”的观点，他将“心”作为沟通天道的实体，强调求理于内的为学路径，在求“自得”的过程中达到涵养本心的目的，从而实现“心道合一”。所以说陈献章对本体观念的构建仍然是以“心道二分”为前提的。陈献章虽然强调“心”的主体性，但是并不否认“道问学”的作用，他所主张的“心道合一”的本体论、“自得”的认识论、“学宗自然”的修养论的最终目的都在于通过一系列的修养工夫来涵养本心，保持心的本真自然的状态以达到道德主体洒落的精神境界。通过对陈献章思想的学理实质的考察，可以看到陈献章的哲学思想中表现出了很明显的“非朱”的思想指向，但是在当时的政治环境和思想条件之下，他不可能完全站到朱子的对立面去对朱子进行批判，因此，他对于朱子学的纠偏并未能突破朱子的理论框架，所谓“非朱”只是针对朱子学中僵化的一隅，其本质目的还是在于“正朱”。

程敏政《心经附注》思想研究

杜颖超（南昌大学 2021 年，
导师：杨柱才教授）

南宋中后期真德秀辑录圣贤论心格言，并以宋代理学家对“心”的讨论为注，作《心经》一卷及四言赞一首。明中期程敏政对真氏《心经》补充了大量宋元学者之论说，辑录为四卷本《心经附注》，且在“按”中表达个人观点。《心经》及其附注都站在朱子学的立场发挥了朱子心论的存养之方，但遗憾的是《心经》及其附注，虽在成书后有某些影响，但并未引起后世学者广泛重视。论文打破《心经》《心经附注》单一研究的现状，将二者文本的内在思想贯通，深入挖掘了圣贤道统对“心”的传承意义，且考察《心经附注》的刊刻与版本流传，以及《心经附注》对《心经》的具体继承与发展，明晰了《心经附注》因不得其传、长期处于佚失状态而未被广泛重视的原因。论文通过程敏政附注之具体内容，对其选编意图作严密考证，明确程敏政以理为本体，以心为修养工夫，从而论证了程敏政的“心学倾向”来源于朱子心性修养论。并以程敏政引程复心《心学图》为切入点，得出程敏政借此图为蓝本，来构建自己的心性哲学框架这一结论。继而通过《心经附注》的“敬”之主题，在明代及朝鲜不同时期的历史影响来把握《心经附注》文本的宏观学术意义，进一步明确程敏政在理学思想史上的地位。

李光地《注解正蒙》研究

田　刚(湖南师范大学2021年，导师：邓名瑛教授)

李光地的《注解正蒙》是清初庙堂理学家注解《正蒙》中的杰作，在清初学术发展史上有一定的地位。论文围绕李光地生平及《注解正蒙》的创作背景、内容、特色、影响进行全面分析，以期弥补李光地学术研究在此领域的不足。第一部分是关于李光地生平及《注解正蒙》的创作背景分析。李光地在政治和学术上均有建树，学术上，他著作颇丰，多次参与御制书籍的编纂，是理学官学化的有力推动者；政治上，他受康熙帝的器重，在维护国家统一、促进康熙盛世的发展上，功勋卓著。另外，论文认为李光地《注解正蒙》的创作，与其所处的明末清初的学术环境、自身的思想发展以及其特殊的政治身份分不开。第二部分是关于李光地《注解正蒙》的内容分析。文章对李光地注解中以和言道，太极为本而太虚为气的观点；主张"性者，理之总名耳"的"性本论"而非"理本论"的思想；强调志定、倡学、诚敬、尊德的"养而完之"修养方法；提倡为君重仁、止刑罚，为臣尚贤、反朋党的政治主张，以及关于神者，主宰；化者，功用的"存神顺化"观念等几个方面进行分析。第三部分是关于李光地《注解正蒙》的特色及影响分析。《注解正蒙》内容简略，高扬"性本论；程朱为宗，折中诸家；治学严谨，别白是非；融合程朱、陆王思想等特色明显。作为庙堂理学家，李光地《注解正蒙》对清初程朱理学的发展、实学的兴起以及清初政治秩序的重建都起到了促进作用，但《注解正蒙》中理学思想过重，曲解张载思想，对于《正蒙》原意的传播则是不利的。

朱一新儒学思想研究

丘子杰(南昌大学2021年，导师：张新国副教授)

晚清学者朱一新，师从古文经学大师俞樾，精通经史，深知两汉及宋明儒者家法，其学务通经以致用。在他生活的年代，儒学面临严重的危机，朱一新"端诸生之趋向""求诸圣凡共由之大道"，担起了挽救时局的大任，提出"治经不如治史"，注重经学史学的融通；主张兼采汉宋之学，以汉学为始基，宋学为归宿，重拾对心性之学的研究。虽说近些年来对朱一新的研究有所关注，却并未引起学界的重视。论文从朱一新的儒学思想切入，考察了朱一新生平及《无邪堂答问》等著述，深入挖掘了朱一新对传统儒学道统心性修养思想具体的继承和推新，值得注意的是，他将宋明新儒学中所讲的"持礼""居敬"的心性修养思想结合在其伦理政治的理论中。还探讨了晚清学术界朱一新与康有为的一次思想交锋，明晰了其对康有为等《公羊》学者"托古改制"做法进行批判的原因。论文把握朱一新通经致用的为学宗旨，通过对其儒学主要内容的考证，继而得出其注重史思结合、事上求理、体用相即，将"道"回归到平实之日用的结论。同时，这一思潮亦符合清代学术注重实学实用的理论品格，显示了朱一新在其思想中试图融通古今学术，融通经学、儒学与哲学，也显示了哲学作为时代精神之精华的思想。

夏震武心性论研究
——以《〈大学衍义〉讲授》为中心

何泽昕（浙江大学 2021 年，
导师：何善蒙教授）

作者在研读夏震武所著之《〈大学衍义〉讲授》一书的基础上，通过对其心性论进行探究，觇视这位宗程朱者于清末这一古今中外相交错之大变局中对理学思想的守护与调适。论文主要从以下五个方面来梳爬夏震武的心性思想：第一，就历史背景而言，夏震武之心性论是其在京师大学堂讲授理学过程中对时兴之考据学、新学、西学等异说所作出的回应；第二，就思想渊源而言，夏震武之心性论是对程朱理学、真德秀"正心"说、浙西学统的发明；第三，就主要内容而言，夏震武之心性论可细分为"本体宇宙论"、"性之诸说"、"心之诸说"、"仁说"这四个逻辑环节；第四，就学术意义而言，夏震武之心性论可从"体用一源"的思维模式、"理会大处"的诠释方法、"理学致用"的立论鹄的这三个维度进行觉察；第五，笔者借"时间"、"空间"两形式之"设准"，从而予以夏震武心性论新的理论价值。

宋翼弼的性理学思想研究

崔　铃（延边大学 2021 年，
导师：李红军教授）

宋翼弼是 16 世纪朝鲜朝性理学鼎盛时期的名儒之一，其性理学思想继承和发展了中国朱子学思想，根据本国的传统和实际需要，进行改革和本土化，在社会实践中具体化、现实化。论文从理气论、心性论、修养论三个方面探究宋翼弼的性理学思想。宋翼弼以理气论为性理学的出发点，以天人合一的思想为根据认识世界，认为这个世界是由形而上者理和形而下者气构成，理和气既保存各自的本体性，又是不可分割的统一体，理和气是彼此相辅的关系，这就是所谓"一而二，二而一"的理气有机关系。心性论是宋翼弼性理学思想体系的核心内容，也是其道德教育的哲学依据。他通过对心、性、情、意等心性论的基础概念的理解，说明"本"在于人心，"心"是认识和道德意识的主体，并肯定了人具有可以改变客观的主体意志。他把人性分为本然之性和气质之性，认为本然之性纯善无恶，而气质之性有善恶。现实中的人性

是本然之性和气质之性的统一，本然之性的内涵是仁、义、礼、智等道德原则，是至善的；气质之性在内涵上既包括道德理性，又包括感性欲求。他强调通过气质之性的改变而恢复本然之性，改变气质之性是道德教育的价值和功能。心性论中，他还提出“四端七情理气共发说”和“人心道心相互消长说”。宋翼弼的修养论紧紧围绕对“直”思想的追求而开展，提出以直思想修己治人的方法，一是“九容九思”的直的方法论；二是“几善恶”的道德修养方法，也就是我们常说的善于识几，防微杜渐；三是修己中至关重要的寡欲论，教育人们节制欲心、欲望，掌握好欲求的度；四是自足安分的修己方法，主张安于常分、顺其自然，摆正心态，满足于现状。这些修己方法，对于解决现实社会的物质中心主义颇有现实意义。他的修养论是实践之学，而不是停留于道德理论的探讨。

朱子学学界概况

朱子学研究重大课题

明清朱子学通史

2021年度国家社科基金重大项目
（项目编号：21&ZD051）

谢晓东

本项目首席专家谢晓东为厦门大学哲学系教授、朱子学会第三届秘书长。

本申报课题摒弃了狭义的明清概念而支持广义的明清概念，即大明清概念。所谓大明清概念是指我们不能自狭其心，仅仅把明清视为中国现象，而必须恢复其本来的历史面目，即把明清同时视为东亚现象。“明清朱子学通史”的基本含义就是：作为一种哲学和思想的朱子学，于西元1368—1911年间合计五百多年在东亚（中韩日）的发展与共振的全过程。它既涉及到朱子学内部的争鸣，也关切朱子学与阳明学为代表的各种非朱子学之间的对立与互动，还关注朱子学如何实现在地化发展。

“明清朱子学通史”的总体问题、总体思路、研究对象和研究框架为：

一、总体问题

明代中叶之后朱子学的重心从中国本土转移到了朝鲜半岛、继而在17世纪20年代由林罗山开始逐步转移到了日本列岛。基于此，本申报课题的基本线索为朱子学的两次重心转移，其涵盖了朱子学在东亚三国的互动与共振。该线索演绎为三个问题：

第一，朱子学的理论发展与修正；

第二，朱子学与反朱子学的交锋（异学的冲击与朱学的回应：包括朱学与佛老、与阳明学）；

第三，朱子学如何实现在地化发展？

二、总体思路

对“明清朱子学通史”中的“明清”持有一种广义的理解，即强化其时间性而弱化其空间性。于是，我们研究的便是广义的明清朱子学，其涵盖了狭义的明清朱子学，即1368—1911年间的中国朱子学；以及在近百年时间内（1547—1627）作为朱子学中心的韩国朱子学；以及在一百多年时间内（1628—1790）作为朱子学中心的日本朱子学。因而，我们既研究狭义的明清朱子学，也以“截断众流”的形式考察韩日朱子学是如何先后成为朱子学研究中心的。这种处理方式很大程度上既保证了狭义的明清朱子学(中国朱子学)的主体地位,同时又避免了韩日朱子学喧宾夺主而被赋予过大篇幅的弊病。明清中国朱子学按照时间线区分为三个阶段:阳明学兴起以前的明代前期朱子学、阳明学阴影笼罩下的明代中后期朱子学、清初朱子学的复兴与其后的衰落,以及先后作为朱子学中心的韩日朱子学的新进展。不难发现,朱子学的中心转移现象构成了研究的总体思路。那么,导致中心转移的内在动力何在?中心转移存在一定的目的吗?对此,必须要有一种历史哲学的思考。在我看来,这种思考的核心就是天理及其实现的方式不同。

三、研究对象

研究对象是广义的明清朱子学。其涵盖了狭义的明清朱子学,即1368—1911年间的中国朱子学;以及在近百年时间内(1547—1627)作为朱子学中心的韩国朱子学;以及在一百多年时间内(1628—1790)作为朱子学中心的日本朱子学。需要指出的是,标志着日本作为朱子学中心结束的时间是1790年开始的宽政"异学之禁"。因而,我们既研究了狭义的明清朱子学,也以"截断众流"的形式考察了韩日朱子学是如何先后成为朱子学研究中心的。这种处理方式很大程度上既保证了狭义的明清朱子学(中国朱子学)的主体地位,同时又使得我们具有了超出中国的宏大视野。清末、李氏朝鲜末叶和德川日本末叶都是朱子学占据主导地位,为何三国对西方的冲击具有如此不同的反应?为何三国的命运如此不同?对此,必须要有一种历史哲学的思考。故而,我们所申报的"明清朱子学通史"既具有开阔的视野,也具有深刻的历史哲学思考。

四、总体框架和子课题构成

总体框架是设立内篇和外篇,基本理由有二。一则是公羊学的内外概念,再则是利用《庄子》内外篇的形式。其中内篇研究中国朱子学,外篇研究韩日朱子学。由于中国是朱子学的故乡,故而内篇是研究的主体。

内篇(中国篇)分为三卷:第一卷,朱子学的一统天下与隐忧;

第二卷,阳明学阴影下朱子学的坚守与发展;

第三卷,朱子学的重光与衰息。

外篇(韩日篇)分成两卷:第四卷,重心东移:朱子学在韩国的崛起与在地化发展;

第五卷,重心南移:朱子学在日本的崛起与在地化发展。

每一卷就是一个子课题,一共五个子课题。

五、结语

本课题还会接着广义的明清朱子学讲,为新形态的现代朱子学的发展勾勒出一些线条。撰写明清朱子学通史,一方面需要如其所是地客观呈现朱子学者的独特理论贡献,另一方面也要为未来的朱子学创造性发展谋篇布局。换言之,在研究的结论章,顺着明清朱子学的发展,我们会勾勒出其可能的新方向和前途之所在。没有哲学层面的批判和建构,相关研究的立意就会不够深刻,对于未来的朱子学的发展也难以发挥出我

们的主体性。

（作者单位：厦门大学哲学系）

南宋浙学的转型与市民社会的形成研究

2021年国家社科基金年度项目
（项目编号：21BZX012）

王绪琴

南宋浙学，即南宋的事功之学或浙东事功之学，是指以叶适为代表的永嘉学派、以陈亮为代表的永康学派和以吕祖谦为代表的金华学派注重经世致用而建构的学说。南宋开启了中国传统社会的转型，出现了欧洲近代前夜的一些特征，如大城市兴起、市民阶层形成和商业经济繁荣等，美、日学者普遍把宋代中国称为“近代初期”。本课题重点考察南宋浙学的学理转向与理论建构，及其对于南宋市民社会形成的促进作用，并认为南宋浙学的兴起本质上是一场儒学内部相异于经学的批判与启蒙的思想运动，是中国传统社会“启蒙的转折”，传统社会的近代转型其实自南宋时期就已经开始了。本课题试图运用哲学、历史学和社会学的综合研究方法重新审视这一场“启蒙的转折”和社会的转型。

主要研究内容与目标如下：

一、“启蒙的转折”与市民社会的形成

目前，在南宋浙学和南宋社会生活两个领域的研究相对都比较丰富了，但是，对二者之间的互动方面的考察尚不够全面和深入。尤其，对于南宋浙学理论转向和范式转换的认识还不够深刻，没有清晰地意识到这是传统社会的一场思想启蒙运动，这场运动深刻地改变了中国传统社会的运行方式。在其推动和互动之下形成的市民社会则是一个典型的标志，意味着“个体的解放”和社会的转型也同步开启了。

二、“哲学的突破”对时代发展的强大作用

英国哲学家罗素说：“哲学家既是他们时代的社会环境、政治和制度的结果，如果他们幸运的话，又是塑造政治与制度信条的原因。”这一点在南宋浙学思想家身上得到了充分的体现，他们的理论涉及法度、资格、学校、荐举、吏胥、监司、茶盐、水利、理财、兵制等国计民生的各方面，范围之广泛，理念之先进，全面突破了传统儒学的常规范畴，哲学思想上的重大转变，必然会作用于时代的发展和进步之中。南宋在经济等领域迅速达到了鼎盛局面，一时为世界之先，决非偶然。

三、传统社会的近代转型说再议

关于中国传统社会近代转型的起点问题，在学界似乎已经形成了一个“定论”，即始于明清之际。但是，从南宋浙学和当时“近世化”的社会发展来看，其实，南宋时期这一转型已经开始了，这是中国传统社会的一个“拐点”——虽然其后过程波折和漫长——刘子健认为“南宋模式”引

领了之后八百年的中国社会，也表明南宋浙学已经具有了“启蒙的转折”的意味，同样可视为传统儒学的一个“拐点”。日本学者宫崎市定把南宋称为“东方的文艺复兴时代”，王国维有“近世学术多发端于宋人”之说，滕复有“中国近代哲学启蒙的历史起点是南宋时期形成的事功学与心学”的观点，法国学者谢和耐也有“中国近代化萌芽阶段”的论断等。并且，中国传统社会近代转型的动力乃是“内生性”的，和明清之际社会转型的动力来自外部有本质的不同。

四、传统社会治理智慧的创造性转化

历史的实践结果表明，南宋浙学与时代发展相得益彰，互为助力。在浙学思想的推动下，南宋在科技、经济和贸易等领域走向了巅峰，这对于重新认识传统社会的治理智慧和治理模式提供了一个很好的窗口。当时的社会治理经验极具“近世化”的特征，对于儒学的现代转型和传统治理智慧的创造性转化，甚至对中华民族的伟大复兴依旧有其借鉴意义。当然，可惜的是，由浙学助力形成的“南宋模式”并没有顺利地延续下去，由于元朝的专横和明朝的闭关锁国，政治生态大变，尤其是元明的皇权不再像宋代一样对士人阶层给予足够的尊重和宽容，这些变动导致了“南宋模式”和浙学传统的中断。南宋浙学启发了明末清初刘宗周、黄宗羲、王夫之等一批思想家的治学路向，他们承续通经致用的理念，启蒙民智，浙学又得到了延续和新生。

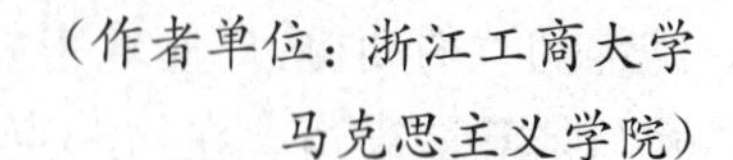
（作者单位：浙江工商大学
马克思主义学院）

程朱理学“王道论”研究

2021年国家社科基金年度项目
（项目编号：21BZX069）

敦　鹏

“王道”是传统儒学最重要的政治范畴之一，是儒家政治哲学和政治实践追求的最高目标。如果说儒家王道理想在秦汉之后发挥着愈加关键的主导作用，那么这种作用在宋代应该比以往任何时期都显得更加突出。这不仅是因为两宋是中国古代政治思想哲理化的重要历史时期，也是儒学王道政治思想发展的重要阶段。作为宋代新儒学的主要流派，程朱理学及其王道论不仅奠定了中国封建社会后期政治意识形态的理论基础，也成为儒家王道思想最成熟最具代表性的理论形态，因此具有丰富的思想内涵和重要的研究价值。

众所周知，两汉以后，王霸之辨始终成为思想界论争的主题。到了宋明，王道出现在文献典籍中的次数大幅增加，而宋人尤多。作为宋代理学代表人物，二程、朱熹以纯粹的“天理”作为审视实际政治的形上依据，在更为抽象的层面上思考政治治理的理想模式，为王道世界开出了更为广阔的思想视阈。对宋代理学家来说，评判“王霸”的标准，在于统治者的内在动机和品行操守。如果没有纯粹的善的动机，即使取得好的效果也只能算是霸道。在这一点上，宋代理学家秉持了儒家传统，拒绝手段至上和效果主义的经验评判，而是以道义作为看待政治事务的基本出发点，自觉地强调了政治的道德属性。在这种价值原则的引导下，从两宋之后，中国政治思想由于理学家的理论建构，儒家所坚持的王道理想愈发成为矫正、批判现实政治的思想武器，而理学的王道论也强化了道义和德性在政治生活中的地位，开显与提升了“内圣”对“外王”的支配作用。

遗憾的是，受现代新儒家的影响，学界近二三十年的宋代理学研究多集中在比较纯化的哲学视域，尤其偏重于对天理、心性等内圣之学的讨论。而在已有的王道研究成果中，也多集中于先秦两汉儒家，虽然学者们对宋代理学在中国哲学史上的地位比较关注，但没有把王道论作为研究理学的核心内容。

我们认为，理学是修身之学，更是治世之学（修身的价值旨归也是治世），中国哲学核心是政治哲学（周桂钿），而王道是儒家政治哲学的核心理念，是儒家的政治理想与政治信仰，宋代理学王道理论不仅介入和影响了现实政治，它也实际参与了中国传统政治的进程，是塑造中国传统政治品性和面貌的重要思想力量之一。因此，研究理学应该把理学王道论作为一个重点。尽管我们对理学王道的价值（功能）有必要做进一步的探究，但基本可以肯定的是，理学家追求的王道是一种理想的政治秩序与社会生活状态，其目的是实现和化解王权与民本的内在冲突，并在道义论原则下追求国家和社会各阶层利益的平衡。因此，宋代理学王道论涵括了仁政、礼治、民本等多重思想维度，代表着王权与民利的最佳契合状态，是儒家政治正义论的典型形态。同时，王道本质上是王权的道义化与道义的政治化，正因如此，王道的理想性与现实性始终存在内在的紧张，理学家一般在理想性上坚持道统高于政统，但在现实性上又不得不承认道统依赖于政统。

总之，作为中国古代最为精致、最为完备的理论体系，程朱理学的影响是至深至巨的，而中国思想史上有关“义”与“利”、“王道”与“霸道”关系的争论，在宋代无疑达到了一个高潮。虽然理学家对“王道”没有一个明确的定义和统一的说法，但二程、朱熹与其他宋代思想家在此问题上的论辩却最为深入和持久。因此，解读程朱理学王道论，有助于澄清宋代理学思想与宋代政治的伴生关系，有助于理解中国封建社会后期思想家对政治的价值追求，也有助于解析中国传统政治哲学的内在逻辑、展示传统政治哲学的理想境界，进而具有拓展和深化宋代理学研究的意义和价值。

（作者单位：河北大学哲学与社会学学院）

太仓朱子学研究

2021年国家社科基金青年项目
（项目编号：21CZX062）

申祖胜

一、主要内容

太仓朱子学主要指的是由苏州府太仓州一带的儒者如陆世仪（1611—1672）、陈瑚（1613—1675）、盛敬（1610—1685）、江士韶（1612—?）等“娄东四友”及其友伦通过著述、讲学建立的儒学团体。在这一友伦团体中，以陆世仪、陈瑚为学术领军。陆世仪是明代朱子学的反思终结者，也是明清之际理学中与心学黄宗羲、气学王夫之并肩三足鼎立的理学大家。在明亡清兴的政治变动中，太仓诸子相约为迁善改过之学，并积极参与地方性的社区建设工作，尝试以程朱理学为主导思维，将自我身心修养向外逐步推展到宗族、社区的整顿，以挽救家国命运，在明清思想史上占有重要地位。研究以陆世仪为代表的太仓朱子学，不仅对于理解明代朱子学的产生、演变和归结有重要意义，而且对认识明代后期思想发展与明代社会文化的关系及其演化，及明末清初士大夫对此一关系的反省有其典型意义。

本课题聚焦于太仓诸子义理思想及相关文化实践，以太仓诸子相关文献作为主要研究材料，以“呈现”太仓诸子文献中所蕴含的思想为研究方式，而在实际的研究中，兼顾义理分析与史学叙述。一方面，以朱子学的基本问题意识为基础，对现有研究成果所关注的概念，如：理、气、心、性、中、意等，以及问题，如：理气先后、心性互发、体用区分、动静交养等，提出相应的理解与解决方式，期能在此研究进路下，对太仓诸子思想提出一致且适当的理解，进而参照当代重要的诠释理论，对太仓诸子思想的意义与价值作出一较好的分析与评议。另一方面，对太仓诸子生长的地域文化及这种文化对太仓诸子思想的影响进行详细的探讨，回到生活—历史世界中把握其思想与生活际遇、时代背景之间的互动，以补现有研究成果中未尽的工作。

二、主要观点

以往有一种观点认为，以陆世仪为代表的太仓诸子处朱子学式微之际，其学虽直承朱子，但对陆王之学亦有所兼涉。本研究则认为，太仓诸子辟佛、批王立场坚定，其学虽有表面类于阳明心学之处，但多是因他们欲综摄先秦孔孟儒学和朱子的逻辑，而与阳明根本不类。这体现在以下几个方面：

其一，面对明代朱子学者在“理”的理解方面呈现的“去实体化”倾向，以陆世仪为代表的太仓朱子学者提出“即气是理”的命题，比起朱子自身提升了对气的关注，但又与明代朱子学如罗钦顺等不同，并没有放弃理的优先性，反而大力为之辩护阐发。

其二，在心性问题上，太仓朱子学提出了一系列新的命题，如“性不离气质”、“性善”不同于“命善”、“性

善只在气质”、“即心言性”等命题，丰富并发展了朱子学理论，在揭橥心性互动与互发之要义方面，也较前人更为进步。

其三，在修身工夫上，太仓诸子强调下学上达、日用伦理的实践，并提揭“天”字对主敬的重要意义。在面对王学流弊问题上，则着力强调工夫过程之实历、实为，这既包括了要从事切实的道德践履和严细的修养锻炼，也包括必须穷究自然、社会和历史等各个方面的学问。

三、研究方法

1. 史学描述与哲学阐释相结合。本课题以明清之际太仓朱子学为研究对象，旨在通过溯源式的检讨、理论本身的检讨、展望式的检讨等三个向度，探究明清之际儒家思想的丰富性和复杂性。在研究方法上兼采系统研究法、发生研究法、解析研究法以及基源问题研究法等。

2. 多时段哲学史的视域相融合。太仓朱子学在外观上表现为对宋明理学的反思、继承与对经世致用之学的重视。本课题致力于将太仓朱子学置于整个儒学史的视域加以考察，分析其与前儒之异同。在研究过程中，兼涉个人思想分析、观念史研究、个人与集体心态考察、知识社群研究等，以求通过这种方式，建立起对此阶段思想立体、多层和动态的了解。

（作者单位：厦门大学哲学系）

朱子学二百年英语译介史研究

2021 年国家社科基金青年项目
（项目编号：21CYY004）

田　莎

朱子学英语译介始于 19 世纪初，迄今已有二百多年的历史。尽管如此，朱子学在英语世界的译介与传播情况并不乐观，只是被片面地呈现和小范围接受。究其原因，不仅是由于译介朱子学的博奥古籍是一项极其艰难复杂的活动，更是因为学界对朱子学过去二百余年在英语世界的译介情况了解甚少。因而在此背景下，本课题选择的研究对象正是这样一部庞杂而漫长的朱子学英语译介史。

本研究将以唯物史观为视角全面深度地描述过去二百余年间英语世界不同时期不同译者对朱子学的译介，旨在展现朱子学英语译介的整体脉络、特征和规律，以揭示朱子学在英语世界的传播机制、接受规律以及现状、成就和问题等，进而战略思考对当下朱子学译介与传播的启示、对翻译学科理论建设的启示。

本课题价值：

1）文化认知价值。本研究将借助一手译介史料，从唯物史观视角探究朱子学过去二百年间的英语译介，这不仅有助于学界了解朱子学在英语世界翻译传播的总体历程，还可帮助认知朱子学在中西文化、古今当代价值转换中所经历的变异与混杂，继

而明晰过去二百年间朱子学与西方文化互动比参与交流的本质。

2）理论价值。本项基于唯物史观的朱子学英语译介的综合性研究正可为译史研究的宏微观叙述提供联通补充，因而不仅有助于翻译史研究的理论建构，还可加深我们对于人类翻译活动性质的理解，从而进一步为翻译学科的理论发展奠定更加坚实的实践性和经验性基础。

3）跨学科应用价值。本项朱子学二百年英语译介的综合性研究还可有助于国内朱子学界进一步了解朱子学在英语世界的研究和传播情况，从而以“他山之石”为朱子学未来的研究发展提供跨学科启示与借鉴。

4）现实借镜价值。探索朱子学二百年英语译介历程中所呈现的不同译介现象，探讨这一历程中存在的一般规律与影响因素，这都将对我们主动外译朱子学的行为方式有一定的启示，进而为增强当下中国文化国际传播能力提供借镜，为增强中华文化软实力提供依据。

本课题主要思想：

1）强调译史研究要树立正确的史识观。本项朱子学二百年英语译介史的研究将确立以马克思主义唯物史观为史识观，并以此作为研究视角来确定相应的研究路径与方法、指导研究每一个环节的开展。

2）突出朱子学英语译介活动的实践本质。唯物史观视角下，朱子学的英语译介并非在真空中发生，而是译者主体在一定环境中为了满足一定社会文化需求所开展的有计划、有目的的对象化社会实践活动。因此，本课题在研究过程中将以辩证的思维方式，客观描述各译介过程中各要素（如译者、原作、中介和环境）间的互动关系，以如实地呈现史实并加深我们对人类翻译实践活动本质的理解。

本课题主要观点：

1）唯物史观视角下，依据不同时期译介现象所呈现的总体特征和基本态势，本研究暂将跨越二百多年的朱子学英语译介分为四个历史阶段：即传教士翻译期、以西释朱期、以朱释朱期和现代诠释期。

2）朱子学英语译介具有时代性。传教士翻译期，朱子学作为中国宇宙论的代表参与了传教士 God 译名的百年论争；以西释朱期，朱子学作为西方哲学的参照，帮助西学丰富了思想内涵；以朱释朱期，朱子学作为研究主角，推动了北美大陆新儒学研究的蓬勃开展；现代诠释期，朱子学作为时代的参与者，帮助解决时代问题，并推动中国文化走出去。

3）西方译介朱子学体现的是实用主义目的，除 20 世纪下半叶陈荣捷等学者为真正推介朱子学而译介外，其余的朱子学译介大多有明显的实用目的，试图从中寻找理据以为我用。

4）我们在当下传播中必须清晰思考朱子学在新时代的定位。在中国文化走出去、中西文化交融互鉴的背景下，朱子学不应只是西方汉学家用来研究的古代儒学，更应成为传播中华优秀文化的重要载体，成为构建“人类命运共同体”的丰富思想资源。

西方译介朱子学的实用主义目的要求我们不能仅停留在解释朱子学是什么，而要进一步探明朱子学的普世价值及其在全球化时代的现实意义，并将其译介出去，这样才有助于朱子学在英语世界更深入的传播和接受。

（作者单位：宁夏大学外国语学院）

北宋道学的易学哲学基础

2021年度国家社科基金后期资助项目

陈睿超

以北宋“五子”——周敦颐、邵雍、张载和二程为代表的北宋道学思想，其形上层面主要是通过易学哲学建构起来的，这是学界的普遍共识。而易学哲学究竟何以构成北宋道学的思想基础，道学家的思想体系与其易学诠释之间是怎样紧密联系起来的，仍是一个值得深入探索的问题。本文回答这一问题的思路，是着眼于北宋道学始终持有的时代问题意识，即如何为儒家提倡的人世价值与生活方式提供普遍客观的“天道”根据。正是在这一问题意识的指引下，道学家纷纷借助传统易学的资源，通过对旧有易学概念的重新诠释，建立起独具特色的易学世界观系统，达成以形上天道为人世价值奠基的思想意旨，在此意义上，易学哲学方构成北宋道学的思想根基，从周敦颐到二程的北宋道学易学哲学的发展历程，也应被理解为道学易学世界观建构方式与价值奠基方式不断演进完善的过程。这一发展过程又可以通过一条通贯性的线索加以把握，那就是道学家承继北宋中期易学广泛探讨之“性命”主题而来的对于《说卦传》“穷理尽性以至于命”中“理”、“性”、“命”三概念之内涵与相互关系的诠解。“理”、“性”、“命”概念重心的转移正反映出道学易学的世界观建构方式从生成论向本体论转变，相应的价值奠基方式从实然秩序性奠基向客观应然性奠基转变的理论发展趋势。

本成果在导论中以北宋中期易学为主要思想背景追溯北宋道学易学问题意识的缘起，以及道学谱系的成立。正文则以思想家为单元，分五章对于北宋五子的道学易学思想加以专题研讨。第一、二章分别讨论周敦颐以《太极图》为核心的易学哲学，以及邵雍围绕“一分为二”的数理原则和“体用”观念建构的先天易学哲学。周、邵皆以本于《易传·系辞》“太极生两仪”之宇宙生成论为其易学世界观建构的基本模式，并通过《太极图》、《先天图》等图式化表达方式呈现天道层面的实然秩序性，来为儒家的人世价值秩序奠定基础。在“理性命”线索方面，周敦颐于道学谱系中首次将“理”纳入“性命”主题的探讨，但对三者的关系并无明确论述；邵雍则明确以作为生成本源“太极”所赋予万物之“命”为三概念的核心，“性”、“理”处于次要地位。

第三章讨论张载以“太虚”为本

体的气本论易学哲学，指出其易学哲学的贯穿性架构是从《说卦传》“参天两地”抽绎出的“两一”架构。张载认为，“两”即差异性与“一”即统一性的关系不是由一分化出两，而是两趋向于合一，由此超越了传统的宇宙生成论模式而建构起本体论模式的易学世界观。“两一”架构在“太虚”本体层面及有形世界层面分别以“神化”、“感性”的形态呈现出来，昭示出气化流行之中客观普遍存在的差异趋向合一的本质倾向性，其作为一种“客观应然性”足以为以感通他者之“仁”为核心的儒家人世应然价值奠定基础。在“理性命”线索方面，张载将三概念的重心转向“性”，“性”对应于“两一”架构中的“一”，提供了差异朝向合一的本质趋向，是气论形上学建构与价值奠基的根本。

第四、五章分别讨论程颢和程颐以天理为本体的理本论易学哲学，指出程颢天理观念的易学起源在于《易传·系辞》“形而上者谓之道”与“生生之谓易”，其核心内涵是“生生”之理。天理具体化地规定了万物生命的本质生命倾向，包含差异性的分位秩序和统一性的感通关联两个层面，既是万物生成与活动遵循的法则，也是万物所以能生生变化的动因，达成了同一性与差异性、应然性与实然性的根本统一。由此，天理可以被理解为“具体化的客观应然性”，构成人世应然价值的基础。在“理性命”线索方面，“理”正式成为“理性命”三概念的核心，“性命”统一于“理”，“尽性”“至命”统一于“穷理”。程颐在程颢的基础上引入“所以”概念更清晰地划分了理与气、形上与形下的理论层次。他进一步提出了“体用一源，显微无间”的易学纲领，提点出天理作为客观应然性具体化于一切世界现实的根本特征以及“以应然统摄实然”的理本论易学思想方法，并将之落实到《易程传》的易学诠释体例中，使理本论易学哲学臻于完备。

由于北宋道学谱系是由南宋朱子所确立，且朱子自身的哲学体系与其易学世界观基础源自对于五子易学的创造性整合，因此，有关五子分别在朱子易学体系中占有何种地位，朱子如何将不同思想倾向的易学系统统合为一体这一问题的探讨，对于揭示北宋道学易学的整体性而言也是不可或缺的，这亦是本成果关注的一个重点。总括来说，周敦颐的《太极图》、邵雍的《先天图》构成了朱子理解把握世界本有秩序的基础框架，张载的气论构成了其理解气化流行过程的基本视野，而二程的天理观念则构成了朱子易学世界观的本体。朱子以天理本体取代周、邵的“太极”、张载的“太虚”，并凭借天理应然性的具体化特征，将周敦颐、邵雍、张载的学说作为对气之世界的实然描述全部包纳在本于“所当然”之天理的易学哲学体系之内，形成了集“五子”之大成的理学世界观。

本成果作为对中国古代世界观思想的研究，亦格外注重古今世界观之间的比较与区分。唯有清楚地认识到中国古代世界观与现代科学世界观的本质差异，才能如实再现古代

思想的原貌，以此为反思与化解现代性生活之危机提供某种借鉴，这也是本成果的现实意义所在。

（作者单位：首都师范大学政法学院）

比较视域中的宋明儒学诠释路径研究

2021年度国家社科基金后期资助项目
（项目编号：21FZXB023）

连　凡

本课题采用总论与分论、宏观与微观相结合的研究框架。

“总论：宋明儒学的名称概念与诠释路径”部分首先考察了“宋学”“道学”“理学”以及“朱子学”“阳明学”等中国传统宋明儒学概念的历史演变及其关系。然后考察了西方创造的“Neo-Confucian(ism)”及其中文翻译“新儒家(学)”概念的历史演变及其与传统宋明儒学概念的关系。最后总结了海内外宋明儒学研究中的主要立场和路径。其主要观点如下：

（一）传统宋明儒学的名称概念可分为一般总称概念和特殊学派概念。一般总称概念中，宋学概念经历了从基本义（宋代义理之学）到狭义（与明学相对的宋代理学）再到广义（与汉学相对的义理之学）的意义演变；道学概念经历了从广义（道统之学）到狭义（程朱道学）再到基本义（宋明道学）的意义演变；理学概念经历了从广义（宋学、宋元以来）到基本义（道学、明清以来）再到狭义（程朱理学、现代以来）的意义演变。特殊学派概念中，朱子学、阳明学概念经历了从狭义（朱学、王学）到基本义（理学、心学）再到广义（东亚朱子学、东亚阳明学）的意义演变。这些宋明儒学概念间存在着错综复杂的交涉关系，因此必须在历史脉络与思想体系中界定其意义、范围及相互关系。

（二）由天主教耶稣会士柏应理等人编纂、1687年在巴黎出版的《中国哲学家孔子》中首次将程朱理学家称呼为“现代解释者”，由此派生的近代西方“Neo-Confucian(ism)”概念在19世纪末20世纪初被入华基督教传教士以及冈仓天心（1903—1906）、胡适（1917）等学者所使用，到了20世纪20年代又首次被冯友兰翻译为中文“新儒家（学）”概念，其后经过卜德、陈荣捷、狄百瑞等人的推广而成为海内外通行的学术专有名词。伴随着宋明儒学研究的视野立场从宗教观念、哲学义理到思想文化领域的扩展，“Neo-Confucian(ism)”概念在历史上经历了从程朱理学（狭义、17世纪末期以来）、到道学（基本义、20世纪初期以来）、再到宋学（广义、20世纪后期以来）的意义演变，意味着必须从历史演变及其思想史定位出发界定其意义和范围。

（三）海内外宋明儒学思想的研究中形成了几条主要路径：宗教、哲学的研究主要关注以程朱理学为主体的宋明新儒学对儒家信仰和观念

体系的重建及其现代意义；哲学史的研究主要关注以程朱理学和陆王心学为主体的道学发展脉络及哲学诠释；思想史、文化史的研究主要关注思想与社会、文化、政治的互动影响。虽然自20世纪后期以来，宋明儒学研究中出现由观念史、哲学史到思想史、文化史的视域和立场的转换，对于扩展研究视野及还原历史真相起到了重要作用，但社会史、思想史、观念史、哲学史的路径实际上不可能截然分开，真正有价值的研究必然是逻辑与历史、哲学观念与思想文化的有机统一。

"分论一：儒耶思想交涉视域中的宋明新儒学诠释"部分从天主教四因说的理论体系出发，探讨了开创西方汉学的耶稣会士对宋明新儒学的宗教哲学诠释。其主要观点如下：

（一）由于程朱理学的哲学体系直接与天主教信仰体系相抗衡，以利玛窦为代表的早期耶稣会士采取了批判理学（新儒学）而附会原始儒学的诠释策略。其后随着理解的深入与策略的调整，耶稣会士对待新儒学的立场由排斥转向融合。（二）四因说视域下形式因与质料因的内部构成说适用于解释儒家尤其朱熹理学的万物生成论及性论。从结构上看，理学中的天理道体相当于动力因，性（理）相当于形式因，气相当于质料因，与天理道体合一相当于目的因。（三）利玛窦从其天人、灵肉、理欲二元对立的立场出发批判了包括朱子学在内的儒家仁说，其立场与结论与朱熹及黄宗羲父子的仁说互有异同：在本体论层面较近于朱熹，而在心性论与工夫论层面则较近于黄氏父子。而黄氏父子的思想对以利玛窦为代表的天主教思想也有所吸收。（四）利玛窦基于天主赋魂说与天堂地狱赏罚论，批判了儒家的魂魄说，佛教的地狱轮回说，并给予儒家祭祀以非宗教性的解释，从黄宗羲信奉主宰世界的昊天上帝，认为圣贤灵魂不朽，以及承认儒家祭祀之非宗教世俗意义等方面来看，恰好可视为主流儒家学者对利玛窦所倡导的适应中国国情的传教策略的回应。（五）艾儒略在《性学觕述》中依据"四因说"，用天主取代天理，进而基于灵肉二元的内部构成说，将儒学中天所赋予的性与耶教中天主所赋予的魂会通起来，从而将儒家性论纳入到耶教灵魂肉体说的框架中。

"分论二：宋明儒学诠释路径的个案分析"部分考察了海外汉学家中的宋明儒学诠释的典型案例：包括伊藤仁斋的考据学（反理学）诠释、岛田虔次的社会文化史诠释、楠本正继的哲学史诠释、狄百瑞的观念史（自由主义）诠释，以及田浩的思想史诠释。其主要观点如下：

（一）伊藤仁斋致力于批判程朱理学并复归于儒家经典之古义，虽不免失之于"同情之了解"，但却在相当程度上还原了思想史的真相。（二）岛田虔次从社会史与思想史的相互影响出发阐明了近世儒学由士大夫之学到庶民之学的发展脉络，并从东西方文明对话的高度指出中国近世与欧洲近代的根本精神相通，但最终由于个人与社会的冲突而遭受挫折。岛田的立场接近现代新儒家的文化保守主义。（三）楠本正继通过梳理宋明儒学中各种思想流派的交涉与影响，阐明作为宋明儒学主体的朱子学及阳明学的体用精神、内在理路及其历史意义。（四）狄百瑞阐明了理学基于其修己治人的信念有着批判专制统治的自由主义传统，但由于缺乏能够清晰表达思想的公民有组织的支持、公共舆论的工具以及稳固的权力基础，最终不得不遭到镇压的命运。狄百瑞的诠释总体上是以宗教、观念为核心的内在进路。（五）田浩认为宋代道学的发展离不开社会经济、文化政策等外部因素的影响，并从学术思想与政治环境之间的互动关系出发探讨了南宋道学的发展脉络。田浩的思想立场趋向于多元化和宽容，力图站在一个“旁观者”的角度进行冷静客观的研究。

本课题的研究不仅有助于厘清宋明儒学的概念演变与诠释路径，对于中国哲学史、思想史的建构及诠释而言也具有重要的参考价值。

（作者单位：武汉大学哲学学院）

北宋理学视域下的经典诠释思想研究

2021年度国家社科基金
后期资助项目

王金凤

本课题意欲对宋明理学进行完整且深入的研究，北宋时期（960—1127年）是一个不能被绕开的时间段。北宋时期是宋明理学学术气质与思想框架形成与发展的关键时段，该阶段思想交锋的激烈与观念形态的多样令人瞩目；北宋理学家群体对儒家经典文本进行了广泛而新颖的诠释，最终实现了理学形而上学话语体系的确立。然而，在当前哲学界的语境中，北宋时期的理学及其经典诠释理论往往意味着某种“不够成熟”或“尚未完成”，这种观点主要是以理学的集大成者朱熹及其经典诠释理论为参照系，以理学形而上学的真正确立为标准。相应地，以往学界对宋代理学经典诠释的研究，宏观上较多关注从“汉唐注疏”到“宋明义理”的转变，其中涉及北宋理学的经典诠释实践；微观上倾向于在南宋理学的脉络下讨论宋代理学经典诠释的内容与特质，需要上溯北宋理学的经典诠释理论。这种基于不同历史时期的研究热度的反差，恰好提醒我们需要注意：北宋时期理学的经典诠释，除了是今人熟悉的“宋学之兴起”、“经学变古”的表征之外，内部也存在着理学命题的演进和诠释范式的演变，其所包含的诸如经典诠释与北宋理学的关系等丰富内涵，值得进一步挖掘。深入探讨上述问题，在学术价值方面，不仅对于中国哲学史研究有着重要的理论意义，而且也具有普遍的诠释学意义；在应用价值方面，能够为当下文化复兴中传统文化的现代诠释提供借鉴启发，也可为中华优秀传统文化创造性转化、创新性发展提

供理论支持和经验借鉴。

本成果以北宋理学的经典诠释思想为研究对象，从经典诠释的视角，以范仲淹、孙复、胡瑗、欧阳修、周敦颐、王安石、张载、二程为个案，展现上述人物各自的经典诠释思想及其对北宋理学思想形成的作用。最重要的是，通过系统呈现北宋理学人物不同的经典诠释理论、实践与特征，说明北宋理学经典诠释范式与形态的内部演变、北宋理学经典诠释与理学形成的关系、北宋理学经典诠释思想的比较哲学意义等问题。

本课题主要观点：

1. 揭示"意义的有效"的内涵及其方法论意义。本成果从北宋理学经典诠释思想中提炼出的"意义的有效"内涵有：对当时思想家普遍关注或致力解决的问题给予回答、言说方式或思维方式为当时的知识共同体所接受、提出的价值取向或理论基型被知识共同体所认同。相比现代逻辑学"逻辑的有效"、"实质的有效"或"修辞的有效"等评判，"意义的有效"能够为中国经典诠释的有效性判断提供更为适合的标准。

2. 梳理北宋理学经典诠释范式的演变。本成果细化了以往学界较多关注汉唐注疏到宋明义理的宏观转向的研究模式，呈现了北宋理学经典诠释范式从"达用"到"明体"的内部演变。范仲淹、孙复、胡瑗、欧阳修等理学家多采取"达用"的经典诠释范式，其目标在于经世致用；周敦颐、王安石、张载、二程等理学家则多采取"明体"的经典诠释范式，其目标主要是道德修养工夫及其背后的形上体系建构。

3. 提出北宋理学经典诠释的两种形态。本成果根据文本诠释与思想形成之关系的三种构成：文本、观念与思想，提出汉唐儒学的注疏训诂属于"文本的诠释"，范仲淹、孙复、胡瑗、欧阳修等理学人物的经典诠释属于"观念的诠释"，周敦颐、王安石、张载、二程等理学人物的经典诠释属于"思想的诠释"。北宋理学经典诠释形态的演变，是从"文本的诠释"转型为"观念的诠释"再渐化为"思想的诠释"的过程。

（作者单位：上海交通大学
马克思主义学院）

宋元朱子门人后学的易学文献整理与研究

2021 年教育部人文社会科学
研究规划基金项目
（项目编号：21YJA720003）

李育富

在朱子学学术体系中，朱子易学既是有别于理学的自成体系之学术，又是浃洽于理学之中，于朱子理学的发展不乏基奠之力和常有引领之功的学术。朱熹之古易、象数（图书）易、义理易等交织发展，易学与理学交错而行，描绘出朱子易学的间架。然朱子易学的传承和发展，离不开朱子门人后学之努力。

本课题从朱子学派的视野来整理和探讨宋元朱子门人后学的易学。本课题注意到：

第一，当前学界于朱子学派之分析，多置于理学视阈，聚焦朱子门人后学之理学思想；于朱子易学史之研精覃思，或以凡治朱子易学者笼而视之，而不专以朱子学派，或致力于某一朱子门人后学人物的易学分析，而缺乏朱子学派（门人后学）的整体研究。实际上，宋元明清治朱子易者众，朱子门人后学与非朱子门人后学共存于其间，其易学旨趣和学术意义亦有所差异。有鉴于此，本课题着眼于朱子学派，考察朱子门人后学的易学内容和易学群体特征。

第二，朱熹身后，朱子门人后学名家辈出，本课题以宋元为限。宋元朱子门人后学大致为朱熹门人（不含私淑学者）至五传弟子，其易学人员于福建、江西、安徽、浙江等地分布最多。黄榦、蔡元定、陈淳、刘爚、蔡渊、蔡沈、翁泳、徐几等人凸显福建朱子易脉，特重象、数易学旨趣，然不失义理；董铢、董梦程、饶鲁、吴澄、熊良辅等江西一线，和会朱陆之色彩渐浓；胡舜卿、胡方平、胡一桂、胡炳文、陈栎、朱升等安徽一线，附录纂注朱子易学，力倡象数理义，而于朱子古易之学多有所长；陈埴、何基、王柏、金履祥、许谦等门人后学，亦逐成浙江一线。宋元各区域门人、后学师徒友朋之间，相传讲习、聚而论道、往来书信等，一方面，明旨辨异，恢弘朱子易学，赓续朱子易脉，另一方面，新诠易学，彰显朱子易的时代差异和地域特色。他们在传播朱熹易学文献、发展朱熹易学思想、汇通易学与理学等方面俨然形成宋元朱子学派的易学谱系，共同作用推进宋元朱子易学的宏大叙事，有力地推动了包括朱子易学在内的朱子学的发展，也对朱子以降儒家哲学的学科体系、学术体系和话语体系等方面内容产生广泛深远的影响。就朱熹身后之朱子学派群体而言，宋元朱子门人后学虽未能尽之全体，然为之人数最多，于朱子易的传承和发展亦甚为得力，更具规模。

本课题的研究内容主要有：一、宋元朱子门人后学的易学传承谱系。考证朱子门人后学身份、分布，分析朱子易学传承、流变状况，阐述宋元朱子易学的多线发展态势。二、依区域和代际关系对宋元朱子门人后学的有关易著进行汇辑整理。三、宋元朱子门人后学的易学思想谱系。围绕朱子《易》著及古易、象数（图书）易、义理易等易学内容，以各线重点人物为抓手，进行易学思想的梳理。四、宋元朱子门人后学的易学与理学的关系。五、宋元朱子门人后学易学的区域特色和共同点、影响、价值。

本课题借鉴福柯谱系学方法，分析宋元各线朱子门人后学易学思想的“出生”“出现”的内外因，同时，结合各线易学的历史发展、学术交往、社会反响等方面的细节考证，在朱子门人后学与朱熹、门人后学之间、门人后学与非朱子门人后学之间进行各线易学的纵横比较，阐述宋元朱子门人后学的易学内容和特点及其于

易学、理学的影响和地位。如此，我们试图较全面地厘清宋元朱子门人后学的易学谱系，展示宋元朱子学派的易学总体面貌。

（作者单位：重庆交通大学
马克思主义学院）

儒林视域下的北宋儒学史研究

2021年度教育部人文社会科学研究青年基金项目
（项目编号：21YJC720021）

张瑞元

自《史记》列《儒林传》，历代正史均有承袭。《宋史》则在《儒林传》以外，单设《道学传》。北宋道学盛行，开创宋元明清道学之源。因此，后来的儒学史书写特别重视道学史，或者广义的理学史，可以说是扩大了的道学传。从朱子《伊洛渊源录》到清代熊赐履《学统》、李光地《性理精义》、张夏《洛闽渊源录》、张伯行《伊洛渊源续录》，根深蒂固的道统观念贯穿于儒学史撰写的过程。黄宗羲、全祖望《宋元学案》虽然取材较广，包罗人物较多，但仍未脱离以道学家为主的窠臼。近代以来的以西方哲学为参照系的中国哲学史著作中的宋代部分，同样以道学尤其是程朱理学为主。侯外庐等《宋明理学史》、蒙培元《理学的演变》、陈来《宋明理学》，对宋代理学家的哲学思想研究更为全面、更趋深入，但宋代人物取裁以道学家为主的局面并未改变。原因是，理学家探讨的问题和西方哲学家关注的问题和使用的范畴更为接近。赵吉惠《中国儒学史》、刘蔚华主编多卷本《中国儒学史》宋元卷、汤一介主编的多卷本《中国儒学史》的宋元卷等著作中，北宋儒者取裁范围有所扩充。这些著作为北宋儒学研究打下了坚实的基础。

这些儒学史著作存在不足之处。第一，这些哲学史、儒学史著作的人物取裁，或多或少都受到《宋史·道学传》和道统观念的影响。这些涉及到北宋哲学史、儒学史的写作，没有把《宋史·儒林传》中的大量儒者纳入研究视野。第二，这些儒学史，尤其是哲学史的写作，大多以西方哲学为参照系，过于偏重哲学思想和范畴的逻辑分析，对儒者的道德人格和行谊研究较少。事实上，《道学传》、《儒林传》中的人物是有血有肉的活生生的人物，除了学者身份以外，儒者大多同时具有“兼济天下”的社会和政治角色。在儒学思想学术支撑下北宋儒者的道德气象、政治参与、社会建设、人际交往，通过创造性诠释和创新性发展，对现代社会和现代人都有巨大的感染力。

本课题研究的缘起正是基于以上的背景。研究目标是以《宋史·道学传》和《宋史·儒林传》为基础，增加这二传之外的从政的其他重要儒者，借鉴《宋元学案》中宋代人物的师承、学侣等关系，撰写更为全面、丰富、系统的北宋儒学史。从而为北宋哲学史以及宋明理学研究，提供一种有别于理学史的更为宽广的背景和视野。

本课题的研究对象是北宋儒学史上的重要儒者，主要文献是《宋史·道学传》和《宋史·儒林传》。另外，增加欧阳修、范仲淹、司马光、王安石等从政的重要儒者。

儒学史研究不能只是没有任何联系的单个的儒学人物研究，要有一个儒学在北宋发展传承的体系和线索。以一段时间的社会风气、政治改革等重大事件与学术研究的关系为线索，为北宋儒学史的发展提供一条历史性的发展脉络。相比于此前北宋理学史重视哲学理气心性等哲学概念的研究，儒学史的整体框架则包容性更为广泛，评价标准更为多元化、多样化。例如邢昺、孙奭等以注经为业的大儒，此前没有纳入北宋理学史的范围，在北宋儒学史的研究中，则需要浓墨重彩的研究。实际上，自孔子以来的历代儒者从来都是以内圣外王为目标，通经致用不光是学术事业，更是将来为政的准备。道学家程颐等儒者在政治上均有所建树，儒林传中不少儒者的气节风骨也值得表彰。北宋相比历史上其他朝代，又是士大夫精神士气比较昂扬向上的一个朝代，与士大夫共治天下的理念影响深远。北宋儒者的政治参与，实际上也是贯穿北宋儒学史的一条线索。

本课题的最终目标是写出一部兼顾宋代儒者哲学思想和立朝为政、淑世为民精神风骨的有血有肉的北宋儒学史。

（作者单位：西安石油大学
马克思主义学院）

朱子学学术动态

“弘扬朱子理学　坚定文化自信”朱子文化研学会举行

2021年3月25日，以“弘扬朱子理学　坚定文化自信”为主题的朱子文化研学会在福建安海石井书院举行。研学会由中共福建安海镇委员会、福建安海镇人民政府、福建安海镇新时代文明实践所主办，由松熹中学、养正中心小学承办，目的在于弘扬优秀传统文化，加强活态视野下朱子文化的保护与传承，促进朱子文化的研究和交流，打造安海朱子文化品牌，不断提升安海文化的影响力。

研学会上，与会嘉宾从“朱子文化与安海”“朱子文化对现代教育的价值”“朱子文化的传承与发展”“朱子文化对于中国文化将来可能会产生的海外影响力”等方面，分享了自己的观点。同时，现场还连线了海外乡贤，他们在视频中讲述“朱子文化在海外的传播与影响”，为现场观众带来了一场精彩的朱子文化盛宴。

福建安海历代人文荟萃，扬名翰苑，蔚然可观，朱松、朱熹、朱在祖孙三代，都缘结安海，留下不可磨灭的足迹，1130年安海建镇，朱熹的父亲朱松为首任镇监，其间在安海“鳌头精舍”开讲理学，后人称他是“泉州开讲理学第一人”；23年后，即1153年，朱熹任同安主簿时也经常到安海宣讲义理，开启民智；1211年，“鳌头精舍”扩建为“书院”，由朱熹的第三子朱在主持书院的兴建工作。书院建成后因地取名“石井书院”，是古代泉州“四大书院”之一。

第六届厦门（同安）国际朱子文化节暨第十四届朱子之路研习营举办

2021年7月18日，厦门（同安）第六届国际朱子文化节在朱子首仕地厦门市同安区举办。本届朱子文化节以“熹光永照　与民同安”为主题，通过举办开幕式、“朱子首仕同安与社会治理”论坛、朱子之路研习营、文化雅集等系列活动，旨在打造一张同安地理名片、一节时代先贤课堂、一条文化旅游线路、一个经济文创品牌，构筑具有国内外影响力、辐射力、传播力的朱子文化地标。

本届朱子文化节由中共厦门市委宣传部、厦门市社会科学界联合会、中共厦门市同安区委、厦门市同安区人民政府指导，中共厦门市同安区委宣传部、厦门市同安区社会科学界联合会、朱子学会、厦门大学国学院主办，厦门市同安区闽南文化研究会协办。

中共厦门市同安区委常委、宣传部部长林国财提出同安将把百年党史与闽南优秀传统文化有机结合，大力保护好、传承好、弘扬好朱子留下的宝贵财富，加强研究朱子文化创造性转化、创新性发展。朱子学会会

长、前厦门大学校长朱崇实在致辞中讲到，今年的国际朱子文化节采取线上与线下相结合的方式，使用了大量先进的新媒体技术，用先进的载体对传统的优秀文化进行诠释与传播，使其更加适应新时代，更能够为百姓特别是青少年所接受，这是举办形式的创新或变化。

“朱子首仕同安与社会治理”论坛在朱子书院开展。厦门市同安区社科联主席林永富先生首先致辞，他向全体营员表示了热烈欢迎与诚挚问候。随后，现场的专家学者们围绕“朱子首仕同安与社会治理”这一议题展开了精彩的演讲。厦门大学傅小凡教授讲述了朱子首仕同安的经过，以及他在为官期间所面临的征税与教化的道德两难，这也是朱子远离官场的重要原因。复旦大学郭晓东教授介绍了朱子为官期间的重要举措，比如正经界、清查版籍、整顿赋税、重修学舍、复兴礼制等，这种“同民安”的理念与实践对于现代社会治理仍有借鉴意义。作为文献学领域的专家，华中师范大学董恩林教授以《仪礼经传通解》为例介绍了朱子礼学思想，他认为，朱子礼学思想的创新性与系统性尽皆体现在《仪礼经传通解》中。西安交通大学常新教授则把朱子放回南宋时期的政治结构与历史局面中，展现了朱子在同安任上实现思想转变的心路历程。论坛还连线了海内外其他专家学者。中国台湾“中央研究院”文哲所蒋秋华教授围绕朱子有关同安的诗歌，介绍了朱子在同安的活动情况。韩国成均馆大学崔英辰教授以朱子《大学章句》“絜矩之道”章为例，介绍了18世纪朝鲜儒者韩元震对朱子思想的继承与发展。日本福冈国际大学海村惟一教授通过梳理朱子《四书集注》传入日本后形成的五山、藤原、罗山等朱子学流派，介绍了日本朱子学的创立过程。各位专家共同解码朱熹在同安期间的社会治理实践启悟，充分挖掘朱子文化精髓，研讨朱子学在完善中国特色社会主义制度、推进国家治理体系和治理能力现代化的时代价值。“‘朱子首仕同安与社会治理’这个主题紧紧贴近当前的社会需要，具有鲜明的现实意义。”朱子学会会长、厦门大学原校长朱崇实说，这正是“以时代精神激活中华优秀传统文化的生命力”的体现。

第十四届朱子之路研习营始业式举行。研习营师生来到朱子书院前庭，随着咸和之乐响起，朱子之路研习营始业式（释菜礼）正式开始。研习营总顾问、华东师范大学终身教授朱杰人先生作为献官升堂点阅众人，然后沃盥、焚香，向朱子祭酒、献芹。接着，厦门大学朱人求教授作为祝者，恭读祝文昭告朱子，向这位伟大先贤致以无尽的追思。读毕祝文，献官、祝者皆落座，全体学员执行了拜师礼。释菜礼结束后，全体营员参观了新华网AI复原技术数字展品，该技术让静止的朱子像活动起来，生动还原了朱子的神情体态，仿佛朱子真的跨越了时空与今人对话。

第四届港澳台大学生走朱子之路研习营举办

2021年7月20日，“八闽文化之旅·第四届港澳台大学生走朱子之路研习营”在福建福州开营。受疫情影响，此次开营仪式以视频连线的方式举行，主办方在福州设主会场，在香港、澳门、台湾和福建三明设分会场，共有200多名来自闽港澳台的青年学生在线上或线下参加。

开营式上，福建省委常委周联清表示，自2017年以来，港澳台大学生走朱子之路研习营已成功举办四届，帮助许多首次来闽的学员通过探访朱子遗存和理学圣地，唤起文化记忆，增进文化认同，已成为促进闽港澳台青年相知相融的传承文化之旅、心灵契合之旅。

福建省政协副主席杜源生表示，从研习营举办首届至今，社会影响逐步提升，已成为福建省政协港澳台交流的亮点和品牌。希望营员们通过对朱子文化的深入研习、交流，从中华民族的历史和文化宝库中汲取精神营养，不断增强国家意识和爱国精神，为促进闽港澳台青年的心灵契合，实现中华民族伟大复兴的中国梦作出自己的贡献。

中央人民政府驻香港特别行政区联络办公室教育科技部部长蒋建湘，港区全国政协委员、港区省级政协委员联谊会会长施荣怀，香港理工大学香港孔子学院院长韩孝荣等在香港理工大学香港孔子学院出席仪式。朱熹第26代裔孙、福建省政协常委、香港朱子文化交流协会会长朱向担任研习营团长。

研习营采取线上为主、线上线下相结合的方式，通过视频连线、观看直播课程、线上研学及微信实时交流等形式，开展相关活动。在朱子出生地尤溪重点展示南溪书院祭祀仪式、大型歌舞剧《儒风雅韵·朱子礼仪》两项片段。在朱子故里和终老地展示两所朱子创办的著名书院。在研学方面，开设两场朱子文化讲座，青年们相聚“云”端，走进朱子出生地三明尤溪和朱子故里武夷山等地，感受朱子礼乐魅力，追思大儒风范，感悟朱子文化丰富内涵与哲思之美。此次活动由福建省政协港澳台侨和外事委员会、香港朱子文化交流协会等8家单位联合主办。

赣台“朱子文化”国学教育论坛举行

2021年7月30日，由上饶市人民政府台湾事务办公室、上饶师范学院朱子学研究所主办，浙江海洋大学师范学院、上饶市朱熹学院协办的“赣台‘朱子文化’国学教育论坛”在上饶师范学院举行。武夷学院、安徽大学、浙江海洋大学、台湾“中央”大学、台湾东海大学、台湾淡江大学等海峡两岸的专家学者，通过线上与线

下相结合的方式参加。

论坛分开幕式和交流发言两个阶段进行，分别由中共上饶市委台湾工作办公室主任周少华、学校朱子学研究所所长徐公喜教授主持。安徽大学教授、中国孔子研究院特聘专家、尼山学者解光宇就山东乡村儒学，台湾“中央”大学杨祖汉教授通过线上就“经典活化”，武夷学院姚进生教授就“朱子文化物化”，浙江海洋大学韩伟表教授就“送传统文化到船头”等传统文化传承做法作了介绍。

据悉，“赣台‘朱子文化’国学教育论坛”是教育部直属高校对台教育交流项目——“赣台‘朱子文化’国学教育交流活动”的重要组成部分，旨在促进两岸学界的联谊与交流，促进优秀传统文化的传承与弘扬。

“海峡两岸朱子文化论坛”举行

为全面贯彻落实《决议》内容和习近平总书记来闽考察讲话精神，发挥朱子文化在“以情促融”方面的纽带作用。2021年10月19—22日，由九州文化传播中心、福建社会科学院、武夷学院共同主办的“海峡两岸朱子文化论坛”在福建武夷山市举行。论坛开幕式由福建社会科学院哲学所所长张文彪主持，福建社会科学院副院长刘小新、武夷学院副院长廖斌、九州出版社副社长王守兵出席开幕式并致辞。

刘小新副院长在致辞中指出福建是朱子文化的发源地，同时又是台湾移民的主要来源地，这种同文同祖的双重关系推动朱子文化成为两岸人民共同的文化基因和文化资源。因此，发挥朱子文化在闽台文化融合发展中的积极作用是新时代新形势下的必然要求。本次论坛的一个重要目的就是通过强调朱子文化在两岸交流中不可替代的重要桥梁和纽带作用，进一步加强重要领域学术交流，不断增进和深化两岸融合发展。

廖斌副院长在致辞中指出武夷山市是朱子学的发祥地，朱子学的诞生使福建文化乃至整个中华文化翻开了新的篇章。朱子学在传入台湾后充分发挥了经世致用的功能，在推动台湾社会的发展、增强台湾同胞与大陆的文化联系等方面发挥了积极作用。朱子学已成为台湾的一种文化传统，在台湾社会的各个时期都得到很好的传承和发展，是两岸文化认同的坚实基础。因此，本次论坛的议题对海峡两岸文化融合发展具有重大现实意义。

九州出版社副社长王守兵在致辞中从九州出版社出版的《钱穆全集》中钱穆对朱子的评价入手，肯定了朱子学的研究价值和研究成果，并希望大家在进行学术研究的同时关注经典普及工作。

本次论坛共邀请了50多位来自全国高校和科研机构的专家学者、出版界人士聚焦朱子理学思想、朱子文化在福建和台湾的发展、传播及影响等内容，围绕朱子易学与理学思想、朱子礼学与四书学研究、朱子学多元诠释与发展以及朱子文化的普遍性与地域性四个主题进行研讨。

在朱子易学与理学思想研究方面，山东大学王新春教授认为朱熹对于《易》太极之理内在于其中的交易、变易底蕴以及画前之易的理解，融入了相关理学的视域。在此视域下，朱熹又在思想史家、哲学史家的品格背后，蕴含着思想家、哲学家的品格。与之相呼应的还有泉州黎明大学纪委书记、教授林长红与泉州师范学院教授林振礼在合作论文中对明代蔡清《虚斋看河图洛书说》进行了初探，北京外国语大学的谢辉副研究员对元代福建地区易学的发展做了梳理，山东社科院国际儒学研究院助理研究员张恒从“太极”之辩角度论述了早期理学的内在张力等议题；四川大学哲学系教授张培高梳理了朱熹将“诚”解释为“真实无妄”是对宋代新儒家诸多解释的综合过程，而这一过程就是“诚”由“道德本体论”到“宇宙本体论”不断升格的过程，是理学产生、发展的过程，也是儒家与佛道二教对抗不断深化的过程。江苏科技大学人文学院副教授崔海东则更为宏观地论述了朱子道体中的本体、形体、体用与实体等相关概念。

在礼学与四书学研究方面，山东社会科学院国际儒学研究院院长涂可国集中对朱熹的责任伦理基本内涵、责任伦理主体结构、责任伦理主体指向结构、作为道德活动的责任伦理内容指向结构四部分进行了论述；而华侨大学的冯兵教授从情感性、宗教性、实践性三重维度对朱子的礼学观进行了总结。在更为具体的方面，武夷学院副教授王志阳以祝板坫图与豆图为中心考察了《绍熙州县释奠仪图》的礼图制作原则；福建社科院哲学所副研究员周元侠以朱子《家礼》为中心论述了朱子门人在闽学官学化进程中的贡献。四书学研究方面，华侨大学教授杨少涵认为基于唐宋八大家在文学上的伟大成就与政坛上的巨大影响，他们对《中庸》的关注与表彰推进学界士人对《中庸》相关话题的注意与研究；而福建社科院哲学所副研究员薛孝斌对《孟子》“子弟多暴”做出新的解释。

在朱子学的多元诠释与发展方面，厦门大学教授谢晓东对东亚儒学中人心道心问题的哲学意义进行了集中论述，提出这一问题存在四个难题，而这些难题凸显了人心道心问题的哲学深度与广度；华中科技大学哲学学院副教授赵建功对朱子会通儒佛的努力及其反思进行了论述；武夷学院副教授黎晓铃论述了朱子对道谦禅法的理解；厦门大学助理教授李璐楠对晚明李材的儒佛之辨思想进行了梳理，认为明宗和辨异是李材思想的一体两面；福建社科院历史所副研究员陈文庆对明代丘濬的《朱子学的》进行了阐述；台湾朱子学会秘书长、武夷学院副教授黄柏翰认为传统书院精神强调人格修养与道德实践呼应了当代通识教育追求全人教育的理念；厦门大学博士生袁素以朱熹为中心对絜矩之道与中国传统文化中的“承认”观念进行了比较研究；厦

门大学博士生张茹梦将朱子经权观与赫斯特豪斯美德伦理学视域进行了对比研究；厦门大学博士生刘舒雯从道德心理学角度对孟子礼观进行了分析。

在朱子学的普遍性与地域性方面，山东社会科学院国际儒学研究院副研究员汪霏霏认为朱子文化不仅具有地域性、特殊性，也具有普遍性，正是朱子文化可普遍化的因素和穿透力、影响力，使朱子文化跨越时空、超越国度进行传播。具体到朱子文化在福建的发展和传播，福建社科院历史所研究员刘传标对朱子在福建长乐的足迹及门人进行了梳理；福建社科院哲学所助理研究员黄太勇对朱熹创立“闽学”的家族因素和福建地域因素进行了阐述；同样，朱子文化在台湾的传播与影响也受到很多学者的关注，武夷学院朱子学研究中心秘书长、教授张品端对朱子学与两岸文化认同及其展望发表了观点，提出应当以更宽广的视野来审视两岸文化发展和彼此的交流与合作，共同面向世界、面向未来。两岸文化协调发展和创新要从道统和学统上寻求“共同价值”，在民族认同上培养“共同记忆”，求同存异，相互尊重，在两岸和平发展上创造“共同想象”。培育出两岸坚实的生活基础、合作基础和价值观基础，开创出一个全新的两岸文化协调发展和创新格局。除此之外，武夷学院教授兰宗荣对海峡两岸朱子文化研学旅行的现状、问题与建议进行分析，武夷学院陈国代副教授集中讨论了朱熹学传入台湾的作用和影响，南平市台办助理研究员罗小平对朱子学对台湾社会经济的影响进行了探讨。

“泰山与武夷”武夷会讲开讲

“东周出孔丘，南宋有朱熹，中国古文化，泰山与武夷。”2021 年 10 月 19 日，2021 世界遗产·武夷山朱子文化系列活动之“泰山与武夷”武夷会讲在朱子故里武夷山市五夫镇新紫阳书院开讲。来自全国各地的专家学者齐聚五夫，共叙“孔孟儒学和朱子文化”渊源，传承古文化，共话新未来。

厦门大学原校长朱崇实，中国孔子研究院院长杨朝明，福建省炎黄文化研究会常务副会长马照南，省文史馆研究员、第四届南平市政协主席、南平市朱子文化研究会荣誉会长张建光，曲阜师范大学中华礼乐文明研究所所长、教授宋立林出席活动。中国朱子学会常务理事、武夷文化研究院名誉院长吴邦才主持会讲。副市长林湫出席活动并致辞。

“武夷会讲”活动沿用了宋代朱子开创的“会讲”形式，以学者间对话的方式进行讲学论道，传习优秀传统文化精神。杨朝明、马照南、张建光、宋立林四位学者立足时代和现实需要，围绕贯彻落实习近平总书记来闽考察重要讲话精神，探讨如何深入挖掘中华优秀传统文化精髓，分别作

《做好“两个会讲” 增强文化自信》《新时代如何弘扬朱子文化》《道在武夷 理行天下》《礼乐文化精神及其当代转化》主旨对话。与会专家、学者表示，要深度解读孔子、朱子文化精髓，从传统的民本思想、教育思想中汲取智慧，挖掘其中蕴含的深刻内涵，促进历史文脉传承和可持续发展，全力把文化和自然双遗产保护好、利用好。

泰山和武夷山都是世界自然和文化双遗产地，历史文化底蕴深厚，孔子和朱熹是我国著名的思想家、教育家。本次会讲是鲁闽两山对话的新起点、新征程，在中国特色社会主义进入新时代的历史背景下，把儒学思想与当代精神和时代内涵相结合，将进一步加强两地文化交流，为两地文化发展提供新思路、注入新动力。

会讲活动前举办了紫阳楼开馆仪式。紫阳楼是朱熹在武夷山的主要生活和讲学场所，也是传承弘扬朱子文化的主要载体。紫阳楼重建工程是福建省重点项目，朱子文化园的子项目，也是武夷山市围绕文化传承高地发展目标，推动文化传承与创新融合发展，打响朱子文化品牌的具体举措。

《经学与实理》新书研讨会举行

2021年10月23日，由清华大学哲学系、清华大学国学研究院、北京师范大学哲学学院联合主办的“《经学与实理》(下文简称《经》)新书研讨会”在清华大学举办，来自清华大学、北京大学、北京师范大学、中国人民大学、复旦大学、中山大学、华东师范大学、陕西师范大学、南昌大学、江西师范大学、河南师范大学、北京中医药大学等高校和科研单位的三十余位专家学者围绕新书进行了深入的评议和探讨。

研讨会上，清华大学哲学系主任唐文明教授在致辞中介绍了研讨会的缘起，表达了清华哲学系对经书研读及经典解读新著的重视与支持。北京师范大学哲学学院中国哲学与文化研究所所长章伟文教授在致辞中对《经》的书名及其旨趣进行了解读，认为“经学”是儒学的基础，而“实理”则与“虚理”相对，强调经学哲学的研究方法在当下中国哲学研究中仍具有重要意义。

北京师范大学哲学学院许家星教授就新书进行引言介绍。许家星指出，新书主题为朱子四书学，四书学是经学与哲学交叉的领域，朱子《四书集注》是“经学哲学”的最典范著作，也是思想与学术结合最好的一部经典；《经》一书解读朱子的方法是以朱述朱，抓住朱子“刻意经学，推见实理”的学术宗旨，忠实于朱子自身解释经典的进路，有意避开本体论、心性论等解读朱子哲学的模式。他结合自己十余年研治朱子四书学的心路历程，从资料搜求、方法论反思、观点创获等方面，细致全面地对书中各章内容进行了介述，并就“四书学”

是否应该加双引号或书名号、四书学是否是朱子学术的中心等问题和与会学者进行了探讨。

上午的会议发言由清华大学新雅书院教授李震主持。复旦大学哲学系教授郭晓东认为，新书内容和解读文献的方法启发性很大，在对道统的分析和四书与《太极图说》的关系问题上还可讨论得更深入。章伟文认为全书引用材料广泛，值得借鉴，四书学和易学一样，是一个由经、传、学共同构成的思想体系，是整个学术流派思想史的呈现，四书学可不加双引号，另外对五经学和四书学的关系问题、朱子和佛道教的关系问题的阐释可以更加深入。中山大学哲学系教授郑淑红认为，《经》以朱子解朱子的研究方法、按照动态视野解读朱子著作的文本考据方法以及朱子学义理方面的深入阐释都具有开创性贡献，回归了四书系统的话语体系与论说结构，实现了经、史、哲的三位一体与三维互动，是一部里程碑式的著作，但关于四书学如何落入朱子学整个系统中，以及朱子如何批判、吸收异端杂学的论述有待扩充。南昌大学哲学系教授田炳郁以"朱子诚意论的知行关系"为题，结合新书对"意"的看法，对朱子诚意论进行了深入探讨。华东师范大学哲学系教授方旭东通过对"太极与四书"这个老问题的再讨论，赞同书中对《近思录》中"四子"涵义的解读，提出"太极"在朱子思想中的地位的界定值得再探讨。江西师范大学马克思主义学院教授邓庆平从四书何以成为一个思想有机体、如何还原朱子四书本意以及道统说对四书的意义三个方面阐发了自己的见解。

下午上半场会议由郭晓东主持。四川大学古籍整理研究所教授张尚英认为，《经》以求是和创新的方式，开辟了朱子道统说的新路径，在对"十六字心传"和"忠恕一贯"问题上的阐释可以更细致。河南师范大学政治与公共管理学院教授张树业认为，《经》将经学向度和理学向度合为一体，对当代朱子学研究具有重要意义。清华大学哲学系教授高海波认同书中对道统说的论述，认为朱子的"中和之悟"受到了《太极图说》的启发，朱子思想发展历程是本体、工夫并进的，符合道统说的两个面向。陕西师范大学哲学与政府管理学院教授李敬峰认为《经》显豁出"考据与义理的统一""动静交错的视角""经学和哲学的一体"的学术特质，以朱子研究四书的方法研究朱子四书学，十分具有启发性，对朱子四书学的儒佛之辩和海外传播情况方面的论述有待丰富。清华大学哲学系袁艾受书中朱子有意增删经典文献中虚词的启发，在西方汉学和语言哲学的视野下讨论了朱子的语言哲学问题。中国人民大学教授刘增光认为，《经》的重要特色是把道学研究和经学研究合为一体，"经学哲学"改变文献学视野的限制，《经》可作为经学哲学研究的典范。在自由讨论环节，许家星教授一一回应发言中提出的问题，与会学者就"太极"在朱子思想中的地位、周子对朱子的意义，以及道统论的线

索等问题进行了讨论。

下午的下半场会议由高海波主持。复旦大学教授何俊赞扬了《经》高度聚焦四书学和论述系统细致的特点，就宋明理学对身体的关注问题进行了探讨。北京师范大学哲学学院副教授田智忠就道统是否可以分为两个脉络、四书学以及功夫论—心性论框架谁先产生、周子在《四书章句集注》中的地位等问题进行深入探讨。北京师范大学哲学学院教授王楷以“论荀子义命观的二重批判性”为题，就儒家义利之辩和社会批判功能进行了分析。北京中医药大学马克思主义学院程旺认为，《经》以朱述朱的方法意识以及用由经学推见哲学的研究进路对中国哲学有极大的补正和推进意义，同时提出在此基础上是否必要以及是否可以将朱子四书学的理论结构提炼出来的思考。北京师范大学哲学学院朱雷认为，《经》分析细密，史料翔实，并以“克己复礼”一词诠释为例提出了自己的观点和思考。清华大学国学院黄湛比较钱穆先生《中国近三百年学术史》与《清儒学案序目》所选案主的差异，认为可以窥见《序目》中的理学“脉络筋节”，指出钱穆先生认为可将理学作为清代学术史研究的主线。在自由讨论环节，参会学者就宋明理学的圣贤人格及后世演变、朱子四书学特点、易学和太极学的关系等问题进行了热烈的讨论。

清华大学教授唐文明和清华大学副教授赵金刚对会议进行了总结。唐文明指出，研讨会议题集中、讨论深入，有交锋意味，达到了学术争鸣预期。他强调朱子对经典的重视与当下对经典的重视相互呼应，使得会议对朱子四书学的讨论意义更加重大。赵金刚指出，会议观点丰富，对朱子学研究有很好的推进意义，其中关于道统脉络、“太极”在朱子学中的地位、易学与四书学关系、四书学的体系，以及四书学与道学、佛学之关联等问题都可以在今后有进一步更深入的专题讨论。

“朱子门人后学研究”工作坊举办

2021 年 10 月 24 日，清华大学国学研究院、清华大学哲学系、北京师范大学哲学学院联合主办的“朱子门人后学研究”工作坊在清华大学举行。

北京师范大学哲学学院教授许家星在致辞中回忆了朱子门人后学研究这一项目的缘起。自 2013 年中华朱子学会会长、清华大学国学研究院院长陈来，中华朱子学会副会长、华东师范大学终身教授朱杰人在南昌大学提出要推动朱子门人后学的研究，以及 2014 年南昌大学成功将此项目申请为国家社科基金重大项目以来，有关朱子门人后学研究在这几年中取得了全面进展。本次工作坊既是对过往成果的总结与分享，也是对未来研究新进展的探讨与展望。许家星报告了自己十年来持续对朱

子门人饶双峰的研究成果。他从文献辑佚、思想研究、后世影响等层面全面分享了他的研究缘起以及心路历程,并介绍了关于饶双峰文献的记载、现状及目前辑佚概况,饶双峰在朱子门人后学中的地位、饶双峰思想的特色以及后世对饶双峰的接受与批评,展示出目前学界关于饶双峰研究的最新进展。

清华大学历史系副教授黄振萍以明清之际的塾师群体为切入点,从对这一"沉默的大多数"的研究,展现了明清之际由王学到朱子学的思想转型的一个侧面。黄振萍认为朱子学的一个重要特征是重视教化与践履,塾师这个群体正是朱子学对社会影响的例证。明代儒学重视基层教化,由此可以得见明代养士之成效。明清鼎革之际,作为底层士子的塾师,他们沉痛反思,从事教化,试图通过对内圣外王的强调和贯彻,复兴国家与社会。

北京师范大学哲学学院副教授田智忠从心性论、理欲关系等角度对王船山针对辅广的回应进行了探讨,并从文献搜集与海外关切两个方面反思了进一步完善研究的可能进路。

北京体育大学人文学院陈石军以在师承效力衰退时判断朱子后学的标准为问题意识,从吴澄对于《尚书》的研究切入,深入到经学著作之中分析吴澄的思想与朱子学之间的关系。他强调要对地域之间的联系以及后人建立的宋学师承系统保持警惕,直接从原典中开展研究。

上午下半场会议由北京中医药大学马克思主义学院副教授程旺主持。南昌大学哲学系教授田炳郁结合程复心的《四书章图》以及胡炳文的"性发为情,心发为意",以大量图示与朝鲜研究为案例,阐释了他对于心、性、情的相关理解。江西师范大学马克思主义学院教授邓庆平从三个方面强调了儒学门人研究的重要性,在他看来,对于儒学中的门人进行研究,既能体现儒学的社会性与延续性,又能在彰显历史性贯通的同时推动地方历史文化的研究。西安交通大学人文社会科学学院副教授刘俊分析了元儒吴澄对《春秋》的诠释,她认为从其学术源流和学术特色可以看出吴澄对于朱子的尊崇,这具体表现于吴澄对《春秋》是否自含褒贬的判断、吴澄对伦理纲常的强调等方面。

下午会议由中山大学哲学系副教授郑淑红主持。北京邮电大学人文学院副院长刘成群从南宋时期徽州地域特征谈起,分析了元代新安理学发展的背景,区分了元代前期与元代后期新安理学家之间的异同,阐释元代新安理学家对于元代与理学的重要贡献。北京语言大学马克思主义学院教授张加才结合自身的学习历程反思了当代的中国哲学学派研究存在的问题。他认为目前缺少对中国哲学总览式的研究,应以多学科视野还原历史的丰富性,并加强学派的文献集成研究,提升中国哲学学派研究的深刻性。

中国人民大学哲学院汤元宋以对"北溪之怒"的两种评价为切入点,

结合朱熹后学与陆九渊后学的相关资料，全面且深刻地分析了朱陆之间的差别，着重区分了《陆九渊全集》中的年谱与单行本年谱之间的不同，从材料的拓展与分析的精微两方面深化了对朱陆之争的研究。

清华大学哲学系孟少杰认为陈淳对于陆学的批评具有很强的系统性，从本体论层面到工夫论上对陆学的批评，体现了鲜明的个人色彩，也深刻影响了后世的朱陆异同之论。

最后，“朱子门人后学研究”项目首席专家、南昌大学江右哲学研究中心主任杨柱才对本次工作坊作总结发言。杨柱才强调，相比于兴盛的阳明后学研究，通过这个项目的集体攻关，历史资源更为丰富的朱子门人后学研究的薄弱现象已经得到明显改观，朱子门人后学研究日益被重视并不断取得新的成绩。但是，学术的推进没有终结，需要学者们共同努力，共创富有时代特色的成果。

海峡两岸“朱子文化与情商”论坛举行

“喜看今朝海峡论坛聚两岸菁英，共话千年朱子理学赋时代情商。”2021年10月29日，海峡两岸“朱子文化与情商”论坛在福建福州隆重举行。本次论坛由福建省社科联、福建省关工委、朱子学会共同主办，福建省情商研究会、台湾海峡两岸朱子文化交流促进会、省炎黄文化研究会、省少先队工作学会、省合唱协会、省家庭教育研究会联合承办。论坛由福建省关工委宣传委副主任、福建省情商研究会党支部书记邱孝感主持。

福建省社科联副主席刘群英在致辞中指出，朱熹是伟大思想家、哲学家、教育家，朱子文化作为中华优秀传统文化重要组成部分，内涵深刻、内容丰富，对于涵养社会价值、培养公众美德具有重要作用。近年来，福建省关工委凝聚共识打造朱子文化品牌，积极推动朱子文化传承发展，先后举办七期海峡两岸青少年朱子文化研习营、联合主办“朱子之歌·两岸同声”音乐会等活动，进一步弘扬中华优秀传统文化，促进闽台两岸青少年交流交往。她希望，通过海峡两岸朱子文化与情商论坛的举办，进一步深入挖掘朱子文化和现代情商学之间的关系，不断挖掘和提升朱子文化的时代价值、人文价值、教育价值，充分发挥朱子文化的涵养作用和社会影响。

朱子学会会长、厦门大学原校长朱崇实在书面致辞中表示，举办朱子文化和情商论坛，从情商视角来重新审视、梳理、研究朱子文化，深入挖掘朱子文化在涵育家国情怀、传承家风家训、教育成长成才等方面的论述，用情商新理念重新发现朱子文化的时代意义，指导当代人的生活和学习，这是一件具有现实意义的实事。朱崇实表示，当前福建省正在推进文化强省建设，朱子文化品牌建设如火如荼，通过海峡两岸专家学者深入挖掘、系统研讨、广泛传播，让朱子文化

研究和情商研究从博大精深的传统文化源头活水中不断汲取智慧和勇气，不断拓展新视野、新领域，创造出适应新时代发展的情商新思想新体系。

由于疫情防控原因，台湾专家学者以书面论文形式参加论坛。台湾海峡两岸朱子文化交流促进会创会理事长朱茂南在贺信中表示，如何在科技与人文之间取得平衡，如何培育良好品德，以及人才与人力的塑造，是社会着重的焦点，特别是在疫情时代，人与人之间交流加剧发生转变，科技与人文的对话走向新的特点。朱子是中华文化的集大成者，朱子文化结合人文素养与社会关怀，并将其落实于百姓生活，台湾从朱子家训、朱子礼乐等十大方面进行了20多年的实践，这也是朱子情怀与现代生活联结的崭新尝试，与情商的内涵理念是不谋而合的。

参与该论坛的闽台专家共提交了40多篇论文，从多元视角研究朱子文化，对重新认识和研究朱子文化有很多新的启发。在论坛主旨演讲环节，福建省关工委副主任、省委宣传部原常务副部长、省委文明办原主任、省炎黄文化研究会常务副会长马照南作《现代情商视域中的朱子家训》主旨演讲，福建省情商研究会会长高立新作《披荆斩棘的朱熹：在内卷的时代拒绝躺平》主旨演讲。

本次海峡两岸朱子文化与情商论坛创新形式，采取线下与线上相结合的方式，线下230多人参会，在线直播吸引了海峡两岸8.15万人次观众在线观看、互动。

江南儒学研讨会举行

2021年11月19—21日，“2021江南儒学研讨会暨《从经学到理学》新书座谈会、《宋明理学史新编》工作坊”在上海举行。会议由复旦大学哲学院、复旦大学上海儒学院、青浦-复旦江南文化研究院主办，上海市儒学研究会协办。

来自复旦大学、同济大学、华东师范大学、上海财经大学、上海中医药大学、山东大学、湖南大学、南昌大学、深圳大学、中山大学、贵州大学、杭州师范大学等高校的30余位专家参加此次会议。

复旦大学何俊教授在开幕式发表主题演讲，畅谈“江南儒学”的概念、分期及其发展。与会学者围绕江南儒学的学术主张和学派发展、江南儒学的历史人物、江南儒学与地方文化、江南儒学的文本结构和诠释方式、江南儒学的生活世界及其历史影响、特点等具体问题，分五场进行了学术交流和探讨。研讨涉及经学、理学、目录学、医学、农学、心理学等不同的视角和领域，进一步推动了“江南儒学”这一概念内涵和外延的丰富和细化。

新书座谈会上，与会专家从不同角度对何俊教授新作《从经学到理学》进行了高度评价。工作研讨会上，复旦大学吴震教授对所主持的国家社科基金重大项目《宋明理学史新编》相关工作加以阶段性总结，参加项目的各位专家分别汇报了所承担任务的进展情况。

在研讨会闭幕式上举行了“江南儒学奖学金”颁奖典礼。该奖学金由上海彦序服饰有限公司所设立的“复旦大学哲学学院江南儒学研究基金”所支持，旨在鼓励复旦大学哲学学院在校学生研究江南儒学相关问题。在此次研讨会同时开设的学生专场上，“江南儒学奖学金”获得者围绕相关主题展开了交流和研讨，复旦大学郭晓东教授主持学生专场研讨会并评议。

《从经学到理学》新书座谈会召开

2021年11月21日，复旦大学哲学学院何俊教授新书《从经学到理学》座谈会在上海召开，郭晓东教授主持。

郭晓东教授认为《经学到理学》对当前的宋明理学研究来讲是一部非常有意义的著作，该书不仅是在发生史意义上讨论理学如何从经学转出，更重要的是讨论了广义的理学与经学的问题，纠正了当前宋明理学研究中聚焦于流而忽略了源、聚焦于本体工夫框架而忽略了儒学整体性的问题。指出新书代表着作者对宋明理学的整体性思考，强调何教授在书中将关注人间加入到宋明理学的主流精神中，试图把我们曾经被窄化的宋明理学研究重新恢复到它原本应该有的面目，这是新书的最大意义所在。

何俊教授对新书作了一个整体性的介绍，包括写作缘起、内容、基本观点和研究方法。新书的结构分为三个部分。第一部分为整体分析确定一个全面的基础。这个基础主要讲两个问题，第一个是在中国传统的知识系统当中经学是一个什么样的问题？它有什么性质？第二个是为什么选这样的一些内容来进行讨论？选这些内容主要是来自马一浮先生的思想，马一浮先生就是从整个经典系统来思考。第二部分是书的主体，把整个研究落实到具体的经典解释当中，分门别类地来谈五经和四书，包括《孝经》。同时基于时间线的考虑，选择门类当中的代表性著作进行研究。第三部分专门分析顾炎武的思想。在研究方法上，何教授强调其着重是在经学史与学术史的意义上、从文本的处理层面来进行讨论，同时有意识地兼顾了思想史的进路，是以学术史、经学史为主的哲学分析，希望通过新书能够在宋明理学的研究范式上做一些新的探索，在文献资料上有一些拓宽，能够把宋明理学的研究放在整个中国知识传统当中去理解。

吴震教授认为何教授在方法路径方面有一个非常明确的自觉的意识，即把思想史和学术史打通为一，兼顾到了思想史和学术史，又有思想性又有学术性。新书在方法上有两

个特点，一是会通性，一是突破性。会通性是把思想史、学术史、哲学史等都会通起来。突破性即抓住一些重要的议题，在方法运用和问题意识等方面都有新的展现。表现出非常明显的专题性，专题性被抓住了就有可能达到许多新的成就，有许多创新的可能性。新书各章是独立的一个专题，各独立的专题互相之间又有关联，不是孤立的。这个关联性就表现在其有一个一以贯之的经典诠释视野。新书在内容上，体现了理学的精神的丰富性，同时在审视理学整个思潮的时候，也有一个整体性的展现，由于整体性的展现才让我们认识到理学思想的丰富性。为此，在关注经典的同时怎么把它们连贯起来，把它们放在从经学到理学这样的一个脉络当中作为整体来审视，从而把宋明理学精神的丰富性提出来，何教授开创了一个新的成功范例。新书还涉及了与马一浮有关的当代意识。马一浮在《群经统类》中关于"统类"的说法在今天看来是非常具有当代性的提法。统是一统的统，类是分门别类的类。马一浮赋予新的含义即多样的统一。多样和统一两者之间是一个辩证的关系，是一个互动的关系。期待何教授今后进一步、更全面地拓展马一浮思想的整体性研究，为学界提供更丰富的篇章。

方旭东教授把何教授的三部著作《南宋儒学建构》《西学与晚明思想的裂变》《从经学到理学》合在一起做了一个系统性的研究，深入解读了何教授多变中的不变的宗旨，认为作者有一个非常清醒的方法论的自觉，不是走哲学的、概念分析的路径，而是思想史的路径。晚明、南宋、经学各一本，看似多变，不变的是何教授一直关注的儒学的真精神。这种对儒学真精神的把握，在一个更广泛的文化、社会，乃至实践的领域当中得以体现。从这个意义上来说，何教授对儒学真精神的把握，有一种经世的意识在里面，即对经世之心的关注。

范立舟教授首先强调"经学即理学"这一口号，可以理解为如果得不到经学的养分，义理之学是不可能茁壮成长的。其次认为《从经学到理学》一书共10章，大都是从宋代理学家对经典的诠释入手，具体细致地分析了以经学为载道之器而求经世致用的为学路径与为学工夫。对理学史上重要的思想概念与典范人物作了新的解读，而这种解读又完全依据他们的经典诠释而展开，就思想史或哲学史研究的方式看，有着鲜明的特点，也显现出独创性之所在。列举了书中啖助、胡瑗等几个例子分析理学怎么从经学中转出，而理学自称"明体达用"，就意味着个体道德意志的弘扬与对现实社会生活的关切应该是等量齐观的价值追求。同时指出何教授的著作大多采取专题深入的形式，不作过多的知识本身枝节上的纠缠，直奔主题和问题，各个章节之间的关系也不显得突兀、孤立，暗中体察，自有其内在的逻辑关联性。

杨柱才教授首次从经学与中国哲学史这个学科本身来切入，认为经学研究成为一个新的聚焦领域，是共

性的时代性的要求。其次指出何教授的新书有方法上的自觉的反思，即其如何做此书的一个方法系统，提出了知识的问题或者说知识论的问题。新书提出理学的知识本身就是一个系统，不应该割裂而应该要呈现它自身的完整性，强调了知识的完整性和过程性。从完整性上讲，新书中五经的研究皆有顾及，且有意识地保持经本身的完整性，还加上了被称之为“小经”的《孝经》。从过程性来讲，选定的注本跨度从晚唐到清初。在这么长的历史里面，理学随着经典诠释的演进而愈加丰富，呈现出知识和义理发展的一种过程性。这个过程是延续的，理学的义理和知识在丰富和发展。新书第二章，专门讨论马一浮的“六艺论”与《群经统类》，明确表示该书所选经注的书目来自《群经统类》，但对于经注及其研究的知识上的完整性和过程性的强调，则是何教授的自觉思考和定位。第三，《从经学到理学》，最终还是要落实到理学。在新书中，程颐的《周易程氏传》、朱熹的《论孟精义》是有意识地去体现理学的主题，选择这些著作都是有作者的思考在里面。

郭美华教授认为从新书中能领会到一种哲学与知识的关注，作者分析了知识的实证性和实用性的统一问题，在整个中国传统知识体系的形成过程中开放性本身的丧失问题等。新书饱含着对于传统文化的深切情感，这个情感弥漫在字里行间。何教授一方面非常明显地指出我们传统知识系统的缺陷，同时又在不断地表达着自己那种不竭的、昂扬的对于传统文化的承担、抱负、责任与使命感。就宋明理学的展开历程，认为何教授关注的是从理向心的转化。

何益鑫副教授认为何教授对于《周易》这样一个特定的文本跟理学的发生做出了一种非常有意义的新的解释方式，即在四维的展开过程当中，引入了赋值和聚合这一解释方式。从这样一种四维的展开过程当中，何教授尤其强调《程氏易传》在辞的向度上发展得特别充分。由辞然后讲理，在讲理的过程当中，蕴含了新格式。以这样的视域，又可以统摄后续宋明理学关于易学的解释活动。这个解释非常有意义，意义在于在这样一个易学的视域当中，交代出了理和事、心的原初关系。

张天杰教授认为何教授的三部著作都是一种方法论的指引。《从经学到理学》就是传授我们现在怎么研究宋明理学。传统的经学研究，大量的是偏向文献研究，我们现在需要的是从文献和义理的关系出发去研究，新书给了一个非常好的方法论的指引。

韩书安助理研究员认为新书从中晚唐一直讲到清初李光地、顾炎武，是一个长时段知识史的考古发掘。何教授以马一浮《群经统类》为线索指引，揭示出中国近世思想史的主脉是从经学中转出理学，并且对理学的根本精神也做了深度诠释，这在研究范式上具有重要的突破意义。新书基于经学与理学的互动诠释，立体而全面地还原和展示出了古代儒者的知识图谱和精神镜像。

“朱子学与当代文化振兴”学术研讨会暨朱子学会换届大会举办

2021年11月27日至28日，由厦门大学、朱子学会主办，厦门大学人文学院、国学研究院共同承办，国家社科基金社团活动资助的“朱子学与当代文化振兴”学术研讨会暨朱子学会换届大会在厦门大学成功举办。本次大会于线上与线下同步进行，学界知名学者、知名人士及本校的师生代表近150位专家学者及研究生代表参加了会议。

11月27日上午，大会于厦门大学科艺中心多功能厅正式开幕。朱子学会会长、厦门大学原校长朱崇实，厦门大学党委常委、副校长邱伟杰线下出席开幕式并致辞，全国政协委员、中国孔子研究院院长、国际儒联副理事长杨朝明，湖南省社科联副主席、朱子学会副会长朱汉民，韩国朱子学会会长、韩国建国大学哲学系郑相峰，日本福冈国际大学名誉教授、国际关系学院院长、日本汉字文化共同体研究会会长、韩中日东亚人文学会副会长海村惟一于线上出席开幕式并致辞。开幕式由厦门大学人文学院副院长朱人求主持。

邱伟杰副校长为本次大会作开场致辞，他首先代表厦门大学对与会专家学者表示热烈欢迎，并回顾了朱子学会的发展历史，指出百年来，厦门大学朱子学研究薪火相传、硕果累累，同时对朱子学会在朱子学的研究和推广上创造的卓著成绩作出高度评价，最后预祝会议取得丰硕成果。

随后，郑相峰教授、杨朝明教授、朱汉民教授、海村惟一教授依次于线上为大会致辞。

最后由朱崇实教授于现场致辞。他指出，本次学术研讨会的主题紧扣习近平总书记在福建考察时的讲话精神，抓住时代主旋律，具有重要现实意义。他充分肯定了朱子学会的工作，并期待专家学者对发掘朱子学时代内涵及其当代表达发表真知灼见。

开幕式后，陈支平教授主持召开朱子学会第三次会员代表大会，朱崇实会长代表朱子学会第二届理事会向大会作《朱子学会第二届理事会工作报告》。他报告了五年来朱子学会在朱子学国际交流与合作、海峡两岸朱子文化合作与交流、服务地方与社会经济、朱子文化普及与推广、朱子学研究的显著成就五个方面的相关工作成果，希望新一届理事会，继续以传承和开拓朱子文化为己任，把旧学商量与新知培养结合起来，开创朱子学会工作的新局面。

报告结束后，大会首先对《朱子学会章程》（修订）核准表决，并选举产生了第三届理事会理事，第三届理事会第一次全体会议选举产生了新一届会长、常务副会长、副会长、秘书长、副秘书长、常务理事等。朱崇实当选新一届朱子学会会长，陈支平、

乐爱国、何俊、肖永明、杨立华当选为副会长，谢晓东当选为秘书长。大会成立朱子学会第三届顾问委员会，由陈来、高令印担任顾问委员会主任。最后朱子学会第三届会长朱崇实发表讲话，他对朱子学会本次换届的圆满成功、对所有当选者表示衷心祝贺，并对第三届理事会提出五点要求：一要加强团结协作，将朱子学会建成一个更具影响力、吸引力和凝聚力的团体；二要加强党的建设，坚持党对朱子学会的领导；三是朱子学术思想博大精深，学会要担起传承中华优秀传统文化的责任，为中华民族伟大复兴贡献力量；四是理事会要尊重顾问委员的意见建议；五是加强秘书处的政治、思想、组织、作风建设，更好地担起责任、完成使命。

朱子学会第三次会员代表大会圆满结束后，大会主旨发言正式开始，由黎昕教授主持，朱杰人教授以“从《大学》看朱子的民本思想”为题、杨立华教授以“论朱子对张载‘一物两体’思想的融摄”为题、何俊教授以“朱子的精神——行道不以用舍而加损”为题、向世陵教授以“从孟子到朱熹的‘仁术’义辨”为题、肖永明教授以“明清之际异端论与儒学的发展路径”为题、曾亦教授以“朱熹与两宋时期的太庙东向位之争”为题作了精彩的学术报告。

11 月 27 日下午，大会以分组讨论形式进行，共设置了两个线下分组和六个线上分组讨论会场。本次会议分组讨论除了设有学者和研究生报告论文以外，还设有自由讨论环节，与会学者及研究生畅所欲言，研讨气氛热烈。

11 月 28 日上午，大会于科学艺术中心多功能厅举行第二场主旨发言、闭幕式与总结。姚进生教授主持主旨发言，郭晓东、尹波、杨柱才、许家星、乐爱国、吴邦才、朱清、马照南八位学者分别围绕主题做了精彩发言，并进行了热烈的学术讨论。

闭幕式由厦门大学哲学系教授、朱子学会副会长乐爱国主持。在闭幕式上，冯兵、夏芬等学者分别代表线下会议第一组、第二组进行总结发言，常新、邓庆平、涂可国等学者分别对线上会议作代表发言。陈支平教授在大会总结报告中谈了三点感受：一是现在是研究朱子学的最好时代，学者们精神振奋，信心十足；二是朱子学要紧跟时代的脉搏，既要做深入的学术研究，也要弘扬、继承和推广朱子文化；三是目前朱子学的研究广度、深度大大拓展，朱子学术研究定会走向更高层次的发展。

朱崇实会长为大会致闭幕词，他感谢了线上线下参会专家的积极参与、慷慨分享，感谢了所有为会议提供保障的工作人员的辛勤付出，感谢了厦门大学的领导、有关部门对会议给予的指导、支持和帮助。同时朱会长把感谢化为期望，期望朱子学会万古长青、万古长新，期待大家共同努力不断赋予这个伟大事业以强大的生命力，将朱子学会越办越好！

本次“朱子学与当代文化振兴”学术研讨会暨朱子学会换届大会的成功举办，在加深专家学者间的学术交流、拓宽与会人员学术视野等方面起到极大的促进作用，同时也进一步推进了朱子学研究向纵深发展，取得了丰硕的会议成果。

（李　茜）

第五届“朱子文化寻源之旅”举办

2021 年 12 月 2 日，由福建省对外文化交流协会、福建省闽台交流协会、台湾书院联谊会、福建省广播影视集团联合主办的第五届海峡两岸“朱子文化寻源之旅”在武夷山朱熹园正式启动。海峡两岸朱子学研究青年专家、闽台书院青年代表和全国著名书院专家，通过线上线下相结合的学术交流会、朱熹诗句取意书法展、实地参访朱子文化遗存等形式，感受朱子文化熏陶，探寻新时代下朱子文化的创新发展。

开营仪式上，福建省委宣传部副部长叶雄彪表示，朱子理学是福建最重要的一张文化名片，讲好朱子的故事，阐述好朱子理学文化、文学教育、民本思想等系统性成就，对于增进文化自信、加深两岸认同有着重要的意义。通过这一次活动，两岸同胞多交流、多走走看看，群策群力，共同传承朱子文化，让朱子的思想和精神照亮我们的文化创新之路。

台湾书院联谊会顾问曾旺鑫通过视频致辞时说，今年是朱子 891 年诞辰，两岸各地举办多种活动纪念朱子，这表明两岸同胞同根同源。同时，两岸传承朱子文化各有特色，相信在不断的交流中，一定能融合各自的优点，整合出一套可实践的论述。

此次活动为期 2 天，其间举行“武夷论道”学术交流会、《大儒朱熹》观影分享会，参访建阳考亭书院、建本博物馆、五夫镇兴贤书院、紫阳楼等地。活动旨在在形式与内容创新上探索海峡两岸融合发展新路，在实地深入感受朱子文化的氛围中，探寻朱子文化传承发展道路，推动传统文化创造性转化与创新性发展。

“朱子学与当代中国”国际学术研讨会举行

2021 年 12 月 4 日，“朱子学与当代中国”国际学术研讨会以线上和线下相结合的方式举行。50 余位专家学者与会，聚焦朱子学的历史脉络与当今社会发展的需求，围绕朱子学的新旧问题展开了热烈的讨论，既进一步发掘朱子学高博而悠远的文化价值，又身体力行、推己及人地传承、发扬、实践朱子学的社会价值。

理论与实践相结合

朱子集先贤的学问之大成，于道学的基础上构建了朱子学的思想体系，然而其理论中不仅提出了形而上的天理世界，同时也强调了形而下世界中的实践理论体系，形成了贯穿于形上形下的理论（天理）——实践（工

夫)价值取向。

传统的思想文化可能不完全适用于当代社会,但作为道德教化的朱子学,其意义对于当代社会自然是不言而喻的。华东师范大学终身教授朱杰人围绕《大学章句》谈及朱子的民本思想并提出,朱子认为民为国之本,国为民而立,得民心者才能得天下,且君轻民贵是不容颠覆的天理。复旦大学社会发展与公共政策学院教授谢遐龄则提出,《朱子家礼》中所涉及的冠、昏、丧、祭,祠堂和制服等制度,依然需要在现代社会继续推行,从而实现礼制的现代化,这对于当代的社会治理具有积极意义。厦门大学人文学院教授傅小凡认为,朱子对于"鬼神"的阐释这一"理学鬼神观"是作为家族制度赖以生存的信仰基础,是维系着家族社会成员之间关系的精神桥梁,贯穿于祖祖辈辈。

形而上的理学落实到社会群体的实践意义上时,便是儒家所强调的工夫论思想。上海交通大学人文学院教授杜保瑞从朱子的经典诠释学中概括了儒家本体工夫论的涵义,认为从具有价值意识概念的本体论工夫到种种具体的实践活动,无不彰显出朱子所强调的"为学方法"和"工夫次第"。厦门大学哲学系教授朱人求以"格物致知"为中心阐述朱子的工夫论,他认为"格物致知"是有别于西方知识论的工夫认识论,以"格致工夫"来体认知识、感悟道理,是实现合内外之道的一种方法,能够达到"心与理一"的圣人境界。

朱子思想对于当代社会的治理具有重要借鉴价值。无论是对于社会整体还是每个具体个体,都具有方方面面的影响,中山大学哲学系教授黎红雷认为,企业家们应当传承儒家的责任观,成为当代的"新儒商",从而做到严于律己、德以治企、仁以爱人、信以立世、万物一体。作为企业负责人的企业领导也要在企业管理中发挥重要的引导作用,将传统学术理论和当代企业管理实践结合,能总结出珍贵的企业管理思想并更好地运用于实践。鉴于当代社会的复杂性和国情的特殊性,西北政法大学哲学与社会发展学院副教授俞秀玲认为,朱子对于《吕氏乡约》的完善与思考对当前乡村治理体制的完善具有参考价值。

推动朱子学研究深入发展

"明清朱子学代表未来朱子学发展的增长点",清华大学国学研究院院长陈来谈到。关于明清朱子学的研究论文在此次会议中占了近四分之一,印证了这一判断。

江苏省社会科学院哲学与文化研究所研究员胡发贵以罗钦顺和王阳明之间就《朱子晚年定论》的辩论为主题,剖析了朱子在明代的影响。他认为,直至明代末期仍然有像罗钦顺这等大儒坚守着程朱理学捍卫孔孟的道统,反对阳明心学对于儒家经典的解读。西安交通大学人文社会科学学院教授常新以清朝初期关中地区的学术发展为例分析提出,尽管朝代更迭、学界争论不断,清初关学的基础仍然在于朱子学,并秉持扬弃的态度发展朱子学。

陕西师范大学哲学书院教授李敬峰以《大学古本说》为文本依据，探讨了李光地对于朱子学的继承和发展。尼山世界儒学中心孔子研究院研究员齐金江依据朱子经学图式的图说学，以《仁说图》为中心阐释了朱子学对于“退溪学”形成和发展的影响。西安交通大学人文社会科学学院教授刘俊和厦门大学哲学系江鎏渤则分别从元代的儒者吴澄和晚明的儒者郝敬关于《春秋》的文本入手，探讨了朱子后学中对于诠释儒家经典的诸多问题。

当代朱子学的发展，需要学术界青年学者注入新鲜血液。会上，多位青年学者发表了新锐观点。浙江大学人文学院哲学系特聘研究员李明书从关怀伦理学的范畴探讨了儒家的圣贤关怀思想；湖北经济学院新闻与传播学院副教授刘芝庆从宇宙论的层面上讨论了朱子关于堪舆、鬼神和感通的思想；厦门大学哲学系吴瑞荻重新探析了理气论中“心”的定位问题，并综合既有学说作出商榷；重庆大学人文社会科学高等研究院吴娇对理学家杨时的《诗经》学作了深入考论；重庆大学人文社会科学高等研究院朱学博重新辨析了朱熹和林栗的纠葛。

此次会议由中华朱子学会与中盐金坛盐化有限责任公司联合主办，江苏宏德文化出版基金会、尤溪县朱熹诞生地海峡两岸交流基地服务中心、尤溪县社会科学界联合会承办。

（王广禄　林泽品）

“气与朱子学心性论”学术工作坊举办

2021年12月10日，由清华大学国学研究院、中华朱子学会联合主办的“气与朱子学心性论”学术工作坊在清华大学国学院会议室举行。本次工作坊主要围绕陈来先生新作的《论朱子学“未发之前气不用事”的思想》一文进行，由陈来先生进行学术报告，与会学者就此文章和议题展开讨论。

清华大学国学研究院院长、中华朱子学会会长陈来先生针对朱子所说的“气不用事”的思想进行了学术报告。陈来先生认为，朱子在两次中和之悟有关已发未发的思考中，并没有出现“气”对已发未发影响的讨论，但是，随着其晚年“气质之性”观念的确立，在有关“未发”的讨论中，“气”的观念成为讨论中的一个要素。他由黄榦论性时所引述朱子关于“气不用事”的思想出发，指出在这种脉络中气的用事与否就成为界说未发已发的一个基本要素。由此问题意识出发，他以饶鲁、胡居仁、薛瑄、陆陇其等人为例考察了理学史中对朱子“气不用事”思想的不同理解。陈来先生认为，如果对“未发”从性去理解是主性派，从心去理解则是主心派。主心派有主张未发为中者，也有主张未发不中者；在主性派之中，以未发指天地之性为天地之性派，以未发为气质之性为气质之性派。

针对陈来先生的学术报告，与会

学者展开了热烈的讨论：

清华大学高海波、赵金刚等针对报告中所提到的朱子学中的心气关系问题谈了自己的理解；

中国人民大学汤元宋、刘增光，天津社会科学院李卓等认为文章中所提到的从气质之性的角度去理解未发是以往的朱子学研究中不曾注意到的面向，这涉及到朱子学中如何理解恶的来源的问题；

北京师范大学田智忠、许家星从朱子门人后学的角度提到了黄榦、饶鲁等人对朱子“气不用事”思想的理解；

国际关系学院唐纪宇、中国政法大学秦晋楠、首都师范大学陈睿超、北京航空航天大学李丽珠、北京中医药大学程旺等从自己的研究领域出发，谈了这篇文章对《朱子哲学研究》中所涉及问题的继承与发展。

在工作坊的最后，陈来先生特别指出，朱子学内部有许多内在的讨论因为与当代哲学的议题没有直接的对应关系所以不受重视，这是深入朱子学研究须要加以改变的。研究朱子学首先要看出朱子学中的复杂性，把理论上的可能性完全展开，这样才有可能深入朱子学的内部义理结构。

本次工作坊是清华大学国学研究院、中华朱子学会有关朱子学及其门人后学的系列学术活动之一，为进一步持续推动朱子学的发展，清华国学院与中华朱子学会将会开展更多的相关活动。

（魏鹤立）

“程朱理学与乡村振兴”暨2021黄山市程朱理学研究会年会举行

2021年12月18日，“程朱理学与乡村振兴”暨2021黄山市程朱理学研究会年会在安徽屯溪举行。老徽州地区一府六县的徽学专家学者及程朱理学研究会会员近50人参加。

黄山市程朱理学研究会会长翟屯建主持会议。陈平民、方利山、毕新丁、胡时滨、方静、倪群分别以《程朱理学与当代社会》《徽州文化的传承弘扬与歙县绿色发展》《朱子思想在近当代婺源的挖掘、传播与运用简述》《和谐共处互利共赢，为乡村治理的“义理”——以黟县宏村的发展为例》《朱熹绩溪之行留下的墨迹及影响》《以〈文堂乡约家法〉为例浅谈朱子乡村礼仪的历史作用及在新时代乡村振兴中的价值》为题作了主旨演讲。

程朱理学，是宋明理学的主要派别之一，也是理学各派中对后世影响最大的学派之一。黄山市1997年成立新安朱子研究会，2003年更名为程朱理学研究会。

“中华复兴伟业中的传统文化滋养——刍论朱子理学与书院文化”讲座举行

2021年12月18日，“中华复兴伟业中的传统文化滋养——刍论朱子理学与书院文化”讲座在厦门筼筜书院举行，主讲人为朱清顾问，主持人为朱子学会秘书长谢晓东教授。

谢晓东：各位老师、各位同学，朱清部长的讲座现在开始。讲座的题目是“中华复兴伟业中的传统文化滋养——刍论朱子理学与书院文化”。朱部长的履历，很多人都熟悉，但我还是依照常规做一个简单的介绍。朱部长是朱子学会顾问，福建省闽学研究会顾问，中宣部《纪录中国》传播工程人文历史纪录片《大儒朱熹》顾问，省委党校、福建行政学院兼职教授，省委教育工委、省教育厅“福建省高校思想政治理论课”特聘教授，武夷学院、福州工商学院特聘教授，省社会主义学院（也是中华文化学院）和三明学院、莆田学院客座教授，省图书馆正谊书院特聘研究员，省社科研究基地闽台书院与经世致用文化研究中心学术委员会委员，省方志文化专家委员会委员。他还是省委省直机关工委原常务副书记，原省委宣传部副部长、省委文明办主任、省委外宣办主任、省政府新闻办主任和省对外文化交流协会副会长。朱部长有丰富的行政经验，同时对中国传统文化也有深入研究，今天很荣幸请到他来厦门大学国学研究院做这个讲座。现在，我们以热烈掌声欢迎朱部长。

朱　清：我首先感谢厦大国学院的陈支平院长和谢晓东教授，谢谢你们高看和信任，特别安排了今天的这场讲座。我是来向大家汇报的，主要是结合自己的从政经历，汇报一下这几年同党政干部及社会各领域人士，在进行优秀传统文化的交流中探讨了什么。我把自己的一些感想体会提供大家，在学术研究上做参考，由此考虑学术研究怎么面向社会。

近几年来，我给党政机关的理论学习中心组授课较多，也到党校的处长班、青干班举办讲座，通过交流，加深体会，逐步形成我的讲稿框架。今天的讲座，是让大家了解一下，领导干部、党政机关在学习传统文化方面需要了解些什么，应该给他们提供些什么。他们肩负着一方或一个行业或一个单位的施政与治理工作，位处社会的管理层，他们的学习很重要。我以为，党政干部的学习必须靠学术成果做支撑，同高校的学术研究关系密切。所以，我很乐意来这里汇报一下自己给党政干部授课的议题。

刚才我已经表达了，首先还是要感谢厦大国学院对我的信任。今天厦大又给我很高的荣誉，上午支平院长在筼筜书院给我颁发了厦大国学院客座教授的聘书，我深感荣幸。从此要做一名合格的厦大人，要为厦大国学院的事业尽到自己的职责。这也促成今天要来同大家做一个探讨。

这里，我要做个说明，过一会儿（五点钟）我要到篔筜书院那边参加两岸国学论坛的闭幕式，所以这场讲座的时间很有限，只有一个多小时，因此有两件事或不尽如人意，一是难以展开去说，二是无法来做互动的安排。为方便交流，我给大家每人送了一份讲座内容的书面提要，包括列出要讲到的古文原文，供大家对照和参考。提要中已经表述的一些内容，我就不去一一赘述。今天，我按照一分钟 180 字的语速，做概要式的汇报，希望今后有机会来做互动。今天的讲座，还请谢晓东教授多加指教。

今天的讲座，刚才已经点了题，就是从中共百年奋斗与中华民族复兴的关系讲起，探讨为何要在中国特色社会主义实践中弘扬优秀传统文化；然后，刍论朱子理学在中华优秀传统文化中的地位及其时代意义。

今年 2 月，习近平总书记在党史学习教育动员时说，我们党的历史“是不断推进马克思主义中国化的历史”，要“胸怀中华民族伟大复兴战略全局和世界百年未有之大变局，树立大历史观”。这个阐述很重要，指出中共的党史和大历史观无不贯穿着中华民族伟大复兴。

《汉语大词典》里，“复兴”这个词指什么？是指“衰落后再兴盛”。中国自鸦片战争以来遭受列强入侵，山河破碎，生灵涂炭。所以，百年前共产党的诞生就是为了改变这种悲惨境地，让百姓不再受辱，能过上好日子；让文明不再蒙尘，华夏之光重现于世。

中华优秀传统文化积淀着中华民族最深沉的精神追求。这是 2017 年 1 月中共中央办公厅、国务院办公厅印发的《关于实施中华优秀传统文化传承发展工程的意见》中的一个表述。党在接受马克思主义的觉醒中，把无产阶级革命和人类解放的思想铸入爱国主义为核心的民族精神，汇聚起最广大民众的力量，英勇奋战，推翻了半殖民地半封建社会。新中国成立后，党坚持马克思主义中国化，领导人民在社会主义革命、建设和改革中取得举世瞩目的成就。现今，14 亿人民沿着党指引的中国特色社会主义道路阔步前进。

中共十八大闭幕半个月后，总书记就在 2012 年 11 月 29 日参观《复兴之路》展览时说：“现在，我们比历史上任何时期都更接近中华民族伟大复兴的目标。”他还说：现阶段也出现了百年未见的国际格局大调整，很重要的标志就是“单边主义和保护主义上升，不稳定、不确定因素增多”。去年他又提醒：“新冠肺炎疫情全球大流行使这个大变局加速演变。”面对机遇挑战并存的复杂环境，总书记指出：“要加强对历史的学习，特别是对中国古代史、中国近现代史、中国共产党党史的学习”，“从历史中得到启迪，得到定力。”

历史是教科书。2013 年，十八届中央政治局第 7 次集体学习时，总书记概述中国特色社会主义道路“从四个地方走出来”，包括“对中华民族 5 000 多年悠久文明的传承中走出来”。2014 年的第 18 次集体学习时，总书记又强调："开辟中国特色社会主义道路不是偶然的，是我国历史传承和文化传统决定的"，"要治理好今天的中国，需要对我国历史和传统文化有深入了解，也需要对我国古代治国理政的探索和智慧进行积极总结。"

大家注意一下，十九大以来，我们党的实践有一个突出的新气象，就是把握了中华文明传承与马克思主义中国化的契合融通，将弘扬优秀传统文化作为中国特色社会主义的重要实践。其中一个重要的标识，就是十九大将"推动中华优秀传统文化创造性转化，创新性发展"写入了党章的总纲。前不久发行的《中国共产党简史》，在第470页，对此事专门做了说明。传承弘扬中华优秀传统文化，写入党章，写进党史，这是一个历史性的提升，党的建设、党的理论进入一个新的境界。今天讲传承弘扬优秀传统文化，这已经是党章的要求，党员干部要不要去传承和弘扬，怎样去传承和弘扬，已经是一个要不要讲党性的问题。

今年3月，总书记来闽考察，专程到武夷山朱熹园了解朱熹生平和理学研究情况。他说："我们走中国特色社会主义道路，一定要推进马克思主义中国化。如果没有中华5 000年文明，哪里有什么中国特色？如果不是中国特色，哪有我们今天这么成功的中国特色社会主义道路？我们要特别重视挖掘中华5 000年文明中的精华，弘扬优秀传统文化，把其中的精华同马克思主义立场观点方法结合起来。坚定不移走中国特色社会主义道路。"在朱熹园，党的领袖首次提出把中华优秀传统文化同马克思主义结合起来。而且是在党史学习教育刚刚铺开之际，2月20日开动员会，3月22日总书记就来到武夷山朱熹园。在这里，他聚焦理学，纵论马克思主义中国化和中国特色社会主义同中华优秀传统文化的内在关联，启迪世人：只有马克思主义中国化同弘扬中华优秀传统文化结合起来，中国特色社会主义才能步履踏实，走向成功。我以为，这是一个大道理。

总书记在今年"七一"讲话中又深刻指出：以史为鉴，开创未来，要"坚持把马克思主义基本原理同中国具体实际相结合，同中华优秀传统文化相结合"。"两结合"并列的论断，写入最近刚公布的十九届六中全会总结党的百年奋斗及其历史经验的"决议"，极大地激活了中华优秀传统文化的生命力，把马克思主义中国化提高到新水平，这将引领中国特色社会主义不断取得新胜利。

中华文明史，反映着历史规律和民心向背。它展露中国共产党的诞生及其宗旨定立的缘由，展露马克思主义中国化的来龙去脉，展露共产党为何赢得人民拥戴成为领导中国的坚强核心，展露马克思主义中国化和中国特色社会主义道路是人民的选择、历史的选择，从而指引全党全国人民为实现中华民族伟大复兴而不懈奋斗。

以上是我对续写中华文明史、弘扬优秀传统文化的理论依据和实践

意义的概述。下面讲中华传统文化中的瑰宝——朱子理学与书院文化。这里要先讲一下研习中华传统文化的两个前提。不弄清前提,学习传统文化就会陷入碎片化和茫然,就不知所以然,就把握不住方向。

这两个前提是什么?第一个前提是,要厘清主流。这个主流是儒家思想,等一下会讲到儒释道的关系。首先要明确儒家思想是主流,这个含义就是我们现在讲传承弘扬优秀传统文化,主要就是传承弘扬儒家的思想,这一点要清晰,没什么可含糊的。总书记在纪念孔子诞辰 2565 周年的时候就指出,儒家思想在中国传统文化形成发展的过程中"长期居于主导地位","对中华文明产生深刻影响"。这也是前面总书记讲到的,这是历史决定的,是文化传统决定的。

我们不妨从防控新冠疫情的角度来看儒家的影响,在当下是最直观的。去年 3 月,总书记在武汉说:"武汉人民坚韧不拔、高风亮节""彰显了中华民族同舟共济,守望相助的家国情怀";全国人民"众志成城",要"再接再厉,善作善成"。《人民日报》当时刊发这一段话,激励武汉人民,激励全国人民持续坚定地同新冠疫情做斗争。

总书记的武汉讲话,引用了诸多典故。我在提要中把这些典故专门列了出来。这些典故的出处距离今天最近的也有 1 000 多年,远的则有 2 500 多年。比如"坚韧不拔",语出北宋苏东坡的《晁错论》;"众志成城",取自东周左丘明的《国语》。这些词语念起来都很熟悉,而它的由来就有这么悠久。又比如"高风亮节"和"善作善成",都是取自司马迁的《史记》。这里还有不少故事,比如"同舟共济"是《孙子兵法》中的故事,说吴、越两国过去结有世仇,某天这两国人同乘一条船过河,上船的时候还干架,船开到河中央遇到了大浪,眼看就要翻船。于是,这时候双方摒弃了前嫌,协力稳住船身,才躲过此劫。它告诉人们,在险情面前要抱团扶危。"守望相助"出自《孟子》一书,说对付盗贼和瘟疫,邻里之间要结伴援救,光靠一家对付不了。还有"再接再厉",取自唐代政治家韩愈的一篇很有趣的文章,叫《斗鸡联句》,是对娱乐活动斗鸡的观察感触,说公鸡相斗,每次交锋前都要在地上磨一下嘴尖,比喻做事欲求成功的话,要不断加力。总书记还为全球抗疫多次呼吁"共克时艰",此话出自南朝文学家颜延之的五言诗《从军行》,指众人出征同行,要并肩携手攻坚克难。以上古语所表现的集体主义、社会担当、天下和合等思想都尽显儒家底色。

我们党持守"惠民安邦"的治国传统,抗疫施策"人民至上、生命至上",发挥出制度的优越性和非凡的领导力。在座的老师同学,可能有来自武汉或湖北各地的。大家看到了,那时候有无数勇士逆行驰援主战场,10 多亿人主动居家隔离。世界赞叹中国"惊人的集体行动力与合作精神"和"了不起的成就"。表彰会上总书记指出,抗疫斗争的重大战略成果

"展现了中华文明深厚底蕴"。近段时间里,大家也感受到境外病毒的输入,引发了一些地方的疫情再现。各级党政、医护人员和人民群众共筑防线,切断传播链,迅速降风险,使社会尽快恢复正常。这在厦门,每一位市民也都有切身感受。美国哥伦比亚广播公司有个报道,说中国的防控疫情是"滴水渗入,海啸般应对"。这里也体现了儒家的集体意识。

谈到儒家,就必说朱熹。朱熹世尊"朱子",是宋代思想家,孔孟之后的"新儒学"代表。他的理学集大成,把儒学推上了新高峰,维系了中华文明历久不衰。联合国教科文组织称朱子理学为"后孔子主义"。

朱熹的一生多在福建度过,居武夷山近50年。总书记考察武夷山时说:"朱子理学的很多东西,包括它的形成和讲述都发生在这里。"我们还要知道,朱熹的行迹也遍及八闽各地,他走到哪里都护国恤民和兴教办学,如他10余次来福州,在多处讲学,这是有史料的记载。福州的王庄一带至今还保留两个地名,一个是"紫阳",一个是"讲堂前",都是民众对朱子过化的感念。不久前开通的地铁2号线,其中一站就叫紫阳站,就是纪念朱熹。朱熹还赋诗描绘福州的西湖,诗句有:"越王城下水融融,此乐从今与众同","酬唱不夸风物好,一心忧国愿年丰"。说什么呢?他说,挖湖开浚为的是造福百姓。他任同安主簿,在县衙门里设"牧爱堂",挂上一个大匾,写"视民如伤"四个字,警示官员要爱民不要扰民。此类事,可以说是不计其数。

朱熹的学说发祥于闽地,所以福建称"理学名邦"。今天的福建人应当多了解这位在中华文明史上贡献卓著并且恩泽后代的先哲。以上说的这个前提,告诉人们一定要清楚中华优秀传统文化的主流是什么?从儒家思想到"新儒学",要顺着这个主流来传承来弘扬。

第二个前提是,要端正视角。就是你要从什么角度、用什么样的思维去看这个传统文化。有三点,一是历史眼光,就是要将古代的人和事放在其所处时代的条件下去分析,不能苛求前人干出只有后人才能干出的业绩。二是聚焦主干,就是要把握本质,不纠缠枝节。你纠缠枝节,甚至是臆想的推测,或者人云亦云,现在网络上仍有不少亵渎先哲的种种说辞,那就会陷入文化的误区,更谈不上什么研究和传承。三是古为今用,就是要以史为鉴,服务当代。这是我们传承优秀传统文化的目的。

上述两个前提,供大家思考。接下来,讲七个问题。我以为,学习、弘扬、传承和发展朱子理学,要研究以下七个问题:

第一个问题,溯源孔子和儒学。大家熟悉朱熹的一首非常出名的诗,叫《观书有感》。这是他的读书体会、学习心得,其中说到:"问渠那得清如许,为有源头活水来。"这里的"源头"指什么,说法很多。我的看法,指"孔子思想"最妥当。作为儒家的继承者,朱熹的思想源头在孔子,这肯定不会错。孔子名丘,字仲尼。《朱子

语类》中有句话："天不生仲尼，万古如长夜。"这句话不是朱熹创造的，是朱熹摘录别人的话，来表达自己的同感，说是若无孔子点亮了思想的明灯，人类将长久地陷入愚昧。所以，讲朱熹和理学必须追溯孔子和儒学。

2 500 年前，孔子生活的东周时期，"儒"字与"柔"字相通，含教化之意。孔子创立儒家学派，后人尊他为至圣先师，再后来前面加个"大成"，称"大成至圣先师"。"儒"这个字在中国的造字中，属合成字，"人"字加个"需"字，创立儒学表示要解人之需，表示它是一门求实的学问。

孔子是宋国贵族的后代，他的曾祖辈因为避内乱迁居到鲁国。他出生的时候家境已经败落，所以他了解和同情底层社会。这一条很重要，成大事的人应当对底层社会有深入的了解。孔子就有这样的经历。孔子的第一个职业是粮库的保管兼会计，后来做到宰相，一路上来都关照民生。这是一个人的本质问题，反映他对待社会、对待民众的态度。他的这种态度和所为，使得权贵们对他不满，弃他不用。弃他不用的具体原因很多，真正原因是他关照民生，这是本质问题。表面上尊重他，但要重用他就不行，因为他同统治阶层的利益发生了冲突。用今天社会学和政治学的角度看，这就是政治问题。官当不成了，仕途中断了，但他没有气馁，也没自弃。他就办私学和周游列国，矢志不渝地宣传自己的政治主张。他对标"天下为公"，率领弟子们编订儒学的典籍。他不是随便搞个汇编，采编的是那些合乎"天下为公"的东西。这些典籍体现他的思想倾向，给后人留下了丰厚的文化遗产。这些典籍各用一句话来概括：一是《诗经》，汇集了东周前的民间诗歌 300 多首。二是《尚书》，记载尧舜以来历代明君的言行。要传承明君的言行，不是所有君主的言行。三是《礼记》，这同我们今天生活的关系最密切，它阐述国家的典章制度及社会的行为准则。四是《易经》，就是描述阴阳交替现象以揭示万物生长的规律。五是《春秋》，记录诸侯国的重要事件，留给后来的统治者以警示和借鉴。这些典籍在西汉的时候被称为"五经"。历史上另有"六经"之说，说孔子还编有一部专论音乐的《乐经》，用以陶冶人的心性，也用以规范人的言行，音乐能起这个作用。相传秦朝焚书时《乐经》被毁，到西汉只剩"五经"，今天能看到的就是"五经"。

思想史上，凡是宗师的学说多因弟子的优秀而传承。相传孔子有弟子三千，贤者七十二。他去世后，弟子们将与他的对话整理成《论语》一书，反映他在政治、伦理和教育等方面的见解。之后又出了《孟子》一书，记载孔子的后传者孟轲的治世语录。但立"五经"的时候，《论语》、《孟子》都没有被看重。过了 1 300 年后，朱熹把这两部书列入"四书"，并且摆在"五经"之上，这是一个重大的提升。宋代的时候流传着一个故事，叫"半部论语治天下"。版本很多，比较可取的是这样一个说法，说开国元勋赵普早年征战，读书甚少，当宰相后"知识恐慌”。宋太祖就要求他要多读书。赵普认认真真找来一部书，如获至宝，放在家中的箱子里锁起来，生怕搞丢，每天退朝后就回家读书。这一来，他的治政才干与日俱增，朝中的文武百官都说赵普读书后判若两人。赵普死后，人们打开他的“藏宝箱”一看，里面是半部《论语》。说“半部”是个笼统的概念，就是说这部书不太齐全，古代的书多是一册一册分开放的。《论语》是语录体，内容本身并没有内在次序的关联，第一章可以放在最后，最后一章也可以放在前面，书的收集和排序就不那么规范。总之，这箱子里的书不齐全，就称它“半部论语”。这个故事说明了什么？就是说读书很重要，读什么书也很重要，更揭示了《论语》的价值。

话说回来，孔子的思想博大精深，当代人很难把“五经”都通读一遍，当然做学问的研究生可以。让干部和社会各领域的人都把“五经”通读一遍，还是古文，怎么读？“五经”有38.5万字，多数人是很难做到的。但我们应该做到、也可以做到的是，领会其中的精要是什么。我想，这也是学术研究工作者的一个任务，能够把优秀传统文化的精要提取出来，告诉给大众。我认为，感悟孔子有两点最重要，一是他的政治观点，一是他的教育观点。

首先是政治上，孔子宣扬“仁政”，讲“为政以德”，“仁”就是德；他也讲法治，就是“克己复礼”，“礼”是指规范，用来约束人的言行，那个时期所说的“礼”就是法。但孔子强调，还是要“以德为先”。孔子还认为仁政礼治都要靠教育，他主张“有教无类”和“学而优则仕”。“有教无类”有两层涵义，一是人人都有受教育的权利，这体现的是人文精神；另一层意思是，教育要覆盖全民，国家才能安定。就是说，如果一个国家一半人有文化，一半人是文盲，这个国家就很难治理，就不能稳定？这是非常明确的道理，是治国的思维。所以，后来中国人经常要讲“教育救国”和“教育强国”，就把教育和国家治理、国家的兴旺联系在一起。我们今天兴起的“学习强国”活动，也是从“教育强国”中来的。“学优则仕”也有两说，一说要让博学者做官，社会才有福祉；另一说是对读书人说的，说你读书人要有好品行，要用所学的知识去服务国家。学而优，就要出去为国家做事。古人说的这个“仕”，是指做官，做官的本意是料理公务、为国做事。自古以来，勤政廉政的官员，是造福大众的，是受人民爱戴的，写入族谱里光宗耀祖，回到故里叫“衣锦还乡”。福州的三坊七巷里有个“衣锦坊”。我在福州讲学时说，最早居住在“衣锦坊”的都是官员，那时没有商人住“衣锦坊”。在古代，就是这样。反之，如果叫不学无术者去做官，或者是做官的人满腹经纶，但只为了谋私利，那这个社会就会遭殃。孔子提出“学而优则仕”，是有深刻意涵的。后来的一些人把“学而优则仕”理解为读书做官就是为了贪图私利和荣华富贵，这是偏见。做官不等同于做庸官做贪官。庸官贪官的存在，不能代表所

有的官员。中外古今、历代历朝，官员都是社会的精英、国家的栋梁。一个社会，一个国家，没有官员、没有好官，今天的话指“公仆”，就会完全乱套。我们要从社会发展、历史前进的正道上去理解孔子讲的话是什么意思。孔子的上述观点体现的是“民本”与“济世”。

儒家的思想境界很高远，但其发展得很坎坷。我们看秦始皇统一中国，算是厥功至伟了。可秦朝建立后焚书坑儒，苛政暴敛，最后的结果是民怨沸腾、揭竿而起，其统治不到15年就被推翻了。推翻后怎么样？华夏重现于分裂。各路兵马打到后来剩下两支，一个楚，一个汉，楚汉之争又4年，最终刘邦取胜立汉，才使江山再统。就是说，秦朝仅维持15年，而后的中国又回到四分五裂，到了汉朝才又实现了统一。秦朝的短命和得失，昭示了“仁政”的重要。汉初的中国曾经选择了一条以道教为尊、与民休息的发展路子，就是道教治国66年，时间也不短，可道教的“无为而治”又使政权走向了分化。汉武帝为了谋取长治久安，采纳董仲舒之策，施行了“独尊儒术”，其内涵是德法并举、安内攘外。这一来，汉武帝一朝当政54年，开启了中国统一后的第一个盛世。汉代总共存续了426年，这才稳固了中华一统。我们华夏先民的主体始称汉族。秦朝比汉朝更早，为什么没称秦族？存在的时间太短，给百姓的印象也不好，这是致命的原因。汉朝影响巨大，百姓穿的衣服叫汉服，使用的文字叫汉字，这样一直传承了下来。从这里，也能感触到独尊儒术426年所带来的影响。

然而，西汉末到北宋，儒学却一步步走向了绝境。主要有两方面原因，一方面，“五经”流传了千余年却未能形成一个完整的理论体系。孔子身后“儒分八派”，最主要的有孟、荀两派，一个是孟子，坚守“仁说”，讲“民为贵”“得民心者得天下”。这多好，所以民意认同称之为“孔孟之道”。老百姓的认可很重要，这也是给我们后人的提示。另一个是荀子，应该说荀子也很伟大，他尊“礼”重刑罚。他有两个高徒，一个韩非，一个李斯。李斯就是秦始皇统一中国时候的丞相。荀子的这两位弟子构建了法家思想，为秦统一中国提供了理论依据。可以这样讲，荀子启发了中国的原始法治，这是我给它的定义，只能说是启发了原始的法治。君主专制下的法治，不能不依附权势，往往司法不公，民不看好。荀子的法治，与我们今天讲的社会主义法治和依法治国有着本质的区别，但它从正面提醒我们，治理国家必须依靠法治；还从反面提醒我们，要为民立法和公正司法。基于历史的局限，荀子和韩非、李斯等人只能在那种制度下搞法治，给后人的启发就是，法治很重要。我们今天要的法治是，让人民群众在每一项法律制度、每一个执法决定、每一宗司法案件中都能感受到公平正义，这才是民主的法治，人民需要的法治，这同荀子讲的法治有很大的不一样。我们不能责备荀子，他在2 000多年前就倡导法治，将它作为治国的方略，很了不起的，其中的思想精华也应当汲取和传承，但我们要了解它的本质和局限性。

回到原来的话题。孔子之后的儒学长期争论不休，分为八派，这些后传弟子都很有影响力，又是各有主见。一直争论下来，到了西汉，专设“五经博士”来解读儒学，又各自批注，结果是人们莫衷一是，弄不清哪个说的才是真正的儒学，最终导致了儒学的肢解殆尽。儒学发展了千余年都没形成一个共同的体认和体系，这是很要命的。

另一方面，又带来了新问题，就是西方的佛教自东汉传入了中原。佛教内容也很丰富，它给百姓的最大影响是什么？就是“四谛”构建的“来世”说，在唐代得以盛行。这里有一个重要事件，就是唐僧玄奘从西方取回260字的《心经》。现在很多人练书法都抄写《心经》，仅260字，很好写。我看到许多朋友的家里、茶室里、公司里都挂了一幅《心经》，甚至有的书院也挂了《心经》。但《心经》主要讲什么，他们不太清楚。《心经》的全称是《般若波罗蜜多心经》，意思是“度化众生的智慧宝典”，其中有个名句叫“无苦集灭道”，称“四谛法门”，是佛教中的最高法。它主张凡事看空，以摆脱生死烦恼和轮回之苦。它的道理解释同儒学的混沌不清相比，很通俗，百姓一听就懂。比如“四谛”中按照顺序讲下来，第一个是“苦谛”，说人人有痛苦，与生俱来，你回避不了，就不要去抱怨别人，就认了这个命；第二个是“集谛”，说这个痛苦的原因，是在自己身上，要多从自身找原因，后来的儒家和理学家吸收了这一点，主张如果自己做事不成功，主要是从自己身上找原因；第三个是“灭谛”，说人死后可以解脱痛苦，去到一个美好的地方，这个没有痛苦的地方在哪里、叫什么？在西方，叫极乐世界，人死后可以到那里去欢度来世；最后一个是“道谛”，说欲求到达极乐世界的话，就要修行，修成善果，如果不修行或者修不好，就到不了极乐世界；如果不为善反而作恶的话，还要下地狱。“四谛法门”讲因果报应，很接地气，给乱世中的思想迷茫者提供了精神依附的自我救赎。同时期的本土老庄道教，为了抗衡佛教也竭力扩展。如此一来，佛老的广泛传播，极大地动摇了儒学的社会根基。

到了北宋末，内忧外患交织，佛老讲“来世”和“出世”，都不能救国；儒学要“济世”却已奄奄一息。这时的社会状况，就是人民缺失了共同的精神支柱。历史上就留下这样一句话，叫作“百万宋军不敌十万金兵”。徽宗、钦宗父子皇帝俩都被俘虏，“靖康之耻”在劫难逃。当时很有名气的宫廷画师叫张择端，他创作的《清明上河图》可谓传世之作，描绘汴京的繁荣，但其面世不到16年，北宋就灭了。《清明上河图》的艺术非常成功，但我看它的角度与别人不一样，就会联想到这么繁荣的景象，过不久就灰飞烟灭了。为什么？因为精神没有了，再好的繁荣也就不复存在。看这段儒学史，就是有个警示，理论的破

碎必然导致思想混乱，使民心分离、国之魂散，结局就是亡国。所幸的是，朱子理学挽救了儒学，也挽救了中国。

第二个问题，朱熹的生平与品格。这个问题为什么要放在这里说？因为观察时代的背景，才能够看清人物的思想发端和历史作用。朱熹生活于820年前的南宋，是一个“国破世衰”的年代。他的父亲朱松是北宋末的进士，派到福建任政和县尉，从徽州婺源举家入闽，之后也曾任尤溪县尉。这期间，朝廷的腐败引发了社会动荡和金兵入侵。南宋初，朱松弃公职、携家眷辗转避难。到了1130年10月，朱熹生于尤溪县，他出生时父亲做了一首名为《洗儿》的诗，诗的意思是，时逢道义不举的乱世之秋，看来这孩子的前途除了出征作战，恐无别路。朱松忧心忡忡。童年的朱熹随父母避乱移居，渴望“治乱”成为他日后构建理学的一个照应。后面要说到理学与治乱的关系，这同朱熹一家的逃难史以及他的童年遭遇有关。

1139年宋高宗割让半壁江山来换取“议和”，移都到临安，就是现在的杭州。这种情况下，权贵们却苟且偷安，成日里沉迷于纵欲寡欢。身为儒者的朱松，对此非常愤慨，他严肃地训诲儿子要学孔孟、图救国。可见家教和童年的教育很重要。

朱熹14岁的时候，很不幸，父亲病故了。他遵照父亲的遗命，随着母亲迁居到崇安的五夫里，就是现在武夷山市的五夫镇，拜乡绅刘子羽为义父，师从五夫的刘子翚、刘勉之、胡宪等三位学者，后来又拜隐士李侗为师。这几位老师都是学识渊博的鸿儒，对朱熹的思想成长影响极大。朱熹19岁取进士后走上仕途，65岁入朝，当了宁宗皇帝的老师，这是那个年代知识分子所能追求的最高境地了。能当皇帝的老师，足见他的学问水平。但对朱熹来说，不能忽略的是，他还是一个官员，先后主政江西南康、福建漳州和湖南长沙，爱国爱民，治政有方，又刚正不阿，仅是呈奏状就有100多份，都是献策救亡或是弹劾贪官。在侍讲中，他面斥宁宗不作为，劝其正心修身却被革职，反遭“党禁”迫害。这其中也有宫廷内部政治纷争的原因，他主张“正君心”“肃朝纲”，被一些奸臣视作“眼中钉”，给他安上很多莫须有的罪名。

1200年4月朱熹在建阳去世，临终前还抱病修订《楚辞集注》。他还修订别的著述，但很重要的是《楚辞集注》。这象征什么？他修订《楚辞集注》发出的是护国济民的人生绝唱。我想，朱熹如果多活5年到10年，或许最后推出的不仅是“四书集注”，很可能是“五书集注”。就是《四书集注》加上一个《楚辞集注》。大家知道，东周楚国的士大夫屈原创造了赋体诗，称楚辞，有《离骚》、《九歌》、《天问》等名篇，名句有“路漫漫其修远兮，吾将上下而求索”等，还有“亦余心之所善兮，虽九死其犹未悔”这个名句也很重要，反映了屈原当时的处境和意志。屈原主仁政、抗外侵，追寻真理，却被权贵排挤，流放异地，最后投江殉国。朱熹非常崇敬屈原，撰著《楚辞集注》，在历史上第一次阐释屈原的思想本质是“爱国”，所以今天我们称屈原是爱国诗人。这个定义是朱熹在《楚辞集注》里确定的。以前注释屈原的书和文章也很多，把屈原的思想定为爱国的第一人是朱熹。毛泽东高度赞赏《楚辞集注》是“好书”，在中日建交时把它作为国礼赠送给日本首相田中角荣。撰著修订《楚辞集注》，也反映了朱熹的志向和抱负。如同孔子和屈原，朱熹终生探寻治国大略，其思想照耀九州、泽被四海。

第三个问题，理学构建与三纲五常。刚才讲到儒学至宋代，已岌岌可危，这时候一批匡扶社稷的儒者展开对儒学的更新，最终形成的朱子理学，将儒学起死回生。

什么叫理学？这有两方面的说法。一个是哲学范畴，它主要探索理、气、天、道、心、性、情等概念及其内在关系。前些日子我曾到国学院座谈，支平院长很坦率地说，现在有的哲学概念很繁杂，一般人听不懂。他提出，哲学是需要大众掌握的，对于理学能否有一个通俗的表述？这是一个重要的议题。今天在这里，我换个通俗的说法，来表述一下“理学”。理学这个“理”，是特指“儒学的义理”，是专门针对儒学讲的。儒家最早从《易经》中引出“义理”的概念，关于《易经》，有《连山》、《归藏》、《周易》等之说，这里只能笼统地说，没时间详细解读。总之，儒家从《易经》中引出“义理”，“义”是指八卦及六十四卦各卦卦名的含义，“理”是对各卦相互关系的注释，阐发它们之间的逻辑关系。从“理”的字意看，也有厘析纹缕、剖剥玉石的意思。以致后来这个“理”被引申为事物发展的规律，如果要简单地说一句，“理”就是讲规律，“理学”就是一门讲规律的学说。宋代儒者构建理学，其目的就是从符合万物发展规律的角度来阐发儒学的真谛，以纠正各种变味的曲解。所以规范一点说，理学就是“揭示和发展儒学义理的学说”。我用这个说法同党政干部谈“理学”，他们认为能够听明白，能够清楚理学和儒学的大致关系。如果从纯粹的哲学范畴来讲，不用说一次讲座只有两个多小时，就是再加几节课，也难弄清这个“理学”讲什么，而多数人也没这么多时间来听。

在北宋中期，就已经出现理学的开宗学派。到了南宋，朱熹为代表的闽学汇聚了各派的精华，由集注“四书”构建了朱子理学。朱子理学在历史上又称“程朱理学”，这个称呼里面包括了道统传承和转化发展等诸多因素，需要具体阐释，但有一个简明的数据也可以说明为什么叫程朱理学？因为朱熹和他的学友吕祖谦，为了方便世人了解理学的梗概，就合编了一部精选先师要论的著作，叫《近思录》。《近思录》有14卷672条，其中选取的二程（即程颢、程颐）语录占了80%左右。叫程朱理学，因为朱熹主要继承了二程的学说。

理学更新了儒学，主要解决什么问题？我做了一个归纳，要义有三，

概括起来6个字，“规律、准则、治乱”。把它连起来说，就是“揭示万物生长的规律，据此订立为人处世的准则，以化解社会矛盾，使国家安宁、天下太平”。理学要干的就这些事。宇宙观上，它阐发“天人合一、理一分殊”等基本原理；治乱入手，它完善“三纲五常”等行为准则。朱熹不空喊宇宙观，还从治乱入手，去解决社会的现实问题。

完善“三纲五常”，就是为了治乱，成为理学首推的社会行为准则。“三纲五常”起自董仲舒，完备于朱熹。西汉董仲舒着眼“大一统”的需要，宣扬“君权神授”，他将孔孟的伦理观“五伦”说，延伸和区分为一个“三纲”，一个“五常”。“三纲”主要讲维护国家秩序和社会秩序，“五常”主要讲遵行儒家的道德伦理观和人生价值观。朱熹将“三纲五常”合并连称，视为“天理”。由此，他主张人人居其位、负其责、守本分、讲信义，使“百物皆通”、社会和顺。这里要说明一点，朱熹讲“三纲五常”，主要是针对宫廷的内乱，这也反映了当时的社会背景。封建制下的君主更替很频繁，大多缘于朝中的伦理失范而祸及家国。我在提要里，已做了这方面的举例。所以，朱熹论“纲常”重在“正君心”“肃朝纲”，借用今天的话，也叫抓关键少数、以上率下。这是朱熹的一个突出的思想倾向。

而朱熹对“三纲五常”，是持辩证的态度。有两个角度，第一个角度，他认为“三纲”是权威与表率的统一。说“君、父、夫”等上位者也要在道义上对家庭和社会负主责，不是说只要求从属者的单向服从，这是朱熹从国家秩序上对社会关系各种组合的基本看法，结合起来看《朱子家训》里对各种关系的解释就非常清晰。比如“君仁臣忠”是相辅而不可分的。第二个角度，他将“五常”作为“三纲”的前提。“常”在古代指“不变之理”，儒家将仁义礼智信称为“五常”。“五常”当中，“仁”是核心，讲仁慈博爱。“义”是正义，扶正祛邪。有的人把这个“义”看作义气，理解偏了。“礼”是礼貌，“礼”的涵义很丰富，朱熹对“礼”有各种论述，但在“三纲五常”中，它指礼貌。不要轻看这个礼貌，礼貌是用相应的礼仪去待人接物，也是对人们言行的规范。这个“智”不是指单纯的智力，而是理智，怎么样才是理智？就是做事情要以“善”为标准。“信”是诚意，说到做到，表里一致，包括前面的仁义礼智，最后都要在“信”上落实，你得去践行。朱熹用“五常”约束“三纲”，就是说，如果上位者悖离了“五常”，那就按孔子说的“其身不正、虽令不从”。有一件事很说明问题，朱熹任提举到了浙东的永嘉，巡查的时候发现秦氏的族人在那里修建秦桧庙，把秦桧当作族人的荣耀来供奉，朱熹非常气愤，怒斥此举是认贼作父，旋即严令拆除。从中国的家族史看，在记载先辈的事迹时从来没有把那些公认的奸佞逆贼和坏人坏事写进家谱族谱，辈分再高、官职再大也不行。家谱族谱一定是要传承好的东西，不能用有辱家门和宗族的人和事去影响后代。无论哪个姓氏，这都是很清楚的是非问题。“三纲五常”是一个整体，讲“三纲”不是只讲“服从”，更不能违犯“五常”。“五常”始终是中华民族的正能量。

习总书记在中央政治局的一次会上明确指出，“仁、义、礼、智、信”是两千多年中国封建社会的核心价值观，是维护统治秩序和社会秩序的精神支柱。这是儒家和理学家的重大贡献。直至今天，“五常”仍然是中华优秀传统文化的一个核心思想。当然今天要赋予它新的时代内容，但它的基本道理没有变。朱熹的“三纲五常”是为了他那个时代的救国图存。我们也要看到，任何学说都有其历史的局限，封建统治者用“三纲”固化君权、父权和夫权，放大了“男尊女卑”，这些负面作用的“根子”出在哪里？是出在君主专制和宗法制，这有待于实现了民主才能铲除，但这是后人的任务，不应当强加给朱熹那个时代的人。否则，就不符合历史发展的规律。就好像是，我们不可能要求在那个时代的朱熹去搞社会主义。我们要实事求是地对待历史和历史人物。

第四个问题，新儒学看点与深远影响。南宋末，朱子理学以“新儒学”的面貌重返政治中心，影响了此后数百年中国的走向。那么，人们要问理学为何有这样的感召力？新儒学的“新”又新在哪里？这里，我提四个看点，我在朱子学会的研讨会上做过这个内容的发言，但研讨会安排每人讲10分钟，只能做简述，今天这里我展开一点说，这个问题极为重要。

第一个看点是，阐发儒学精髓。这是新儒学区别于原始儒学的重要方面。朱熹构建理学，是要阐发儒学的精髓，他从五经的《礼记》中取出《大学》《中庸》两篇，与《论语》《孟子》合称“四书”，认为“四书”是儒学的精华；并在集注“四书”时，按照《大学》、《论语》、《孟子》、《中庸》的次第做了一个排定。就是，先读《大学》，把握“三纲领、八条目”，以统揽人的德行，对儒学思想的统揽，这是最根本的。然后读《论语》，目的是悟透“仁”的含义。接着读《孟子》，增进“民本”和“仁义”的自觉。最后读《中庸》，择善持节，使人性复归天理。他这样的排序，有很强的逻辑。“四书”中《大学》的字数最少，仅有1 753字，但是排第一。按朱熹的说法，一般的人，如果“五经”读不下来的话，读“四书”就可以；“四书”还读不了的话，只读《大学》也可以。有的人不识字，或识字不多，连《大学》这1 700多字也读不下来，那记住《大学》的第一句也行。朱熹最看重的就是这第一句，称之为“三纲领”，“明明德、亲民、止于至善”，就是说，把人性的“本善”发扬出来，推及社会、不断自新和达到完美。就这么一句，怎么样都能背下、记住、听懂，它阐明了儒家做人的基本态度和理想追求，这就是儒家的“道”，也就是“大学之道”。“三纲领”后面是“八条目”，前五条涵养自身，讲践行理想追求的条件途径；后三条服务社会，讲“天下大同”的使命目标。现在有人说儒家精神是“格致诚正修齐治平”，对不对？是对，但是不确切，不确切在哪里？因为“三纲领”更重要，

它是理想信仰。我们现在天天强调理想信仰,这与我们对优秀传统文化的理解也有关系。纲举才能目张,我认为,儒家的所有论述都是对"三纲领"的发挥,现在社会上存在信仰危机,也有传统教育中忽略"三纲领"的因素,研讨会也好,论文也好,对"三纲领"的研究相对较少,所以这里要专门说一说。还要看到,"集注"和"序定"都是朱熹的首创,他新解了"义理","四书"超越了"五经",使理学系统成型、道德高立且逻辑缜密。这就是理论的发展和创新。尤其对于当时南北宋之交,中国社会陷于人心涣散的危急关头,朱子理学更新了儒学,发出了正气,提振了中华民族的精气神,这是一个非常重要的历史贡献,把一个民族的精气神给鼓舞起来。这也说明了一个道理,建设一个国家,民心最重要,但民心也需要引导,理学家们担起了这个任务,也给我们今天思想领域工作者和理论研究工作者,树立了榜样。

第二个看点是,包容思想学说。朱熹注"四书"博采众长,集萃儒家各派思想,也采纳了佛老学说为己所用。比如,他以道教的"太极"和"阴阳五行"说与佛教的"月印万川"说,分别注释"天人合一"与"理一分殊"。这里简述一下"月印万川",语出禅宗,说天上只有一个月亮,江湖上却可以见到万处月影;各处的月影都是同一个月亮的折射。朱熹用月亮的影射现象来比喻"理一分殊",说这个"理"是万物生长的总规律,贯穿于各事物的发展与法则之中,要从"分殊"中去体认这个"理一",也就是说,办任何事都应当切合自身的实际,但不能够违背总规律。人们现在还常说理学是"儒释道合流",这话也对,儒释道合流确实反映了儒家思想的发展过程和特点。但还要加一句,把它的实质讲清楚,实质是"守儒学正统、融百家之说",它们之间并非平分秋色。如果搞不清楚,一讲弘扬传统文化就什么都搞,我就遇到办书院的在书院里面拜佛禅修,也有人在寺庙里面办书院,没搞清楚这里面是什么关系。朱子理学虽然以孔孟为主体,但它开了思想包容之先河,形成主流文化与宗教的和谐以及外来学说中国化的糅合机制,不断吸纳消化各种思想精华,孕育出一个向心型的中华文化共同体。这个糅合机制和文化共同体,太重要了,直至影响到近现代中国对世界各种先进思潮,也包括马克思主义的引进吸收,我认为其价值之宝贵,难以估量,这也是朱子理学对中华民族的巨大贡献。

第三个看点是,呼应社情民意。这是回答社会现实问题。南宋之初,动乱加屈辱。在这个背景下,朱熹呐喊"存天理,灭人欲"。这句话也要澄清它的确切涵义,它反映的是民众对重整伦理、政治清明和抗侵雪耻、振兴旧邦的企盼。有的当代人不清楚那时候的社会背景,认为这句话是不讲人性,这是很大的误解。此处的"天理"指"五常","灭"是遏制和克制;"人欲"指贪婪,不是指人们生活中正常的饮食男女。朱熹认为,人性本善,心如水,情是心的所用;当人心

平静时，所发之情如同缓缓的流水，与善是相统一的，但若江河卷起了波澜，就会破堤决口造成灾难；而人情一旦失控，那就是越轨成“欲”危及社会。他呼吁“存理灭欲”的主要目的是，遏制权贵的过度逐利和奢靡，所以凡入朝进谏或奏章，必言正心修身、整饬官场，用今天的话讲就是“反腐败”。反腐败，多好的事！我们今天却因为这句话抨击他，不知道抨击了多久多少回，很悲哀的。“存理灭欲”是为了反腐败，是人民的心声。当然，“存理灭欲”不可能在专制的社会里真正落实，但在那样一个年代，它能够对官僚起到一定的戒惧作用，使统治阶层贪腐的任性受到节制，实际上保护了民利。支平院长送给我一部关于“史学思辨”的著作，我认真拜读了，其中一个论点我非常认同和赞赏，他指出：“从孔子到朱熹的儒家传统，在其倡导之时，包含着强烈的社会批判精神和社会监督意义。”我以为，此论客观，极为求是。

第四个看点是，维护国家一统。这对今天来说也是格外重要，就是讲家国情怀。秦以后，中国历经了千余年的分分合合，理学家们洞察家国一体、利害攸关，生发出远大于先儒们的国家认同意识。爱国者受景仰，卖国者遭唾弃，这是民心的向背。封建时代，“君”象征“国”。《朱子家训》以治国开篇，旨在教化社会全员，并非专对朱氏族人。这部家训相较于其他家训的一个显著特点是，它第一句讲“君贵仁也”“臣贵忠也”，强调明君者要仁政爱民，贤臣者要忠君爱国。朱熹每次朝奏都讲“正心诚意”“恢复疆土”，讲多了，弟子们都担忧了，担忧皇帝听多了反感，劝他不必直言。他说，讲“正君心”是为了救国，不讲的话是“欺君”。他编《资治通鉴纲目》坦言是为了“明正统”，这在今天又是一句重要的话，就是反分裂。宋元明清，朱子理学锻造的爱国精神，融入了中华血液。历史上，凡理学家都是爱国者，大家可以看到这个现象。是否捍卫国家一统，成为识别是否真正理学家的试金石。

讲了四个看点后，有必要提及朱熹晚年撰著的《玉山讲义》。这是1194年朱熹在江西玉山授学的讲稿，他说是对理学体系最“简约”“最深切”的概括。我建议大家研究理学时，特别关注一下《玉山讲义》，朱熹从学理上对理学体系做了六个方面的阐述。这六个方面，包括性即理、仁包四性、仁体义用、性一气殊、存理灭欲、尊德性道问学。这里有三层意思，先说，人的存在与本性都是宇宙运行规律的产物；人受赐予大自然的恩惠，行善遵“五常”乃天经地义。接着说，人性本善，但气禀不同，即环境熏陶和行为养成有不同，人们之间就有了善恶之别。最后说，怎么办？必须发扬性善，遏制一味的自私；行善要与学识融合，读书要与实践统一。我觉得，若从学术角度看理学，最简便是看《玉山讲义》，有人说，《玉山讲义》是理学入门的钥匙，我同意这个看法。

总的看，朱子理学顺应古代中国的发展规律，维护国家秩序，也维护

了民族的生存。朱熹身后，其思想学说成为历代朝廷的治国之道和社会的主流意识，《四书集注》成为元明清三代科举取士的标准。到了清代，康熙编《朱子全书》并亲自作序，对朱熹给予至高评价："集大成而绪千百年绝传之学，开愚蒙而立亿万世一定之规。"康熙说，如果没有理学的接续，儒学则废了。当代学者也有类似的说法，我们厦大的高令印教授等20多位学者10年前给时任省委领导写信，建议在福建文化强省建设中重视挖掘朱子文化精华，信中说："无孔子便无朱子，无朱子也无孔子。"我认为，此话中肯，因为后人所知的孔子，主要来自朱熹对儒学的注释。所以，史学家钱穆说："前古有孔子，近古有朱子，此两人，皆在中国学术思想史及中国文化史上发出莫大声光，留下莫大影响。旷观全史，恐无第三人堪与伦比。"

可以说，"仁"为核心、民为国本、齐家治国于一体的朱子理学，重建了儒家道德伦常，经800年践履，沉淀为中华民族的基因。似可推论，若非理学家力推"新儒学"治国和思想聚同，恐中华民族的形成和中国一统都将异变。好在历史不会倒流，顺着这样的推断，如果没有那一代理学家的努力，没有朱熹的贡献，我们这个国家还是不是今天这样一个统一的国家，有没有这样一个多民族融合而成的中华民族，那就难说了，大概率上是不存在了，那会成为什么样子，就说不清楚了，但可以肯定的是，不会有今天这样一个泱泱大国的存在。所以，今天的国人对朱熹等理学家应当持礼敬的态度。总书记来闽说："我到山东考察时专门去看了孔府孔庙，到武夷山也专门来看一看朱熹"，这句话表达了他对朱子的敬意，也肯定了思想史上朱子与孔子并立的地位。

第五个问题，朱熹与书院复兴。朱熹既是思想家又是教育家，这两者也是统一的。理学与书院密不可分，讲理学必须讲书院。今天讲座所剩的时间不多了，关于朱熹与书院以及书院复兴问题，我给大家的提要里已经谈了基本的看法，这里就不详述了，以后有机会时再展开来谈。这个问题上，很重要的一点是，朱熹大力倡导书院理学一体化，使办学兴教，或者说使整个中华文明别开生面。要了解朱熹对书院建设以及对中国教育的发展有什么贡献，总的看有四个方面的贡献，一是繁荣了书院，二是肃正了学风，三是打造了诸多理学摇篮，四是培育了大批理学精英。中国书院从唐代发端，一直到了清末，始终以传授儒家思想为主要内容。这个过程，有赖于朱熹制定《白鹿洞书院学规》，完备了书院制度，对巩固中华文化正统、培养经世致用人才和维系中华文明从未中断，起到决定性作用。朱熹提出和推行的"立德树人"教育思想，时至今日仍是我们确立社会主义教育方针的重要借鉴和遵循。沧海桑田，江河奔流，清末帝制落幕废科举，已具备官办属性的书院改成了学堂。百年后的今天，全国再现"书院热"。2017年9月，习总书记选在厦门筼筜书院，就是我们今天办讲座的这个地方，举行金砖国家峰会的首场会晤，他期许书院复兴涅槃重生。大家感到亲切，也深感使命重大。今年6月，中央党校发出通知，将筹办“全国首届书院文化论坛”。中央党校来办书院文化论坛，对书院复兴来说，是一个很重要的信号。这个问题，我就简要说这些。

第六个问题，书院学训与践行。理学家办书院，最看重社会道义。这是一个关系到理学的应用和理学要培养什么样的人的重要问题。也因时间所限和提要中已有了阐述，在此也只能简述。讲这个问题，要提及中国书院史上的一个重要事件，就是1167年朱熹携弟子去湖南长沙，与岳麓书院的主教张栻举行会讲，“一时舆马之众，饮池水立涸”。说听众带来的马匹口渴，将书院池塘里的水瞬间喝光，形容从学者极多。“朱张会讲”期间，朱熹为书院题书，就如何办学问题手书4个字：“忠孝廉节”，张栻感慨不已，立为院训。这也是中国学府的立训开端。中国的所有学校现在都有校训，校训何来？就是从朱熹为岳麓书院题书的这4个字而来。从历史看，孔子的“有教无类”解决了为什么要办教育的问题；1 000多年后，朱熹的这个题书，解决了另一个大问题，阐明了办教育要培养什么样的人，就是培养“忠孝廉节”这样的人。我在提要中已对“忠孝廉节”的内涵做了解读，这里就不展开了；对朱熹在“忠孝廉节”上如何身为世范，也举了不少事例，大家能够看得清楚。此外，提要中说到南宋以来，无数理学后传者“忠孝廉节”，大义千秋，略举了3位与福建相关的清代理学传人，一个是张伯行，一个是林则徐，一个是左宗棠，他们都是近代朱子理学的代表性人物，也是从书院走出来的民族英雄。“忠孝廉节”体现了历代仁人志士护国济民的责任担当。朱熹是古代人物，其思想必有封建的糟粕，应当辨识剔除，但更重要的是传承他和先贤们创造的中华文明。

第七个问题，朱子理学的转化创新。这个问题必须强调。当下已进入新时代，十九大号召：“不断铸就中华文化新辉煌。”习总书记指出，中国共产党是中华优秀传统文化的忠实传承者和弘扬者。

今年3月总书记选在朱熹园发表讲话，这也意味着，他断定了朱子理学与书院文化是中华文明的宝库，要挖掘其精华，融入当代中国马克思主义。十八大以来，总书记时常列举朱熹及其著述，引为治党治国的借鉴。2014年总书记来闽考察，这是他任总书记后第一次回福建考察。这期间，他谈到福建自古以来重视教育，提及闽地培育的中华文明代表人物，说第一位是“思想家朱熹”；他希望福建保持优良传统，为民办好教育。他在十八届中央纪委三次全会上引用朱熹担任漳州知州时题写的书院门联：“地位清高，日月每从肩上过；门庭开豁，江山常在掌中看”，激励党员干部开阔心胸，勇于担当，造福国家和人民。

在指导群众路线教育实践活动时，总书记指出："宋代朱熹说过'知其不善，则速改以从善，最要在速字上着力'。与其让别人指指点点，不如自己心底无私，从善如流。"他以朱熹抑恶扬善和遏欲改过的坦荡，鞭策党员干部"勘误纠错越主动越好"。

总书记还在十九届中央政治局第6次集体学习时，引用朱熹《孟子集注》的话："国以民为本，社稷亦为民而立"，强调："加强党的建设，要紧扣民心这个最大的政治。"去年初的主题教育总结会上，总书记又引用朱熹《四书或问》的话："天下之难持者莫如心，天下之易染者莫如欲。"朱熹说，人心最难把持，最容易被贪欲所沾染，人们要时时防范外部世界私欲横流对心的腐蚀。总书记以此警示全党，反腐败无止境，要不断自我革命。

总书记非常欣赏朱熹《春日》诗的名句："等闲识得东风面，万紫千红总是春"，并从时代和世界的高度赋予新意。2014年3月，他在联合国教科文组织总部演讲，引用该名句表达对人类文明多样性的尊重，倡导各文明互学互鉴、共同繁荣。2018年3月，他在十三届全国人大一次会议的致辞中又引用该名句，昭告世人：在中国共产党领导下，中华民族迎来了站起来富起来到强起来的伟大飞跃；经过近70年奋斗，中华人民共和国以崭新的姿态屹立东方，中国特色社会主义焕发出强大的生机活力。这个阐述极具时代感。

总书记今年考察福建，再次提及朱熹的民本思想，说这与我们党强调的许多地方是相通的，要很好汲取其中的营养。央视新闻的标题是《习近平福建行：国以民为本——走进朱熹园》。新华社报道的题目是《鉴往知来：从习近平总书记引用的朱子名言"国以民为本"说起》。从主流媒体的报道上，就可以看出，汲取朱子理学的营养，旨在筑牢"以人民为中心"的根和脉，这是总书记考察朱熹园的意义所在，也是总书记对党史学习教育的根本指导。

最后说一句话，弘扬优秀传统文化是共产党人的本色，我们要向总书记的"用典"看齐，推进朱子理学与书院文化的转化创新，使之始终成为治国理政的重要借鉴和复兴中华、奉献人类的精神力量。时间关系，就说这些，谢谢大家！

谢晓东：朱部长今天的讲座在我看来是别开生面，很独特。我听过很多讲座，都是学院派的、学术性的，而今天这个讲座是理论与实践相结合，又有很多自己的理解，所谈的一些观点，很让人受益。比如对"忠孝廉节"的解释，指出它是一个培养什么样的人的问题，以及阐述了《玉山讲义》对于从学术上把握朱子理学的重要意义，这些对我来说，都是新知。因时间关系，我就不多谈自己的体会了。朱部长还要去参加论坛的闭幕式，今天的讲座就到这里，谢谢朱部长，也谢谢大家！

（林晓媚整理）

两岸四地“朱子文化与现代文化”学术研讨会召开

2021年12月26日，由上饶师范学院朱子学研究所与福建省闽学研究会、安徽省朱子学研究会、海峡两岸朱子文化交流促进会（台湾）联合主办的两岸四地“朱子文化与现代文化”学术研讨会在福建武夷山五夫镇朱子文化园隆重召开。两岸四地朱子学学术研讨会采用联合机制形式办会，作为朱子学研究的重要平台，历时15余年，成果卓著。此次研讨会，加强了交流，增进了友谊，增长了见识。会后，学者们还参观考察了朱子文化遗迹，感受了传统文化的魅力。

首届考亭论坛举行

2021年12月27—29日，首届考亭论坛在福建南平市考亭书院举行，海内外专家、学者以“新时代朱子学与人类文明新形态”为主题，采用线上线下相结合的方式与会进行研讨。专家学者说“理”论道，共同探讨如何推动朱子文化创造性转化、创新性发展，以时代精神激活中华优秀传统文化的生命力。

论坛由福建省委宣传部、省文旅厅指导，中国社科院哲学研究所、福建社科院、南平市人民政府、武夷学院主办，旨在深化落实习近平总书记来闽考察重要讲话精神，深入挖掘朱子文化当代价值，推动朱子文化等闽北优秀传统文化创造性转化、创新性发展。南平市市长袁超洪主持开幕式，福建省委常委、宣传部部长张彦通过视频向大会致辞，中国社科院党组成员、副院长姜辉，中国朱子学会会长朱崇实发来视频祝贺。

张彦指出，党的十八大以来，习近平总书记对弘扬中华优秀传统文化作出一系列重要论述，充分阐明了中华优秀传统文化对党的理论创新、对中国特色社会主义、对中华民族伟大复兴的深层次意义。福建将围绕文化强省建设，构建集学术研究、遗产保护、创新转化、品牌塑造于一体的朱子文化传承发展体系，打造更加鲜明的福建文化标识。希望社会各界积极参与朱子文化的保护传承，弘扬具有时代活力的先进思想，为推动中华文化繁荣兴盛贡献智慧和力量。

姜辉表示，当今需要深入研究中华优秀传统文化，不断激活中华文明的生命力，不断开辟中华文明新境界，中国社科院将进一步深入与福建在朱子学研究和推广上的合作。

朱崇实表示，首届考亭论坛在考亭书院召开，具有特殊的意义，希望论坛能相承书院当年思想交流、“道问学”的盛况，结合时代的新问题，对朱子学思想与整个儒学思想进行新探讨。

韩国庆州市长朱洛荣发来视频祝贺，期待庆州和南平继续扩大儒家

文化与学术方面的交流，并推进旅游、经贸等各领域的务实合作，以实现互利共赢。

开幕式上，南平市聘请中国社科院哲学研究所中国哲学研究室主任李存山为考亭书院首任院长，聘请张志强、杨立华、刘丰、许家星、张建光、黎昕、谢晓东、吴邦才、张品端等9位先生为考亭书院学术委员会委员。张志强、杨立华分别作主旨演讲。

中国社科院哲学研究所所长张志强教授认为朱子学研究要和当代中国的全面实践深度结合，共促发展。在北京大学哲学系教授杨立华看来，“朱子哲学是古代求真务实的典范，与马克思主义唯物精神、实事求是精神在内核上是贯通的”。所有伟大哲学理论的突破和探索并非是停留在古代社会的遗存，朱子理学的当代性与时代价值正体现于此，“朱子在其所在时代对中华文明固有积累作出了综合性总结，人类普遍理性体现于其在结合具体时代中获得了新的形态”。

南平市政协主席、朱子文化传承发展工作领导小组组长林斌在会上指出，“我们将以本次论坛为契机，汇聚海内外专家学者和朱子文化爱好者的智慧力量，深入挖掘朱子文化等闽北优秀传统文化深刻内涵和当代价值，进一步搭建朱子文化传承弘扬的平台和物化活化的载体，打造最具特色、最具权威、最有影响力的朱子文化遗存宝地、研究高地、交流基地、产业洼地。同时，结合武夷山获评国家公园契机，积极谋划推动将南平列为文化特区，逐步实现将历史文化价值转化为文化产品价值”。

资料辑要

2021年部分朱子学新书目录

[1] 蔡方鹿主编.朱熹思想及其当代价值[M].北京：人民出版社，2021.

[2] 陈　来、翟奎凤主编.孔孟儒学传承创新研究[M].北京：高等教育出版社，2021.

[3] 陈荣捷著.朱学论集[M].重庆：重庆出版社，2021.

[4] 陈荣捷著.近思录详注集评[M].重庆：重庆出版社，2021.

[5] 陈荣捷著，朱荣贵编.中国哲学论要[M].上海：华东师大出版社，2021.

[6] 陈永宝著.朱熹的儿童哲学研究——蒙学思想的现代路径[M].桂林：广西师范大学出版社，2021.

[7] 程　荣著.朱熹文学接受史[M].合肥：黄山书社，2021.

[8] 复旦大学上海儒学院编.现代儒学(第九辑)：理学的思想空间[M].北京：商务印书馆，2021.

[9] 郭齐勇主编，田文军、文碧芳等著.中国哲学通史・宋元卷[M].南京：江苏人民出版社，2021.

[10] 郭园兰著.朱熹"克己复礼为仁"诠释研究：以理学体系建构为视角[M].北京：商务印书馆，2021.

[11] 何　俊主编.江南儒学的构成与创化[M].上海：上海书店出版社，2021.

[12] 何　俊主编.日本儒学文献余编(85册)[M].北京：燕山出版社，2021.

[13] 何　俊著.从经学到理学[M].上海：上海人民出版社，2021.

[14] 何　俊著.南宋儒学建构[M].上海：上海人民出版社，2021.

[15] 侯步云著.宋代《春秋》学与理学研究[M].北京：中国社会科学出版社，2021.

[16] 黄冬丽著.《朱子语类》身体动作类词群研究[M].北京：中国社会科学出版社，2021.

[17] 贾丰臻著.宋学[M].成都：四川文艺出版社，2021.

[18] 姜海军著.宋代经学思想发展史(上下卷)[M].北京：人民出版社，2021.

[19] 金银珍著.棹歌声声：朝鲜朝九曲文化[M].北京：中国轻工业出版

社，2021.

［20］刘家军、于正伟主编.朱熹踪迹田野采风［M］.厦门：厦门大学出版社，2021.

［21］刘振英著.朱子语类文章学研究［M］.北京：社会科学文献出版社，2021.

［22］柳向忠著.学术与治事：陈建《学蔀通辨》及其经世思想研究［M］.西安：陕西人民出版社，2021.

［23］路善全著.深巷重门：徽州社会"家风文化"传播研究［M］.南京：江苏凤凰美术出版社，2021.

［24］吕妙芬著.胡居仁与陈献章［M］.杭州：浙江古籍出版社，2021.

［25］潘立勇著.宋明理学人格美育论［M］.北京：人民出版社，2021.

［26］彭　林主编.朱轼全集［M］.上海：复旦大学出版社，2021.

［27］钱　穆著.宋明理学概述［M］.海口：海南出版社，2021.

［28］束景南著.朱熹"性"的救赎之路［M］.上海：复旦大学出版社，2021.

［29］孙宝文编.朱熹书易经·系辞［M］.上海：上海辞书出版社，2021.

［30］唐君毅著.中国哲学原论：宋明儒学思想之发展·原教篇［M］.北京：九州出版社，2021.

［31］田　猛著.为有源头活水来——朱熹及朱氏家风［M］.郑州：大象出版社，2021.

［32］王　宇著.永嘉学派研究［M］.北京：商务印书馆，2021.

［33］王启发著.中国礼学思想发展史研究——从中古到近世［M］.北京：中国社会科学出版社，2021.

［34］王晓龙著.宋代理学传播与地方治理散论［M］.中国社会科学出版社，2021.

［35］魏　雁著，王彦开绘.宋明理学：一根藤上八朵花［M］.北京：商务印书馆国际有限公司，2021.

［36］吴　光主编，浙闽合作论理学，为有源头活水来：纪念朱熹诞辰890周年大会暨新安文化学术研讨会论文集［M］.杭州：杭州出版社，2021.

［37］吴　震、申绪璐主编.中国哲学的丰富性再现：荒木见悟与近世中国思想论集［M］.上海：上海古籍出版社，2021.

［38］吴　震主编.宋明理学新视野（全二册）［M］.北京：商务印书馆，2021.

［39］徐　涓著.朱熹楚辞学研究［M］.北京：中国社会科学出版社，2020.

［40］许家星著.经学与实理：朱子四书学研究［M］.北京：中国社会科学出版社，2020.

［41］杨　逸著.宋代四礼研究［M］.杭州：浙江大学出版社，2021.

[42] 杨志林著. 风云涤荡：朱子反贪记[M]. 北京：中国方正出版社，2021.

[43] 姚春鹏等著. 宋明理学与中医理论嬗变[M]. 济南：山东大学出版社，2021.

[44] 郁　辉著.《资治通鉴纲目提要》研究[M]. 北京：人民日报出版社，2021.

[45] 曾　亦著. 湖湘学派研究[M]. 北京：商务印书馆，2021.

[46] 张　兴著. 宋代《大学》思想演变研究[M]. 北京：中国社会科学出版社，2021.

[47] 张品端主编. 会通朱陆：朱熹与陆九渊比较研究[M]. 厦门：厦门大学出版社，2021.

[48] 郑晨寅著. 黄道周与朱子学[M]. 北京：中国社会科学出版社，2021.

[49] 中华书局编辑部编. 赵孟頫朱子感兴诗[M]. 北京：中华书局，2021.

[50] 中山大学西学东渐文献馆主编.《西学东渐研究》第十辑：儒学与欧洲文明：明清时期西学与宋明理学的相遇[M]. 北京：商务印书馆，2021.

[51] 朱汉民、肖永明著. 宋代《四书》学与理学（修订本）[M]. 北京：中华书局，2021.

[52] 朱人求、苏费翔等著. 朱子学与朱子后学[M]. 北京：商务印书馆，2021.

[53] 朱新林主编. 日本朱子学派文献汇编（118 册）[M]. 北京：北京燕山出版社，2021.

[54]《朱子学研究》编委会编.《朱子学研究》第三十六辑[M]. 南昌：江西教育出版社，2021.

[55]《朱子学研究》编委会编.《朱子学研究》第三十七辑[M]. 南昌：江西教育出版社，2021.

[56] 朱子学会、厦门大学国学研究院编. 朱子学年鉴 2019[M]. 上海：华东师范大学出版社，2021.

[57] [宋] 杨复撰. 元本仪礼图（全七册）[M]. 北京：国家图书馆出版社，2021.

[58] [南宋] 朱　熹、吕祖谦撰集，于民雄译注. 近思录全译[M]. 贵阳：贵州人民出版社，2021.

[59] [南宋] 朱　熹著，魏冬注译. 朱子读书法[M]. 郑州：中州古籍出版社，2021.

[60] [宋] 朱　熹、吕祖谦编，曲君伟译注. 近思录[M]. 北京：时事出版社，2021.

[61] [宋] 朱　熹、吕祖谦编，王卓华译注. 近思录译注[M]. 北京：中华书

局，2021.

[62] [宋] 朱　熹、吕祖谦、蔡模编，[宋] 熊刚大集解，程水龙整理. 性理群书句解后集[M]. 上海：上海古籍出版社，2021.

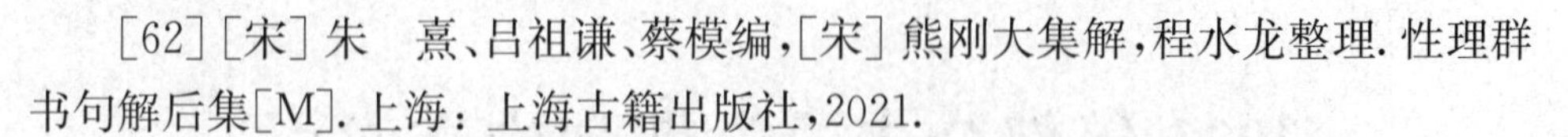

[63] [宋] 朱　熹，赵师渊编撰，李孝国等注解. 资治通鉴纲目（全十册）[M]. 北京：中国书店，2021.

[64] [宋] 真德秀撰，陈　静点校. 四书集编（上、下）[M]. 福州：福建人民出版社，2021.

[65] [宋] 陈　淳撰，《漳州文库》编委会整理. 北溪先生全集[M]. 北京：国家图书馆出版社，2021.

[66] [宋] 张　载撰，朱　熹解说，张金兰辑录；[宋] 熊节集编，熊刚大集解，张金兰点校. 正蒙朱熹解说辑录：性理群书句解·正蒙[M]. 北京：中华书局，2021.

[67] [清] 江　藩撰，刘国宣笺证. 宋学渊源记笺证[M]. 北京：中国社会科学出版社，2021.

[68] [清] 吕留良著，俞国林点校. 吕留良文集（全 2 册）[M]. 北京：中华书局，2021.

[69] [清] 张绍价撰，程水龙、姚莺歌整理. 近思录解义[M]. 上海：上海古籍出版社，2021.

[70] [美] 刘纪璐著，江求流译. 宋明理学：形而上学、心灵与道德[M]. 西安：西北大学出版社，2021.

[71] [朝鲜] 李　瀷撰，程水龙、张美英整理；[朝鲜] 朴履坤撰，程水龙、廖依婷校点；[朝鲜] 李漢膺撰，程水龙、周　静校点. 星湖先生近思录疾书　近思录释义 续近思录[M]. 上海：上海古籍出版社，2021.

[72] [韩] 艮斋田愚著，[韩] 石农吴震泳编，张京华、陈微、蔡婕点校. 秋潭别集[M]. 北京：商务印书馆，2021.

[73] [日] 古贺朴等编订，程水龙、鲁煜校点；[日] 佐藤一斋撰，程水龙、陶政欣校点. 近思录集说　近思录栏外书[M]. 上海：上海古籍出版社，2021.

[74] [日] 井上哲次郎著，万丽莉译. 日本朱子学派之哲学[M]. 北京：中国社会科学出版社，2021.

[75] [日] 吾妻重二著，吴震等译. 爱敬与仪章：东亚视域中的《朱子家礼》[M]. 上海：上海古籍出版社，2021.

2021 年部分朱子学期刊论文索引

[1] 安文研. 何以思无邪：卢梭与朱熹论诗歌教育的道德危险[J]. 北京大学教育评论，2021，19(04)：134 - 145+188.

[2] 鲍金金. 朱熹、王阳明“人欲”问题之比较[J]. 合肥学院学报(综合版)，2021，38(06)：54 - 57.

[3] 鲍　哲. 程朱理学思想影响下褙子的美学特征研究[J]. 纺织报告，2021，40(04)：91 - 92.

[4] 本刊记者. 以当代笔墨激活传统　记“弦歌乐未央——全国书画名家书朱熹楹联作品展”[J]. 政协天地，2021(12)：10.

[5] 毕　芳. 从伊儒会通看王岱舆明德思想[J]. 中国穆斯林，2021(02)：49 - 54.

[6] 毕　游. 朱陆之争所呈现的道德知识性问题[J]. 中共宁波市委党校学报，2021，43(01)：49 - 56.

[7] 毕　游. 朱熹、陆九渊与王守仁理学思想比较：以理、性、心、知四个范畴为中心[J]. 中国哲学史，2021(03)：80.

[8] 蔡　杰. 胡宏与朱熹“察识”“涵养”先后之争的原因检论[J]. 船山学刊，2021(02)：105 - 112.

[9] 蔡　杰. 豫卦《大象传》中祭天配祖的观念发微[J]. 周易研究，2021(01)：42 - 51.

[10] 蔡方鹿，姜　雪. 尹焞的理学思想及其对程颐思想的传播[J]. 中原文化研究，2021，9(04)：54 - 60.

[11] 蔡家和，Jason T. Clower. 戴震与朱子对《孟子》性论诠释之差异[J]. 孔学堂，2021，8(02)：31 - 42+126 - 135.

[12] 蔡　杰. 易学化，理学化，实学化——黄道周《缁衣集传》诠释特征及意义[J]. 宁德师范学院学报(哲学社会科学版)，2021(01)：53 - 60.

[13] 蔡瑞珍. 陈荣捷的朱子学翻译与研究——基于布迪厄社会学理论的考察[J]. 西华大学学报(哲学社会科学版)，2021，40(04)：21 - 28.

[14] 蔡文静. 与石刻相结合的理学实践与传播——以宋代入桂理学家石刻为例[J]. 桂林师范高等专科学校学报，2021，35(06)：9 - 15.

[15] 曹润青. 综罗百代、影响深远的大儒——朱熹[J]. 秘书工作，2021(06)：66 - 68.

［16］曹振明. 纪念张载诞辰1000周年学术研讨会暨中国哲学史学会2020年年会综述［J］. 中国哲学史，2021(01)：126－128.

［17］陈　婕. 朱子与正谊书院［J］. 朱子文化，2021(01)：44－47.

［18］陈　来. 关于宋明理学的几点认识［J］. 河北学刊，2021(05)：55－61.

［19］陈　来. 关于宋明理学的几点认识［J］. 社会科学文摘，2021(11)：75－78.

［20］陈　来. 朱子论羞恶［J］. 国际儒学(中英文)，2021，1(01)：38－48.

［21］陈　鹏，聂　毅. 许孚远心性论辨析［J］. 中国哲学史，2021(03)：66－72.

［22］陈　帅. 生态理念下的现代城市园林景观设计——以福建南平朱子观书园为例［J］. 住宅与房地产，2021(06)：94－95.

［23］陈　岘. "四象"诠释的模式演变及其学理意义——以清初学者对图书易学的批判为中心［J］. 周易研究，2021(03)：13－20.

［24］陈　莹，马自力. 宋代理学家的铭文书写与文体自觉［J］. 深圳大学学报(人文社会科学版)，2021(03)：152－160.

［25］陈　勇，陈艺瑞. 钱穆与牟宗三的交往及治朱子学之异［J］. 四川师范大学学报(社会科学版)，2021，48(04)：160－167.

［26］陈　文. 朱熹"存理灭欲"思想的生态伦理价值［J］. 武夷学院学报，2021，40(08)：1－9.

［27］陈必应，郝　永. 朱熹仕隐心态探微［J］. 集美大学学报(哲学社会科学版)，2021，24(01)：93－99＋136.

［28］陈必应，郝　永. 朱熹饮食哲学的"天理""人欲"之辨［J］. 美食研究，2021，38(03)：7－12＋44.

［29］陈必应. 苏轼、朱熹教育议革里的学术分异——从《议学校贡举状》和《学校贡举私议》说起［J］. 教育与考试，2021(03)：25－30.

［30］陈必应. 朱熹悼亡诗研究［J］. 山东农业大学学报(社会科学版)，2021，23(01)：159－164.

［31］陈　畅. 理学与三代之治——论黄宗羲思想中形上学、道统与政教的开展［J］. 哲学动态，2021(06)：47－57＋127－128.

［32］陈代湘，李恩润. 朱熹与王阳明诠释《大学》"新民、亲民"内涵的共通性［J］. 船山学刊，2021(01)：69－77.

［33］陈芳萍. 朱熹"仁"学思想及其现代启示［J］. 新疆社科论坛，2021(04)：99－106.

［34］陈广胜. 义利之间：朱熹经营书肆述论［J］. 河南师范大学学报(哲学社会科学版)，2021，48(05)：99－104.

［35］陈广胜. 朱熹《答或人》书信考［J］. 中国史研究，2021(03)：192－198.

［36］陈　浩. 朱熹与“为己之学”的书院传统［J］. 华夏文化，2021(03)：25－26.

［37］陈河沅. 朱子之路三题［J］. 朱子文化，2021(01)：53－54.

［38］陈力士. 论朱熹《家礼》中“家”的政治伦理学内涵［J］. 上饶师范学院学报，2021，41(01)：8－15.

［39］陈力祥，汪美玲. 朱子与船山体用视域下的“四端”“七情”之分判［J］. 船山学刊，2021(02)：36－48.

［40］陈令钊，赵文慧. “双峰”并峙：元末明初文清诸子的理学与文学［J］. 赤峰学院学报(汉文哲学社会科学版)，2021，42(06)：52－56.

［41］陈荣捷，陈　来. 陈荣捷先生答陈来书二十八通［J］. 中国哲学史，2021(01)：114－125.

［42］陈睿超. 朱子易学对《太极图》与《先天图》的交互诠释［J］. 周易研究，2021(01)：13－19.

［43］陈双珠. 从“静中体认”到“敬外无静”——试探朱子对“主静”的消解过程［J］. 中国哲学史，2021(04)：57－65.

［44］陈义芝. 从朱熹释《周南》和《召南》看其诗学思想的矛盾性［J］. 河北能源职业技术学院学报，2021，21(01)：48－51.

［45］陈永宝. 根源和工具：从笛卡尔哲学思想谈朱熹知识论的萌起［J］. 吉林师范大学学报(人文社会科学版)，2021，49(01)：26－31.

［46］陈永宝. 没有“儿童”的儿童哲学：兼论朱熹的“小学”与“大学”观［J］. 陕西学前师范学院学报，2021，37(07)：32－37＋69.

［47］陈永宝. 问题导向学习(PBL)与问题意识窥探——兼论二者与朱熹儿童教育思想融合［J］. 陕西学前师范学院学报，2021，37(12)：7－13.

［48］陈忠海. 朱熹与乡村建设［J］. 中国发展观察，2021(07)：63－64＋58.

［49］陈紫阳. 体用视域下朱子格物论的科学向度［J］. 常州大学学报(社会科学版)，2021，22(04)：97－105.

［50］成　泽，王志芳. 《朱子家训》中的修身齐家思想及对党员干部的当代启示［J］. 开封文化艺术职业学院学报，2021，41(06)：109－110.

［51］程　楷. 悠远西林院　悠长朱子吟［J］. 朱子文化，2021(02)：45－47.

［52］程　农. 公私之辨在儒学脉络里的极端发展——以《明夷待访录》为案例［J］. 北京行政学院学报，2021(01)：113－120.

［53］程官星，章德林，李钦才. 朱熹调息静坐养生法的研究进展［J］. 江西中医药，2021，52(04)：78－80.

［54］程继红，庄　欣. 朱熹庐山理学传播中心的建构与北鄱阳湖理学的发育［J］. 九江学院学报(社会科学版)，2021，40(01)：41－48.

[55] 程相兵. 朱子对孟子人性论的诠释探析——从“性善”到“性本善”[J]. 大学,2021(50):39-41.

[56] 仇伊凡,谭阳阳. 朱子“毋自欺”思想及其现代启示[J]. 长沙大学学报,2021,35(01):13-18.

[57] 崔　罡. 唐宋变革与儒学现代化的开端——兼及对“现代性”观念的分疏[J]. 中华文化论坛,2021(05):26-35+155-156.

[58] 崔明德,穆　琛. 朱熹民族关系思想初探[J]. 贵州民族研究,2021,42(06):159-167.

[59] 戴红宇,钟璟熙. 略论朱熹“小学”教育的“敬”及当代启思[J]. 咸阳师范学院学报,2021,36(02):105-109.

[60] 邓　刚,王昌健. 开放社会与万物一体——柏格森与宋明理学的理论对话[J]. 吉林师范大学学报(人文社会科学版),2021,49(01):10-17.

[61] 邓庆平,彭长程. 江西近四十年理学文化研究述要[J]. 河南教育学院学报(哲学社会科学版),2021(02):70-76.

[62] 邓维明. 朱熹诗文评论审美抉微[J]. 合肥学院学报(综合版),2021,38(01):28-33+39.

[63] 邓莹辉,黄　聪. 论晚宋理学诗学的养气与重学[J]. 三峡大学学报(人文社会科学版),2021,43(05):39-44.

[64] 邓莹辉,杨　梓. 从重道轻文到道艺双修——宋季理学诗学本体论考察[J]. 长江大学学报(社会科学版),2021,44(02):56-61.

[65] 翟奎凤. “清虚一大”与神体:评程朱对张载思想的批判[J]. 当代中国价值观研究,2021,6(02):50-61.

[66] 翟奎凤. “心性情”与“易道神”:朱熹对程颢思想的创造性诠释[J]. 中国哲学史,2021(02):70-78.

[67] 邸利平. 道由中出——吕大临的道学阐释[J]. 中国哲学史,2021(04):36.

[68] 第三届台湾学子科举(朱子)文化云体验营在福州举办[J]. 台声,2021(22):67.

[69] 丁　耘. 天道、心性与现象学之道学转向——评张祥龙《儒家哲学史讲演录》中的心学论述[J]. 现代哲学,2021(01):76-93.

[70] 董　晨. 试论南宋书院诗歌创作观中的诗体问题——以朱熹的书院教学为中心[J]. 人文杂志,2021(11):77-85.

[71] 杜保瑞,张雅迪. 对牟宗三诠释朱熹仁说的方法论反省[J]. 西南民族大学学报(人文社会科学版),2021,42(08):22-30.

[72] 杜道流.《朱子语类》中“V得来”形式考察[J]. 集美大学学报(哲学社会科学版),2021,24(01):119-123.

[73] 杜国华. 吕大临对朱子“中和”说的影响——以“赤子之心”为线索[J]. 合肥学院学报(综合版),2021,38(06): 58-61.

[74] 樊沁永. 儒家精神哲学的圣贤之维——“君子不器”朱注研读札记[J]. 吉林师范大学学报(人文社会科学版),2021(06): 52-57.

[75] 樊志斌. 正邪二赋、程朱理学与贾雨村、贾宝玉的塑造——兼谈曹雪芹的学养与《红楼梦》的主张[J]. 吉林师范大学学报(人文社会科学版),2021(03): 108-117.

[76] 樊智宁,陈　徽. 蔡沈《书集传》的伦理思想及其对程朱的推进[J]. 南昌大学学报(人文社会科学版),2021(04): 22-29.

[77] 樊智宁. 蔡沈《书集传》对“伊尹放太甲”的解读与开展——基于人性论与道统论的考察[J]. 集美大学学报(哲学社会科学版),2021(03): 18-26.

[78] 樊智宁. 论儒家圣王的概念及其流变——从先秦儒学至程朱理学[J]. 学术探索,2021(08): 30-38.

[79] 范大平. 论罗泽南理学经世思想及其对湘军的影响[J]. 湖南人文科技学院学报,2021,38(06): 13-21.

[80] 范昊阳. 朱熹理气动静问题初探[J]. 今古文创,2021(18): 61-62.

[81] 方旭东. 反原与轮回——张载对“游魂为变”的诠释及其争议[J]. 周易研究,2021(03): 45-54.

[82] 方彦寿,骆季超. 朱子巷(简谱)[J]. 朱子文化,2021(05): 46.

[83] 方彦寿. 三月的春光[J]. 朱子文化,2021(03): 7-8.

[84] 房玉柱. 朱熹的文质观[J]. 地域文化研究,2021(01): 115-128+156.

[85] 冯　兵,张晓丹. “无违”: 儒家孝论的实践智慧——以朱熹为中心的探究[J]. 社会科学战线,2021(10): 20-26+281.

[86] 冯　兵. 朱子论“孝”[J]. 哲学研究,2021(01): 81-88.

[87] 傅锡洪. 从“无极而太极”到“天理自然”: 周程授受关系新论[J]. 哲学研究,2021(05): 72-83.

[88] 傅锡洪. 朱陆之辩再论: 理论症结、内在关联与话题选择[J]. 杭州师范大学学报(社会科学版),2021(04): 30-40.

[89] 感受和学习朱子文化——福建医科大学研究生院“三下乡”实践队走进尤溪[J]. 朱子文化,2021(05): 62.

[90] 高　明. 明初朱学之演变[J]. 湖北社会科学,2021(02): 94-99.

[91] 高　伟. 日本神话的诠释与近世朱子学——以林罗山的神话论为例[J]. 苏州科技大学学报(社会科学版),2021,38(01): 32-37+108.

[92] 高海波. 自律还是他律——反思牟宗三对朱子格物致知理论的定位[J]. 道德与文明,2021(03): 61-70.

[93] 高令印. 中国传统文化的核心价值和现代化（上）[J]. 朱子文化，2021(02)：25-32.

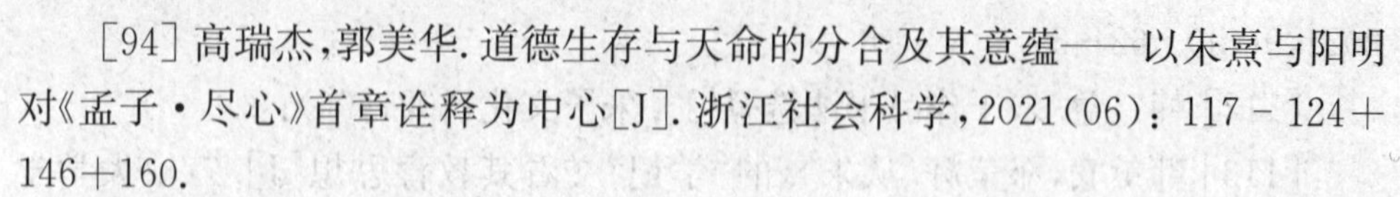

[94] 高瑞杰，郭美华. 道德生存与天命的分合及其意蕴——以朱熹与阳明对《孟子·尽心》首章诠释为中心[J]. 浙江社会科学，2021(06)：117-124+146+160.

[95] 耿志刚. 退溪思想中的“敬”以践德[J]. 伦理学研究，2021(05)：53-57.

[96] 龚建伟. 私欲与是非——对李贽“童心说”伦理意蕴的二重思考[J]. 学理论，2021(08)：45-48.

[97] 龚礼茹. 在“积累”与“非积累”之间——从明人对陈白沙“致虚”说的异议说起[J]. 烟台大学学报（哲学社会科学版），2021(02)：13-24.

[98] 谷幽兰. 朱子文化研习基地在上海市崇明岛揭牌[J]. 朱子文化，2021(04)：37.

[99] 桂方海. 梳理中华文化发展脉络与时代价值彰显张载思想文化贡献——读《经学、理学与关学》[J]. 华夏文化，2021(01)：64.

[100] 郭　畑，狄瑞波. 宋儒对“一贯”和“忠恕”的不同诠释[J]. 浙江工商大学学报，2021(03)：23-31.

[101] 郭　忠，刘渠景. 理治的法理阐释——以朱子理治思想为中心的考察[J]. 学术界，2021(10)：142-151.

[102] 郭高军. 工夫与成人——试论朱熹格物工夫的可能性及其实践意义[J]. 上饶师范学院学报，2021，41(04)：32-37.

[103] 郭慧宁. 吴澄“理气”思想影响下的文艺观[J]. 名作欣赏，2021(05)：131-132.

[104] 郭矩铭. 朱熹注解“明德”的思路与意义[J]. 广西大学学报（哲学社会科学版），2021，43(03)：45-51.

[105] 郭满满. 检视黄震对上蔡理学的理解——以《宋元学案》为中心[J]. 华夏文化，2021(01)：15-17.

[106] 郭园兰. 朱熹对《论语》“礼”的三维诠释[J]. 中国文化研究，2021(03)：55-68.

[107] 郭园兰. 朱熹对《论语》“仁”的体用诠释：以体用一源思想为视角[J]. 湖南大学学报（社会科学版），2021，35(06)：31-36.

[108] 郭园兰. 朱熹仁礼关系辨：以“克己复礼为仁”诠释为中心[J]. 中国哲学史，2021(06)：42-50.

[109] 郭院林. 朱熹论陶的历史传承与突破[J]. 铜仁学院学报，2021，23(01)：92-101.

[110] 郭　伟. 论宋代的文人礼治模式[J]. 西南民族大学学报（人文社会

科学版),2021(08):126-132.

[111] 韩　星.朱熹《白鹿洞书院揭示》考论及其意义[J].中原文化研究,2021,9(01):62-69.

[112] 韩　益.朱子作品书法选登[J].朱子文化,2021(06):2.

[113] 韩黛安,邓莹辉.从朱熹的"学记"文看其教育思想[J].三峡大学学报(人文社会科学版),2021,43(02):89-93.

[114] 韩书安,董　平.钱穆汉宋观的转变及其意义——以"经学即理学"的评价为线索[J].中国哲学史,2021(02):117-122.

[115] 韩一玮."主一"思想与宋明理学的发展变化[J].华夏文化,2021(02):9-11.

[116] 韩一玮.月印万川,殊途同归——第十四届朱子之路研习营有感[J].朱子文化,2021(04):50-51.

[117] 韩宇彤.朱熹德育思想及对高校德育的借鉴价值[J].大学,2021(51):56-58.

[118] 郝珊珊.器以载道——宋代官窑瓷器"道"的体现[J].文物鉴定与鉴赏,2021(12):54-57.

[119] 合肥朱子书院"重走朱子求学路"在武夷山举行[J].朱子文化,2021(04):61.

[120] 何宗美.《四库全书总目》宋代子部的归类与辨体[J].西华师范大学学报(哲学社会科学版),2021(04):33-43.

[121] 洪明超.再论朱子"四端之发有不中节"——捍卫朱子性善论之基础[J].道德与文明,2021(06):96-106.

[122] 洪铭雅.走朱子之路的感想[J].朱子文化,2021(02):60.

[123] 侯步云,游郭姣.朱熹所谓《春秋》之"难"探析[J].古籍整理研究学刊,2021(02):28-32.

[124] 侯海艳.朱熹的理学思想探究——评《宋代理学伦理思想研究》[J].社会科学家,2021(02):164.

[125] 侯岩峰,高长山.论南宋书院家训诗理学精神内涵[J].古籍整理研究学刊,2021(01):98-103.

[126] 胡士颍.宋以后"破陈抟之学"检议——以黄宗羲、黄宗炎图书易学批评为中心[J].哲学动态,2021(11):65-73.

[127] 胡晓艺."心物内外"与"公私之别":朱子"格致"方向新释[J].成都理工大学学报(社会科学版),2021,29(06):97-101.

[128] 胡雨章.朱子思想中"人与万物的差异"[J].中国哲学史,2021(02):86-94.

[129] 胡　悦.北宋理学论争探析——以章望之与李觏、欧阳修的论争为

中心[J]. 福州大学学报(哲学社会科学版),2021,35(06):47-52.

[130] 胡长海. 朱熹民族思想探讨[J]. 黑龙江社会科学,2021(03):109-114.

[131] 黄　睿,秦跃宇. 论焦循《毛诗草木鸟兽虫鱼释》对宋学之态度与取舍[J]. 忻州师范学院学报,2021(01):62-68.

[132] 黄　勇. 美德伦理学的自我中心问题:朱熹的回答[J]. 杭州师范大学学报(社会科学版),2021,43(03):1-26.

[133] 黄复圻. 福州理工学院朱子文化研究所专家在福州正谊书院开设讲座[J]. 朱子文化,2021(06):58-59.

[134] 黄光棉. 朱子文化深厚的永安寨中村[J]. 朱子文化,2021(02):54-56.

[135] 黄家鹏. 南平市民间文艺家协会走进朱熹园[J]. 朱子文化,2021(04):44.

[136] 黄小波. 明末清初理学对传统儒家性善论的新论证——陆世仪"人性之善正在气质"思想探析[J]. 社会科学家,2021(03):28-33.

[137] 黄晓红. 从朱熹《十月朔旦怀先陇作》看祭祖习俗[J]. 朱子文化,2021(01):51-52.

[138] 黄义鹏,周晓莹. 吴澄和会朱陆倾向的道统论[J]. 文化学刊,2021(05):94-96.

[139] 黄义鹏. 陈亮思想的理学性探析——由陈朱之辩对陈亮思想的反思[J]. 今古文创,2021(12):40-42.

[140] 黄玉顺. "事天"还是"僭天"——儒家超越观念的两种范式[J]. 南京大学学报(哲学·人文科学·社会科学),2021(05):54-69+159.

[141] 黄志鹏. 朝鲜朝后期实学家李瀷对西方灵魂论的接受与拒斥[J]. 国际汉学,2021(01):140-147+207.

[142] 黄俊杰. "生命教育"如何可能?[J]. 高教发展与评估,2021(04):44-54+106+109.

[143] 嵇雪娇. 王船山对宋易图书学及朱子易学的批判与新诠[J]. 山东青年政治学院学报,2021,37(06):13-20.

[144] 贾　颜,侯建成,冯桂梅.《朱子语类》德育思想及其对医学生道德教育的启示[J]. 中国医学伦理学,2021,34(11):1464-1468.

[145] 江求流. 朱子哲学的结构与义理[J]. 中国哲学史,2021(02):11.

[146] 姜海军. 朱、陆异同的学理差异及其经学展现[J]. 国学学刊,2021(01):47-53+142.

[147] 姜小媛. 跨越千年的文化自信——《朱子文化》再获福建省报刊审读机构好评[J]. 朱子文化,2021(04):54.

[148] 蒋 菲. 魏了翁与湘学之关系[J]. 怀化学院学报，2021(01)：73-78.

[149] 蒋 菲. 真德秀与湘学之关系[J]. 上饶师范学院学报，2021(01)：16-22.

[150] 蒋蝉羽. 朱子文化的影像诠释——以《朱熹》《大儒朱熹》为例[J]. 朱子文化，2021(05)：34-37.

[151] 蒋九愚，宋 从. 陆学与禅学之辨[J]. 东华理工大学学报(社会科学版)，2021(06)：538-546.

[152] 焦 堃. 宋代官药局源流再考——兼论理学思潮对其性质嬗变的影响[J]. 齐鲁学刊，2021(03)：35-48.

[153] 金雷磊. 朱熹的图书出版活动及效果[J]. 武夷学院学报，2021，40(02)：1-5.

[154] 井上厚史，胡嘉明，孟 红. 李退溪的"诚"与王阳明的"诚"——以二人思想之异同为中心[J]. 贵州文史丛刊，2021(02)：27-38.

[155] 景海峰，Hou Jian. 如何更深刻理解儒家经典[J]. 孔学堂，2021(03)：13-17+118-124.

[156] 康 宇. 论朱子诠释学中的"理"路[J]. 黑龙江社会科学，2021(01)：18-23+127.

[157] 孔凡青. 试论朱熹对儒家公私观的发展——基于临政处事之道的分析[J]. 孔子研究，2021(02)：72-80.

[158] 孔凡青. 朱熹公私观的政治意涵探析——以朱熹对《孟子》"桃应问"章的诠释为中心[J]. 政治思想史，2021，12(04)：46-60+197.

[159] 邝 宁. 儒家思想创新进路管窥——基于格物诠释的考察[J]. 新疆社会科学，2021(05)：10-17.

[160] 赖尚清. 论儒家的道德律：普遍公共利益原则[J]. 中国哲学史，2021(04)：13-19.

[161] 蓝 山. 中科院中科培训合肥分中心来闽考察朱子文化[J]. 朱子文化，2021(04)：51.

[162] 郎需瑞. 广义论证视域下朱熹论辩逻辑体系的考察[J]. 逻辑学研究，2021，14(02)：88-104.

[163] 乐爱国. 孔颜之乐：是"乐道"，还是"自乐"？——以朱熹的解读为中心[J]. 武汉科技大学学报(社会科学版)，2021，23(05)：573-579.

[164] 乐爱国. 历代对《论语》"君子和而不同，小人同而不和"的解读——以朱熹的诠释为中心[J]. 社会科学研究，2021(06)：138-143.

[165] 乐爱国. 王阳明"乐是心之本体"与朱熹"唯仁故能乐"之比较[J]. 贵阳学院学报(社会科学版)，2021，16(04)：1-6.

[166] 乐爱国. 王阳明“良知只在声色货利上用功”之内涵——兼与朱熹“仁义未尝不利”比较[J]. 江西社会科学，2021，41(03)：25-31+254-255.

[167] 乐爱国. 朱陆对《论语》“女为君子儒，无为小人儒”的不同解读[J]. 中共宁波市委党校学报，2021(04)：83-89.

[168] 雷彩霞. 浅析人文历史纪录片的真实性构建——以纪录片《大儒朱熹》为例[J]. 东南传播，2021(11)：127-129.

[169] 黎晓铃. 瑞岩唤醒主人公，把手经行禁纲中——瑞岩古佛的“惺惺”禅法与朱子理学[J]. 武夷学院学报，2021，40(10)：1-4.

[170] 李　灿. 朱熹“为己之学”与书院教育的文化取向[J]. 牡丹江教育学院学报，2021(11)：5-9.

[171] 李　涛，季学丽. 朱子《家礼》的孝道思想及时代价值[J]. 中原文化研究，2021，9(05)：86-92.

[172] 李　想. 冈田武彦与唐君毅论朱王关系之异同[J]. 周易研究，2021(03)：99-105.

[173] 李　旭. 朱熹修撰《仪礼经传通解》编年考辨[J]. 文献，2021(03)：4-21.

[174] 李　毅. 从“自我提升”到“真知的意味”——朱子知行论诸问题新探[J]. 中山大学学报(社会科学版)，2021，61(02)：126-134.

[175] 李　震. 从邵雍到朱子：“一分为二”说的演变与定型[J]. 中国哲学史，2021(06)：58-63.

[176] 李春珠. 童心本位视域下朱子启蒙教育本土实践策略[J]. 福建教育学院学报，2021，22(06)：100-102.

[177] 李法然. 追摹“圣人之道”：《续文章正宗》中的理事关系与文道关系[J]. 复旦学报(社会科学版)，2021(05)：108-116.

[178] 李格非. 宋明理学中“表德”一词意义试释[J]. 现代哲学，2021(03)：156-160.

[179] 李格非. 以湛甘泉为节点的“儿”的先天转向问题[J]. 周易研究，2021(02)：44-52.

[180] 李国新. 朱熹的“声气”论[J]. 昭通学院学报，2021，43(06)：23-29.

[181] 李海阳.《周易本义》中乾卦与君子修养[J]. 文化学刊，2021(06)：126-129.

[182] 李洪卫. 阳明论变化气质及其教化论——兼及阳明与朱子教化方式的比较[J]. 国际儒学(中英文)，2021，1(03)：44-65+167-168.

[183] 李慧子. 戴震论心与理、欲、情的关系[J]. 齐鲁学刊，2021(06)：20-27.

[184] 李佳琳.《朱子家训》德育思想及其当代价值研究[J]. 开封文化艺术

职业学院学报,2021,41(06):19-21.

[185] 李健芸.朱子“复见天地之心”阐释中的未发已发问题——兼论“静中存养”工夫的优先地位[J].哲学动态,2021(05):41-50.

[186] 李健芸.主敬立本与穷理之基——对朱子“格物致知补传”中“已知之理”的阐释[J].安徽大学学报(哲学社会科学版),2021,45(01):42-49.

[187] 李姣姣.中正之思:岭南心学对中晚明学术思想的思考与建构[J].贵阳学院学报(社会科学版),2021(05):108-112.

[188] 李敬峰.从《大学》诠释看王船山对朱子学态度的嬗变[J].求索,2021(06):79-88.

[189] 李丽珠.孤悬与浑融——朱熹与张栻太极思想异同比较[J].中国哲学史,2021(02):95-101.

[190] 李美茹.《大学》之道对当代理论学习的启示——关于朱熹新儒学思想的若干思考[J].福建史志,2021(03):44-47+57.

[191] 李守培,米晓宇.宋明理学义利观视野下传统武术侠义精神研究[J].体育与科学,2021,42(02):100-105+57.

[192] 李贤中.文本诠释意义饱沃度与诠释典范[J].湖南大学学报(社会科学版),2021(04):17-25.

[193] 李秀娟.八闽文化之旅·第四届港澳台大学生走朱子之路研习营开营仪式在福建省政协举行[J].朱子文化,2021(04):55-56.

[194] 李秀娟.南平市延平区朱子文化研究会举行第二届理事会换届大会[J].朱子文化,2021(01):60-61.

[195] 李亚奇,文碧方.论钱穆、牟宗三关于朱子心观的分歧[J].中华文化论坛,2021(02):19-30+155.

[196] 李英粉.李退溪“敬”工夫及当代德育价值刍议[J].思想政治教育研究,2021(01):143-147.

[197] 李余威.朱熹道统论中的理论意趣——基于余英时《朱熹的历史世界》一书的解读与认识[J].西部学刊,2021(22):109-111.

[198] 连　凡.论《宋元学案》的三重性质及其学术价值[J].中共宁波市委党校学报,2021(02):66-78.

[199] 连振波.段坚理学思想及其传承流变研究[J].甘肃高师学报,2021,26(04):1-8.

[200] 廖荣谦.明代“理学名儒”孙应鳌的交游与黔中王门的建构[J].内江师范学院学报,2021,36(11):70-77.

[201] 林　玮.重建作为生态而长存的“朱子文化”[J].朱子文化,2021(06):4-7.

[202] 林存阳,周　轩.由“概念”以通“义理”——陈淳、惠栋和戴震对理学

的建构与解构[J]. 中国哲学史，2021(05)：81－89＋97.

[203] 林姜静. 慎远追思紫阳楼[J]. 朱子文化，2021(04)：41－42.

[204] 林文志. 走进朱熹园谋划新发展[J]. 朱子文化，2021(03)：61.

[205] 林阳华. 理学表达与植物书写：朱熹诗歌自注图景的构造、成因及特征[J]. 新余学院学报，2021，26(02)：70－75.

[206] 林俞彣. 朱子之路上的奇观[J]. 朱子文化，2021(03)：60.

[207] 林长红，林振礼. 蔡清《虚斋看河图洛书说》初探[J]. 泉州师范学院学报，2021(04)：20－23.

[208] 林振礼. 朱熹在五夫科考与婚姻的主要经历及文化意蕴[J]. 朱子文化，2021(05)：17－23.

[209] 刘　俊. 既异程朱，亦背陆王——陈确对《大学》的批判性诠释及其意义[J]. 人文杂志，2021(05)：80－86.

[210] 刘　俊. 罗泽南《姚江学辨》的核心要旨及其思想史意义[J]. 东岳论丛，2021(09)：185－190.

[211] 刘　莹. 从"制作的逻辑"管窥林罗山之"志"[J]. 中国哲学史，2021(03)：122－128.

[212] 刘风雪. 论岳麓书院学规中的立志教育思想[J]. 黄河科技学院学报，2021(12)：34－39.

[213] 刘固盛，赵　妍. 宋明理学视野下的杨朱形象[J]. 华中师范大学学报(人文社会科学版)，2021(02)：141－148.

[214] 刘海燕. 我国古代书院优质教学探秘——基于白鹿洞书院的分析[J]. 山东高等教育，2021(06)：82－90.

[215] 刘思宇. 朱熹诗的哲学境界与美学意义[J]. 青海社会科学，2021(01)：119－125.

[216] 刘文鹏，殷　慧. 儒家经典体系的转化与创新——评《宋代〈四书〉学与理学》[J]. 国际儒学(中英文)，2021(04)：148－152＋167－168.

[217] 刘晓南. 试论朱熹古音学的古韵部刍型[J]. 古汉语研究，2021(04)：54－66＋127.

[218] 刘晓伟，吴志威. 皓首苍颜，道心依旧——朱子《西江月・堂下水浮新绿》赏析[J]. 朱子文化，2021(06)：44－46.

[219] 刘晓颖.《论语》"观过知仁"释义——以朱子与湖湘学派的辩论为中心[J]. 汉字文化，2021(19)：53－55.

[220] 刘　洋. 从性情说看明代理学家诗法论的多重向度[J]. 文学遗产，2021(02)：119－131.

[221] 刘一尘. 朱子"理一分殊"的意象诠释[J]. 保定学院学报，2021，34(02)：7－12.

[222] 刘依平. 朱子《祭礼》纂修经过与内容辑考[J]. 宗教学研究,2021(02):271-279.

[223] 刘宇航,丁　勇. 朱熹生态理论视角下鄱阳湖生态开发与治理的争议与反思[J]. 长江技术经济,2021,5(S1):5-7.

[224] 刘增光,刘林静. 2020年儒学研究综述[J]. 杭州师范大学学报(社会科学版),2021(02):31-40+99.

[225] 刘增光. 礼让:乾嘉汉学的新建构[J]. 中国哲学史,2021(05):90-97.

[226] 刘振英.《朱子语类》讲述艺术的独特性[J]. 贵州工程应用技术学院学报,2021,39(04):1-8.

[227] 柳旻定. 大家的朱熹,大家的儒学——观《大儒朱熹》纪录片有感[J]. 朱子文化,2021(04):33-35.

[228] 柳　涛. 论宋代文人绘画思想与理学思想的精神融合[J]. 美术观察,2021(12):62-63.

[229] 楼胆群."首倡学者共尊朱公"的楼钥[J]. 浙江大学学报(人文社会科学版),2021(03):47.

[230] 芦洁媛. 徽州紫阳书院的当代价值研究[J]. 铜陵学院学报,2021(04):90-93.

[231] 陆敏珍. 发现与发明:"朱子《家礼》真伪"话题考[J]. 史林,2021(04):198-205+222.

[232] 陆敏珍. 宋代家礼的书写者[J]. 史学理论研究,2021(04):61-71+158.

[233] 路　薇. 理学视阈下的朱熹诗歌思想与书法理论探析[J]. 河池学院学报,2021,41(05):13-18+30.

[234] 罗　辉. 罗辉朱子作品书法选登[J]. 朱子文化,2021(04):2.

[235] 罗玉梅. 朱子《白鹿洞书院学规》条文训释及其要旨[J]. 闽南师范大学学报(哲学社会科学版),2021,35(04):98-102.

[236] 骆一峰. 牢记使命,方得始终——传承普及朱子文化,我们一直在路上[J]. 朱子文化,2021(04):9-12.

[237] 吕　欣. 林罗山对朱熹"文"论的继承与展开[J]. 孔子研究,2021(04):127-137+160.

[238] 吕　欣. 朱熹的"学文"论[J]. 中国哲学史,2021(06):51-57.

[239] 吕　欣. 朱熹论苏轼之"文"[J]. 中华文化论坛,2021(02):72-84+157.

[240] 马　俊. 湖湘学派"觉仁"说探析——以朱子与湖湘学派的论战为中心[J]. 中国哲学史,2021(05):74-80.

[241] 马　昕. 朱熹的生命观论析[J]. 开封文化艺术职业学院学报,2021,

41(05)：19-21.

[242] 马奥远. 推尊与兼取：许衡理学的朱子学与先天学渊源[J]. 广播电视大学学报(哲学社会科学版)，2021(01)：24-31.

[243] 马欣欣. 走在朱子之路上[J]. 朱子文化，2021(05)：52-53.

[244] 马英豪. 朱子之路心得[J]. 朱子文化，2021(05)：56-57.

[245] 马照南. 五夫：朱子文化的源头活水[J]. 朱子文化，2021(03)：9-17.

[246] 马自力，郭　媛. 朱熹辞赋与楚辞关系探微[J]. 学术交流，2021(01)：152-164+192.

[247] 毛国民. 论朱熹对《仪礼》的庶民化阐释[J]. 社会科学战线，2021(02)：164-172.

[248] 毛惠扬，范鸿超. 朱子学问道之旅(上)——第十四届"朱子之路"研习营活动纪实[J]. 朱子文化，2021(04)：45-49.

[249] 毛惠扬，范鸿超. 朱子学问道之旅(下)——第十四届"朱子之路"研习营活动纪实[J]. 朱子文化，2021(05)：47-51.

[250] 毛惠扬. 阴阳何以化生天地万物？——朱子宇宙生成论阐微[J]. 朱子文化，2021(03)：18-25.

[251] 毛凯荣，崔铁凡，田岳凤，支博远. 金末元初理学北传对窦汉卿针灸学术思想的影响[J]. 山西中医药大学学报，2021，22(02)：94-96+104.

[252] 毛丽娅. 张栻的道统思想及其对儒家道统传承的贡献[J]. 中国哲学史，2021(01)：87-94.

[253] 孟少杰. 朱子的"诚意"论及其道德动力[J]. 哲学研究，2021(10)：75-83.

[254] 米文科. 朱子学与阳明学儒佛心性之辨之比较[J]. 上饶师范学院学报，2021，41(05)：38-45.

[255] 闵周植，刘　铭. 朝鲜时代士林派的美学思想：对李珥的文艺论的考察[J]. 美术大观，2021(12)：109-115.

[256] 敏　北. 朱子说"水火"[J]. 朱子文化，2021(02)：24.

[257] 牟代群，郝　永. 朱熹诗中"空"字义涵探析[J]. 平顶山学院学报，2021，36(06)：53-57.

[258] 南　风.《朱子文化年鉴》(2020 卷)出版发行[J]. 朱子文化，2021(01)：30.

[259] 南　风. 南平市朱子文化社会团体座谈会在延召开[J]. 朱子文化，2021(03)：8.

[260] 南　风. 让朱子文化走进民间：朱子文化与民间文艺研讨会在延召开[J]. 朱子文化，2021(05)：23.

[261] 南朱会.《千秋吟颂——朱子故事 100 集》创作研讨会召开[J]. 朱子文化,2021(05):37.

[262] 南朱会. 闽北朱子后裔联谊会举办"《朱子家训》新时代价值"研讨会[J]. 朱子文化,2021(06):7.

[263] 聂鸿英. 朱熹读书六法对当代中学语文阅读教学的启示[J]. 延边教育学院学报,2021,35(05):59-62.

[264] 聂阳姮. 亲切之行——走在朱子之路上[J]. 朱子文化,2021(06):52-53.

[265] 钮 亮. 宋代学术网络生成机制探索——基于三元组普查及可视化[J]. 图书馆杂志,2021(12):78-90.

[266] 欧阳辉纯. 持正不阿、扶危济困和尽职尽责——伦理学视阈下朱熹谋事之忠的主要内涵[J]. 武陵学刊,2021,46(02):9-14.

[267] 欧阳辉纯. 论政统与道统的历史源流——以朱熹的政治伦理为中心[J]. 哈尔滨师范大学社会科学学报,2021,12(02):26-32.

[268] 欧阳辉纯. 论朱熹忠德思想的理论基础——以"天理"和"中庸"为中心的中国伦理思想史的考察[J]. 云梦学刊,2021,42(03):62-67.

[269] 欧阳霄. 试以朱熹心性思想解析《山琴况》"声中求静"琴乐美学命题[J]. 中国哲学史,2021(04):66-73.

[270] 潘 澈. 朱熹和孟子解读舜之"怨慕"的不同逻辑[J]. 东方论坛,2021(02):113-122.

[271] 潘国平. 朱熹季子朱在妻吕氏考[J]. 武夷学院学报,2021,40(07):1-4.

[272] 潘立勇,Hou Jian. 当代宋明理学美学研究[J]. 孔学堂,2021(03):18-29+125-140.

[273] 潘叶青. 融合与互动:宋明时期心性变化与三教关系的演变发展[J]. 山东农业大学学报(社会科学版),2021,23(03):172-178.

[274] 裴云龙. 理学视域下的《红楼梦》意义阐释[J]. 明清小说研究,2021(04):69-87.

[275] 彭国翔. 儒家传统的静坐功夫论[J]. 学术月刊,2021(05):39-53.

[276] 彭鸿绪,吴 昊,卢载铉. 韩国儒家九曲园林地域特征及其山水观探究[J]. 风景园林,2021(09):121-126.

[277] 彭曙蓉. 元代湖湘学术源流考论——基于学记文中的记述[J]. 地方文化研究,2021,9(04):19-29.

[278] 彭卫民. 二十五种江户时代稀见《家礼》写本解题[J]. 古籍整理研究学刊,2021(05):10-21.

[279] 彭卫民. 复归"先王之道":德川日本古学派"家礼"思想的批判[J].

济南大学学报(社会科学版)，2021(03)：54－64＋158.

[280] 彭兆荣.书院：中式教育遗产——以朱熹与武夷山书院为例[J].百色学院学报，2021，34(05)：1－7.

[281] 祁　艳.欲当大事，须是笃实[J].青海党的生活，2021(11)：70.

[282] 钱　寅.论朱子《家礼》中的茶礼[J].农业考古，2021(05)：38－42.

[283] 钱　云.夷夏与阴阳：两宋思想、政治转型与夷夏观的重构[J].复旦学报(社会科学版)，2021(03)：78－88＋96.

[284] 秦　菲，肖　雪.论《朱子家礼》对朝鲜王朝婚姻制度的影响[J].上饶师范学院学报，2021，41(04)：20－25.

[285] 秦　娜.浅析朱熹美学思想[J].今古文创，2021(22)：32－33.

[286] 秦华侨.我的朱子之路[J].朱子文化，2021(06)：56－57.

[287] 秦晋楠.论冯友兰新理学中的真元之气[J].哲学研究，2021(12)：62－69.

[288] 邱　阳.陈亮与朱熹交游考述——兼论陈亮朱熹思想之差异[J].学术探索，2021(12)：20－31.

[289] 邱　阳.朱熹唐仲友交恶事件中陈亮角色考辨[J].古籍整理研究学刊，2021(04)：75－80.

[290] 邱维平，徐　涓.王阳明论朱子、朱子学与“四学”[J].福建江夏学院学报，2021，11(03)：92－100.

[291] 全林强.“良知”似“天理”[J].贵阳学院学报(社会科学版)，2021(02)：8－14＋25.

[292] 全林强.理气纠缠：规范性动力——对“形著论”倾向的反思[J].中共宁波市委党校学报，2021(03)：91－99.

[293] 任竞泽.金人王若虚掊击司马迁《史记》的学术渊源——以班固、刘知几、苏轼、朱熹之批驳《史记》为中心[J].晋阳学刊，2021(05)：47－57.

[294] 桑娟喜.关于重写宋明理学史的若干思考[J].佳木斯职业学院学报，2021，37(11)：43－44.

[295] 邵　宇.李翱复性思想在理学中的逻辑演进[J].河南科技大学学报(社会科学版)，2021(02)：1－6.

[296] 邵海根.性道、道统与政统——“道学”的三重维度[J].湖北社会科学，2021(10)：94－101.

[297] 申祖胜.吕留良的《中庸》诠释及其思想建构[J].嘉兴学院学报，2021(02)：37－44.

[298] 沈叶露.“情”“礼”之间：朱熹双重礼学观解析[J].中州学刊，2021(07)：121－125.

[299] 沈叶露.《朱子语类》同、近义词举释三例[J].江西科技师范大学学

报,2021(02):20-26.

[300] 沈叶露.张衡的“笔误”与朱熹的“尬解”[J].洛阳师范学院学报,2021,40(09):51-54.

[301] 时名早,李士金.人性论——朱熹伦理道德教育核心话题新探[J].历史教学问题,2021(02):38-43+22+162.

[302] 史少博.伊藤东涯“古义”视角下的《太极图说》研究[J].周易研究,2021(01):88-92.

[303] 史婷婷,孙雅文.尊理向圣:朱熹德育思想的逻辑进路[J].社科纵横,2021,36(03):150-154.

[304] 苏　笑.朱熹与戴震对《诗经》诗意的态度比较[J].商丘职业技术学院学报,2021,20(03):52-55.

[305] 苏朋朋,樊寿娜.“存天理灭人欲”的成仁之道对当代大学生理想人格培养的启示[J].金华职业技术学院学报,2021(05):29-36.

[306] 孙　杰.论中国古代教育意义世界的消解与重构——以朱熹对宋代科举之学批判为中心的考察[J].学术探索,2021(11):127-134.

[307] 孙邦金.孙希旦《礼记集解》的诠释范式及其思想新蕴[J].中国哲学史,2021(04):107-112.

[308] 孙浩铭.论朱、陆学说的政治分野与阳明心学的调和[J].西部学刊,2021(22):157-160.

[309] 孙玲玲.李光地《中庸章段》之分章结构及思路分析——兼与朱子《中庸章句》比较[J].中国哲学史,2021(01):74-81.

[310] 孙卫国,袁昆仑.《朱子封事》的思想特色及其在中朝之影响[J].学术研究,2021(04):115-124+178.

[311] 孙延波,董　伟.程朱陆王如何看待学问与政治之关系[J].潍坊学院学报,2021(01):74-77.

[312] 孙逸超.朱子晚年仁义体用动静关系的再展开——基于《朱子语类》的史料批判[J].中国哲学史,2021(02):79-85.

[313] 孙兆寅.诗学视野下朱熹格物思想研究综述[J].朱子文化,2021(04):23-26.

[314] 孙兆寅.诗学视野下朱子格物思想探析[J].九江学院学报(社会科学版),2021,40(03):59-63.

[315] 台湾举办“新竹朱子学堂纪念朱熹诞辰891周年庆祝活动”[J].朱子文化,2021(06):60-62.

[316] 谭佳欣.浅谈壬辰倭乱中的文化东渐[J].文学教育(下),2021(04):167-168.

[317] 汤元宋.论《北溪字义》诸范畴的“逻辑性”[J].国学学刊,2021(01):

39 - 46＋142.

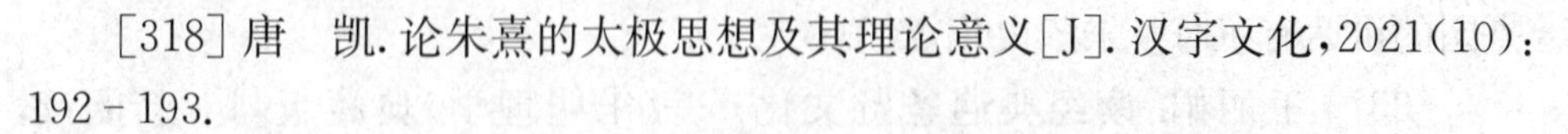

[318] 唐　凯. 论朱熹的太极思想及其理论意义[J]. 汉字文化，2021(10)：192 - 193.

[319] 唐哲嘉. 从《大学正义》看林兆恩对朱熹思想的批判与继承[J]. 莆田学院学报，2021，28(04)：22 - 28.

[320] 田　明.《三鱼堂日记》的话语言说方式与陆陇其的儒学世界[J]. 盐城师范学院学报(人文社会科学版)，2021(04)：78 - 87.

[321] 田　涉，朱健平. 十九世纪朱子太极观英译的发起与演进[J]. 中国翻译，2021，42(02)：37 - 46＋189.

[322] 田智忠. 朱子论"曾点气象"研究[J]. 中国哲学史，2021(03)：104.

[323] 万百安，吴万伟，陈进花. 如好好色：中国哲学中的知与行[J]. 国际儒学(中英文)，2021(04)：138 - 142＋166 - 167.

[324] 汪　洋，Zhu Yuan. 论南宋道学之党的政党特质[J]. 孔学堂，2021(03)：90 - 99＋208 - 216.

[325] 汪冬贺. 矛盾与创构：从读书法看朱熹的经典诠释[J]. 理论月刊，2021(10)：153 - 160.

[326] 汪时欣，彭鸿绪. 文化·建筑·实践：朱子文化体验之旅——福州大学建筑与城乡规划学院"三下乡"实践活动纪实[J]. 朱子文化，2021(05)：58 - 61.

[327] 王　佳. 陆陇其心性论简说[J]. 今古文创，2021(38)：27 - 29.

[328] 王　金.《论语》"观过知仁"章诠释浅探——以湖湘学派为重点的考察[J]. 汉字文化，2021(18)：62 - 65.

[329] 王　锟. 太极 VS 创造性——朱熹与怀特海本体论之比较[J]. 现代哲学，2021(05)：142 - 148.

[330] 王　宇. 论永嘉学派与程朱理学在"道""法"关系问题上的认识错位——以陈傅良《唐制度纪纲》为个案[J]. 浙江社会科学，2021(02)：112 - 117＋159.

[331] 王安琪.《元明朱子学的递嬗：〈四书五经性理大全〉研究》评介[J]. 中国史研究动态，2021(03)：95 - 96.

[332] 王春梅. 朱熹、王阳明对天理的理解——从二人对"子入太庙，每事问"的解释来看[J]. 学术探索，2021(03)：8 - 13.

[333] 王　格. "格物穷理"：晚明西洋哲学与宋明理学之间的话语竞争[J]. 世界哲学，2021(04)：123 - 131.

[334] 王国明. 戴震新义理学的发生与建构——兼论其与荀学的关涉[J]. 江南大学学报(人文社会科学版)，2021(02)：20 - 29.

[335] 王　佳. 陆陇其心性论简说[J]. 今古文创，2021(38)：27 - 29.

[336] 王立斌，王晓阳. 中国特色与人类发展——读习近平总书记考察朱熹园的讲话有感[J]. 朱子文化，2021(04)：4－8.

[337] 王丽娟. 读经典遇圣贤文化——《宋明理学》典藏版[J]. 新阅读，2021(08)：80.

[338] 王茂娴. 朝鲜时代文献中的九曲文化[J]. 武夷学院学报，2021(11)：1－6.

[339] 王明兵. 山崎闇斋的"脱佛入儒"及其佛教批判[J]. 东北师大学报(哲学社会科学版)，2021(06)：84－89.

[340] 王培友. 两宋理学"心性存养"涵蕴及其主题诗歌书写[J]. 南开学报(哲学社会科学版)，2021(03)：97－110.

[341] 王培友. 两宋理学家诗人的多样性诗学渊源及其诗歌取法范式[J]. 中国文化研究，2021(03)：122－132.

[342] 王沁凌.《春秋》"借事明义"说辨析：《公羊传》的传统与宋代理学的新诠[J]. 中国哲学史，2021(02)：5－11.

[343] 王瑞来. 宋元变革视域下的江南儒学[J]. 国际儒学(中英文)，2021(01)：49－61.

[344] 王胜军，蔡　丹. 沙滩文化与程朱理学[J]. 教育文化论坛，2021，13(02)：44－50.

[345] 王世中. 全球视域下的朱子学——《朱子学在海外的传播与影响》读后[J]. 新阅读，2021(08)：55－57.

[346] 王婷玉. 辛丑年暑夏走第十四届朱子之路有感[J]. 朱子文化，2021(06)：54－55.

[347] 王文生. 朱子论"读书已是第二义"初探[J]. 朱子文化，2021(03)：45－50.

[348] 王献松.《四库全书总目・性理字训》提要辨正——兼谈《北溪字义》提要之误改[J]. 贵州文史丛刊，2021(02)：66－75.

[349] 王晓磊.《读四书大全说》的天命观简论[J]. 华夏文化，2021(02)：12－14.

[350] 王新杰. 清初经典考据下的学理之辩——以阎若璩《尚书古文疏证》为中心[J]. 上饶师范学院学报，2021，41(02)：9－14＋58.

[351] 王　宇. 论永嘉学派与程朱理学在"道""法"关系问题上的认识错位——以陈傅良《唐制度纪纲》为个案[J]. 浙江社会科学，2021(02)：112－117＋159.

[352] 王忠杰.《士冠礼》"三服之屦"于"经末记前"辨[J]. 西安石油大学学报(社会科学版)，2021(03)：105－112.

[353] 魏子钦，黄　熹. 论朱熹理学经典诠释法——以《论语》"亲亲相隐"

为例[J]. 西安建筑科技大学学报(社会科学版)，2021，40(04)：96－100.

[354] 文　源，黄知行. “朱子故里・少年有礼”国学夏令营[J]. 朱子文化，2021(05)：7.

[355] 文　之. 朱子论人物之别[J]. 朱子文化，2021(02)：47.

[356] 吴化文. 动静之间：基于宋明理学工夫论视域的考察[J]. 汉字文化，2021(23)：193－195.

[357] 吴吉民. 哲学、朱子学与民族文化精神[J]. 朱子文化，2021(05)：1.

[358] 吴建军. 论《近思录》“四子阶梯说”的争议[J]. 朱子文化，2021(05)：24－28.

[359] 吴　微. 义理阐扬与义法演绎：桐城派的为文之道——以方苞、刘大櫆、姚鼐古文为中心[J]. 池州学院学报，2021，35(02)：1－5.

[360] 吴亦琦.《朱子语类》词语札记(二)[J]. 江西科技师范大学学报，2021(02)：27－32.

[361] 吴忠伟. 从“理具”到“具理”——对孤山智圆、朱熹心性论形态演化关系的构拟[J]. 苏州科技大学学报(社会科学版)，2021，38(04)：21－31.

[362] 吴仲煜. 浅析程朱理学与陆王心学之分歧[J]. 文学教育(下)，2021(02)：61－63.

[363] 夏时华. 南宋隆兴年间朱熹与汪应辰的政治交往及儒释论辩[J]. 上饶师范学院学报，2021，41(01)：1－7＋22.

[364] 向世陵，Hou Jian. “同体”之爱与朱熹社仓的创设[J]. 孔学堂，2021，8(02)：19－30＋113－125.

[365] 肖芬芳. 尽忠还是行恕：朱熹对刑罚的道德解释[J]. 孔子研究，2021(05)：127－133＋160.

[366] 肖永奎. 论宋儒对“始祖信仰”的探索——从王安石的庙制改革到朱熹的《家礼》[J]. 世界宗教文化，2021(05)：152－158.

[367] 谢　辉. 朱子易学在元代福建地区的发展[J]. 福建江夏学院学报，2021，11(05)：65－72.

[368] 谢梦莹，杨　欣. 钟芳的人生实践及其理学思想[J]. 今古文创，2021(07)：57－59.

[369] 谢亚迪.《朱子语类》“抓取”概念词语类聚考[J]. 六盘水师范学院学报，2021，33(06)：36－43.

[370] 熊恺妮，柏　濛. 水心文脉近三台：叶适之学在南宋台州的传播[J]. 湖北理工学院学报(人文社会科学版)，2021，38(05)：51－56.

[371] 熊润竹.《朱子语类》冷暖概念词语类聚探略[J]. 江西科技师范大学学报，2021(02)：11－19.

[372] 徐保亮. 理学视域下的朝鲜陶政研究[J]. 雕塑，2021(03)：78－79.

[373] 徐　波. 由湍水之喻到幽暗意识：理学视域下的人性善恶论新探[J]. 中国哲学史，2021(01)：125.

[374] 徐时仪.《朱子语类》"爱"词义系统考探[J]. 江西科技师范大学学报，2021(02)：1-10+19.

[375] 徐　文，方汉文. 宋代新儒学与文书学话语的新建构[J]. 苏州科技大学学报(社会科学版)，2021，38(05)：86-93.

[376] 许家星."此心此理"——以陈栎、胡炳文为中心重思元儒"心""理"观及元代朱陆合流[J]. 孔子研究，2021(02)：16-28.

[377] 许家星."洪水猛兽"：朱子对宋代名士"阳儒阴佛"思潮的批判及其意义——以《杂学辨》为中心[J]. 江南大学学报(人文社会科学版)，2021，20(03)：82-92.

[378] 许家星. 皇极与教化——朱子、象山皇极说新论[J]. 学术界，2021(01)：20-31.

[379] 许敬辉. 试论宋代理学精神内核及其辩证思考[J]. 长春大学学报，2021(05)：79-83.

[380] 薛　可. 丁若镛"仁非天理"说发微[J]. 山东青年政治学院学报，2021(06)：8-12.

[381] 闫亚萍. 晚清关学人物贺瑞麟、刘古愚思想之异[J]. 今古文创，2021(26)：68-69.

[382] 严　莉，石　良. 基于SWOT分析的尤溪朱子文化旅游开发研究[J]. 青海师范大学民族师范学院学报，2021，32(01)：47-51.

[383] 岩　叟. 宋刻本《资治通鉴纲目》[J]. 朱子文化，2021(01)：65.

[384] 杨　佳.《朱文公政训》中的为官"戒行"[J]. 湖南省社会主义学院学报，2021(03)：94-96.

[385] 杨　洋. 从"文"向"道"——花园天皇与14世纪初日本宫廷对宋学的接受[J]. 文史哲，2021(05)：33-50+165.

[386] 杨　泽. 胡炳文对朱子心理关系的继承与发展[J]. 吉林师范大学学报(人文社会科学版)，2021，49(06)：38-45.

[387] 杨海文，张　昕. 朱熹《家礼》祠堂礼制的宗法制思想[J]. 江南大学学报(人文社会科学版)，2021，20(02)：5-12.

[388] 杨柳岸，杨逢彬."言可复也"究竟谓何[J]. 武汉大学学报(哲学社会科学版)，2021(03)：79-87.

[389] 杨胜良. 朱熹与儒家环境美德论的发展[J]. 北京林业大学学报(社会科学版)，2021，20(04)：40-44.

[390] 杨万里. 刘因的"游艺"之学与文艺思想——兼论理学"流而为文"现象的书画视域[J]. 文艺理论研究，2021，41(04)：59-69.

[391] 杨小敏. 朱熹《增损吕氏乡约》的核心理念及其当代价值[J]. 天水师范学院学报,2021,41(06):67-73.

[392] 杨中启. 论陈淳的生命观[J]. 四川师范大学学报(社会科学版),2021(04):34-39.

[393] 姚　遥. 朱熹少儿教育思想及其对爱国主义教育的启示[J]. 中国教育学刊,2021(05):89-92.

[394] 姚　勇. 朱熹论“克己复礼”与“主敬行恕”的关系——基于道德行动动力机制的阐释[J]. 南昌大学学报(人文社会科学版),2021,52(03):13-22.

[395] 姚才刚,李　莉. 宋明儒学中的“心学”概念[J]. 湖北大学学报(哲学社会科学版),2021(05):87-95.

[396] 姚莺歌. 理学视域下的无妄卦《大象传》通诠[J]. 周易研究,2021(05):49-56+64.

[397] 叶　达. “未发之中”:实然心、气化良知抑或超越之体?[J]. 孔子研究,2021(03):146-154+160.

[398] 叶　子. “朱子文化系列读本”获央媒点赞[J]. 朱子文化,2021(01):57.

[399] 叶　子. 武夷山朱熹研究中心举办融媒体与朱子文化传播报告会[J]. 朱子文化,2021(03):30.

[400] 叶闽武.《大儒朱熹》:探索纪录片的文化自信构建功能[J]. 中国广播电视学刊,2021(08):86-88.

[401] 叶文轩. 闽北朱子后裔联谊会召开五届二次会员代表大会[J]. 朱子文化,2021(01):33.

[402] 伊剑平. 上海市乌南幼儿园举办第一届朱子谢师礼[J]. 朱子文化,2021(04):62.

[403] 佚　名. 朱熹:修身立德,家风流芳[J]. 公民与法(综合版),2021(05):58-60.

[404] 殷虹刚. 论朱熹《诗集传》对《诗经》文学地理学的发展[J]. 常熟理工学院学报,2021,35(04):89-94.

[405] 殷　慧,寻梦依. 宋代礼制变化与理学兴起[J]. 中国哲学史,2021(02):27-36.

[406] 尹　波,郭　齐. 朱熹谱序辨伪[J]. 中国文化,2021(01):422-434.

[407] 尹　波,郭　齐. 朱熹高足黄士毅考论[J]. 中国哲学史,2021(01):95-102.

[408] 尤志成. 朱熹“理一分殊”命题思想研究之管窥[J]. 武夷学院学报,2021,40(10):5-9.

[409] 游　森. 理气之会转向理气之合——从朱子到船山的心统性情说

[J]. 船山学刊,2021(01):25-33.

[410] 游雪琴. 道南文化学术研讨会在武夷学院召开[J]. 朱子文化,2021(01):58.

[411] 余则镜. 晚清理学家余潜士[J]. 福建史志,2021(05):46-49+72.

[412] 袁咏年. 朱子文化融入校园文化的现状与思路——以福州理工学院为例[J]. 朱子文化,2021(03):26-30.

[413] 曾令巍. 朱子学视域下之"明德"新解[J]. 湖南大学学报(社会科学版),2021,35(01):24-29.

[414] 张 磊,朱人求. 从养生学角度看朱子的静坐[J]. 南昌大学学报(人文社会科学版),2021,52(03):23-31.

[415] 张 寿. 认知转向视域下朱熹"理一分殊"说的隐喻结构[J]. 齐鲁学刊,2021(03):5-15.

[416] 张 悦. 韩儒茶山丁若镛的《大学》解释研究——以太学观、格致六条为中心[J]. 湖南第一师范学院学报,2021(05):107-113.

[417] 张兵娟,李 涵. 传播学视角下中国传统书院学礼研究——以宋代为例[J]. 郑州大学学报(哲学社会科学版),2021(02):116-121+128.

[418] 张兵娟,刘停停. 以礼齐家:中国传统礼学的传播实践及当代价值——以宋明家礼为例[J]. 广西职业技术学院学报,2021(01):21-26.

[419] 张春雪. "朱子读书法"对现代音乐教学的启示[J]. 戏剧之家,2021(26):89-90.

[420] 张德恒. 林罗山的《春秋》学[J]. 孔子研究,2021(06):136-146+157.

[421] 张桂辉. 九曲溪畔朱熹园[J]. 朱子文化,2021(04):38-40.

[422] 张红娅,吕海滨. 朱熹德育思想对高校思想政治教育的意义探讨[J]. 产业与科技论坛,2021,20(16):75-76.

[423] 张宏锋,王建军. 朱熹《孟子》考据学平议[J]. 保定学院学报,2021,34(02):32-38.

[424] 张鸿飞. 明代吴与弼的践行观[J]. 华夏文化,2021(03):14-16.

[425] 张积义. 朱子文化融入语文教学[J]. 朱子文化,2021(04):57-60.

[426] 张继定. 钱锺书《谈艺录》三个人物字号误识之考析和思考[J]. 语文学刊,2021(01):78-83.

[427] 张建光. 五夫友道[J]. 朱子文化,2021(04):13-16.

[428] 张金兰. 从"心统性情"略论张载与朱熹心性思想之异同[J]. 内蒙古师范大学学报(哲学社会科学版),2021,50(04):65-69.

[429] 张锦枝. 北宋五子意论之体用二重性[J]. 安徽师范大学学报(人文社会科学版),2021(03):66-73.

[430] 张立文，董凯凯. 永嘉学视野中的理体学与心体学——项乔的理气心性论[J]. 浙江工商大学学报，2021(06)：5－12.

[431] 张立文. 融突和合论——中国哲学元理[J]. 江汉论坛，2021(03)：5－23.

[432] 张培高，冯　雪. 宋儒以义理释《论语》之滥觞——论胡瑗的《论语》诠释[J]. 中国哲学史，2021(03)：42－48＋72.

[433] 张品端，刘　倩. 论韩儒曹植的性理学思想[J]. 武夷学院学报，2021(05)：1－6.

[434] 张品端. 朱子学在海外的传播与影响[J]. 中国哲学史，2021(01)：125.

[435] 张品端. 朱熹思想的生态意蕴及其时代意义[J]. 朱子文化，2021(01)：10－16.

[436] 张清江.《朱子家礼》与明清珠江三角洲丧葬礼仪实践——以地方志为中心的考察[J]. 中国地方志，2021(01)：95－108＋127－128.

[437] 张荣丽. 南平市图书馆设立"朱子文化图书专柜"[J]. 朱子文化，2021(03)：37.

[438] 张荣丽. 五夫朱子雕像落成记[J]. 朱子文化，2021(05)：44－45.

[439] 张荣丽. 朱子祭祀大典在武夷山举行[J]. 朱子文化，2021(06)：46.

[440] 张榕江. 两岸四地共走文化复兴路[J]. 朱子文化，2021(04)：43－44.

[441] 张瑞元. 在视域交融中理解文本——邸利平《道由中出：吕大临的道学阐释》评述[J]. 宝鸡文理学院学报(社会科学版)，2021，41(03)：129－130.

[442] 张士杰. 辨朱与求原的逻辑——中井履轩《论语》诠释路径及其与朱学之关系[J]. 齐鲁学刊，2021(03)：16－24.

[443] 张天杰，王龙强. 三代以下折衷于朱子——张履祥对《四书》的新诠及约礼之学[J]. 嘉兴学院学报，2021，33(03)：5－15.

[444] 张天杰. 陆陇其的独尊朱子论——兼谈其对东林以及蕺山、夏峰等学派的评定[J]. 中国哲学史，2021(03)：89－96.

[445] 张晚林，Zhu Yuan. 北宋中期正统论之辩及其牵涉到的儒家政治哲学问题[J]. 孔学堂，2021(02)：43－51＋136－149.

[446] 张晚林，吕媛媛. 宋儒对诸葛亮儒者形象的理学建构[J]. 天府新论，2021(05)：70－79.

[447] 张小敏，郜　航. 日本江户时期《诗经》学窥管——松永昌易《头书诗经集注》谫论[J]. 国际儒学(中英文)，2021(04)：143－147＋167.

[448] 张晓霏. 重德抑或重才：伊藤仁斋与荻生徂徕教育观的共识与分歧[J]. 日语学习与研究，2021(03)：59－66.

[449] 张晓明. 从"汤武放伐"的诠释看《孟子》在日本近世的传播——以山

鹿素行的古学为中心[J]. 内蒙古师范大学学报(哲学社会科学版),2021(02):123-128.

[450] 张晓明. 东亚儒学的复古思潮与伊藤仁斋的古义学——以《孟子》的诠释为中心[J]. 日语学习与研究,2021(03):49-58.

[451] 张筱林,李金晨,高 恺. 以尤溪朱子文化园二期为例谈传统园林营造方法[J]. 山西建筑,2021,47(07):172-175+180.

[452] 张新国. 张子仁论与美德伦理[J]. 人文杂志,2021(12):55-62.

[453] 张学智. 天道视域中的北宋理学[J]. 国际儒学(中英文),2021,1(04):95-103+165.

[454] 张学智. 宋代政治中的王霸之论[J]. 中共宁波市委党校学报,2021(05):50-57.

[455] 张玉晶. 朱子论格物致知与知行——以《大学章句》为对象[J]. 文化学刊,2021(04):85-89.

[456] 张昭炜. 崇仁之学的主静转向与持敬回转[J]. 江西社会科学,2021,41(05):17-25+254.

[457] 张志昌,杨 洁.《吕氏乡约》的传播推广历程及局限性分析[J]. 人文杂志,2021(12):63-71.

[458] 张志永. 记八闽文化之旅[J]. 朱子文化,2021(01):55-56.

[459] 赵 聃,蔡方鹿. 朱熹诗论与其理学思想之关系[J]. 中华文化论坛,2021(01):78-86+157.

[460] 赵 聃. 胡宏的道统思想及其在道统思想发展史上的地位和影响[J]. 中共宁波市委党校学报,2021,43(06):49-54.

[461] 赵 星,李璐璐. 朱子教化思想与行为无价值刑法的回归[J]. 山东警察学院学报,2021,33(01):24-32.

[462] 赵法生. 性理、心性与性情——牟宗三对程朱中和说的批评及其反思[J]. 国际儒学(中英文),2021(04):127-137+166.

[463] 赵金刚. 类编与思想诠释——《朱子语类》与朱子学[J]. 社会科学研究,2021(06):144-152.

[464] 赵金刚. 朱熹浩然之气、道德认知与道德勇气述论[J]. 伦理学研究,2021(02):76-81.

[465] 赵平喜,段啟静. 新媒体环境下朱子文化的传播策略[J]. 武夷学院学报,2021,40(04):1-6.

[466] 赵思萌. "朱子读书法"在中学语文教学中的运用策略[J]. 今古文创,2021(18):101-102.

[467] 赵妍妍. 朱熹意义上的福祉对称性探析[J]. 学海,2021(06):183-193.

[468] 赵永翔.宗其原而应之变：论明代心学与儒学学统的建构问题[J].暨南学报(哲学社会科学版),2021(12)：96－106.

[469] 赵泽明.《大学章句》与“格物致知”[J].西部学刊,2021(24)：137－139.

[470] 赵泽州,侯慧明.理学名家白胤谦佛门交游考[J].忻州师范学院学报,2021,37(03)：58－62＋76.

[471] 郑 伟.阐释、自得与公理——宋明理学“诗可以兴”的阐释学[J].社会科学战线,2021(03)：185－193.

[472] 郑珊珊.晚清理学的复兴：以夏炘为核心的考察[J].黄山学院学报,2021(02)：72－78.

[473] 郑淑花.万世标准与格语践言——朱熹关于圣人言语的体认与践行[J].青海师范大学学报(社会科学版),2021,43(02)：134－139.

[474] 郑天祥,王克喜.“格物致知”的科学逻辑意蕴[J].湖南科技大学学报(社会科学版),2021,24(01)：41－45.

[475] 郑文泉.东南亚闽南语朱子学的现代终结[J].国际汉学,2021(02)：118－127＋204.

[476] 郑緦媞.朱子文化越千年[J].政协天地,2021(08)：40－41.

[477] 郑泽绵.“将第八识断一刀”——论大慧宗杲对朱熹晚年的真知与诚意思想的影响[J].中国哲学史,2021(06)：95－105.

[478] 郑泽绵.从朱熹的“诚意”难题到王阳明的“知行合一”——重构从理学到心学的哲学史叙事[J].哲学动态,2021(02)：92－101.

[479] 钟邦定.以优秀传统文化构筑社会治理根基——兼论朱子学与中华优秀传统文化的关系[J].社会治理,2021(11)：65－69.

[480] 钟世娟.论清初朱学与王学之争——以张烈《王学质疑》为中心的考察[J].宜春学院学报,2021(08)：21－25＋79.

[481] 周 磊.宋明儒学道统论的三种谱系及派系特征[J].深圳大学学报(人文社会科学版),2021,38 (06)：15－23.

[482] 周 鹏.借唯识学的“转依”对朱熹理欲的“存灭”进行再思考[J].吕梁教育学院学报,2021,38(04)：120－122.

[483] 周 媛.宋代礼教社会中的茶礼及其社会功能研究——以《朱子家礼》为例[J].农业考古,2021(02)：138－143.

[484] 周春健.论朱子学视域下元儒许衡的孟子研究[J].安徽大学学报(哲学社会科学版),2021,45(06)：72－79.

[485] 周 骅,王晚霞.论湖湘学派朝鲜传播的内在逻辑——以胡安国《春秋传》为中心[J].湖南大学学报(社会科学版),2021,35(05)：122－128.

[486] 周勤勤.中国仁学发展史(多卷本)[J].盐城师范学院学报(人文社

会科学版),2021,41(05):2.

[487] 周伟义.明清时期理学与纵欲风气的互动[J].安徽史学,2021(04):34-41.

[488] 周武涛.山鹿素行对杨时仁学思想的解构[J].三明学院学报,2021(02):86-91.

[489] 周　欣.王船山《思问录》对理学思想的建构——《太极图说》为中心的诠释[J].南华大学学报(社会科学版),2021,22(04):17-20.

[490] 周漪宁.朱熹对孟子性善论的理学诠释[J].石家庄学院学报,2021,23(05):109-114.

[491] 周元侠."理之用"还是"心之用"?——退溪和栗谷对物格注的争论及其回响[J].世界哲学,2021(04):68-79+160.

[492] 周元侠.论朱熹《家礼》的祭祖思想及其社会影响[J].福建论坛(人文社会科学版),2021(05):145-154.

[493] 朱　雷.以朱子文化为切入点谈中华优秀传统文化[J].朱子文化,2021(06):8-11.

[494] 朱　清.重视朱熹陆九渊学说研究的存异聚同——刍论理学构建与发展中的"心学"[J].闽台文化研究,2021(01):42-46.

[495] 朱　说."朱子之路"线上"走"[J].政协天地,2021(08):18-19.

[496] 朱　熹.朱熹语录[J].河池学院学报,2021,41(01):3.

[497] 朱　向.弘扬中华文化,增强文化自信[J].朱子文化,2021(03):6.

[498] 朱　向.万紫千红总是春[J].政协天地,2021(11):56-57.

[499] 朱昌荣.清初程朱理学独尊地位的确立是历史逻辑和时代逻辑的统一[J].殷都学刊,2021,42(04):69-73+94.

[500] 朱锋刚.试论朱熹理学思想建构中的荀子思想形象[J].吉林大学社会科学学报,2021,61(03):190-196+239.

[501] 朱佳吟.福州理工学院朱子文化研究中心通过省教育厅验收[J].朱子文化,2021(02):61-62.

[502] 朱杰人.《朱子家礼宋本汇校》与吾妻重二的《朱子家礼》研究[J].国际儒学(中英文),2021,1(02):137-144+167-168.

[503] 朱启凡,方贤绪.朱熹仁学思想的生态文化意蕴[J].今传媒,2021,29(07):108-112.

[504] 朱盛柏.朱子作品书法选登[J].朱子文化,2021(02):2.

[505] 朱燕涛.弘扬朱子文化坚定"四个自信"[J].政协天地,2021(05):11-12.

[506] 朱勇方.朱子作品书法选登[J].朱子文化,2021(03):2.

[507] 朱原谅.理学读书思想历史演变及其对当前经典阅读推广的启示

[J]. 图书馆杂志，2021(10)：102－110.

[508] 朱子敬师礼在合肥市兴华苑小学举行[J]. 朱子文化，2021(03)：62.

[509] 朱子文化系列读本[J]. 朱子文化，2021(02)：66.

[510] 朱子文化系列读本[J]. 朱子文化，2021(03)：66.

[511] 朱子文化系列读本[J]. 朱子文化，2021(04)：66.

[512] 朱子文化系列读本[J]. 朱子文化，2021(05)：66.

[513] 朱子文化系列读本[J]. 朱子文化，2021(06)：66.

[514] 祝浩涵.《孝经大义》与《孝经刊误》——马一浮《孝经》学发微[J]. 衡水学院学报，2021(03)：81－87.

[515] 祝浩涵. 五常与万法：朱子"天命""率性"注的伦理关怀[J]. 道德与文明，2021(06)：89－95.

[516] 庄　丹，郭　丹. 朱熹《春秋》学与清前期《左传》文章评点[J]. 文艺评论，2021(06)：57－65.

[517] 庄　丹. 朱熹《春秋》学价值发微[J]. 长春理工大学学报（社会科学版），2021，34(01)：149－153.

[518] 庄　丹. 朱熹经学诠释与楚辞学革新[J]. 成都理工大学学报（社会科学版），2021，29(01)：30－37.

[519] 邹德忠. 邹德忠朱子作品书法选登[J]. 朱子文化，2021(05)：2.

[520] 吴　震. 东亚朱子学新探索：中日韩朱子学的传承与创新[J]. 中国哲学史，2021(01)：47.

[521]《朱子家训》[J]. 合肥学院学报（综合版），2021，38(01)：2.

[522] Chen I Hsin. Rethinking Knowledge through Early English Translations of Zhu Xi's Study of Li(理)[J]. Interventions, 2021, 23 (7): 1019－1040.

[523] Hon Tze ki. In Search of Yijing's Original Meaning: Zhu Xi's Philosophy of Divination[J]. China Review International, 2021, 26(3): 149－160.

[524] Lee Sung Yeon, Bujold Michael, You Young Ki. A Modern Interpretation of Zhu XI's Lixue(禮學): With A Special Focus on the Formal Characteristics of Zhu XI's Study of Rites[J]. Acta Koreana, 2021, 11(2): 87－113.

[525] Wang Kaili. On self-deception: from the perspective of Zhu Xi's moral psychology[J]. Asian Philosophy, 2021, 31(4): 414－429.

[526] Xing Liju, Lin Xi. Namdang's Theory on the Natures of Humans and Non-Human Living Beings and his Development of Zhu Xi's Theories[J]. Acta Koreana, 2021, 19(2): 217－237.

2021 年部分朱子学硕博士论文索引

博士论文

[1] 冀晋才."只是吾心初动机"——朱熹"情"思想研究[D].山东大学,2021 博士.

[2] 李思远.黄榦理学思想研究[D].西北大学,2021 博士.

[3] 盛　夏.主体与存在:朱熹主体哲学研究[D].厦门大学,2021 博士.

[4] 王海宾.《八朝名臣言行录》文献学研究[D].吉林大学,2021 博士.

[5] 王凯立.追寻道德:朱子功夫世界中的道德哲学研究[D].厦门大学,2021 博士.

[6] 王亚中.理学叙事中的师道与治道——从韩愈到朱熹[D].清华大学,2021 博士.

[7] 尹凯丰.宋代书院的德育思想研究[D].哈尔滨工程大学,2021 博士.

[8] 张洪义.宋代道学的工夫实践与理论——从二程到前期朱子[D].清华大学,2021 博士.

[9] 祝浩涵."本心"或"圣人之心":朱子思想历程中的经典意识[D].清华大学,2021 博士.

硕士论文

[10] 蔡力杰.清碧溪山入画中——《武夷九曲图》的生成、传播与形塑[D].中央美术学院,2021 硕士.

[11] 陈鸿喆.宋代咏经诗研究[D].南京师范大学,2021 硕士.

[12] 陈　欣.陆世仪人性论研究[D].湖南师范大学,2021 硕士.

[13] 程官星.朱熹调息静坐养生研究[D].江西中医药大学,2021 硕士.

[14] 丑　送.文学地理学视域下白鹿洞书院诗歌研究[D].华东交通大学,2021 硕士.

[15] 崔　铃.宋翼弼的性理学思想研究[D].延边大学,2021 硕士.

[16] 党　同.刘古愚理学思想研究[D].西藏民族大学,2021 硕士.

[17] 董　晨.历代朱熹《小学》注本研究[D].中国科学院大学,2021 硕士.

[18] 董红霞.朱子读书法在《论语》整本书阅读教学中的应用研究[D].西北师范大学,2021 硕士.

[19] 杜颖超.程敏政《心经附注》思想研究[D].南昌大学,2021 硕士.

[20] 樊　华. 理学视野下的南宋山水画研究[D]. 云南师范大学，2021 硕士.

[21] 范昊阳. 朱熹太极思想研究[D]. 郑州大学，2021 硕士.

[22] 高　山. 日本昌平坂学问所藏易类古籍研究[D]. 山东师范大学，2021 硕士.

[23] 郭慧宁. 吴澄"游艺"之学与文艺思想研究[D]. 山西大学，2021 硕士.

[24] 郭满满. 谢良佐理学思想研究[D]. 郑州大学，2021 硕士.

[25] 何　靖. 多元文化背景下许衡的理学思想及其实践[D]. 山东大学，2021 硕士.

[26] 何泽昕. 夏震武心性论研究[D]. 浙江大学，2021 硕士.

[27] 胡　月. 张舜徽的湖湘学术思想研究[D]. 湖南师范大学，2021 硕士.

[28] 胡亚辉. 朱熹与胡宏心性思想比较研究[D]. 湘潭大学，2021 硕士.

[29] 黄　羽. 朱子道德学说为自律说辨[D]. 上海师范大学，2021 硕士.

[30] 侯利利. 顾梦麟《诗经说约》研究[D]. 吉林大学，2021 硕士.

[31] 贾　亮. 朱熹的死亡观研究[D]. 山东大学，2021 硕士.

[32] 江佳凤. 论朱子对《孟子·尽心》篇首章的诠释[D]. 厦门大学人文学院，2021 硕士.

[33] 金　彦. 新徽州物语——朱子理学对徽州器物设计的启示研究[D]. 合肥工业大学，2021 硕士.

[34] 黎　江. 伊藤仁斋的思想转换过程研究[D]. 江西师范大学，2021 硕士.

[35] 黎艳英. 基于朱子读书法的高中整本书阅读教学研究[D]. 广西师范大学，2021 硕士.

[36] 李　冉. 朱熹"理"的政治哲学研究——以《四书章句集注》为中心的考察[D]. 东北师范大学，2021 硕士.

[37] 李晨睿. 理学思想视阈下的《四书章句集注》研究[D]. 东北师范大学，2021 硕士.

[38] 李恩润. 王阳明与朱熹诠释《大学》"亲民、新民"内涵共通性研究[D]. 湘潭大学，2021 硕士.

[39] 李静雯. 理学视域下的孙奇逢《四书》学思想研究[D]. 山东大学，2021 硕士.

[40] 李梦梅. 朱熹读书法应用于高中文言文教学的实践研究[D]. 南京师范大学，2021 硕士.

[41] 刘　倩. 杨时理学思想的构建[D]. 山东大学，2021 硕士.

[42] 刘佳佳. 黄榦事迹著作编年[D]. 山东大学，2021 硕士.

[43] 刘明明. 宋代四大书院教育研究[D]. 郑州大学，2021 硕士.

[44] 刘墨馨.《命理心理学》韩中翻译实践报告[D]. 延边大学,2021 硕士.

[45] 刘政伟. 胡居仁心性道德之学探析[D]. 辽宁大学,2021 硕士.

[46] 鲁　煜. 古贺朴《近思录集说》研究[D]. 温州大学,2021 硕士.

[47] 陆兴娥. 以陆禅之别及朱陆之争看陆九渊心学特质[D]. 上海师范大学,2021 硕士.

[48] 牟代群. 朱熹诗雪月意象研究[D]. 贵州师范大学,2021 硕士.

[49] 诺　敏. 金履祥对朱熹《仁说》思想的阐释——以《论语集注考证》为中心[D]. 内蒙古师范大学,2021 硕士.

[50] 彭祎炫. 胡寅仁学思想研究[D]. 湘潭大学,2021 硕士.

[51] 彭长程. 朱子心论研究[D]. 江西师范大学,2021 硕士.

[52] 钱　玲. 胡宏仁学思想研究[D]. 中国科学技术大学,2021 硕士.

[53] 丘子杰. 朱一新儒学思想研究[D]. 南昌大学,2021 硕士.

[54] 阮文华. 明儒霍与瑕理学思想研究[D]. 湖北大学,2021 硕士.

[55] 孙铭泽. 天命人心——《四书或问》与朱熹思想研究[D]. 西北大学,2021 硕士.

[56] 孙双美. 汪绂《〈诗经〉诠义》文学阐释研究[D]. 安庆师范大学,2021 硕士.

[57] 田　刚. 李光地《注解正蒙》研究[D]. 湖南师范大学,2021 硕士.

[58] 田凯黎.《二程语录》和《朱子语类》疑问句对比研究[D]. 湖北大学,2021 硕士.

[59] 王　萍. 朱熹德育思想及其现代启示研究[D]. 青岛大学,2021 硕士.

[60] 王　艳. 晚清理学视域下的《里乘》研究[D]. 扬州大学,2021 硕士.

[61] 王柏林. 李光地及其《诗所》研究[D]. 山西大学,2021 硕士.

[62] 王维清. 沟口雄三的中国学初探[D]. 东北师范大学,2021 硕士.

[63] 王晓园. 元朝许衡儒学教育思想研究[D]. 上海师范大学,2021 硕士.

[64] 王新雨. 程朱学派与颜李学派的阅读观比较研究[D]. 黑龙江大学,2021 硕士.

[65] 王蕴婕. 胡安国理学视域下的《春秋》学思想[D]. 山东大学,2021 硕士.

[66] 魏　莎. 朱熹高等教育思想研究——基于《学校贡举私议》《白鹿洞书院揭示》的考察[D]. 湖南师范大学,2021 硕士.

[67] 吴仲煜. 陆陇其与李绂比较研究[D]. 西南大学,2021 硕士.

[68] 肖　娇. 朱轼《仪礼节略》研究[D]. 华中师范大学,2021 硕士.

[69] 辛　月. 蔡沈的五行学说研究[D]. 吉林大学,2021 硕士.

[70] 徐琳琳. 朱熹尺牍研究[D]. 西北大学,2021 硕士.

[71] 徐文殊. 陈献章哲学思想研究[D]. 吉林大学,2021 硕士.

[72] 余柯嘉. 北山四先生“格致诚正”思想研究——以《大学》诠释为中心[D]. 浙江大学,2021 硕士.

[73] 袁大鑫. 张九成《四书》学研究[D]. 西北大学,2021 硕士.

[74] 曾莹莹. 许孚远思想的实学特征研究[D]. 云南师范大学,2021 硕士.

[75] 查　婷. 格物致知对宋代山水画的影响[D]. 西南大学,2021 硕士.

[76] 张　悦. 谢无量学术思想研究[D]. 中国艺术研究院,2021 硕士.

[77] 张丁文. 宋代程朱学派美育思想研究[D]. 东北师范大学,2021 硕士.

[78] 张芳芳. 陈白沙自得之学研究[D]. 南京师范大学,2021 硕士.

[79] 张绮雨.《朝鲜前期性理学研究》第二章韩汉翻译实践报告[D]. 山东大学,2021 硕士.

[80] 张文豪. 孟子与朱子性情论比较研究[D]. 山东大学,2021 硕士.

[81] 张雪敏. 朱熹《孟子或问》研究[D]. 四川师范大学,2021 硕士.

[82] 张冉冉. 四库礼类提要考论[D]. 南京师范大学,2021 硕士.

[83] 郑家玮. 理学观念影响下的明初书法研究[D]. 渤海大学,2021 硕士.

[84] 周　慧. 所与和生成:戴震人性思想研究[D]. 山东大学,2021 硕士.

[85] 周子进. 南宋社仓制度研究[D]. 山东大学,2021 硕士.

[86] 朱启凡. 从“当然之则”到“圣人之心”[D]. 中国科学技术大学,2021 硕士.

2021 年度中国台湾朱子学研究成果目录

陈永宝

该文下面列出 2021 年度中国台湾所出版与朱子学相关之研究成果，有专书 2 本，期刊论文 45 篇，学位论文 4 篇。兹列如下（以姓氏首字母排序）：

一、专书

［1］陈荣捷著：《朱熹（二版）》，台北：东大出版社，2021 年。

［2］许宗兴著：《朱子哲学析论与反省》，台北：文史哲出版社，2021 年。

二、期刊论文

［1］蔡家和：《心学与理学之争辩——欧阳南野与罗整庵书信论辩之全面探讨》，《哲学与文化》，2021 年 1 月第 48 卷，第 57—78 页。

［2］蔡家和：《唐君毅对黄宗羲哲学之评价》，《哲学与文化》，2021 年 5 月第 48 期，第 5—26 页。

［3］曹美秀：《朱子学在越南——以黎贵惇〈书经衍义〉为例》，《台大文史哲学报》，2021 年 11 月第 96 期，第 37—78 页。

［4］陈畅：《机制、存有与政教——明代哲学“自然”之辨的三个向度》，《哲学与文化》，2021 年 5 月第 48 期，第 45—64 页。

［5］陈荣灼：《朱熹的孟子学——从诠释到发展的进路》，《当代儒学研究》，2021 年 6 月第 30 期，第 1—39 页。

［6］陈威瑨：《五井兰洲〈易〉学及其意义》，《成大中文学报》，2021 年 3 月第 72 期，第 37—78 页。

［7］陈永宝：《论朱熹“情”思想的伦理建构》，《鹅湖月刊》，2021 年 11 月第 557 期，第 32—45 页。

［8］陈永宝：《朱熹“情”的伦理思想向度》，《哲学与文化》，2021 年 7 月第 48 卷，第 77—92 页。

［9］陈永宝：《朱子理学视阈下的网络伦理走向》，《亚东学报》，2021 年 12 月第 40 期，第 39—46 页。

［10］范根生：《〈四书遇〉中关于孟子“性善论”的诠释》，《鹅湖月刊》，2021 年 2 月第 548 期，第 31—38 页。

[11] 方遥：《朱熹经学思想及其对传统经学范式的更新》，《哲学与文化》，2021 年 6 月第 48 卷，第 119—133 页。

[12] 何威萱：《宋元理学家从祀明代孔庙小考——兼论明代孔庙与理学道统的关系》，《明代研究》，2021 年 6 月第 36 期，第 7—59 页。

[13] 康凯淋：《达例与特笔：吕大圭〈春秋五论〉、〈春秋或问〉的解经方法》，《清华学报》，2021 年 12 月第 51 卷，第 707—741 页。

[14] 简嘉：《帝曰钦哉——由宋人对“钦”字的解读差异探朱熹女教思想一隅》，《华人文化研究》，2021 年 6 月第 9 卷，第 165—176 页。

[15] 简慧贞：《从儒家道德情感视域建构医学伦理“同理心”教育》，《哲学与文化》，2021 年 2 月第 48 卷，第 121—135 页。

[16] 李瑞全：《再论杨祖汉教授之论朱子之工夫为儒学的正宗》，《鹅湖学志》，2021 年 6 月第 66 期，第 161—187 页。

[17] 刘舫：《“天人不期合”：再议朱熹“〈易〉本是卜筮书”》，《哲学与文化》，2021 年 6 月第 48 期，第 183—197 页。

[18] 刘琳娜：《晚明三教会通视域下的“克己复礼”新释》，《鹅湖月刊》，2021 年 6 月第 552 期，第 15—23 页。

[19] 刘勇：《新见明儒湛若水〈格物之说〉手迹的文本问题与文献价值》，《明代研究》，2021 年 6 月第 36 期，第 145—166 页。

[20] 陆畅：《王阳明的良知自知与他心知问题辨析——以“不逆诈，不亿不信而先觉”为考察中心》，《哲学与文化》，2021 年 6 月第 48 卷，第 151—165 页。

[21] 罗圣堡：《张栻思想演变问题新探——以心地工夫意指所向之本体义为考察核心》，《中国文哲研究集刊》，2021 年 3 月第 58 期，第 89—126 页。

[22] 吕政倚：《牟宗三与劳思光论朱子学中是否有“本质”概念：以韩国儒学的论争为例》，《思与言（人文与社会科学期刊）》，202 年 3 月第 59 卷，第 155—197 页。

[23] 乔毅：《朱子文献刊误二则》，《鹅湖月刊》，2021 年 4 月第 550 期，第 23—25 页。

[24] 申祖胜：《清初陆世仪对“气质之性”的诠释——兼论其对朱子人性思想之继承与发展》，《台湾东亚文明研究学刊》，2021 年 12 月第 18 卷，第 1—35 页。

[25] 田富美：《清初朱陆异同论争的一个侧面——论王懋竑〈朱子年谱〉中鹅湖之会的书写》，《台大中文学报》，2021 年 3 月第 72 期，第 149—189 页。

[26] 王世豪：《宋代程大昌〈考古编〉之〈中庸论〉探析》，《艺见学刊》，2021 年 10 月第 22 期，第 13—25 页。

[27] 王振辉：《唐君毅的“朱陆会通说”探析》，《鹅湖月刊》，2021 年 4 月第

550 期,第 41—55 页。

[28] 吴佩熏:《南宋戏禁文献辨析纠谬——以朱熹劝喻榜及陈淳“论淫祀淫戏”之上书对象为论述中心》,《戏剧研究》,2021 年 7 月第 28 期,第 1—35 页。

[29] 吴启超:《再思朱子的“理”:“存在之理”还是“总文路”?》,《东吴哲学学报》,2021 年 2 月第 43 期,第 22—67 页。

[30] 杨正显:《后死有责:从〈阳明先生文录〉到〈王文成公全书〉的师教衍变》,《明代研究》,2021 年 6 月第 36 期,第 61—101 页。

[31] 杨祖汉:《哲学思辨、自然的辩证及道德实践的动力》,《鹅湖学志》,2021 年 6 月第 66 期,第 129—160 页。

[32] 杨祖汉:《朱子的“明德注”与韩儒田艮斋、华西学派的有关讨论》,《哲学与文化》,2021 年 7 月第 7 期,第 5—25 页。

[33] 于芝涵:《朱熹“道统论”的注释表达:以〈孟子集注〉中的道统构建为中心》,《哲学与文化》,2021 年 11 月第 48 卷,第 177—192 页。

[34] 曾春海:《评比朱熹与钱穆的道统观》,《哲学与文化》,2021 年 9 月第 48 卷,第 99—144 页。

[35] 詹秉叡:《由情入礼:朱熹“礼理双彰”思想述论》,《清华学报》,2021 年 9 月第 51 卷第 3 期,第 431—471 页。

[36] 张德锐:《理学集大成者朱熹传略——兼论对教师专业的启示》,《台湾教育评论月刊》,2021 年 10 月第 10 卷,第 69—77 页。

[37] 张莞苓:《论真德秀的帝王教学及经史观念对朱熹的继承与转化》,《国文学报》,2021 年 6 月,第 117—148 页。

[38] 张锽焜:《朱子〈小学〉——一种儒家式的基础教育纲要》,《清华教学学报》,2021 年 6 月第 38 卷,第 1—41 页。

[39] 张崑将:《德川朱子学者对阳明学的批判及其局限》,《鹅湖学志》,2021 年 6 月第 66 期,第 59—81 页。

[40] 张清江:《鬼神何以“体物而不可遗”?——以朱熹的诠释为中心》,《哲学与文化》,2021 年 3 月第 48 卷,第 101—121 页。

[41] 郑泽绵:《“以心求心”与“以禅抑禅”——论大慧宗杲思想对朱熹批评湖湘学派的影响》,《东吴哲学学报》,2021 年 2 月第 43 期,第 69—96 页。

[42] 锺彩钧:《尊德性而道问学:论程敏政的学术志业》,《哲学与文化》,2021 年 1 月第 48 卷,第 37—56 页。

[43] 锺治国:《王阳明的格物说的演变》,《哲学与文化》,2021 年 10 月第 48 卷,第 123—135 页。

[44] 周福:《理学中的师法与体证——从朱陆鹅湖之辩到阳明龙场悟道》,《鹅湖月刊》,2021 年 9 月第 555 期,第 40—53 页。

三、学位论文

［1］黄立森：《朱熹与王阳明“心性学”的哲学谘商蕴涵》，新北：辅仁大学中文系博士学位，2021 年。

［2］江俊亿：《朱子学中“心学”论说形成之考察》：台北：台湾大学文学院中国文学系博士学位，2021 年。

［3］林伟杰：《蔡沈〈书集传〉二帝三王之心研究》，台北：台湾师范大学国文系硕士学位，2021 年。

［4］张育豪：《朱子〈论语〉注中的二程经说研究：文献引录与思想比较》，台北：政治大学中文系硕士学位，2021 年。

（作者单位：台湾辅仁大学、厦门大学哲学系）

2021年度日本朱子学研究成果目录

[日] 福谷彬

一、日本朱子学研究

著作

[1] 殷晓星:『近世日本の民衆教化と明清聖諭』(《今世日本的民众教化与明清圣谕》),ぺりかん社,2021年02月。

[2] 辻本雅史:『江戸の学びと思想家たち』(《江户的学问与思想家》),岩波文库,2021年11月。

论文

[1] 樊传燊:「浅見絅斎の儒学と兵学の関係理解に関する再考」(《对于浅见絅斋的儒学与兵学的关系的研究》),『東日本国際大学東洋思想研究所・儒学文化研究所紀要(11)』2021年2月,第112—129页。

[2] 武田祐树:「林羅山の排耶論再考」(《林罗山的排耶论再考》),《日本儒教学会报》第5号,2021年2月,第93—108页。

[3] 下川玲子:「朱子学思想と西洋思想との邂逅——キリシタンおよび中江兆民において—」(《朱子学思想与西洋思想的邂逅——基督徒及中江兆民》),『愛知学院大学文学部紀要』第50号,2021年3月,第224—215页。

[4] 永冨青地:「明清變革と林羅山・鵞峰」(《明清革命与林罗山、鵞峯》),『東洋の思想と宗教』第38号,2021年3月,第20—39页。

[5] 吾妻重二:「山崎闇斎・浅見絅斎と『家礼』:『文会筆録』『家礼師説』『喪祭小記』など」(山崎闇斋、浅见絅斋与《家礼》:《文会笔录》、《家礼师説》、《丧祭小记》等),『東アジア文化交渉研究』第14号,2021年3月,第353—374页。

[6] 白井顺:「秋山罷斎——近代崎門学者の肖像」,《秋山罢斋——近代崎门学者的肖像》,『東洋思想文化』第8号,2021月3月,第41—67页。

[7] 吾妻重二:「日本における『家礼』式儒墓について:東アジア文化交渉の視点から(二)」(《日本的《家礼》式儒墓——从东亚文化交涉谈起(二)》),『関西大学東西学術研究所紀要』第54号,2021年4月,第3—28页。

[8] 垣内景子:「夷狄に便利な朱子学:朱子学の中華意識と治統論」(《为夷狄提供方便的朱子学——朱子学的中华意识与治统论》),『アジア遊学』

(《亚洲游学》)第256号,2021年5月,第135—138页。

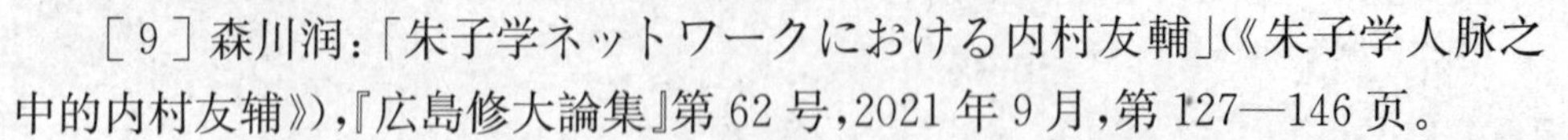

[9] 森川润:「朱子学ネットワークにおける内村友輔」(《朱子学人脉之中的内村友辅》),『広島修大論集』第62号,2021年9月,第127—146页。

[10] 王茂林、林美茂:「寛政異学の禁における「正統」思想—正学派朱子学を中心として—」(《宽政异学之禁时期的"正统"思想——以正学派朱子学为中心》),『文明21』第47号,2021年12月,第117—139页。

译著、影印

[1] 吾妻重二编:『家礼文献集成・日本篇・九』,关西大学出版部,2021年3月。

二、日本学者朱子学研究

著作

[1] 井上厚史:『愛民の朝鮮儒教』(《爱民的朝鲜儒教》),ぺりかん社,2021年3月。

[2] 松野敏之:『朱熹『小学』研究』(《朱熹〈小学〉研究》),汲古书院,2021年9月。

[3] 垣内景子:『朱子学のおもてなし』(《朱子学的款待》),ミネルヴァ出版,2021年11月。

论文

[1] 佟欣妍:「二程理学の再検討:同時代の易論と比較して」(《二程理学的再研讨:把同时代的易论进行比较》),《日本儒教学会报》第5号,2021年2月,第31—45页。

[2] 安大玉:「蔡元定と西学」,武田時昌编『術数学の射程:東アジア世界の「知」の伝統』(《术数学的射程:东亚世界的"知"的传统》)所收,临川书店,2021年3月。

[3] 中纯夫:「『朱子言論同異攷』成立過程小考」,伊东贵之编『東アジアの王権と秩序:思想・宗教・儀礼を中心として』(《东亚的王权与秩序:以思想、宗教、仪礼为中心》)所收,汲古书院,2021年10月。

(作者单位:日本京都大学人间环境学研究科)